Gymnasium und moderne Welt

Bildungs- und gesellschaftstheoretische Überlegungen zur Aufgabe und Struktur des gegliederten Schulwesens

Erziehung
und
Wirklichkeit

Werner Heldmann

Gymnasium und moderne Welt

Bildungs- und gesellschaftstheoretische Überlegungen zur Aufgabe und Struktur des gegliederten Schulwesens

CIP-Kurztitelaufnahme der Deutschen Bibliothek

Heldmann, Werner
1. Auflage, Pädagogik- und Hochschul-Verlag Düsseldorf, 1980.
Gymnasium und moderne Welt, Bildungs- und gesellschaftstheoretische Überlegungen zur Aufgabe und Struktur des gegliederten Schulwesens

ISBN 3-921990-01-7

Erziehung
und Wirklichkeit
Band 4

PÄDAGOGIK-
UND
HOCHSCHUL-VERLAG
DÜSSELDORF

INHALTSVERZEICHNIS

Vorwort

Das Thema der vorliegenden Schrift ist das Gymnasium und seine Bildungsarbeit. Ziel dieser Schrift ist es nicht, eine Rechtfertigung des Gymnasiums zu geben. Einer solchen bedarf das Gymnasium nicht. Es geht vielmehr um den Aufweis der Bildungsmöglichkeiten des Gymnasiums und deren Bedeutung für den einzelnen und die Gesellschaft. Dies ist heute dringend geboten, weil in der Diskussion um das Gymnasium diese Zusammenhänge zunehmend nicht mehr gesehen werden.
Das Gymnasium ist die Schule der Wissenschaften, die nachdrücklich die persönliche, berufliche, politische und gesellschaftliche Verfassung des Menschen bestimmen. Die erzieherischen Möglichkeiten des Gymnasiums liegen darin beschlossen, daß die Begegnung mit den Wissenschaften eingebunden ist in einen über Jahre reichenden Prozeß des kontinuierlichen Reifens und Lernens, wobei der Anspruch der Sache nie aus den Augen verloren wird. In diesem Prozeß entwickeln und festigen sich Formen des sozialen Umgangs und des geistigen und personalen Selbstverständnisses, die für die späteren Aufgaben in Familie, Beruf und Gesellschaft wichtig sind. Das Gymnasium leistet damit einen Beitrag, auf den die Gesellschaft nicht verzichten kann.
Die Schrift versucht des weiteren eine Begründung für die institutionelle Vielfalt im Bildungswesen zu geben. Wenn der Staat als Ausdruck des politischen Willens der Bürger zu verstehen ist, dann ist es Aufgabe des Staates, durch Gesetze und Verordnungen sowie durch institutionelle Vorkehrungen dem Willen der Bürger zu entsprechen. Hier gilt es der Pluralität der Normen, Werte und Weltanschauungen, die in einer freiheitlichen Gesellschaft gegeben sind, durch eine Pluralität der Angebote gerecht zu werden. Im besonderen gilt dies für das Bildungswesen als einer Veranstaltung von Staat und Gesellschaft. Den vielfältigen Bildungswünschen und Bildungsansprüchen der Bürger muß auf eine differenzierte Weise begegnet werden. Der Bürger verlangt diese Vielfalt der Angebote.

Das Gymnasium, wie es sich heute versteht, ist in einer Zeit entstanden, als die moderne Gesellschaft geschichtlich Gestalt annahm. Die Schrift sucht diesen Zusammenhang aufzuzeigen. Darüber hinaus werden die Aufgaben des Gymnasiums im Rahmen der Bildungsaufgaben aller Schulen verdeutlicht. Damit ist die Gliederung der Arbeit vorgegeben. Der *erste Teil* ist grundlegender und systematischer Natur. Es werden hier die Rahmenbedingungen aufgewiesen, in die die Bildungsarbeit aller Schulen eingelassen ist. Der *zweite Teil* verdeutlicht strukturelle Elemente des Bildungswesens und weist die Abhängigkeit zwischen den Teilsystemen im Blick auf die Funktionsfähigkeit des gesamten Bildungswesens auf. Der *dritte Teil* wendet sich den Fragen des Gymnasiums zu. Die Aussagen dieses Teils verstehen sich als Konkretisierungen der Zusammenhänge, die in den beiden vorangehenden Teilen angesprochen worden sind. Das Gymnasium wird mit Absicht in den Zusammenhang dieser Fragestellungen wie auch der Aufgaben und Besonderheiten der anderen Schulformen hineingenommen. Damit soll deutlich werden, daß es hier nicht ausschließlich um die besonderen Probleme einer Schulform geht, sondern daß hier Fragen angesprochen werden, die für die Bildung des Menschen in dieser Welt von Bedeutung sind und auf die das Gymnasium im Rahmen der anderen Schulformen von seinen Voraussetzungen her eine Antwort gibt. Das Gymnasium bedarf um seines Selbstverständnisses und der Besonderheit seiner Arbeit willen der anderen Schulformen. Ferner ist darauf zu verweisen, daß eine Reihe von Fragen noch weiter aufgearbeitet werden müssen. Dies soll zu einem späteren Zeitpunkt geschehen. In dieser Schrift kam es zunächst einmal darauf an, grundlegende Aspekte, die für die Aufgaben und die Arbeit des Gymnasiums wichtig sind, in einen Zusammenhang zu bringen.

Die Schrift wäre ohne die vielen Anregungen aus dem Kreis der Kollegen am Gymnasium nicht entstanden. Ihnen allen sei an dieser Stelle gedankt. Des weiteren hat der Verfasser auf eigene Arbeiten zurückgegriffen, ohne diese ausdrücklich zu benennen. Mein besonderer Dank für viele Hinweise und Anregungen sowie für weiterführende Kritik gilt OStD *Franz Ebner,* OStD

Elmar Stuckmann, Prof. Dr. *Rudolf Vierhaus* und Prof. Dr. *Gerhard Wehle.*
Schließlich gilt mein Dank drei Kollegen, deren Leben und Wirken eng mit der Arbeit im Gymnasium verbunden war, die in immer neuen Anläufen die Aufgaben und Ziele der gymnasialen Bildungsarbeit bedacht haben und deren Sorge in besonderer Weise den Schülern und Lehrern des Gymnasiums galt. Es sind dies Dr. *Walter Dederich,* Prof. Dr. *Karl Müller* und Dr. *Heinrich Pieper.* Ihnen sei diese Schrift in dankbarem Gedenken gewidmet.

Remscheid, im Herbst 1979

1. Person, Schule, Gesellschaft

Der Mensch ist von Natur aus Person. Diese Aussage über den Menschen hat ihren Grund in der Tradition abendländischen Denkens. Eine Auslegung des Menschen unter vornehmlich apersonalen und funktionalen Aspekten ist von dieser Vorgabe her nicht mehr möglich. Die Person ist Substanz und hat ihren Grund in sich selbst. Sie ist nichts Akzidentelles, das sich von etwas anderem her ableitet und versteht, wie dies für funktionale Gegebenheiten gilt, die austauschbar sind. Die Person entzieht sich einer solchen Auslegung. Dieses Personverständnis hat seinen Grund in anthropologischen, philosophischen und weltanschaulichen Voraussetzungen, die auch diese Arbeit bestimmen. In diesem Rahmen haben gesellschaftswissenschaftliche wie auch gesellschaftskritische Fragestellungen (u. a. der Soziologie, Psychologie, Ökonomie) lediglich eine ergänzende, nicht aber grundlegende Bedeutung im Blick auf die Erziehung und Bildung des Menschen und die Formen seines Verständnisses von sich und seiner Welt.
Erziehung und Bildung, die im Rahmen der Wertordnung einer Gesellschaft ihren Ort haben, helfen dem Menschen, seine ihm gegebenen personalen Möglichkeiten zu verwirklichen. Dies geschieht auf dem Wege der Personalisation. Die Enkulturation, Sozialisation und Professionalisierung des jungen Menschen sind Ausdruck und Ergebnis eines Prozesses, durch den der Mensch Personalität und damit sich selbst gewinnt[1]. Die Personalisation des jungen Menschen ist somit die zentrale Aufgabe, in die die Enkulturation, Sozialisation und Professionalisierung eingebunden sind. Der junge Mensch findet sich als

1 Zur weiteren Abklärung dieser Begriffe vgl. *G. Wurzbacher,* Sozialisation – Enkulturation – Personalisation, in: ders. (Hg.), Der Mensch als soziales und personales Wesen, Stuttgart 1968² 1–34 und *W. Loch,* Enkulturation als anthropologischer Grundbegriff der Pädagogik, in: BuE 21 (1968) 161–178

Person aber erst in der Begegnung und im Dialog mit dem älteren und erfahrenen Menschen. Im Umgang mit dem mündigen Mitmenschen (Eltern, Lehrer und sonstige Vorbilder) erhält er seine menschliche und geistige Gestalt und aktualisiert sich als Person[2].
Der Mensch ist immer schon in kulturelle und gesellschaftliche Zusammenhänge eingebunden. Er ist weder eine tabula rasa, in die Kultur und Gesellschaft ihre Signaturen einzeichnen, noch ist er ein Selbstzweck und steht außerhalb aller Bezüge. Personalität erlangt der einzelne in der Auseinandersetzung mit den kulturellen, politischen, gesellschaftlichen, wirtschaftlichen und sozialen Bedingungen. Anthropologische Fragestellungen sind immer in gesellschaftliche Zusammenhänge und gesellschaftliche Fragestellungen immer in anthropologische Zusammenhänge eingelassen. Die gesellschaftlichen Bezüge sind jedoch keine starr vorgegebenen Rahmenbedingungen; sie werden vielmehr vom Menschen selbst geschaffen und gestaltet. Der Mensch ordnet aber seine Welt von moralischen Grundsätzen her, die nicht Naturgesetze sind. Dies ist der Grund dafür, daß es allein in der Welt des Menschen Freiheit gibt. Die nachfolgenden Erörterungen dieses Abschnittes sind in diesem Rahmen zu sehen.

1.1 ERZIEHUNG UND PERSÖNLICHKEIT

1.11 Anthropologische Dimensionen

„Daß der Mensch in seiner Vorstellung das Ich haben kann, erhöht ihn unendlich über alle andere auf Erden lebende Wesen. Dadurch ist er eine *Person* und, vermöge der Einheit des

2 Hierzu die kritischen Bemerkungen zu gegenwärtigen Positionen des Verständnisses von Erziehung bei *W. Flitner,* Ist Erziehung sittlich erlaubt? in: ZfP 25 (1979) 499–504

Bewußtseins, bei allen Veränderungen, die ihm zustoßen mögen, ein und dieselbe Person, d. i. ein von *Sachen* durch Rang und Würde ganz unterschiedenes Wesen."[1] *Kants* Bestimmung des Menschen ist in anthropologischer Hinsicht von grundlegender Bedeutung. Der Mensch wird nicht allein von politischen, gesellschaftlichen und weltanschaulichen Setzungen jeglicher Art her verstanden. Diese Freisetzung ist jedoch kein Selbstzweck. Sie zielt nicht darauf, den Menschen aus gesellschaftlichen Bezügen herauszulösen. Es geht vielmehr darum, dem Menschen im Rahmen dieser Bezüge den Freiraum zu sichern, den er benötigt, um seine eigenen Möglichkeiten entdecken und entfalten zu können. Damit wird er zugleich in die Lage versetzt, die gesellschaftliche Wirklichkeit mitzugestalten. Die Bestimmung des Menschen leitet *Kant* nicht von Vorgaben der Natur, von undurchsichtigen Zwängen gesellschaftlicher Verhältnisse und von überkommenen Maßstäben politischer Setzungen her. Zu Beginn der modernen bürgerlichen Gesellschaft wird somit von der Aufklärung die Selbstbestimmung und Freiheit des Menschen als die zentrale Bedingung für seine geistige, politische und gesellschaftliche Verfassung und die seiner Welt vorgegeben. Der Ansatz *Kants,* der selbst wiederum auf einer Tradition anthropologischen Denkens aufbaut, ist bis in unsere Zeit hinein vielfach variiert und bereichert, aber niemals aufgegeben worden[2]. Die Kulturanthropologie wie auch die pädagogische Anthropologie fühlen sich diesem Ansatz verpflichtet[3].

---

1 *I. Kant,* Anthropologie in pragmatischer Hinsicht (1800), in: Werke hg. v. *W. Weischedel,* Darmstadt 1964 6, 407

2 Hierzu die Darstellung der vielfältigen Aspekte des Personverständnisses in den beiden Sammelbänden von *J. Speck* (Hg.), Das Personverständnis in der Pädagogik und in ihren Nachbarwissenschaften 2 Bde., Münster 1966/67

3 *H. Roth,* Pädagogische Anthropologie 2 Bde, Hannover 1966/71 1, 31–105 – *M. J. Langeveld,* Studien zur Anthropologie des Kindes (Forschungen zur Pädagogik und Anthropologie Band 1), Tübingen 1968[3] – *H.-G. Gadamer/P. Vogler* (Hg.), Neue Anthropologie Band 4 ff., Stutt-

Die vielfältigen Aspekte, die sich im Laufe der Zeit herausgebildet haben, lassen sich in dreifacher Weise zusammenfassen:
- Einheit von Leib, Geist und Seele,
- Verbundenheit von Mensch und Mitmensch,
- Zusammenhang von Sprache, Kultur und Geschichte.

Einheit von Leib, Seele und Geist

Der Mensch wird als Einheit von Leib, Seele und Geist verstanden. Alles Denken und Handeln ist immer mehr oder weniger an die sinnliche Wahrnehmung und Empfindung gebunden. Hiervon kann sich der Mensch nicht lösen. In seiner Leiblichkeit erfährt er zugleich seine Endlichkeit. Diese Gebundenheit muß immer wieder neu in den Akten selbstbewußten Reflektierens überwunden oder in den Formen differenzierter geistiger Sublimierung aufgehoben werden. Der Mensch ist Person, wenn er dieser Gebundenheit im Denken und Handeln überzeugend Gestalt geben kann und damit in der Lage ist, alle Situationen, in die er hineingestellt ist, in Verantwortung durchleben und gestalten zu können[4]. Dies ergibt sich nicht von selbst. Der einzelne muß in diese Aufgabe eingeführt werden. Erziehung und Bildung stehen dafür, daß dies gelingt. Elternhaus und Schule sind die Orte, an denen dies vornehmlich geschieht. „Der Mensch kann nur Mensch werden durch Erziehung. Er ist nichts, als was die Erziehung aus ihm macht. Es ist zu bemerken, daß der Mensch nur durch Menschen erzogen wird, durch Menschen, die ebenfalls erzogen sind.“[5]

---

gart 1972 ff. mit den Themenbereichen Kulturanthropologie, Psychologische Anthropologie, Philosophische Anthropologie. – *W. Sacher,* Möglichkeiten und Grenzen der anthropologisch-pädagogischen Fragestellung, in: VjWP 54 (1978) 48–67

4 *H. Plessner,* Die Stufen des Organischen und der Mensch. Einleitung in die philosophische Anthropologie (1928), Berlin 1965²

5 *I. Kant,* Über Pädagogik (1803), in: Werke 1964 6, 699

Verbundenheit von Mensch und Mitmensch

Zur Natur des Menschen gehört sein Verwiesensein auf den Mitmenschen. Er kann sich als Person nur entdecken, wenn er den anderen erfahren hat. Von Kind an bedarf er der Hilfe des Mitmenschen. Dieses Angewiesensein begleitet ihn bis in sein Alter hinein. In dem Prozeß des Miteinandersprechens und -handelns ist der einzelne zugleich Gebender und Nehmender. Der Mensch ist auf diesen Dialog hin angelegt[6]. Die Formen und Situationen, in denen er dem anderen begegnet, sind vielfältig. Sie sind im Umgang mit den Eltern, den Geschwistern und der Nachbarschaft anders als in Interessen- und Gesinnungsgemeinschaften, im beruflichen Alltag und in politischen Vereinigungen. In allen diesen Formen geht es aber darum, Verantwortung gegenüber dem Mitmenschen, der gemeinsamen Lebenswelt und letztlich sich selbst auf sich zu nehmen. Dies alles ist aber wiederum nicht selbstverständlich. Der Mensch muß beizeiten in diese Formen des Umgangs sowie in die Normen und Werte, die diese Formen bestimmen, eingeführt werden. Dadurch wird, soweit dies überhaupt möglich ist, sichergestellt, daß er seinen späteren Lebensweg an diesen Vorgaben orientiert. Elternhaus und Schule haben die wichtige Aufgabe, in ihren erzieherischen Bemühungen beim jungen Menschen die Voraussetzungen dafür zu legen, daß er als Person sein Handeln immer auch im Blick auf und in Verantwortung gegenüber seinen Mitmenschen begreift. Man kann dies als die „zweite sozio-kulturelle Geburt des Menschen" kennzeichnen, durch die er sich als ein soziales Wesen verstehen lernt[7].

---

6 Zu den anthropologischen Dimensionen des pädagogischen Bezuges s. *M. Buber,* Dialogisches Leben. Gesammelte philosophische und pädagogische Schriften, Zürich 1947 – ders., Das dialogische Prinzip, Heidelberg 1962

7 *D. Claessens,* Familie und Wertsystem. Eine Studie zur „zweiten, sozio-kulturellen Geburt" des Menschen und der Belastbarkeit der „Kernfamilie" (Soziologische Abhandlungen Heft 4), Berlin 1979[4] – *P. Fürstenau,* Soziologie der Kindheit (Gesellschaft und Erziehung Teil III), Heidelberg 1967

Zusammenhang von Sprache, Kultur und Geschichte

Der Mensch hat Sprache, Kultur und Geschichte. Hieran wird deutlich, daß der Mensch ein geschichtliches Wesen ist und seine Zukunft nur gelingen kann, wenn er sich in seiner Gegenwart zugleich seiner Vergangenheit gewiß ist. Die Objektivationen menschlichen Denkens und Handelns in Sprache, Kultur und Geschichte, in die zugleich die mannigfachen Formen der gesellschaftlichen Verfassung menschlicher Verhältnisse eingelassen sind, verdeutlichen die vielfältigen Möglichkeiten menschlichen Gestaltungswillens[8]. Hier erkennt und erfährt der einzelne die Chancen gelungener und beglückender, aber auch verfehlter und schuldhafter menschlicher Daseinsbewältigung, seien es nun solche von einzelnen oder ganzen Gruppen und Völkern. Jeder einzelne und damit auch zugleich jede Generation müssen ihre je eigene Überlieferung kennenlernen und sich ihr stellen. Ausgehend von diesen Erfahrungen und angesichts der gegenwärtigen kulturellen und gesellschaftlichen Bedingungen stellt sich ihnen die Aufgabe, ihre Gegenwart zu gestalten und die gewonnenen Einsichten und Erfahrungen auf die Zukunft hin fortzuschreiben. Dieser Prozeß ist nicht der Beliebigkeit des einzelnen anheim gegeben. Er ist vielmehr grundlegend und notwendig. Indem der Mensch sich dieser Herausforderung stellt, erfährt er sich selbst als Person. Erziehung und Bildung setzen den Menschen in den Stand, dies zu leisten.

Elternhaus und Schule sind wiederum der Ort, an dem der junge Mensch auf dem Wege über Erziehung und Bildung in diese Zusammenhänge eingeführt wird. Diese Institutionen repräsentieren gleichsam stellvertretend jene Objektivationen

8 *Cassirer* hat diesen Zusammenhang in seiner Philosophie der Symbolischen Formen, insbesondere in den Bänden über die Sprache und die Erkenntnis herausgearbeitet. *E. Cassirer,* Philosophie der Symbolischen Formen 3 Bde. (1923), Darmstadt 1964[4] – *H. Lübbe,* Bewußtsein in Geschichten. Studien zur Phänomenologie der Subjektivität, Freiburg 1972

von Sprache, Kultur und Geschichte mit ihren vielfältigen Formen der gesellschaftlichen Verfassung des Menschen[9]. Unbeschadet aller Einbindungen in die jeweiligen gesellschaftlichen Bedingungen besitzen diese Institutionen einen Auftrag, der über diese gesellschaftlichen Verpflichtungen hinausgeht. So formuliert *Kant:* „Der Mensch soll seine Anlagen zum Guten erst entwickeln; die Vorsehung hat sie nicht schon fertig in ihn gelegt; es sind bloße Anlagen und ohne den Unterschied der Moralität. Sich selbst besser zu machen, sich selbst kultivieren, und, wenn er böse ist, Moralität bei sich hervorzubringen, das soll der Mensch. Wenn man das aber reiflich überdenkt, so findet man, daß dies sehr schwer sei. Daher ist die Erziehung das größte Problem, und das schwerste, was dem Menschen kann aufgegeben werden. Denn Einsicht hängt von der Erziehung, und Erziehung hängt wieder von der Einsicht ab. Daher kann die Erziehung auch nur nach und nach einen Schritt vorwärts tun, und nur dadurch, daß eine Generation ihre Erfahrungen und Kenntnisse der folgenden überliefert, diese wieder etwas hinzutut, und es so der folgenden übergibt, kann ein richtiger Begriff von der Erziehungsart entspringen. Welche große Kultur und Erfahrung setzt also nicht dieser Begriff voraus?“[10]

Zusammenfassung

Die vorgenannten Aspekte sind für den Erziehungs- und Bildungsprozeß maßgebend. Dies hat im Bereich der schulischen Erziehung und Bildung Konsequenzen. Es stellt sich hier die Frage nach der Legitimation und dem Grad der Verbindlichkeit schulischen Handelns. In diesem Zusammenhang ist jedoch

---

9 Vgl. die Herausarbeitung dieses Zusammenhanges ausgehend von Fragestellungen der philosophischen Anthropologie bei *A. Gehlen,* Anthropologische Forschung. Zur Selbstbegegnung und Selbstentdekkung des Menschen, Reinbek 1961

10 *I. Kant,* Über Pädagogik, in: Werke 1964 6, 702 f.

festzustellen, daß in den letzten Jahren bei der inhaltlichen Ausgestaltung wie auch der organisatorischen Verfassung von Schule und Unterricht die Bindung an anthropologische Fragestellungen teils aufgegeben worden ist. Statt dessen sind viele Maßnahmen vornehmlich von gesellschaftlichen Zielsetzungen her begründet worden, und Erziehung wurde weitgehend als Sozialisation verstanden. Unbeschadet der vielen Interpretationsmöglichkeiten, die mit dem Begriff „Gesellschaft" gesetzt sind und die hier nicht ausgeweitet werden sollen, ist jedoch unzweifelhaft: Wichtige Aspekte, die die Erziehung und Bildung des Menschen entscheidend prägen, können allein von diesem Ansatz her nicht zureichend erfaßt werden.

Eine Korrektur der vorherrschenden einseitigen Argumentation ist notwendig und muß in zweifacher Hinsicht erfolgen.

Zum einen war diese Argumentation von einem technokratisch zu nennenden Vorverständnis her, fast ausschließlich auf die Funktion und die Aufgaben des einzelnen in der Gesellschaft ausgerichtet. In Übereinstimmung damit wurde Schule nach Maßstäben effektiver zweckrationaler Funktionsfähigkeit (z. B. Zusammenlegung von Schulen zu großen Funktionseinheiten) organisiert. Das Unterrichtsgeschehen wurde auf abrufbare Lernziele hin reduziert, die selbst wiederum auf exakt fixierte Anforderungsprofile ausgerichtet waren. Die Unterrichtsinhalte selbst wurden in Lernsequenzen aufgelöst und auf dem Wege über Testverfahren mittels Unterrichtstechnologien operationalisiert[11]. *Zum anderen* war die Argumentation in ideologiekritischer Absicht auf die gegebene Gesellschaftsstruktur und deren ordnungspolitische Zielsetzungen abgestellt[12]. Hier-

11 *A. Flitner,* Mißratener Fortschritt. Pädagogische Anmerkungen zur Bildungspolitik, München 1977 39 ff. u. 139 ff.

12 Beispielhaft für viele vergleichbare Arbeiten *E. Becker/G. Jungblut,* Strategien der Bildungsproduktion. Eine Untersuchung über Bildungsökonomie, Curriculum-Entwicklung und Didaktik im Rahmen systemkonformer Qualifikationsplanung, Frankfurt 1972

bei war das erklärte Ziel, auf dem Wege über eine organisatorische Veränderung des Schulwesens verbunden mit einer Neufassung der Bildungsinhalte unter neomarxistischen Vorgaben eine weitgehende Veränderung der gesellschaftlichen Strukturen zu erreichen[13]. Aus diesen Vereinseitigungen und Verengungen der Argumentation gilt es in dreifacher Hinsicht herauszukommen:

– bei der bildungspolitischen Diskussion über die Struktur des Bildungswesens,
– bei der Erörterung der Inhalte von Richtlinien und Lehrplänen,
– bei der bildungstheoretischen Reflexion über das, was Erziehung und Bildung für die menschliche Selbstverwirklichung bedeuten[14].

Die Diskussion dieser Fragen muß die nötige Weite und ein ausreichendes Maß innerer Freiheit wiedergewinnen, so daß anstelle ausschließlicher Fixierungen auf zweckrationale Organisationsmodelle und auf Positionen mit Weltanschauungsersatz Alternativen wieder als möglich erkannt und anerkannt werden[15].

---

13 Neben anderen *H.-G. Rolff* u. a., Strategisches Lernen in der Gesamtschule. Gesellschaftliche Perspektiven der Schulreform, Reinbek 1974 – Kritisch zu diesen Ansätzen *W. Brezinka,* Erziehung und Kulturrevolution. Die Pädagogik der Neuen Linken, München 1976² und *H. Lübbe,* Unsere stille Kulturrevolution, Zürich 1976

14 Hierzu die kritischen und weiterführenden Anmerkungen von *F. Nicolin,* Eine neue Theorie der Halbbildung? Anmerkungen zum bildungspolitischen Sprechen von Bildung, in: PR 32 (1978) 300–307 und *H. Nolte* (Hg.), Das Legitimationsproblem in der Pädagogik. Ein Streitgespräch zwischen *W. Fischer, V. Krumm, K. Schaller* und *J. Schurr,* in: VjWP 55 (1979) 265–316

15 Vgl. die kritischen Hinweise in den Referaten der Tagung der Ev. Akademie Loccum bei *J. Flügge* (Hg.), Pädagogischer Fortschritt? Heilbrunn 1972 – *C. Führ,* Erziehungswissenschaftliche Positionen in der Bildungsreform, in: Mitteilungen und Nachrichten des DIPF Nr. 83/84, Frankfurt 1976 52–79 – Ferner die aspektreiche Aufsatzsammlung zu diesem gesamten Fragenkomplex von *J. Flügge,* Vergesellschaftung der Schüler oder: „Verfügung über das Unverfügbare". Sondierungen einer Bildungsreform, Heilbrunn 1978

1.12 Gesellschaftliche Dimensionen

Erziehung und Bildung sind unbeschadet der in ihnen angelegten anthropologischen Dimensionen zugleich auch von gesellschaftlichen Dimensionen her bestimmt. Will man deren Stellenwert zureichend bestimmen, ist es notwendig, nach der Struktur und den Bedingungen von Gesellschaft zu fragen. Die moderne Gesellschaft ist von ihrer Beschaffenheit her ein komplexes Gebilde. Im Zuge ihrer geschichtlichen Entwicklung haben sich mehrere Elemente zusammengefügt. In exemplarischer Absicht lassen sich hierbei drei Strukturmerkmale herausheben. Es sind dies:

- die sachlichen und methodischen Prinzipien der modernen Wissenschaften,
- die Formen modernen Wirtschaftens,
- die Hinführung des Menschen zur Selbstbestimmung.

Diese Strukturmerkmale sind ineinander vielfach verflochten, dennoch lassen sie sich in ihrer Besonderheit herausheben. Dies soll im folgenden in gebotener Kürze geschehen.

Struktur moderner Wissenschaft

Die modernen positiven Wissenschaften verstehen sich weitgehend als Erfahrungswissenschaft[1]. Die zentrale Kategorie in methodischer und sachlicher Hinsicht ist die Hypothese. In diesem Wissenschaftsverständnis gibt es keine überlieferten und in vorwissenschaftlicher Erfahrung gewonnenen Einsichten. Jede Aussage gilt als vorläufig und steht damit zur Disposition. Dies ist an der Neufassung des Theoriebegriffes abzulesen. Die „theoria“ der abendländischen Philosophie war Wesensschau. Das verstehende Eindringen in die den Menschen umgebenden Sachbezüge und das Befragen der Gegenstände galt

1 Hierzu der kritische Überblick bei *W. Stegmüller,* Hauptströmungen der Gegenwartsphilosophie. Eine kritische Einführung, Stuttgart 1969[4]

dem Erfassen der inneren Struktur der Dinge und ihrer Einbindung in den Gesamtzusammenhang der vom Menschen erfahrenen Welt. Für diese Theorie galten nicht allein die Kriterien von richtig und falsch. Statt dessen kam es darauf an, ein Verständnis der Sache selbst zu gewinnen und das Erkannte auf substantielle Voraussetzungen hin zu bedenken. Diese Voraussetzungen waren in den Ideen vorgegeben, die das Wesen von Mensch und Welt, verstanden als Kosmos, ausmachten und an denen der Mensch sein Denken und Handeln orientierte. Aufgabe der Theorie war es, im denkerischen Zugriff der Vernunft diese Zusammenhänge zu vernehmen. So verstanden war das Denken ein „Nachdenken" der substantiell vorgegebenen Ordnungen der Wirklichkeit[2].

In den positiven Wissenschaften dient die Theorie demgegenüber der Begründung eines hypothetisch angenommenen Zusammenhanges von Ursache und Folge[3]. Die Wirklichkeit als solche samt ihren substantiellen Voraussetzungen ist nicht Gegenstand der Fragestellung. Es kommt vielmehr auf die systematische Rekonstruktion des Wissens über den Zusammenhang von Ursache und Folge an[4]. Entscheidend ist allein, ob es gelingt, mit einer gezielten theoretischen Setzung (Konstrukt) bestimmte Abfolgen von Ursache und Wirkung auf dem Wege einer systematischen Analyse der vorliegenden Fakten zu erfassen und zu erklären. Eine Theorie gilt nur so lange und so weit, wie sie dies leistet. Sie ist deshalb jederzeit zu verwerfen, sofern sie diese Erklärung nicht leistet bzw. durch Theorien mit

---

2 Beispielhaft für diese Zusammenhänge *J. Ritter,* Metaphysik und Politik. Studien zu Aristoteles und Hegel, Frankfurt 1969 9–179

3 *H. Seiffert,* Einführung in die Wissenschaftstheorie 2 Bde, München $1972^{5/4}$

4 *K.-H. Volkmann-Schluck,* Die Wandlung des Wissens in sein neuzeitliches Wesen (hekt. Manuskript), Köln 1953 – ders., Einführung in das philosophische Denken, Frankfurt 1965 59–83

einer weiter reichenden Erklärungsfähigkeit überboten wird[5]. So gesehen sind Theorien vorläufige Setzungen; es kommt ihnen keine generelle, sondern nur eine partielle Verbindlichkeit im Rahmen der jeweiligen Fragestellung zu.

Die modernen positiven Wissenschaften liefern von diesem Ansatz her eine Fülle von Einzelinformationen, die für die Erkenntnis bestimmter Sachgegebenheiten wichtig sind. Sie macht jedoch keine Aussagen hinsichtlich übergreifender Zusammenhänge, in die diese Einzelinformationen eingebettet sind und die über den partiellen Zweck jeder Information hinaus dem Menschen weitergehende umfassende Aspekte eröffnen. Der Mensch erfährt sich und die Welt aber nicht ausschließlich als Aneinanderreihung von Einzelfakten, sondern als Totalität, in die er mit seinem Denken, Handeln und Fühlen eingelassen ist und die für ihn deshalb nicht beliebig zur Disposition steht. Die Auflösung in vielfach zu kombinierende dispositive Zusammenhänge ist jedoch gerade die Aufgabe der modernen positiven Wissenschaften. Zusammenhänge, die der Mensch als komplexe Ganzheiten erfährt, werden zu exakt definierten Funktionszusammenhängen, die weitgehend hypothetischer Natur sind. Die so gewonnenen Detailkenntnisse und Spezialinformationen sind durch ein hohes Maß an Vorläufigkeit ausgezeichnet. Die Fülle der Wirklichkeit, in die der Mensch vorrangig immer schon eingebunden ist und in die er seine eigene Sicht der Dinge und Menschen und seine persönliche Erfahrung einbringt, löst sich unter dem Zugriff positiven wissenschaftlichen Denkens letztlich in ein kontingentes Faktum auf. Kontingenz heißt in diesem Zusammenhang, daß die jeweils erfaßten Tatbestände so, aber auch anders sein können[6].

---

5 Stellvertretend für diesen Ansatz sei genannt *K. R. Popper,* Logik der Forschung (1934) (Die Einheit der Gesellschaftswissenschaften. Studien in den Grenzbereichen der Wirtschafts- und Sozialwissenschaften Band 4), Tübingen 1971[4]

6 Zum gesamten s. den 1. Teil „Verwissenschaftlichung" in der Abhandlung von *W. Schulz,* Philosophie in der veränderten Welt, Pfullingen 1974[2] 11–245

Die Neuvermessung der Wirklichkeit des Menschen durch die positiven Wissenschaften und die damit gesetzten Konsequenzen für die gesellschaftliche Praxis haben in der Wissenschaft selbst neue Ansätze und Fragestellungen hervorgerufen. Die Geisteswissenschaften, die im Laufe des 19. Jahrhunderts als eigenständige Disziplinen zunehmend in Erscheinung treten, sind der Ort, an dem die neuen Ansätze thematisiert werden. Gegenstand der Geisteswissenschaften sind die großen Bereiche von Sprache, Kultur und Geschichte. Zunächst einmal geht es darum, für diese Gegenstände die systematischen Fragestellungen und je spezifischen Methoden und Verfahren zu entwikkeln[7]. Hier sind u. a. zu nennen: Aufbau hermeneutischer Erkenntnisstrukturen, Ausbau historisch-philologischer Untersuchungsansätze, Erarbeitung von Interpretationsverfahren. Dies führt im Bereich der Geisteswissenschaften zu immer weiter ausgreifenden Differenzierungen und Spezialisierungen, die den wissenschaftlichen Standards der positiven Wissenschaften auf ihre Weise entsprechen. Die Fülle von Forschungsarbeiten und -ergebnissen, die vom 19. Jahrhundert bis in die Gegenwart hinein vorgelegt worden sind, bestätigen dies.
Die Entwicklung und der Ausbau der Geisteswissenschaften ist im letzten aber von einer prinzipiellen Fragestellung her bestimmt, die bis in die Gegenwart hinein Gültigkeit hat. Will man die moderne Welt, die von den Strukturen der positiven Wissenschaften und den Formen modernen Wirtschaftens nachhaltig geprägt ist, nicht sich selbst überlassen, ist es notwendig, die großen Bereiche von Sprache, Kultur und Geschichte in neuer Weise zu vergegenwärtigen. Aufgabe der Geisteswissenschaften ist es, den Traditionszusammenhang wiederherzustellen, in den die Welt des Menschen immer schon eingelassen ist

7 Stellvertretend seien in diesem Zusammenhang genannt *W. Dilthey*, Der Aufbau der geschichtlichen Welt in den Geisteswissenschaften (1910) m. e. Einleitung v. *M. Riedel*, Frankfurt 1974 – *E. Rothacker*, Logik und Systematik der Geisteswissenschaften (1926), Bonn 1948

und der als solcher nicht Gegenstand der positiven Wissenschaften und des modernen Wirtschaftens ist. In den vergangenen Jahrhunderten wurde dieser Zusammenhang von der Theologie und der Philosophie gewahrt. Die Gründung der Berliner Universität unter Humboldt war der letzte Versuch, diesen Traditionszusammenhang von der Philosophie her noch einmal herzustellen. Die nachfolgende Entwicklung hatte aber gezeigt, daß es nicht mehr möglich war, diesen Anspruch durchzuhalten. Die immer weiter fortschreitende und in der Sache begründete Ausdifferenzierung der Wissenschaften sowohl im Bereich der Natur- als auch der Geistes- und hinzukommenden Sozialwissenschaften war nicht mehr zurückzunehmen. In dieser Situation ist es die Aufgabe der Geisteswissenschaften, die in den neuen Ansätzen der positiven Wissenschaften und des modernen Wirtschaftens nicht mehr angesprochenen Fragen nach der Welt des Menschen – seiner Sprache, Kultur und Geschichte – in das Bewußtsein des Menschen und damit zugleich in die gesellschaftliche Praxis zurückzuholen[8].
Dieser Zusammenhang, der heute nicht immer mit der notwendigen Deutlichkeit gesehen wird, ist der Grund dafür, daß den Gegenständen der Geisteswissenschaften für die Bildung des Menschen eine überragende Bedeutung zukommt. Man hat deshalb zu Recht die Geisteswissenschaften auch als Bildungswissenschaften verstanden. Diese Sicht ist jedoch auf die Geisteswissenschaften nicht beschränkt geblieben. Auch in den für die positiven Wissenschaften kennzeichnenden Bereichen sind die für die Bildung des Menschen bedeutsamen Aspekte im Laufe der Zeit herausgearbeitet worden[9]. Diese Fächer gehören daher

---

8 Dieser Zusammenhang ist grundlegend aufgearbeitet bei *H.-G. Gadamer,* Wahrheit und Methode. Grundzüge einer philosophischen Hermeneutik, Tübingen 1960 und *J. Ritter,* Die Aufgabe der Geisteswissenschaften in der modernen Gesellschaft (1963), in: ders., Subjektivität. Sechs Aufsätze, Frankfurt 1974, 105–140

9 Hierzu die vielseitigen Analysen von *M. Wagenschein,* vor allem von dems., Die pädagogische Dimension der Physik (Grundprobleme der pädagogischen Praxis), Braunschweig 1965[2]

heute ebenso zum festen Kanon des schulischen Bildungsangebotes. So geht es in den naturwissenschaftlichen Fächern nicht allein um die fachwissenschaftlichen Inhalte. Ihre Aufgabe im Rahmen des schulischen Bildungsprozesses ist darin zu sehen, daß in ihnen ausgehend von den fachwissenschaftlichen Inhalten zugleich neue Sichtweisen von Welt und Orientierungsmaßstäbe in der Welt dem jungen Menschen vermittelt werden. *Th. Litt* sah darin unter wissenschaftstheoretischen Aspekten den bildenden Wert der Naturwissenschaften[10].

Lichtenberg, selbst ein Naturwissenschaftler, hat den hier angesprochenen bildungstheoretischen Zusammenhang sehr prägnant verdeutlicht: „Rousseau hat, glaube ich, gesagt: ein Kind, das bloß seine Eltern kennt, kennt auch die nicht recht. Dieser Gedanke läßt sich auf viele andere Kenntnisse, ja auf alle anwenden, die nicht ganz reiner Natur sind: Wer nichts als Chemie versteht, versteht auch die nicht recht."[11] *Lichtenberg* macht damit deutlich, daß im Rahmen der Bildungsarbeit der Erkenntnisprozeß nicht allein auf den Gegenstand selbst eingegrenzt ist, sondern daß mit der gewonnenen Erkenntnis zugleich neue Formen des Erkennens und Verstehens möglich werden, die über den Gegenstand hinausgehen und ihn in größere Zusammenhänge einbinden. Auf diese Weise gewinnt der junge Mensch in der Arbeit mit diesen Gegenständen zugleich neue Einsichten. Bis in die Gegenwart hinein haben Naturwissenschaftler wie *Planck, Einstein, Heisenberg, C. F. v. Weizsäcker* diese Aspekte der Bildung, die in den Naturwissenschaften angelegt sind, immer wieder betont[12].

Abschließend läßt sich sagen, daß im Blick auf die moderne Gesellschaft, die von den Strukturen der modernen Wissenschaft nachhaltig geprägt ist, zwei Aspekte von Bedeutung sind.

---

10 *Th. Litt,* Naturwissenschaft und Menschenbildung, Heidelberg 1959³ – *C. Münster/G. Picht,* Naturwissenschaft und Bildung (Weltbild und Erziehung 3) Würzburg o. J. (1959)

11 *G. C. Lichtenberg,* Tag und Dämmerung – Aphorismen, Schriften, Briefe, Tagebücher hg. v. *E. Vincent,* Leipzig 1944⁵ 337

12 Beispielhaft seien erwähnt *W. K. Heisenberg,* Physik und Philosophie, Stuttgart 1959 und die vielen Einzelhinweise bei *C. F. v. Weizsäk-*

Zum einen haben die unterschiedlichen Forschungs- und Methodenansätze in den Natur-, Geistes- und Sozialwissenschaften zu einem breiten Spektrum wissenschaftstheoretischer Fragestellungen geführt. Hierbei sind im Laufe der Zeit Abgrenzungen erfolgt, die Einblicke in die strukturelle Verfassung von Wissenschaftsbereichen geben und deren Bedeutung für die gesellschaftliche Praxis und die technisch-ökonomische Entwicklung aufzeigen[13]. Wichtiger scheint indessen, daß anstelle einseitiger methodischer Fixierungen (Methodenmonismus) differenzierte Modelle die wissenschaftstheoretische Diskussion bestimmen, die den verschiedenen Forschungs- und Methodenansätzen im Rahmen umfassender Fragestellungen gerecht werden. Auf diese Weise wird der Beitrag der einzelnen Wissenschaftsbereiche im Prozeß der wissenschaftlichen Entwicklung deutlicher, und es treten zugleich die Strukturen neuer Forschungs- und Methodenansätze hervor. *Th. S. Kuhn* hat diesen Zusammenhang unter der Leitfrage des Paradigmawechsels analysiert[14].

Zum anderen ist vom Boden der modernen Wissenschaft her die Frage nach dem Menschen und seiner Welt neu aufgegriffen

---

ker, Der Garten des Menschlichen. Beiträge zur geschichtlichen Anthropologie, München/Wien 1978⁴ – Ferner *H. Wenke*, Mathematik und Naturwissenschaften im Kultur- und Bildungsleben der Gegenwart, in: ders., Wissenschaft und Erziehung. Beiträge zur Pädagogik und Kulturpolitik, Heidelberg 1952 148–165 – *Litt* 1959 – *O. Brüggemann*, Naturwissenschaft und Bildung. Die Anerkennung des Bildungswertes der Naturwissenschaften in Vergangenheit und Gegenwart, Heidelberg 1967 – *L. Krüger* (Hg.), Erkenntnisprobleme der Naturwissenschaften. Texte zur Einführung in die Philosophie der Wissenschaft (Neue Wissenschaftliche Bibliothek 38), Köln/Berlin 1970 – *D. v. Engelhardt*, Historisches Bewußtsein in der Naturwissenschaft von der Aufklärung bis zum Positivismus (orbis Academicus Sonderband 4), Freiburg/München 1979

13 Beispielhaft hierfür *C. P. Snow*, Die zwei Kulturen. Literarische und naturwissenschaftliche Intelligenz (1959), Stuttgart 1967

14 *Th. S. Kuhn*, Die Struktur wissenschaftlicher Revolutionen (1962), Frankfurt 1973 – *P. K. Feyerabend*, Wider den Methodenzwang. Skizze einer anarchistischen Erkenntnistheorie, Frankfurt 1976

worden. Die Wirklichkeit der modernen Welt, in der der Mensch lebt, ist weitgehend eine gesellschaftliche und d. h. durch Wissenschaft vermittelte Wirklichkeit. Die geschichtliche Leistung der modernen Natur-, Geistes- und Sozialwissenschaften ist darin zu sehen, daß diese im Blick auf die Gegebenheiten der modernen Welt von ihren eigenen Voraussetzungen her die Frage nach der Bildung des Menschen gestellt haben. Damit soll sichergestellt werden, daß die conditio humana in der gesellschaftlichen Wirklichkeit erhalten bleibt und zugleich das regulative Prinzip für diese Wirklichkeit ist[15]. Die Natur-, Geistes- und Sozialwissenschaften repräsentieren somit von ihren jeweiligen sachlichen und methodischen Voraussetzungen her nicht allein die differenzierten Strukturen der modernen Wissenschaft. Im Blick auf die Schule sind sie darüber hinaus im Kanon der Bildungswissenschaften zusammengeschlossen und bestimmen nachhaltig das Unterrichtsgeschehen[16]. Für den Bildungsprozeß bedeutet dies: Der junge Mensch erfährt einerseits, welche Aufgaben die einzelnen Wissenschaften in der Gesellschaft haben, und andererseits helfen sie ihm, Maßstäbe für seine Orientierung in dieser Welt zu finden. Mit diesem Ansatz stehen die modernen Wissenschaften zugleich in der Tradition eines Bildungsdenkens, das mit der Aufklärung und dem Neuhumanismus begonnen hat. Die nachfolgenden Bemerkungen über die Selbstbestimmung des Menschen greifen diesen Zusammenhang auf.

Formen modernen Wirtschaftens

Der Ansatz der modernen positiven Wissenschaften war zugleich von zentraler Bedeutung für die moderne Industriege-

---

15 *P. L. Berger/Th. Luckmann,* Die gesellschaftliche Konstruktion der Wirklichkeit. Eine Theorie der Wissenssoziologie (Conditio humana. Ergebnisse aus den Wissenschaften) (1966), Stuttgart 1971²

16 *R. Guardini,* Der Gegensatz. Versuche zu einer Philosophie des lebendig Konkreten (1925), Mainz 1955 – *K. Ulmer,* Philosophie der modernen Lebenswelt, Tübingen 1972

sellschaft. Dies zeigte sich zunächst in einer Neuorientierung des Wirtschaftsprozesses. Die Wirtschaftsprodukte verloren ihren ausschließlichen Gebrauchswert. Der Gebrauchswertcharakter der produzierten Waren wandelte sich zum Tauschwert. In diesem Prozeß wurde der Markt zur zentralen Instanz; er fungierte als Regulativ von Angebot und Nachfrage. Bevor die Konturen der modernen Industriegesellschaft Gestalt annahmen, waren bereits mit den modelltheoretischen Überlegungen zur Funktion des Marktes und Tausches sowie zur Theorie des Geldes entscheidende neue Impulse gesetzt worden[17]. Das wirtschaftliche Handeln folgte in Abgrenzung gegenüber bisher überlieferten Formen des Wirtschaftens ausschließlich den Prinzipien zweckrationalen Denkens und Entscheidens. Damit ist gesagt, daß das wirtschaftliche Handeln eine eigene Gesetzmäßigkeit besaß, die darauf angelegt war, alle Maßnahmen daran zu messen, inwieweit diese eine bestmögliche Verwendung der eingesetzten Mittel und eine weitgehende Durchsetzung der vorgegebenen wirtschaftlichen Zielsetzungen sicherstellten. Der Prozeß des Wirtschaftens wurde damit an Kriterien orientiert, die im Rahmen der positiven Wissenschaften entwickelt worden waren[18].

Es lag dann im Zuge der Zeit, daß zunehmend auch die Produktionsverfahren in diesen Prozeß einbezogen wurden und sich damit die Konturen der modernen Industriegesellschaft langsam abzeichneten. Die Entwicklung neuer technischer Verfahren und ökonomischer Modelle im Rahmen der industriellen Produktion begann in etwa mit der Aufklärung. Der Markt diente dabei der ständigen Expansion von Nachfrage und Pro-

---

17 *A. Smith,* Der Wohlstand der Nationen. Eine Untersuchung seiner Natur und seiner Ursachen (1776), München 1978

18 Diesen Prozeß hat aufgearbeitet *C. B. Macpherson,* Die politische Theorie des Besitzindividualismus. Von Hobbes bis Locke (1962), Frankfurt 1967

duktion[19]. Die Wirtschaftsgüter hatten in diesem Prozeß die Funktion, ständig neue Stimulanzen für das Kaufinteresse darzustellen. Die Austauschbarkeit und die Ersetzbarkeit wurden zum bestimmenden Kriterium der produzierten Güter. Dies war aber nur möglich, wenn die Produktionsprozesse durchrationalisiert wurden und strikte Funktionalität aller Einzelprozesse gewährleistet war[20]. Die Zerlegung der Arbeitsvorgänge in genau abgesteckte detaillierte Produktionseinheiten und die exakte Kalkulation des Einsatzes von Kapital, Arbeit und Material (Rohstoffe, Maschinen und sonstige Hilfsmittel) waren zwingend geboten[21]. Auf diese Weise wurde eine industrielle Infrastruktur aufgebaut, die den stetig ansteigenden und wandelnden Anforderungen des Marktes gerecht werden konnte. Es entstanden in dieser Zeit die Voraussetzungen einer Massenproduktion, die es ermöglichte, allen Menschen nicht allein die zusätzlich geschaffenen Bedürfnisse, sondern vor allem die elementaren Bedürfnisse von Kleidung, Nahrung und Wohnung zu befriedigen. Diese Möglichkeit stellt gegenüber früheren Zeiten

---

19 Eine pointiert kritische Darstellung dieses Zusammenhanges findet sich bei *J. Robinson,* Doktrinen der Wirtschaftswissenschaft. Eine Auseinandersetzung mit ihren Grundgedanken und Ideologien (1962), München 1972[3]

20 Unter den Begriffen „Industrie" und „Fleiß" hat *Sextroh* die neuen Formen des Wirtschaftens und Arbeitens anschaulich beschrieben *H. P. Sextroh,* Über die Bildung zur Industrie. Ein Fragment, Göttingen 1785 34–43

21 Insgesamt hierzu *P. A. Samuelson,* Volkswirtschaftslehre. Eine Einführung 2 Bde., Köln 1970[4] – *L. J. Zimmermann,* Geschichte der theoretischen Volkswirtschaftslehre (1953), Köln 1970[4] – Die Konsequenzen dieser Produktionsverfahren im Bereich automatisierter Fertigungen haben *Mickler* u. a. analysiert und Möglichkeiten aufgezeigt, wie eine stärkere personenbezogene Einbindung in diese Verfahren erfolgen kann, die zugleich auf eine Humanisierung des Arbeitsplatzes zielt. *O. Mickler/E. Dittrich/U. Neumann,* Technik, Arbeitsorganisation und Arbeit. Eine empirische Untersuchung in der automatisierten Produktion (Studienreihe des Soziologischen Forschungsinstituts SOFI Göttingen), Frankfurt 1976

eine Fortentwicklung dar, deren politische und soziale Bedeutung unbestritten ist.
Im Verlauf des Ausbaus und der Fortschreibung dieser durchrationalisierten Verfahren des Wirtschaftens und Produzierens geschah es, daß dieser Prozeß auch auf die Bereiche des menschlichen Zusammenlebens übergriff. Mit dieser Übertragung partiell berechtigter Verfahrensmodalitäten in Wissenschaft und Wirtschaft auf weite Bereiche menschlicher Daseinsgestaltung zeichnen sich heute Merkmale ab, die sich im Begriff der technisch-industriellen Zivilisation zusammenfassen lassen[22]. Diese Zivilisation ist durch ein hohes Maß an Verflechtung und Abhängigkeit sowie an Indirektheit und Abstraktion gekennzeichnet. Die moderne Gesellschaft ist von diesen Gegebenheiten her zureichend als eine hypothetische Zivilisation zu bestimmen. Eine solche Zivilisation zeichnet sich durch einen hohen Grad an Unverbindlichkeit, Vorläufigkeit und Veränderbarkeit aus; sie ist von ihrem Ansatz her „geschichtslos". Für das politische und soziale Handeln des Menschen gibt es von den Bedingungen einer so verstandenen hypothetischen Zivilisation her keine verbindlichen und verpflichtenden Maßstäbe.

Hinführung des Menschen zur Selbstbestimmung

Die Elemente der modernen positiven Wissenschaften wie auch die Eigengesetzlichkeiten modernen Wirtschaftens, die im Laufe der Entwicklung der modernen Gesellschaft immer stärker hervorgetreten sind, haben eine Reihe von Problemen deutlich werden lassen, denen sich die Gesellschaft stellen muß. Mit dieser Feststellung wird in keiner Weise die Notwendigkeit und Berechtigung der vorgenannten Struktureigentümlichkeiten

---

22 Eine kritische Darstellung dieses Zusammenhanges gibt *P. M. Baran,* Politische Ökonomie des wirtschaftlichen Wachstums (1957), Neuwied 1966

für die Funktionsfähigkeit der modernen Gesellschaft vor allem hinsichtlich der ihr gestellten Aufgaben geleugnet. Es soll vielmehr die Grenze dieser Ansätze deutlich werden. Die Grenze ist da erreicht, wo diese Strukturmerkmale zweckrationalen Handelns und durchrationalisierter Verfahrensmodalitäten aus ihrer funktionalen Gebundenheit gelöst werden und zu Maximen des politischen Handelns und zu bestimmenden Kriterien für die Auslegung des Menschen und seiner Welt werden[23]. Hier seien u. a. genannt:

– die Verkürzung menschlicher Handlungsspielräume auf eng definierte Rollenstrukturen,

– die zunehmende Verengung des politischen Handelns in Richtung zweckrationaler Effektivitätserwägungen,

– die Eingrenzung individueller Entscheidungsspielräume durch Ausbau gesellschaftlicher Verteilungs- und Lenkungsinstanzen,

– die Zerstörung gewachsener Lebens- und Landschaftsräume (z. B. Straßen-, Wohnungs- und Stadtentwicklung) unter ausschließlich funktionalen Gesichtspunkten aufgrund zweckrationaler Planungsvorgaben.

Diese Ausweitung ist jedoch nicht zwingend. Eine geschichtliche Rückbesinnung kann dies deutlich machen.

Die Herausbildung der oben genannten Formen der positiven Wissenschaften und des Wirtschaftens geschah – unbeschadet historischer Vorläufer – in entscheidender Weise im 18. und beginnenden 19. Jahrhundert. Damit ist ein zeitlicher Rahmen gesteckt, der die Zeitepoche von Aufklärung und Neuhumanis-

---

23 Unter dem Begriff der Eindimensionalität hat diesen Zusammenhang analysiert *H. Marcuse,* Der eindimensionale Mensch. Studien zur Ideologie der fortgeschrittenen Industriegesellschaft (1964), Neuwied/Berlin 1968[7/8] – Vgl. ferner die Darstellung dieser Zusammenhänge unter verschiedenen Perspektiven in dem Sammelband von *H. Baier* (Hg.), Freiheit und Sachzwang. Beiträge zu Ehren Helmut Schelskys, Opladen 1977 und die Fortschreibung der vorgenannten Tendenzen bei *D. Bell,* Die nachindustrielle Gesellschaft (1973), Reinbek 1979

mus umgreift. Sozialgeschichtlich war es die Zeit der Emanzipation des Bürgertums, d. h. die Loslösung der freien und gebildeten Stände aus der Vormacht der Geburtsstände. Es war dies zugleich der Ausgangspunkt einer Neubestimmung der politischen und gesellschaftlichen Ordnungsstrukturen unter dem Primat von Freiheit und Gleichheit[24]. Bis dahin wurden die Erziehung und Bildung vornehmlich verstanden als ein Prozeß der lernenden Einübung in die Aufgaben und Verpflichtungen, die sich dem einzelnen im Rahmen der geburtsständisch geordneten Welt stellten. Die Ordnungen dieser Welt waren verpflichtend vorgegeben. Dem entsprachen ebenso die Formen des Wirtschaftens. Ineins mit der Loslösung aus den überkommenen Strukturen artikulierte das Bürgertum, der Träger dieser Entwicklung, sein Selbstverständnis in einer spezifisch anderen Weise. An den Aufgaben von Erziehung, Bildung und Schule ist dieses neue Selbstverständnis abzulesen.[25]

Die Selbstbestimmung und Eigenverantwortung des Bürgers, die sich in den neuen Formen sowohl des Wirtschaftens als auch der damit verbundenen politisch-gesellschaftlichen Ordnung zeigten, waren nur möglich, wenn der einzelne nicht vorbehaltlos in die Prozesse aufging und von ihnen bestimmt wurde, die die gesellschaftliche Praxis und das Wirtschaften kennzeichneten. Der politische Aspekt dieses Vorganges ist darin zu sehen, daß das Bürgertum im Augenblick der Festigung neuer gesellschaftlicher und wirtschaftlicher Ordnungsstrukturen in diese Strukturen zugleich Korrektive einbaute, deren Aufgabe darin

---

24 Grundlegend *Ritter* 1969 183–317

25 *W. Roessler,* Die Entstehung des modernen Erziehungswesens in Deutschland, Stuttgart 1961 – *H. Lange,* Schulbau und Schulverfassung der frühen Neuzeit. Zur Entstehung und Problematik des modernen Schulwesens (Pädagogische Studien Band 12), Weinheim 1967 – *K.-E. Jeismann,* Das preußische Gymnasium in Staat und Gesellschaft. Die Entstehung des Gymnasiums als Schule des Staates und der Gebildeten. 1787–1817 (Industrielle Welt. Schriftenreihe des Arbeitskreises für moderne Sozialgeschichte Band 15), Stuttgart 1974

bestand, die neu gewonnenen Freiheiten abzusichern gegen die immanenten Zwänge der neuen Strukturen. Man wollte nicht alte Unfreiheiten gegen neue eintauschen. Erziehung, Bildung und Schule waren die Mittel, dies zu verhindern. Die Schule hatte die Aufgabe, auf dem Weg der Erziehung und Bildung den jungen Menschen zu Selbstbestimmung und Eigenverantwortung hinzuführen. Damit waren zugleich neue Maßstäbe gesetzt für die gesellschaftlichen und politischen Aufgaben des Bürgers und die Formen seines Selbstverständnisses. Auswahlkriterien waren nicht mehr die Standeszugehörigkeit und der ererbte Besitz, sondern die persönliche Leistung als Ausdruck der individuellen Möglichkeiten.

Aufschlußreich ist in diesem Zusammenhang, daß die Neuorientierung von Erziehung, Bildung und Schule selbst wiederum in den Prozeß der geschichtlichen Entwicklung eingelassen war. Mit der Aufklärung traten vor allem im Bereich der beruflichen Ausbildung neue Ansätze hervor, die sich ausdrücklich von der überkommenen Ausbildungspraxis des Handwerks und der Zünfte abhoben[26]. Es ging darum, ausgehend von berufspädagogischen Fragestellungen den jungen Menschen auf die beruflichen Arbeitsmöglichkeiten vorzubereiten. Das pädagogische Bemühen zielte angesichts der neuen Gegebenheiten in Wirtschaft und Industrie vornehmlich auf die Brauchbarkeit und Nützlichkeit des Bürgers. Auch im Bereich der allgemeinen schulischen Unterweisung kam es darauf an, den jungen Menschen in den Wissenschaften und Künsten so zu fördern, daß er zu vernünftigen und nützlichen Tätigkeiten im Gemeinwesen fähig und bereit war. Im Laufe der Entwicklung

26 Hierzu grundlegend *K. Stratmann,* Die Krise der Berufserziehung im 18. Jahrhundert als Ursprungsfeld pädagogischen Denkens (Kölner Arbeiten zur Pädagogik), Ratingen 1967 – *H. Blankertz,* Bildung im Zeitalter der großen Industrie. Pädagogik, Schule und Berufsbildung im 19. Jahrhundert (Das Bildungsproblem in der Geschichte des europäischen Erziehungsdenkens Band XV), Hannover 1969

wurde dann aber zunehmend deutlicher, daß in dem neuen Verständnis von Erziehung, Bildung und Schule zugleich neue Probleme angelegt waren. Die Betonung des Gesichtspunktes der Nützlichkeit führte unbeschadet seiner teilweisen Berechtigung zu einer Beschneidung der Aufgaben, die diesem Gesichtspunkt nicht zuzuordnen waren. Mit der Erweiterung und der darin eingeschlossenen neuen Akzentuierung der pädagogischen Aufgaben von Erziehung, Bildung und Schule war eine Vereinseitigung gegeben, die den Menschen als Person aus dem Blick verlor.

Die Aufklärung, insbesondere aber der Neuhumanismus sind gekennzeichnet von dem Bemühen, die Erziehung und Bildung des Menschen angesichts dieser Gegebenheiten neu zu bestimmen[27]. Humboldts Bildungstheorie ist in der Reihe dieser Versuche der bedeutendste und überzeugendste; er faßt die Impulse seiner Vorgänger und seiner Zeit zusammen und sichtet sie kritisch[28]. Über die Bildung des Menschen führt der Weg zu Freiheit, Autonomie, Kreativität, Verantwortungsbewußtsein und Verantwortungsbereitschaft. Der Bildungsprozeß selbst vollzieht sich an bestimmten Gegenständen. Es sind dies vornehmlich die Muttersprache und die Fremdsprachen, die Literatur, die Geschichte, die Künste, die Gymnastik, die Kenntnis der eigenen und fremden Kulturen, die Formen von Geselligkeit und Solidarität. Diese Gegenstände sind Exempla, die dem Menschen seine Geschichte und seine Gegenwart näher bringen und ihm ein gegründetes Wissen von sich und seiner Welt zukommen lassen. Die Einsichten, die hier vermittelt werden, sind zugleich sittlich-moralischer Natur. Sie tragen dazu bei, daß auf dem Wege über die Erziehung und Bildung beim Menschen Verantwortungsbereitschaft und Menschlichkeit geweckt

---

27 *J. C. Vollbeding,* Über die Bildung des Bürgers – der Bildung des Menschen untergeordnet, Leipzig 1789

28 *C. Menze,* Wilhelm von Humboldts Lehre und Bild vom Menschen, Ratingen 1965 – ders., Die Bildungsreform Wilhelm von Humboldts (Das Bildungsproblem in der Geschichte des europäischen Erziehungsdenkens Band XIII), Hannover 1975

werden. Erziehung und Bildung haben in diesem Verständnis zugleich eine pragmatische und politische Komponente[29]. Der Korrektheit willen muß allerdings betont werden, daß die einseitige bildungstheoretische Rezeption dieses Bildungsverständnisses (Bildung als „schöner Schein") und seine soziale Pervertierung (Bildung als Standesprivileg) im 19. Jahrhundert nicht bestritten werden sollen[30]. Das Aufzeigen dieser Tatbestände darf jedoch nicht davon abhalten, das Problem zu erkennen, auf das diese Bildungstheorie antwortete. Die Antwort zielte darauf, daß im Prozeß der Erziehung und Bildung immer zugleich der Mensch als Person und seine Aufgaben im Rahmen der Gesellschaft gesehen werden müssen. Dieses Problem stellt sich heute ganz anders, ist aber in seiner prinzipiellen Bedeu-

---

29 Den Aufweis des anthropologischen und politisch-sozialen Zusammenhanges von Bildung und seine Auflösung in die Bereiche privater Unverbindlichkeit sowie die damit gesetzten politischen und sozialen Konsequenzen s. bei *C. Menze,* Der Übergang von der ästhetisch-politischen zur literarisch-musischen Erziehung. Erörterungen über den Wandel des Bildungsdenkens zu Beginn des 19. Jahrhunderts, in: VjWP 47 (1971) 1–33

30 *H.-J. Heydorn/G. Koneffke,* Studien zur Sozialgeschichte und Philosophie der Bildung 1. Bd., München 1973 – *Weil* hat aufgezeigt, daß diese Reduktion in dem neuen Verständnis von Bildung selbst bereits angelegt war. *H. Weil,* Die Entstehung des deutschen Bildungsprinzips (1930), Bonn 1967[2] – Diese Reduktion kann beispielhaft auch an der Geschichte der Gewerbeschule in Preußen aufgezeigt werden. Diese Schulen versuchten zunächst allgemeinbildende und berufsbildende Inhalte miteinander zu verbinden. Im Laufe des 19. Jahrhunderts mußten sie diesen Zusammenhang zugunsten der Gymnasien und der Realschulen aufgeben und wurden zu reinen Fachschulen. *C. Schiersmann,* Zur Sozialgeschichte der preußischen Provinzialgewerbeschulen im 19. Jahrhundert (Studien und Dokumentationen zur deutschen Bildungsgeschichte Band 8), Frankfurt 1979 – *Blankertz* hat vor allem darauf verwiesen, daß die Einschätzung der Aufgaben der Bildung in der Geschichte des Bildungswesens weitgehend von politischen Interessen und gesellschaftlichen Verwertungsmöglichkeiten abhing. *H. Blankertz,* Was heißt: ein Bildungswesen „pädagogisch" zu verbessern? in: *Derbolav* 1977 79–87

tung nach wie vor gegeben. Es gilt daher einen Weg zu finden, der den heutigen Bedingungen gerecht wird, zugleich aber die überkommene leitende Fragestellung nicht aus dem Auge verliert.

Die geschichtliche Bedeutung dieses Bildungsdenkens ist darin zu sehen, daß es von seinem anthropologisch begründeten Ansatz her die Voraussetzungen dafür gelegt hat, die modernen Natur-, Geistes- und Sozialwissenschaften als Bildungswissenschaften zu verstehen. Sie vermitteln dem Menschen Einsichten und Orientierungshilfen. Damit ist gesagt, daß vom Boden dieser Wissenschaften her einerseits dem Menschen Korrektive an die Hand gegeben werden, um die Zwänge zu relativieren, die von diesen Wissenschaften andererseits im Rahmen einer immer stärker um sich greifenden Verwissenschaftlichung aller Lebensbereiche ausgehen. Die bildungstheoretischen Voraussetzungen hierfür sind in dem klassischen Bildungsdenken *Humboldts* und seiner Zeitgenossen gelegt worden. Die Selbstbestimmung des Menschen ist nach diesem Verständnis nur möglich, wenn der Mensch gegründete Einsichten über sich und seine Welt sowie deren geschichtlicher und gegenwärtiger Verfassung besitzt. Die modernen Wissenschaften, verstanden als Bildungswissenschaften bieten dem Menschen die Möglichkeit, diese Einsichten zu gewinnen.

Die geschichtlichen Ereignisse der letzten Jahrzehnte (es sei der Name Auschwitz genannt) haben jedoch verschiedentlich Vorbehalte gegenüber diesem Bildungsverständnis aufkommen lassen[31]. Hier stellen sich Fragen nach den moralischen Prinzipien menschlichen Handelns. Die Problematik, die damit angesprochen ist, war dem klassischen Bildungsdenken durchaus gegen-

31 *H. Weinstock,* Die Tragödie des Humanismus. Wahrheit und Trug im abendländischen Menschenbild, Heidelberg 1967[5] und *M. Horkheimer/ Th. W. Adorno,* Dialektik der Aufklärung. Philosophische Fragmente, Frankfurt 1969 – *Geissler* hat auf diesen Zusammenhang aufmerksam gemacht. *E. E. Geissler,* Der Bildungsauftrag des Gymnasiums heute, in: DHS 31 (1978) 21–27

wärtig; es sei an dieser Stelle nur auf *Kant* und *Pestalozzi* verwiesen. In der Tat führen Einsichten allein nicht schon zu verantwortlichem Handeln. Umgekehrt setzt verantwortliches Handeln in der Regel Einsicht voraus. Die Bürde der moralischen Verantwortung wird um so größer, je mehr Einsicht vorhanden ist[32]. Skrupelloses Handeln ist dadurch aber nicht zu verhindern; ein solches Handeln steht außerhalb aller Bezüge. Die klassische Bildungstheorie hat mit ihren Aussagen über den Menschen und die Aufgaben seiner Bildung das Bewußtsein des Menschen für seine Verantwortung gestärkt, die er in einer säkularisierten Welt für sich und andere zu tragen hat. Wenn angesichts vieler erschreckender Ereignisse deutlich wird, daß dieser Anspruch von Zeit zu Zeit in Vergessenheit gerät, so wird dadurch die Gültigkeit dieses Ansatzes nicht aufgehoben. Es ist auch in einer säkularisierten Welt nicht mehr möglich, mit gutem Gewissen gewissenlos zu sein.

Zusammenfassung

Der Aufweis der Struktur moderner Wissenschaft und der Formen neuzeitlichen Wirtschaftens zusammen mit der Bedeutung von Mündigkeit und Autonomie angesichts dieser Gegebenheiten erhellt die Komplexität der Zusammenhänge, denen nicht mit einseitig fixierten Erklärungsmustern begegnet werden kann[33]. Dies läßt sich am Problem der Freiheit verdeutlichen. *Zum einen* ist die moderne positive Wissenschaft zusammen mit den neuzeitlichen industriellen Produktionsverfahren die Voraussetzung dafür, daß vielen Menschen Nahrung, Kleidung und

---

32 Diesen Zusammenhang erörtert *H. Hoffmann,* Die Humanitätsidee in der Geschichte des Abendlandes, Bern 1951

33 Vgl. hierzu die umfassenden Analysen von *H. Blumenberg,* Die Legitimität der Neuzeit, Frankfurt 1966 und *W. Pannenberg,* Wissenschaftstheorie und Theologie, Frankfurt 1973

Wohnung in ausreichendem Maße zur Verfügung stehen. Die Versorgung mit Massengütern ist nur möglich von diesen Voraussetzungen her. Die Freisetzung von den unmittelbaren Nöten des Alltags verbunden mit der Möglichkeit, die Formen der persönlichen Daseinsvorsorge stärker den eigenen Bedürfnissen anzupassen, stellen gegenüber früheren Zeiten einen Gewinn an Freiheit dar. Zugleich ist die neuzeitliche technisch-industrielle Zivilisation von ihren Voraussetzungen in Wissenschaft und Wirtschaft her zu einem universalen Phänomen geworden, dem sich weltweit niemand mehr entziehen kann. Es gibt für sie keine Grenzen, weil der sie tragende Wissenschaftsbegriff von seinen methodischen Prämissen her auf Unabgeschlossenheit hin ausgelegt ist. Darin liegt eine große Chance, aber zugleich auch eine große Gefahr, wie sie sich heute in dem geschärften Bewußtsein gegenüber Fragen der Umweltbelastung und der Ausbeutung der natürlichen Rohstoffquellen zeigt[34]. *Zum anderen* haben die modernen Formen des Wirtschaftens mit der Freisetzung von den unmittelbaren Lebensnöten dem Menschen neue Formen der Unfreiheit gebracht. Die Ausdehnung dieser neuen Ansätze auf alle Lebensgebiete bis hin in die Bereiche der persönlichen Daseinsauslegung und Daseinsgestaltung reduziert den Menschen zu einer kalkulierbaren Größe in durchrationalisierten und technisch perfekt ausgebauten Verwaltungs-, Handlungs- und Produktionsprozessen[35]. Substantielle Fragen und der Bezug auf Inhalte sind in

34 Beispielhaft hierfür die Arbeit des Club of Rome *D. L. Meadows* u. a., Die Grenzen des Wachstums. Bericht des Club of Rome zur Lage der Menschheit, Stuttgart 1971 – *M. Mesarović/E. Pestel,* Menschheit am Wendepunkt? 2. Bericht an den Club of Rome zur Weltlage, Stuttgart 1974 – *D. L. Meadows* u. a., Wachstum bis zur Katastrophe? Pro und Contra zum Weltmodell, Stuttgart 1974 – *W. L. Oltmans,* „Die Grenzen des Wachstums". Pro und Contra, Reinbek 1974 – Weiterhin die von *Derix* angegebene kritische Literatur zu den Vorlagen des Club of Rome, *H.-H. Derix,* „Kulturrevolution" als trojanisches Pferd, in: Die berufsbildende Schule 31 (1979), 111

35 Auf die Möglichkeiten der Korrektur verweist *H. Harnischfeger,* Planung in der sozialstaatlichen Demokratie. Überlegungen zum Verhältnis von politischem Willensbildungsprozeß und Wissenschaft sowie zum Verfahren bei der Planung, Neuwied/Berlin 1969

diesem Rahmen nicht mehr gefragt, sie wirken vielmehr störend[36]. Damit verliert der einzelne Identifikationsmöglichkeiten, die er als Person aber benötigt, um ein angemessenes Verständnis von sich und seiner Welt zu erlangen[37].

Die Bewältigung höchst differenzierter Aufgaben im Bereich des öffentlichen und privaten Lebens verlangen heute vom Menschen vielfach ein gegründetes Selbstbewußtsein. Mündigkeit und Autonomie sind deshalb angesichts dieser Aufgaben in verstärktem Maße gefordert. Hier bedarf es der Vergegenwärtigung der Aufgaben von Erziehung und Bildung, wie dies in exemplarischer Weise zugleich mit dem Aufkommen der modernen Gesellschaft in der neuhumanistischen Bildungstheorie geschehen ist. Die geschichtliche Leistung dieser Theorie ist darin zu sehen, daß sie die Frage nach dem Verhältnis von Individuum und Gesellschaft zu einem zentralen und über die Zeiten hinweg gültigen Thema erhoben hat. Für die Gegenwart bedeutet dies: In einer Welt, die den Anspruch erhebt, persönliche Freiheit und Selbstgestaltung zu gewährleisten, die aber andererseits ein Instrumentarium zur Zerstörung der Individualität besitzt, haben Erziehung und Bildung des Menschen die Aufgabe, dem jungen Menschen die Chancen und Gefährdungen, denen er ausgesetzt ist, bewußt zu machen. Der junge Mensch muß fähig werden, in dieser Welt differenziert entscheiden und handeln zu können. Er muß ferner in der Lage sein, sich

---

36 Auf die Dialektik und die möglichen Fehldeutungen dieses Prozesses sowie die Notwendigkeit einer Neubesinnung verweist *G. Rohrmoser,* Zur geistig-ethischen Erneuerung, Stuttgart 1979

37 *Affemann* hat diesen Identitätsverlust anhand der Symptome Jugendkriminalität, Drogenwelle, Ideologieanfälligkeit und Neurotisierung beschrieben und den Grund hierfür in geistigen Veränderungen der Gesellschaft (u. a. Lustgewinn als Lebenssinn, Auflösung fester Formen), im Zerfall der Familie, in Zwängen der Konsumgesellschaft und in den erzieherischen Defiziten der schulischen Bildungsarbeit gesehen. *R. Affemann,* Krank an der Gesellschaft. Symptome, Diagnose, Therapie, Stuttgart 1974

auf die Bedingungen der modernen Gesellschaft einzulassen und zugleich ihre Grenzen zu sehen. Dies kann er jedoch nur, wenn er sich von religiösen und weltanschaulichen Positionen her versteht, die in den Bedingungen der modernen Welt nicht ihren Grund haben. Erziehung und Bildung, wie sie die Schule vermitteln, bieten hier Möglichkeiten, indem sie dem Menschen an exemplarischen Gegenständen, die nicht allein auf gesellschaftliche Rahmenbedingungen ausgerichtet sind, Einsichten und Erfahrungen von dem vermitteln, was den Menschen als Person in seiner Unverwechselbarkeit auszeichnet.

Die in dieser Schrift vorgetragenen Bemerkungen zur individuellen Ausprägung des Menschen zielen auf diese Zusammenhänge, die in anthropologischen und gesellschaftlichen Dimensionen wurzeln. Aus der Sicht der modernen Persönlichkeitspsychologie stellt sich dies folgendermaßen dar: „Eine Psychologie, welche an dem Prinzip der Gleichrangigkeit aller individuellen Sinnwelten festhält, muß deswegen die Notwendigkeit der sozialen Überformung dieser Mikrokosmen der Sinnerfahrung nicht übersehen. Nur von der immer erneuten intensivierten Anschauung und Analyse konkreter personaler Geschehensordnung aus wird sie ihrer eigentlichen, durch die ihr gegebenen methodischen Möglichkeiten umschriebenen Aufgabe gerecht werden können: nämlich die Gesellschaft unermüdlich an die Existenz dieser individuellen ‚Welten' zu erinnern und zugleich den Organen und Institutionen dieser notwendigerweise auf soziale Konformität dringenden Gesellschaft zu helfen, jenen individuellen Welten besser gerecht zu werden. Vielleicht sollte die Psychologie, die sich ein halbes Jahrhundert lang mit unterschiedlichem Erfolg bemühte, das Individuum an die Gesellschaft anzupassen, sich mehr und mehr auch auf die Aufgabe besinnen, die Gesellschaft ‚individuellen Welten' anzupassen."[38]

38 *H. Thomae,* Das Individuum und seine Welt. Eine Persönlichkeitstheorie, Göttingen 1968, 589. Der Verfasser legt auf der Basis von Langzeituntersuchungen eine umfassend dokumentierte Analyse dieser Zusammenhänge vor und versucht, von den weithin üblichen partiellen

1.13 Zusammenhang von Erziehung und Bildung

In den voraufgehenden Abschnitten sind die Begriffe Erziehung und Bildung nicht weiter differenziert worden. Dies soll an dieser Stelle geschehen. Hierbei ist nicht daran gedacht, eine Begriffsgeschichte vorzulegen. In der nachfolgend aufgeführten Literatur sind solche Ansätze genannt. An dieser Stelle soll vielmehr versucht werden, beide Begriffe, die häufig unterschiedslos gebraucht werden, von einander abzuheben, ihre wechselseitige Bezogenheit herauszustellen, den Rahmen aufzuzeigen, in den sie eingelassen sind, und schließlich ihre Bedeutung angesichts der Bedingungen unserer Zeit herauszuarbeiten. Bei einer Abklärung der Bedeutungsinhalte beider Begriffe ist es hilfreich, auf entsprechende lateinische Formen zurückzugreifen. Die lateinische Form für Erziehung lautet educatio, während die für Bildung eruditio lautet[1].

Erziehung

Ausgehend von der lateinischen Sprachwurzel wird unter Erziehung der Prozeß des Aufwachsens und Reifens verstanden. Der junge Mensch wächst in die Gemeinschaft hinein; er wird dabei über sich selbst hinausgeführt. Hierzu bedarf er vielfältiger Hilfen, denn dieser Prozeß vollzieht sich nicht von selbst. In diesem Prozeß wird der junge Mensch mit der ihn umgebenden

---

empirischen Ansätzen abzugehen und statt dessen umfassendere theoretische Ansätze einzubringen, die die Person als Ganzes im Auge haben. – Aspekte dieser „individuellen Welten" verdeutlicht *E. H. Erikson,* Dimensionen einer neuen Identität, Frankfurt 1975

1 *M. Petschenig,* Der kleine Stowasser. Lateinisch-deutsches Schulwörterbuch, München 1960 183 u. 191

Welt konfrontiert. Er stößt auf die Normen, Ordnungen, Bräuche und Gesetze der ihn umgebenden Welt. Diese Welt erscheint zunächst als der überschaubare Bereich der Familie, der sich Zug um Zug ausbreitet in die Nachbarschaft, die Schule, die jugendlichen Bezugsgruppen bis hin zu den größeren gesellschaftlichen Zusammenschlüssen in Beruf, Verbänden, Parteien und Kirchen. Auf diesem Wege des Hineinwachsens in immer größere Zusammenhänge muß sich der junge Mensch ständig mit neuen Anforderungen auseinandersetzen. Die hinter diesen Anforderungen stehenden Gewohnheiten, Bräuche und Gesetze sowie die sie tragenden Normen und Werte müssen dabei eigens vergegenwärtigt werden. Dies geschieht in vielfältigen Formen, die auf den jeweiligen Bezugsrahmen zugeschnitten sind. Hierzu zählen u. a.:

- die Einübung in die Formen familiären Zusammenlebens,
- die Nachahmung vorbildlicher Handlungs- und Entscheidungsmodi,
- die Unterweisung über die Gesetze, Verhaltenscodices und Entscheidungsmuster von Gruppen und Institutionen, wie Verbänden, Kirchen und sonstigen gesellschaftlichen Gruppierungen,
- die Einführung in die Formen des Umgangs in den vielfältigen persönlichen, politischen und gesellschaftlichen Lebensbereichen und Aufgabenfeldern.

Der junge Mensch wird hierbei ständig auf Zielsetzungen hin ausgerichtet, die seine jeweilige Situation übersteigen[2].

---

2 Vgl. die pointierte Aufarbeitung der verschiedenen Aspekte der Sozialisation für das Erziehungsgeschehen bei *W. Kuckartz,* Sozialisation und Erziehung. Eine Polemik wider den Pädagogismus (neue pädagogische bemühungen Band 39), Essen 1969 – *H. Fend,* Sozialisierung und Erziehung. Eine Einführung in die Sozialisierungsforschung (Studien zur Erziehungswissenschaft Band 5), Weinheim/Basel 1969 – Ferner die Fortführung dieser Überlegungen in Richtung einer kritischen Analyse der Zusammenhänge von Mündigkeit und Sozialisation bei *H. Fend,* Konformität und Selbstbestimmung. Mündigkeit und Leistungs-

Darin liegt eine Zumutung, die jedoch nicht aufgegeben werden darf. Der junge Mensch muß sich dieser Herausforderung stellen[3]. Wenn dies geschieht, wachsen ihm die Kräfte zu, die er benötigt, um später in persönlichen und beruflichen Situationen auch Enttäuschungen gewachsen zu sein, vor die ihn niemand bewahren kann. Der junge Mensch erfährt dies alles jedoch nicht über abstrakte Lernzielbestimmungen und Unterrichtsprojekte, sondern hier zählen die Hilfen, die Ermunterungen, die Ratschläge, die ihm aus dem Kreis derer zuteil werden, mit denen er zusammenlebt. Das Vorbild, aber auch das Versagen und das Schuldigwerden dieser Menschen machen ihm deutlich, worum es geht. Damit gewinnt der junge Mensch die Möglichkeit, Vertrauen entgegenzunehmen und Vertrauen zu schenken, ohne die ein Miteinanderleben in der Gemeinschaft nicht möglich ist. Die Normen und Werte sowie das sie tragende Ethos werden somit im täglichen Umgang in Familie, Nachbarschaft und Schule vergegenwärtigt und erfahren[4]. Diese Praxis

---

motivation in sozialisationstheoretischer Sicht, Weinheim/Berlin/Basel 1971. Die Arbeiten von *Fend* geben eine Reihe von Einzelinformationen. Letztlich greifen die Ergebnisse aber zu kurz, weil sie von einem Personverständnis ausgehen, für das Sozialisationstheorien, nicht aber anthropologische Kategorien maßgeblich sind. – Vgl. ferner *E.-G. Renda,* Politische Sozialisation zwischen pädagogischer Anthropologie und politischer Systemtheorie, in: DHS 32 (1979) 241–246

3 *F. Haider,* Erziehung durch Umsturz von Normen? in: PR 29 (1975) 515–523

4 *Pestalozzi* hat diesen Zusammenhang in dreifacher Weise als Erleben bzw. Erfahren („sittliche Gemüthstimmung"), als Handeln („sittliche Uebungen") und als Reflektieren („sittliche Ansicht") erläutert. *J. H. Pestalozzi,* Stanser Brief (1799), Weinheim/Berlin/Basel 1971 – Diesen Fragen ist *Nipkow* im Rahmen einer kritischen Wertung der Thesen des Bonner Forums „Mut zur Erziehung" nachgegangen. Es werden eine Reihe von Aspekten aufgezeigt, die für eine Erziehung, wie sie hier verstanden wird, wichtig sind. Diese Aussagen werden auch nicht durch die gesellschaftskritischen Zusätze eingeschränkt. *K.-E. Nipkow,* Der Ruf nach sittlicher Erziehung in der Schule? Rückfragen an eine neue

des Umgangs ist seit *Plato* und *Aristoteles* die Bedingung dafür, daß der einzelne seine je eigenen Möglichkeiten entdecken und entfalten sowie Verantwortung für sich und andere übernehmen kann (Mündigkeit)[5].

Aufgabe der Erziehung ist es, diesen Prozeß des Hinauswachsens über sich selbst so zu gestalten, daß der junge Mensch diesen Weg Schritt für Schritt in Übereinstimmung mit sich selbst gehen kann[6]. Dazu bedarf es auf seiten der Erziehenden, seien es nun Eltern, Lehrer oder sonstige Erzieher, ein bestimmtes Maß an Einsicht und Verständnis für die allgemeinen Bedingungen wie auch die Besonderheiten der Lebenswelt des Jugendlichen. Was hier verlangt wird, kann man mit *Herbart* auch als „pädagogischen Takt" bezeichnen[7]. Die rechte Hand-

---

Programmatik, in: WPB 31 (1979) 5–11 – Mut zur Erziehung. Beiträge zu einem Forum am 9./10. Januar 1978 im Wissenschaftszentrum Bonn-Bad Godesberg, Stuttgart 1978 – Dazu ebenfalls kritisch *U. Herrmann*, „Mut zur Erziehung". Anmerkungen zu einer proklamierten Tendenzwende in der Erziehungs- und Bildungspolitik, in: ZfP 24 (1978) 221–234 und die „Tübinger Erklärung zu den Thesen des Bonner Forums ‚Mut zur Erziehung'", in: ZfP 24 (1978) 235–240. Interessant ist, daß die Kritik ihre Position von der Aufklärung her begründet und das Forum der Gegenaufklärung bezichtigt, obwohl sich dieses ebenfalls auf die Aufklärung beruft. Offensichtlich scheint der Begriff der Aufklärung selbst aufklärungsbedürftig. – Neuerdings hat *Holthoff* noch einmal die erzieherischen Möglichkeiten aufgezeigt, die im täglichen Umgang in Familie und Schule angelegt sind. *F. Holthoff*, Gedanken über Erziehung, in: DHS 32 (1979) 491–495

5 *Plato,* 7. Brief, in: Werke hg. v. *W. F. Otto,* Hamburg 1957 1, 301–326 – *G. Wehle,* Artikel: Erziehung, in: ders. (Hg.), Pädagogik aktuell. Lexikon pädagogischer Schlagworte und Begriffe 3 Bde, München 1973 1, 54–56

6 Hierzu die differenzierte Analyse bei *W. Kuckartz,* Schema des Erziehungsbegriffs (1969), in: *H. Kanz* (Hg.), Einführung in das erziehungswissenschaftliche Grundstudium. Pädagogisches Lesebuch, Stuttgart 1973 44–60

7 *J. L. Blass,* Herbarts pädagogische Denkform oder Allgemeine Pädagogik und Topik, Wuppertal 1969 135–149 – *G. Müssener,* Begriff und Funktion des Pädagogischen Taktes in Herbarts System der Pädagogik, in: Zeitschrift für Pädagogik 14. Beiheft: Historische Pädagogik hg. v. *U. Hermann* Weinheim/Basel 1977 259–269

habung der Erziehungsmittel setzt diesen Takt voraus, wenn die Erziehung gelingen soll[8]. Der junge Mensch muß geführt werden und zugleich die Möglichkeit haben, seine Gestalt zu finden[9]. Darin liegt ein Dilemma, aus der sich die Erziehung nicht lösen kann. Im erzieherischen Handeln müssen beide Aspekte, so wie es die konkrete Situation erfordert, zu ihrem Recht kommen. Wenn dies geschieht, kann der junge Mensch das Maß an innerer Freiheit finden, das sein Denken und Handeln leiten soll. Für *Kant* ist dies ein grundlegender Aspekt jeglicher Erziehung: „Eines der größesten Probleme der Erziehung ist, wie man die Unterwerfung unter den gesetzlichen Zwang mit der Fähigkeit, sich seiner Freiheit zu bedienen, vereinigen könne. Denn Zwang ist nötig! Wie kultiviere ich die Freiheit mit dem Zwange? Ich soll meinen Zögling gewöhnen, einen Zwang seiner Freiheit zu dulden, und soll ihn selbst zugleich anführen, seine Freiheit gut zu gebrauchen. Ohne dies ist alles bloßer Mechanism, und der der Erziehung Entlassene weiß sich seiner Freiheit nicht zu bedienen. Er muß früh den unvermeidlichen Widerstand der Gesellschaft fühlen, um die Schwierigkeit, sich selbst zu erhalten, zu entbehren, und zu erwerben, um unabhängig zu sein, kennen zu lernen.“[10]

In dem Prozeß der Erziehung geht es nicht um eine Überwältigung des jungen Menschen, die zu Selbstentfremdung und kritikloser Anpassung führt. Wo dieses behauptet wird, geht die

---

8 Wichtig in diesem Zusammenhang die vielschichtige Darstellung und Analyse der Erziehungsmittel bei *E. E. Geissler,* Erziehungsmittel, Heilbrunn 1973[4]

9 *Th. Litt,* Führen oder Wachsenlassen. Eine Erörterung des pädagogischen Grundproblems (Erziehungswissenschaftliche Bücherei Reihe IV. Theoretische Pädagogik), Stuttgart 1967[13] – Unter Rückgriff auf entsprechende Aussagen von Pädagogen des 18., 19. und 20. Jahrhunderts hat diesen Zusammenhang ebenfalls herausgearbeitet *A. O. Schorb,* Erzogenes Ich – erziehendes Du. Die Grundform des Menschseins und die pädagogische Situation (Erziehungswissenschaftliche Bücherei Reihe IV. Theoretische Pädagogik), Stuttgart 1958

10 *I. Kant,* Über Pädagogik, in: Werke 1964 6, 711

Argumentation weitgehend auf ideologisch motivierte Vorentscheidungen zurück. Hierbei wird unterstellt, daß der junge Mensch einen absoluten Anspruch auf Selbstverwirklichung hat, der allerdings im Rahmen dieser Argumentation nur soweit gültig ist, wie er der gesellschaftskritischen Zielsetzung dient. Dies ist jedoch in Wahrheit eine subtile Form der Manipulation und der bewußten Täuschung. Des weiteren ist in den letzten Jahren mit den Formeln von der „Emanzipation" und der „antiautoritären Erziehung" das hier vorgetragene Erziehungsverständnis über Gebühr abgewertet worden. Die Abschnitte über die anthropologischen und gesellschaftlichen Dimensionen, in die der Erziehungsprozeß eingelassen ist, haben aber deutlich gemacht, daß dem jungen Menschen dann am besten gedient ist, wenn seine persönliche Entwicklung eingebunden ist in den Kontext der ihn umgebenden gesellschaftlichen Wirklichkeit und ihrer Geschichte[11]. Die Enkulturation, Sozialisation und Professionalisierung des jungen Menschen, die im Prozeß der Personalisation zusammengeschlossen sind, stellen Formen dar, mittels deren Hilfe dieses Hineinwachsen in einer Weise geschehen kann, die dem einzelnen und der Gesellschaft zugleich gerecht wird und pädagogisch zu verantworten ist.

Bildung

Der Bedeutungsgehalt des Begriffs Bildung läßt sich ebenfalls von der lateinischen Sprachwurzel her aufzeigen. Bildung beschreibt hier den Prozeß der Formung und Gestaltung des Individuums. Dieser zielt auf die Selbstfindung des einzelnen als Person. Jeder einzelne soll dahin geführt werden, die Gestalt zu finden, die Ausdruck seiner individuellen Möglichkeiten ist. Das sprachliche Bild verdeutlicht dies: aus dem Rohen (rudis = unbehauen, von Natur unwissend, ungebildet) herausbringen.

11 *H. Heise,* Von der antiautoritären Erziehung zu einer neuverstandenen Autorität, in: VjWP 54 (1978) 380–405

Vom Bilde her wird ein Prozeß der Kultivierung des Individuums angedeutet. Es ist die cultura animi der römischen Schultradition. Mit Bildung wird jener Prozeß der ständigen Arbeit an sich selbst charakterisiert. Bildung im Sinne von Sich-Bilden ist ein reflexiver Vorgang. Es wird darunter die Aufgabe verstanden, auf dem Weg der immerwährenden Arbeit an sich selbst, jene individuelle Ausprägung hervortreten zu lassen, die den Menschen als Person auszeichnet und darin zugleich seine Unverwechselbarkeit verdeutlicht[12]. Die spezifischen Möglichkeiten, die dem einzelnen gegeben sind, bedürfen der Ausformung. Der einzelne erfährt diese Möglichkeiten aber erst, wenn er sich diesem Prozeß der Bildung stellt[13]. In der Konfrontation mit den kulturellen Gehalten, wissenschaftlichen Ergebnissen und geschichtlich-gesellschaftlichen Erscheinungen, die als solche Ausdruck der geistigen, kreativen und moralischen Möglichkeiten des Menschen sind, erhält der einzelne die Chance, seine eigenen Fähigkeiten, Neigungen und Interessen zu entdecken[14].

---

12 Was hier unter individueller Ausprägung verstanden wird, hat *Scheler* in folgender Weise charakterisiert: „*Bildung ist also eine Kategorie des Seins,* nicht des Wissens und Erlebens. Bildung – das ist eine gewordene Prägung, Gestaltung dieses menschlichen Gesamtseins; nur eben nicht, wie bei der Form einer Statue, eines Bildes, Prägung und Gestaltung eines materiellen Stoffes, sondern Prägung und Gestaltung einer lebendigen Ganzheit in der Form der Zeit, einer Ganzheit, die aus nichts besteht als aus Abläufen, Prozessen, Akten. Und diesem gebildeten Sein des Subjekts entspricht je und je *eine* Welt – ein ‚Mikrokosmos' –, selbst eine Ganzheit, die in jedem ihrer Teile und Glieder, reicher oder ärmer, gleichsam als objektiven Widerschein die geprägte, sich lebendig entwickelnde Form dieser und keiner anderen Person gegenständlich aufleuchten läßt." *M. Scheler,* Die Formen des Wissens und die Bildung (1925), in: ders., Philosophische Weltanschauung, Bern 1954 21 ff.

13 *R. Krawitz,* Bildung durch Unterricht. Theodor Ballauffs pädagogische Postulate als universelle Unterrichtsprinzipien, in: VjWP 55 (1979) 50–71

14 Über den Bedeutungsreichtum des Begriffs Bildung informiert umfassend *E. Lichtenstein,* Von Meister Eckhart bis Hegel. Zur philoso-

Die Gesamtheit dieser Gehalte erscheint in der Sprache, der Literatur, den Werken der Kunst, den verschiedenen Formen künstlerischen und kreativen Gestaltens und Erfindens, den Ergebnissen von Wissenschaft und Technik, den geschichtlichen und gesellschaftlichen Objektivationen, um nur einige Bereiche zu nennen. Es ist eine folgenschwere Verkürzung, wenn diese Gehalte als Überbaupartikel bestimmter gesellschaftlicher Bedingungen relativiert werden. Mit diesem Hinweis soll dieser Bezug nicht geleugnet werden. Lediglich die Ausschließlichkeit dieses Interpretationsansatzes ist verfehlt. Diese Gehalte sind insgesamt in anthropologischer Hinsicht Ausdruck der Möglichkeiten, die dem Menschen gegeben sind[15]. Darin sind sie Zeugnis einer Auslegung des Menschen, die in der abendländischen Tradition wurzelt und die zugleich weltgeschichtlich Bedeutung gewonnen hat[16]. Die Bildungstheorie *Wilhelm von Humboldts* vergegenwärtigt die vorgenannten anthropologischen Dimensionen in neuer Weise. Dies geschieht angesichts des Aufkommens der modernen bürgerlichen Gesell-

---

phischen Entwicklung des deutschen Bildungsbegriffs, in: *F. Kaulbach/ J. Ritter* (Hg.), Kritik und Metakritik. Studien. Heinz Heimsoeth zum achtzigsten Geburtstag, Berlin 1966 260–298 – *C. Menze,* Artikel: Bildung, in: *J. Speck/G. Wehle* (Hg.), Handbuch pädagogischer Grundbegriffe 2 Bde., München 1970 1, 134–184 – *E. Lichtenstein,* Artikel: Bildung, in: *J. Ritter* (Hg.), Historisches Wörterbuch der Philosophie, Basel/Stuttgart 1971 1, 921–937 – *R. Vierhaus,* Artikel: Bildung, in: Geschichtliche Grundbegriffe. Historisches Lexikon zur politisch-sozialen Sprache in Deutschland hg. *v. O. Brunner, W. Conze* u. *R. Koselleck,* Stuttgart 1972 1, 508–551 – *J. E. Pleines,* Bildung. Grundlegung und Kritik eines pädagogischen Begriffs, Heidelberg 1971 – Über die Entwicklung des deutschen Bildungsbegriffs bis zum ausgehenden 18. Jahrhundert s. *G. Dohmen,* Bildung und Schule. Die Entstehung des deutschen Bildungsbegriffs und die Entwicklung seines Verhältnisses zur Schule 2 Bde., Weinheim 1964/65

15 Hierzu *W. Flitner,* Grundlegende Geistesbildung (Untersuchungen über die Eigenart der Schulfächer und ihre Symphonie) in: *W. Flitner* 1954 75–102

16 Grundlegend für die Aufarbeitung des Bildungsdenkens in der griechischen Antike *W. Jaeger,* Paideia. Die Formung des griechischen

schaft. Die Selbstbestimmung des Menschen ist die Bedingung dafür, daß die Ansprüche der staatlichen Ordnung und die Zwänge der gesellschaftlichen Tätigkeit nicht Selbstzweck werden[17]. Dies gilt heute unvermindert angesichts der Tatsache, daß die Strukturmerkmale der modernen bürgerlichen Gesellschaft auf dem Wege über die technische Zivilisation weltweit zu den bestimmenden Kriterien aller fortgeschrittenen Gesellschaftsformen geworden sind.

Der Mensch benötigt angesichts dieser Gegebenheiten Freiheitsräume. Hierbei geht es um Fragen der persönlichen Lebensgestaltung wie u. a. die Wahrnehmung kultureller Angebote, die Mitarbeit in Vereinigungen und Verbänden, die Über-

---

Menschen 3 Bde., Berlin/Leipzig 1936/44/47 – Einen informativen Überblick über die verschiedenen Verständnisweisen von Bildung gibt der Sammelband von *J.-E. Pleines* (Hg.), Bildungstheorien. Probleme und Positionen, Freiburg 1978 – Ferner sei auf die auch heute noch aufschlußreiche Studie von *Guardini* über die Bildung und ihre Aufgaben verwiesen. Hier werden die weltanschaulichen und normativen Bezüge sowie die zwischenmenschlichen und gesellschaftlichen Zusammenhänge verdeutlicht, in die der Mensch eingelassen ist. Vor allem wird die Dialektik herausgearbeitet, die das Leben des einzelnen prägt. Die Bewährung der Person angesichts dieser Spannung nennt *Guardini* Bildung. *R. Guardini,* Grundlegung der Bildungslehre. Versuch einer Bestimmung des Pädagogisch-Eigentlichen (1928) (Weltbild und Erziehung 1), Würzburg. o. J. (1965)

17 *G. W. F. Hegel,* Gymnasialreden (1809), in: Sämtliche Werke hg. v. *H. Glockner,* Stuttgart 1961 3, 231–297 – Eine Fortschreibung der Ansätze der Bildungstheorie Humboldts findet sich bei *Menze* 1975 – *T. W. Adorno,* Erziehung zur Mündigkeit. Vorträge und Gespräche mit Hellmut Becker 1959–1969, Frankfurt 1975[4] – *C. Menze,* Grundzüge der Bildungsphilosophie Wilhelm von Humboldts, in: *H. Steffen* (Hg.), Bildung und Gesellschaft. Zum Bildungsbegriff von Humboldt bis zur Gegenwart, Göttingen 1972 5–27 – *H.-J. Heydorn,* Zu einer Neufassung des Bildungsbegriffs, Frankfurt 1972 – *F. Nicolin,* Stichwort: Bildung. Kritische Reflexionen zu einem aktuellen Begriff, Düsseldorf 1974 – *F. Fischer,* Darstellung der Bildungskategorien im System der Wissenschaften, Ratingen 1975 – *G. Böhme,* Die philosophischen Grundlagen des Bildungsbegriffs. Eine Propädeutik, Kastellaun 1976

nahme von Mandaten in Parteien und politischen Vertretungen oder die Ausübung musischer oder sonstiger Aktivitäten. In all diesen Formen findet der einzelne Selbstbestätigung und persönliche Bereicherung. Es wachsen ihm Kräfte zu, und er erhält Anregungen, die auch in die gesellschaftlichen und beruflichen Bereiche hineinwirken. Es erfolgt somit eine Relativierung, die in einem umfassenderen Verständnis zugleich von politischer Bedeutung ist[18]. Sie macht nämlich deutlich, daß in der gegebenen gesellschaftlichen Verfassung kein Platz ist für totale Ansprüche gegenüber dem einzelnen. Damit wird jeder Indoktrination und totaler Vereinnahmung, gleich welcher weltanschaulichen und politischen Provenienz, eine klare Absage erteilt. Die politische Ordnung unserer Gesellschaft hat darin ihre spezifische Ausprägung, daß sie mit dem kritischen Potential des einzelnen rechnen muß. Der Bildung kommt die Aufgabe zu, dem einzelnen das nötige Maß an Selbstbestimmung zuteil werden zu lassen, damit er diese kritische Funktion wahrnehmen kann[19]. Indem dies gelingt, wird zugleich den anthropologischen und gesellschaftlichen Dimensionen von Bildung angemessen Rechnung getragen.

Einheit von Erziehung, Bildung und Ausbildung

Erziehung und Bildung sind einander komplementär zugeordnet. Der Bedeutungsgehalt beider Begriffe setzt an unterschied-

---

18 *Chr. Graf v. Krockow,* Grundlagen der bürgerlichen Kultur, in: *Giesecke* 1977 13–23

19 *Löwisch* hat diesen Zusammenhang vom Boden der kritischen Theorie her analysiert: „Erziehung des Subjekts im System gegen seine Liquidierung durch das System als Erziehung zur Aktualisierung humaner praktischer Vernunft bedeutet – um bei Adorno zu bleiben –, das Subjekt zur Erkenntnis zu führen, daß es heute ‚nur als Kraftzentrum des Widerstands' gegen seine Liquidierung durch den gesellschaftlichen Apparat überleben kann." *D.-J. Löwisch,* Erziehung und kritische Theorie. Kritische Pädagogik zwischen theoretischem Anspruch und gesellschaftlicher Realität, München 1974 114

lichen Ausgangspunkten an. Ist es bei der Erziehung das soziale Umfeld, im weitesten Sinne verstanden, so ist es bei der Bildung der Kern der Person. Dem stetigen Hineinwachsen in die gesellschaftliche Wirklichkeit mit ihren vielfältigen Ordnungsstrukturen steht der Prozeß des langsamen Ausreifens der individuellen Möglichkeiten gegenüber. Beide Prozesse vollziehen sich jedoch nicht unter dem Aspekt der Ausschließlichkeit. Das Hineinwachsen in die Gesellschaft wird vielmehr ständig begleitet und ergänzt von dem Prozeß der individuellen Selbstfindung und umgekehrt. Alles pädagogische Handeln muß von dieser Einsicht geleitet sein. Für die Schule gilt dies in besonderem Maße. In jedem Unterricht sind beide Aspekte immer zugleich gegenwärtig. Dies gilt für jedes Fach und für jede Klassenstufe. Das Unterrichtsgeschehen ist so gesehen ein sehr komplexes Gefüge[20]. In dem Zusammenwirken von Schülern und Lehrern angesichts bestimmter fachlicher Inhalte und ihrer entsprechenden fachdidaktischen Aufbereitung geht es immer zugleich um die Erziehung und Bildung des jungen Menschen[21]. Die erzieherischen Elemente bilden hier nicht irgendwie geartete Anhängsel oder Versatzstücke, die nach Belieben berücksichtigt werden können. Im Bemühen um die anstehende Sache,

---

20 Eine Problematisierung dieses gesamten Zusammenhanges unter Bezug auf erzieherisch wichtige Formen der Kommunikation und Interaktion bei *N. Groddeck,* Theorie schulisch organisierter Lernprozesse. Rekonstruktionen zum Verhältnis von Schule, Gesellschaft und Erziehung, Weinheim/Basel 1977

21 *E. Weniger* ist diesem komplexen Zusammenhang, bei dem der Anspruch der „Bildungsmächte" wie auch das Eigenrecht des Jugendlichen zu ihrem Recht kommen müssen, von verschiedenen Ausgangspunkten her nachgegangen. *E. Weniger,* Didaktik als Bildungslehre Teil 1: Theorie der Bildungsinhalte und des Lehrplans, Weinheim 1963[5] – Hierzu *G. Wehle,* Schule, Lehrer und gesellschaftliche Mächte, in: *I. Dahmer/W. Klafki* (Hg.), Geisteswissenschaftliche Pädagogik am Ausgang ihrer Epoche – Erich Weniger, Weinheim/Berlin 1968 231–243

d. h. in dem Bereich, wo dem einzelnen im Sinne von Bildung Sachkompetenz zuwächst, wird der einzelne zugleich erzieherisch gefordert[22]. Daraus geht hervor, daß es nicht darauf ankommt, die Persönlichkeit als Selbstzweck zu stilisieren. „Gebildet wird man nicht durch das, was man ‚aus sich selbst macht', sondern einzig in der Hingabe an die Sache, in der intellektuellen Arbeit sowohl wie in der ihrer selbst bewußten Praxis. Nicht anders als in dem Eingehen in sachliche Arbeit vermag das Individuum über die Zufälligkeit seiner bloßen Existenz hinauszukommen."[23] Im Zusammenwirken von Erziehung und Bildung, bei dem der einzelne sich auf die ihm überantwortete Welt und ihre Fragen einläßt (der transitive Aspekt der Erziehung) und zugleich in der Reflexion über sich selbst zu Einsichten geführt wird (der intransitive Aspekt der Bildung), gewinnt er eine Gesamtorientierung und aktualisiert sich als Person[24].

Für das Zusammenwirken von Lehrern und Schülern hat *H. Nohl* den Begriff des „pädagogischen Bezuges" geprägt und ihn näher beschrieben. Unbeschadet aller Intentionen der Reformpädagogik, die heute neu überdacht werden müssen, wird mit diesem Begriff eine pädagogisch-anthropologische Dimension des Unterrichts erfaßt, deren erzieherische Bedeutung gerade heute als notwendige Ergänzung zu Formen eines gesellschaftskritisch orientierten Unterrichts und zu einer von Unterrichtstechnologien bestimmten Unterrichtsarbeit gesehen werden

---

22 Einen orientierenden Überblick geben *H. Zöpfl/G. Schofnegger*, Erziehen durch Unterrichten. Ein Studien- und Arbeitsbuch, München 1977 – Hierzu ferner die Einzelbeiträge bei *E. v. d. Lieth* (Hg.), Wissensvermittlung ohne Erziehung? Zur Schulmisere (Schriften der Katholischen Akademie in Bayern Band 83), Düsseldorf 1978 – *J.-E. Pleines*, Mut zur Erziehung? in: VjWP 55 (1979) 163–177

23 *M. Horkheimer*, Begriff der Bildung. Immatrikulations-Rede Wintersemester 1952/53, in: ders., Gegenwärtige Probleme der Universität (Frankfurter Universitätsreden Heft 8), Frankfurt 1953 20

24 Die Elemente einer solchen Gesamtorientierung verdeutlicht *J. R. Schmid*, Mut zur Erziehung (mit einem Geleitwort von *F.-P. Hager*), Bern/Stuttgart 1978

muß[25]. Die Formen des Miteinandersprechens und -handelns wie z. B. das Aufgreifen von Argumenten der anderen, das Hören auf den anderen, das Einbringen eigener Erfahrungen und Einsichten, das Akzeptieren von und Eintreten für andere Standpunkte, die Bereitschaft zur Erfüllung notwendiger sachlicher Anforderungen, die Anerkennung der Fachkompetenz des Lehrers enthalten eine Fülle erzieherischer Elemente. In einem Unterricht, der so verstanden wird, vollziehen sich alle Kommunikations- und Interaktionsprozesse angesichts des Anspruchs der Sache und der Autorität des Lehrers als Erzieher. Damit wird ein Verständnis von kommunikativer Pädagogik abgelehnt, bei der auf dem Wege einer sogenannten symmetrischen Kommunikation zwischen Schülern und Lehrern der Sach- und Erziehungsauftrag von emanzipatorischen Zielsetzungen her zur Disposition gestellt wird[26]. Aufgabe des Lehrers ist es vielmehr, das Zusammenspiel erzieherischer und bildender Elemente im Blick auf die einzelnen sachlichen Anforderungen zu entfalten und fortwährend zu stützen, indem er sich selbst in diesen Prozeß des Miteinandersprechens und -handelns hineinbegibt. Wenn ihm dies gelingt, hat er ineins damit die Autorität gewonnen, die er als Lehrer benötigt. Ein solcher

---

25 *H. Nohl,* Die pädagogische Bewegung in Deutschland und ihre Theorie, Frankfurt 1970[7] 130–140 – *P. Xochellis,* Erziehung am Wendepunkt? Grundstrukturen des „pädagogischen Bezuges" in heutiger Sicht, München 1974 – Vor allem die Aufarbeitung dieses Begriffs und die kritischen Hinweise zur Ablehnung dieses Begriffs in gegenwärtigen „pädagogischen Abschottungen des Nihilismus, Politismus und Scientismus" bei *C. Menze,* Kritik und Metakritik des pädagogischen Bezuges, in: PR 32 (1978) 288–299 – Ferner *K. Bartels,* Die personale Dimension im Unterricht. Ihre Vernachlässigung und kritische Wiederentdeckung in den modernen Unterrichtstheorien, in: DDS 71 (1979) 6–18

26 *K. H. Schäfer/K. Schaller,* Kritische Erziehungswissenschaft und kommunikative Didaktik, Heidelberg 1973[2] – Dazu die kritischen Hinweise bei *C. Menze,* Zur Kritik der kommunikativen Pädagogik, in: VjWP 55 (1979) 1–23

Unterricht kann mit Recht nach *Herbart* als ein „erziehender Unterricht" verstanden werden, der in angemessener Weise auf dem Wege der Personalisation im einzelnen zugleich der Enkulturation, Sozialisation und Professionalisierung des jungen Menschen dient[27].
Dies ist zugleich die Stelle, nach der Bedeutung der Ausbildung im Rahmen von Erziehung und Bildung zu fragen. Jegliche Ausbildung ist nicht abzulösen aus dem Zusammenhang von Erziehung und Bildung. In der Ausbildung werden Erziehung und Bildung konkret. Der junge Mensch gewinnt in den fachlichen Leistungen, die er auf der Basis einer Ausbildung in seinem beruflichen Handeln vollbringt, persönliche Erfahrungen, die ihn nachhaltig prägen. Fachliches Können führt zu personaler Identität und sozialer Kompetenz. Dies bewirkt in den vielen speziellen Aufgaben- und Arbeitsbereichen eine Selbstsicherheit, die gerade unter den Bedingungen einer arbeitsteiligen Industriegesellschaft wichtig ist. Kompetenz wird durch fachliches Können gesichert, wobei dieses nicht ohne Ausbildung zu erreichen ist, in die selbst wiederum Erziehung und Bildung eingeschlossen sind.

Bildung: kein überholter Begriff

Die hier vorgetragenen Überlegungen, insbesondere zur Frage der Bildung, verstehen sich nicht von selbst. Hierfür gibt es mehrere Gründe. Zum einen hat die inflationistische Verwendung des Wortes Bildung in vielfachen und zum Teil nichtssa-

27 Zur Frage des erziehenden Unterrichtes bei *Herbart* s. die umfassende Darstellung bei *E. E. Geissler,* Herbarts Lehre vom erziehenden Unterricht, Heidelberg 1970 – Ferner ist *Bollnow* den vielfältigen Bezügen nachgegangen, die eine erzieherische Atmosphäre kennzeichnen. *O. F. Bollnow,* Die pädagogische Atmosphäre. Untersuchungen über die gefühlsmäßigen zwischenmenschlichen Voraussetzungen der Erziehung (Anthropologie und Erziehung Band 12), Heidelberg 1964

genden Zusammenhängen das verstellt, was ursprünglich damit gemeint war[28]. Zum anderen besteht kein hinreichender Konsens darüber, was unter Bildung zu verstehen ist, so daß man davon abrät, dieses Wort überhaupt noch zu verwenden[29]. Und schließlich hat sich das, was Bildung meint, in Lehrgegenstände, Unterrichtsinhalte und fachliche Spezialanforderungen aufgelöst, die sich in Lehrplananforderungen niederschlagen, unabdingbare Beachtung verlangen und für Schüler, Lehrer und Schule neue Formen der Bevormundung, d. h. von Herrschaft darstellen. Damit hat sich die ursprüngliche Intention von Bildung – nämlich u. a. die Freisetzung des Menschen von Herrschaft – in ihr Gegenteil verkehrt. Bildung hat sich aufgelöst in die ebenso subtilen wie auch massiven Formen staatlicher Schulreglementierung. Nicht die Freisetzung des einzelnen durch Bildung, sondern die Einpassung des einzelnen auf dem Wege über die Schule und die dort erteilten Berechtigungen in den gesellschaftlichen Verwertungsprozeß ist das Ergebnis[30]. Es hat eine Materialisierung dessen stattgefunden, was Bildung meint. Diese Entwicklung ist nicht kritiklos hingenommen worden. Beispielhaft sei hierfür auf Nietzsche und Adorno verwiesen[31]. Im Rahmen einer kritischen Aufarbeitung bildungsgeschichtlicher Zusammenhänge ist vor allem für das 19. Jahrhundert deutlich geworden, wie stark sich die inhaltliche Aus-

28 *Nicolin* 1978

29 *H. v. Hentig,* Systemzwang und Selbstbestimmung. Über die Bedingungen der Gesamtschule in der Industriegesellschaft, Stuttgart 1968 103

30 S. die Darstellung dieses Zusammenhanges bei *Blankertz* 1969 und *K. E. Nipkow,* Bildung und Entfremdung. Überlegungen zur Rekonstruktion der Bildungstheorie, in: Zeitschrift für Pädagogik 1977 205–229

31 *F. Nietzsche,* Vom Nutzen und Nachteil der Historie für das Leben (1874) und Über die Zukunft unserer Bildungsanstalten (1872/74), in: Sämtliche Werke 12 Bde. Stuttgart 1964, 2, 95–195 u. 391–527 – *T. W. Adorno,* Theorie der Halbbildung (1959), in: Gesammelte Schriften, Frankfurt 1972 8, 93–121, – *T. W. Adorno,* Philosophie und Lehrer, in: ders., Eingriffe. Neun kritische Modelle, Frankfurt 1963 29–53

richtung der Bildungsarbeit und die Organisation des Bildungswesens von den ursprünglichen Intentionen entfernt haben[32]. Angesichts dieser Gegebenheiten stellt sich die Frage, ob die hier vorgetragenen Überlegungen dem gegenwärtigen Stand der erziehungswissenschaftlichen Diskussion gerecht werden. Diese Frage wird noch verschärft, wenn die erziehungswissenschaftliche Analyse vom Boden gesellschaftskritischer Positionen her erfolgt, die für sich in Anspruch nehmen, den Geist der Zeit auf den Begriff gebracht zu haben. Mündigkeit, Selbstbestimmung, individuelle Eigenart, Identität und ähnliche Formulierungen sind dann Leerformeln, die für eine erziehungswissenschaftliche Reflexion und für eine Analyse der gegenwärtigen Situation unseres Bildungswesens nichts hergeben. Einer solchen Auslegung wird hier nicht gefolgt. Die Erörterungen der voraufgegangenen Abschnitte haben die Aufgaben der Bildung und zugleich die Position verdeutlicht, von der her sich die hier vorgetragenen Überlegungen verstehen. Gesellschaftskritische Ansätze dienen nach diesem Verständnis der Abklärung von Zusammenhängen und der Verdeutlichung von Ereignissen und Fakten. Diese Ansätze sind aber kein Selbstzweck. Sie sind eingelassen in einen Interpretationszusammenhang, der in der Bildung des Menschen eine Bedingung dafür sieht, den Menschen als Person zu begreifen. Die Aussagen über den Menschen sind von gesellschaftlichen Rahmenbedingungen her immer wieder neu zu modifizieren, nicht aber zu relativieren. Bildung ist deshalb kein überholter Begriff.

Des weiteren wird häufig darauf verwiesen, daß der Alltag des Schulunterrichtes so beschaffen ist, daß er wenig Raum für

---

32 *C. Berg,* Die Okkupation der Schule. Eine Studie zur Aufhellung gegenwärtiger Schulprobleme an der Volksschule Preußens (1872–1900), Heidelberg 1973 – Ferner die Einzelarbeiten zur Historischen Bildungsökonomie, in: Zeitschrift für Pädagogik 1977 13–128 – *W.-D. Greinert,* Schule als Instrument sozialer Kontrolle und Objekt privater Interessen. Der Beitrag der Berufsschule zur politischen Erziehung der Unterschichten (Beiträge zur Berufsbildung), Hannover 1975

Bildung im Sinne der Selbstbestimmung des einzelnen bietet. An Beispielen hierfür fehlt es nicht; und in der Tat sprechen diese Beispiele oftmals für sich selbst[33]. Problematisch ist jedoch die Absicht, die mit der Nennung solcher Beispiele verfolgt wird. Es soll damit verdeutlicht werden, daß Unterricht so und nicht anders ist. Dazu werden diese Beispiele aus dem Zusammenhang herausgerissen. Unterricht ist aber nicht von losgelösten Einzelfakten her angemessen zu analysieren. Alle Einzelfakten stehen in einem Kontext formeller und informeller Strukturen, die mitgesehen werden müssen. Die Kontinuität und der Zusammenhang sind von Bedeutung. Vielerorts folgt der Unterricht diesen Vorgaben. Es sind dies die Fülle erzieherischer Hilfen und Mühen im schulischen Alltag, die weitgehend bei entsprechenden Untersuchungen ausgeblendet sind.
Eine andere dringliche Frage zielt auf die Fülle der Fächer, die bewirkt, daß die Aufgaben der Bildung zunehmend in Vergessenheit geraten. Das Gymnasium *Humboldts* war in seinen Anfängen von einer großen Einheit der Fächer bestimmt. Dies war zur Zeit *Humboldts* noch möglich. Aber auch für *Humboldt* war der Schulunterricht von großen Aufgabenfeldern her strukturiert. Diese Strukturierung galt sowohl für die Elementarschule als auch für die höhere Schule. Es sind dies nach dem Litauischen Schulplan von 1809 die Sprache, die Geschichte und Erdkunde, die Mathematik und Naturwissenschaften, die musischen und gymnastischen Fächer[34]. Diese Aufgabenfelder waren jedoch noch nicht in eine Fülle von Einzelfächern differenziert. Entsprechend dem Stand der damaligen Wissenschaften war es möglich, daß von einigen Fächern her das gesamte Spektrum der Aufgabenfelder abgedeckt werden konnte. Dies ist heute nicht mehr möglich. Die zunehmende Differenzierung der Wissenschaften hat auch in der Schule die Zahl der Unter-

---

33 S. hierzu *Hentig* 1968 153–176 und *Nipkow* 1977 208 ff.

34 *W. v. Humboldt,* Litauischer Schulplan (1809), in: Werke 1964 4, 187–195

richtsfächer ausgeweitet. Die Schule kann diese Entwicklung nicht ungeschehen machen. Der Epochenunterricht und fachübergreifende Projekte sind Möglichkeiten, diese Ausdifferenzierung auf ein notwendiges Maß zu beschränken. Hier sind sicher noch nicht alle Möglichkeiten erschöpft. Es ist jedoch verfehlt, diese in der Sache notwendige Entwicklung des Unterrichts, die Gegenstand didaktischer und unterrichtsorganisatorischer Überlegungen sein sollte, kritisch den ursprünglichen Intentionen über die Bildung des Menschen entgegenzuhalten. Sie gelten auch heute noch, nur bedürfen sie anderer Formen der Umsetzung.
Die Bildung des Menschen vollzieht sich immer angesichts von Gegenständen. Diese Gegenstände sind umfangreicher und differenzierter geworden. Der Lehrerbildung stellen sich hier neue Aufgaben. Neben fachwissenschaftlichen Inhalten sind es vor allem allgemein- und fachdidaktische Aspekte in Verbindung mit grundlegenden erziehungswissenschaftlichen Einsichten und Kenntnissen, von denen her die Frage der Bildung des Menschen in den Einzelfächern herausgearbeitet und in ihrer Bedeutung für die gegenwärtige Situation des jungen Menschen aufgewiesen werden kann[35]. Hier zeigen sich jedoch in der Ausbildung der Lehrer zur Zeit erhebliche Mängel. Es wird den grundlegenden bildungstheoretischen Fragen zu wenig Raum gegeben. Die Auflösung der Erziehungswissenschaft in eine Sozialwissenschaft ist dafür ein Indiz und erklärt die Defizite der Ausbildung. Anstelle pädagogisch-anthropologischer Fragestellungen bestimmen verstärkt soziologisch und ideologisch orientierte Akzentuierungen die erziehungswissenschaftliche Ausbildung[36]. Die Erziehungswissenschaft wird so zu einer

---

35 Vgl. hierzu die Analyse der Aufgaben des Lehrers im Blick auf die gesellschaftlichen Anforderungen und die Situation des Jugendlichen bei *E. Weniger,* Der Erzieher und die gesellschaftlichen Mächte, in: WPB 5 (1953) 1–6

36 Beispielhaft die Hinweise von *F. Thomas,* Lehrerausbildung im Spiegel der Indoktrination, in: DHS 30 (1977) 398–403 und 31 (1978) 28–34

gesellschaftskritisch ausgerichteten Handlungswissenschaft. Ihre Fragestellungen und ihre Sprache erreichen teils die Schule nicht mehr[37].

Aufgabe bildungsgeschichtlicher Perspektiven

Gesellschaftskritische Analysen des Bildungswesens greifen oftmals auf historische Zusammenhänge zurück. Die Form, in der hier die Vergegenwärtigung von Geschichte geschieht, bedarf einer kritischen Würdigung. Die Bildungsgeschichte erscheint als ein Steinbruch, aus dem Fakten beliebig herausgebrochen werden, um isoliert und punktuell als Argumente oder Gegenargumente in gegenwärtige Fragestellungen gezielt eingebracht zu werden. Historische Analysen haben aber ihren Sinn und Zweck nicht darin, gegenwärtige und künftige Gegebenheiten zu diskreditieren[38]. Dies bedeutet eine Verkennung historischer Zusammenhänge. Vielmehr kommt es darauf an, die in den historischen Gegebenheiten sich abzeichnenden Fragestellungen zu sehen und kritisch aufzuarbeiten. Im Sinne geschichtlicher Kontinuität geht es darum, nicht die Fakten als solche weiterzugeben und aus ihnen Kataloge von Argumentationshilfen für bestimmte Begründungszusammenhänge herzustellen. Statt dessen geht es darum, die in den geschichtlichen Beständen sich abzeichnenden Probleme zu sehen und die vor-

---

37 *A. Flitner,* Sprache und literarischer Stil in den Sozialwissenschaften und in der Pädagogik, in: ZfP 23 (1977) 1–8 (a) und ders., Eine Wissenschaft für die Praxis? in: ZfP 24 (1978) 183–193

38 Beispielhaft hierfür *H.-G. Herrlitz,* Wilhelm von Humboldt ist nicht mehr gefragt, in: *F. Bohnsack* (Hg.), Kooperative Schule. Ziele und Möglichkeiten eines Schulkonzepts, Weinheim/Berlin 1978 11–24

gefundenen Lösungen daran kritisch zu messen, inwieweit sie den anstehenden Fragestellungen gerecht werden[39].
Probleme sind dadurch gekennzeichnet, daß sie durch jeweils historisch bedingte Lösungen nicht aufgehoben werden; ist dies der Fall, kann man nicht von Problemen sprechen. Lösungen stellen immer zeitbedingte Antworten auf Herausforderungen dar, die in den Problemen angelegt sind. Dabei kann es geschehen, und im 19. Jahrhundert ist dies weitgehend so gewesen, daß die in den Problemen angelegten grundsätzlichen Aspekte verdeckt oder gar verloren gehen[40]. Aufgabe nachfolgender Zeiten ist es, diese Fragestellungen wieder aufzugreifen und neue Lösungen zu suchen. Ein solches Vorgehen ist zugleich Ausdruck eines historischen Bewußtseins, das sich der geschichtlichen Kontinuität der grundlegenden Frage nach der Bestimmung des Menschen und seiner Stellung in dieser Welt verpflichtet fühlt. Die in diesem Abschnitt zitierten Arbeiten stehen in der Tradition eines Denkens, das weder modischen Attitüden noch sogenannten gesellschaftlichen Erfordernissen und an der Tagespolitik orientierten ideologischen Sinnstiftungen seinen Tribut zollt. Eine Korrektur der teils recht einseitig geführten erziehungswissenschaftlichen Diskussion der letzten Jahre scheint deshalb dringend notwendig. Dadurch kann erreicht werden, daß die Diskussion sich an Maßstäben orientiert und nicht in die Beliebigkeit von Meinungen ausufert. Soziales Engagement und gesellschaftskritisches Bewußtsein sind nicht identisch mit bestimmten Argumentationsfiguren

---

39 Hierzu neuerdings die Hinweise bei *C. Menze,* Wilhelm von Humboldts Grundlegung der Theorie der Bildung des Menschen, in: VjWP 54 (1978) 485–505 – *K. H. Broecken,* Mensch und Bürger bei Rousseau und den Philanthropisten, in: PR 32 (1978) 739–763 – Ferner *R. Lassahn,* Verlust der Geschichte. Über reduktionistische Tendenzen bei pädagogischer Theoriebildung, in: PR 32 (1978) 317–330

40 Dies wird für die Volksschule in Preußen nachgewiesen bei *Berg* 1973. Die Ausdeutung der Ergebnisse in die Gegenwart ist ausgehend von dem hier skizzierten Verständnis von Geschichte jedoch nicht zwingend.

und Sprachwendungen. Vom Boden einer Bildungstheorie her, wie sie hier vertreten wird, ist das Denken über den Menschen ohne soziales Engagement und gesellschaftskritisches Bewußtsein nicht möglich.

Die Erziehung und Bildung des jungen Menschen und ein schulischer Unterricht, der von diesen Voraussetzungen her betrieben wird, verstehen die Personalisation und darin eingeschlossen die Enkulturation, Sozialisation und Professionalisierung des jungen Menschen nicht als einen Prozeß der kritiklosen Anpassung, sondern als einen Weg, auf dem der einzelne sich selbst finden kann. Dies setzt jedoch ein Verständnis von Schule voraus, nach dem Schule nicht allein eine Unterrichtsanstalt ist, sondern zugleich auch einen geistigen und sozialen Lebensraum für den jungen Menschen darstellt. Die gegenwärtige Verfassung von Schule ist davon weit entfernt[41]. Die Schule wird den hier anstehenden Fragen der Erziehung und Bildung nicht gerecht, wenn sie „ein bloßer Hörsaal für aufklärende Vorträge oder eine rational geordnete Stätte des Unterrichts einzelner Schüler bleibt, die nach Altersstufen sortiert, nebeneinandergesetzt und in gleicher Front durch einen Stoffplan hindurchgeführt werden – diese Schule der Gegenwart muß eine ganz andere soziale Gestalt und andere Lehrverfahren haben. Sie muß eine Stätte des geselligen geistigen Verkehrs sein, in der sich eine Atmosphäre der ‚Menschlichkeit' bildet, und wo jedem einzelnen Lebenshilfe geboten wird. Ein Kernstück dieser Hilfe liegt in dem Aufbau einer allgemeinen Geistesbildung, welche auf die möglichen Lebensbahnen des heutigen Menschen bezogen ist. Und wenn die öffentliche Schule etwas Großes leistet, so gibt sie einzelnen oder vielen ihrer Schüler die ausgebildete Fähigkeit mit, in den Zwiespälten und Unvollkommenheiten der heutigen Gesellschaft eine personale Geschlossenheit zu bewahren, sich dem anderen Menschen auf-

41 Hierzu näher Ziffer 2.52

zutun, ihm zu dienen und mit ihm in Werken und Taten zu kooperieren. Für dieses Ziel werden weit größere Mittel bereitzustellen sein, als die politische Öffentlichkeit heute wahr haben will, sogar noch mehr als für Autobahnen und Filmtheater."[42]

1.2 BEGABUNG UND BILDUNGSWEG

1.21 Chancengleichheit für alle und Chancengerechtigkeit für jeden

Gleichheit und Gerechtigkeit als Verfassungsauftrag

Mit den Begriffen Gleichheit und Gerechtigkeit sind Zusammenhänge angesprochen, die aus der Tradition des europäischen Rechtsdenkens erwachsen sind[1]. In der politischen Philosophie von *Montesquieu* über *Kant* und *Tocqueville* bis in unsere Gegenwart hinein sind diese Fragestellungen in vielfältiger Weise variiert worden[2]. Grundlegend ist in diesem Rah-

---

42 *W. Flitner,* Grund- und Zeitfragen der Erziehung und Bildung. (Erziehungswissenschaftliche Bücherei Reihe IV. Theoretische Pädagogik), Stuttgart 1954 47 ff.

1 *R. Vierhaus,* Grundlagen der europäischen Zivilisation: Recht, Freiheit und Fortschritt, in: DHS 32 (1979) 270–276

2 Gleichheit und Gerechtigkeit erwachsen auf dem Boden der Freiheit. „Die Konstitution der politischen Freiheit ist für *Montesquieu* die Gründung und Bewahrung eines Raumes, in welchem ein jeder zu einem jeden so in Beziehung gesetzt ist, daß die Bedingung der Freiheit des Handelns von jedermann gemäß der gleichen Regel zugleich als die Bedingung der Freiheit seiner selbst anerkannt wird. Der Grundsatz (das Gesetz) der Gewaltenteilung und der Repräsentation entfaltet die Einsicht, daß ein freies Handelnkönnen aller nur dort eingerichtet und gewährleistet werden kann, wo eine Menge von Menschen in wechselseitigen Bezügen zueinander Räume (rapports) zwischen sich aufkommen läßt, die nach den Regeln des Zusammenspiels der verschiedenen Prinzipien der gouvernements eingerichtet sind." *E. Vollrath,* Die Staatsformenlehre Montesquieus, in: Haungs 1977 412

men, daß mit diesen Begriffen Rechtstitel gesetzt sind, die in philosophisch-anthropologischer Hinsicht den Menschen als Person im Blick haben. Gleichheit heißt unter diesen Voraussetzungen nicht Uniformität. Jeder Mensch hat seine eigene individuelle Ausprägung[3]. Wäre das nicht so, dann müßte der Begriff der Gleichheit im Sinne einer Identität aller Menschen interpretiert werden[4]. Das ist eine Sicht des Menschen und seiner Welt, die ungeschichtlich und unmenschlich zugleich ist. Gleichheit im Sinne einer Uniformität und Identität aller läßt sich nur auf dem Wege eines totalitären und diktatorischen Machtmißbrauches erreichen. Eine solche gesellschaftliche Ordnung kennt keinen Raum für Freiheit, Kreativität und individuelle Unverwechselbarkeit. *Tocqueville* hat dies als einen Zustand des vollendeten Despotismus beschrieben[5]. Weiterhin hat *Dahrendorf* ausdrücklich darauf aufmerksam gemacht, daß mit der Anerkennung der Ungleichheit der Menschen nicht zugleich Formen sozialer Ungerechtigkeit wie mangelnde Chancengleichheit gerechtfertigt sind[6]. Umgekehrt schließt die berech-

---

3 Aus der Sicht der Psychologie mit den Mitteln der Faktorentheorie aufgewiesen bei *J. P. Guilford,* Persönlichkeit. Logik, Methodik und Ergebnisse ihrer quantitativen Erforschung (1959), Weinheim 1965[23] – Von einem anderen Ausgangspunkt her *H. Thomae,* Persönlichkeit. Eine dynamische Interpretation. Bonn 1966

4 Vgl. hier den Aufweis der unterschiedlichen Auslegungen des Begriffs der Freiheit bei *U. v. Alemann,* Politik und Gleichheit. Chancengleichheit im Spektrum ideologischer Begründungszusammenhänge der Politik, in: *Derbolav* 1977 201–222

5 Hierzu Tocquevilles Bemerkungen in dem Kapitel „Welche Art von Despotismus die demokratischen Nationen zu fürchten haben" im II. Teil von 1840 „Über die Demokratie in Amerika", *A. d. Tocqueville,* Über die Demokratie in Amerika 2 Teile (1835/40), München 1976 812–817 – *K.-H. Volkmann-Schluck,* Möglichkeit und Gefährdung der Freiheit in der Demokratie. Tocquevilles Idee einer politischen Wissenschaft, in: *H. Holzapfel,* (Hg.), Philosophie und politische Bildung in der höheren Schule (Beiträge zur Gymnasialpädagogik 1), Düsseldorf 1960 17–34

6 *R. Dahrendorf,* Über den Ursprung der Ungleichheit unter den Menschen (Recht und Staat in Geschichte und Gegenwart Heft 232), Tübingen 1966[2]

tigte Forderung nach Abbau sozialer Ungerechtigkeit nicht eine Verabsolutierung des Gleichheitsgrundsatzes ein. Beide Sichtweisen werden in einem anthropologischen Sinne dem Menschen als Person nicht gerecht[7].

Es stellt sich im Blick auf das Verhältnis der Verfassungsgrundsätze von Gleichheit und Gerechtigkeit die Frage nach dem Zusammenhang von Verfassungstext und Verfassungswirklichkeit. Hier gibt es keine lupenreinen Lösungen. Vielmehr ist es Aufgabe des politischen Handelns, die Verfassungsbestimmungen als regulative Prinzipien zu sehen, in deren Rahmen Freiheit, Gleichheit und Gerechtigkeit unter Berücksichtigung der konkret gegebenen Bedingungen in jeweils angemessener Weise verwirklicht werden. Dies führt zu differenzierten Maßnahmen und entsprechenden organisatorischen Regelungen. In dem Maße, wie dies gelingt, ist das öffentliche Handeln zugleich Ausdruck eines hohen politischen und kulturellen Niveaus. Diesen Tatbestand hat *Hennis* folgendermaßen umschrieben: „In aller Regel aber ist durch Staatspraxis und durch vernünftige Interpretation Abhilfe möglich. Unmöglich wird sie nur dann, wenn man an die Verfassung die starre Elle eines Maßstabes anlegt, dem sich die Wirklichkeit zu fügen hat. Dann gibt es keine Entfaltung, dann gibt es nicht die freie Staatspraxis, sondern dann kann es im Grunde nur eine ständige Abfolge von Verfassungsbrüchen oder Verfassungsänderungen geben, bei denen immer ‚nachgetragen', ‚bereinigt' und ‚gelöscht' wird."[8]

---

7 Vgl. hierzu die in diesem Sinne differenzierend abwägende Analyse bei *P. Graf Kielmannsegg*, Demokratienorm und Leistungsprinzip, in: Civitas 1972 9–29. – Ferner die differenzierende Darstellung dieses gesamten Zusammenhanges bei *F. Hufen*, Gleichheitssatz und Bildungsplanung. Zum Funktionswandel der Grundrechte im modernen Sozialstaat, Baden-Baden 1975

8 *W. Hennis*, Verfassung und Verfassungswirklichkeit. Ein deutsches Problem (Recht und Staat in Geschichte und Gegenwart Heft 373/74), Tübingen 1968 36

Daraus folgt, daß es keine umfassende bzw. totale Gleichheit gibt, sondern Gleichheit nur in bestimmten Hinsichten angemessen und herstellbar ist.

Zusammenhang von Chancengleichheit und Chancengerechtigkeit

Chancengleichheit als eine menschliche, rechtliche und politische Zielperspektive erfordert im Erziehungs- und Bildungsprozeß, daß auf die Verschiedenartigkeit der Menschen Rücksicht genommen wird. Eine Gleichheit, die sich als Identität und Uniformität der Angebote versteht, zerstört Chancen und verfehlt den Anspruch der Chancengleichheit, indem diese durch administrative Zuteilung und totale Bürokratisierung ersetzt werden. Gleiche Bildungschancen für alle jungen Menschen schließt daher nicht einen für alle inhaltlich gleichen Anspruch ein. Chancengleichheit bedeutet vielmehr, daß jedem jungen Menschen Gelegenheit gegeben wird, die für ihn beste Chance zu ergreifen. Dies setzt voraus, daß der einzelne in der Lage und daß er willens ist, die ihm gebotenen Chancen zu ergreifen. Chancengleichheit im Bildungswesen ist dann dahingehend zu verstehen, daß jedem einzelnen die Chance gegeben wird, die seine eigene, nicht aber die eines anderen ist. Auf diese Weise wird der Forderung nach Gerechtigkeit entsprochen. Jeder einzelne hat ein Recht auf Bildung und daher den Anspruch, in den Bildungsprozeß in angemessener Weise hineingeführt zu werden. Seine eigene Entscheidung ist es dann aber – und hier endet der Anspruch –, wie lange er an diesem Bildungsprozeß teilnehmen will und mit welcher Intensität er sich der Bildungsarbeit und dem Anspruch der Bildungsinhalte stellt. Diese Entscheidung kann weder durch administrative Regelungen eingeschränkt noch durch politische Vorgaben überholt werden. Es ist dabei selbstverständlich, daß dieser Entscheidungsspielraum im Rahmen allgemeiner Bestimmungen (wie u. a. Schulpflicht, Mindestgröße von Klassen und Schulen, Größe schulischer Einzugsbereiche) zu sehen ist.

Im Blick auf die Forderung nach Gleichheit der Bildungschancen ist daher eine zweifache Nuancierung des Gleichheitsbegriffes notwendig. Zunächst einmal bedeutet Gleichheit im Sinne des Art. 3 (1) GG, daß allen jungen Menschen jeder Bildungsweg offenstehen muß. Es gibt keinen in objektiven Gegebenheiten (z. B. Rasse, Religion, Geschlecht) wurzelnden Grund, einen Bildungsweg zu verweigern. Zum anderen besagt die Sozialstaatklausel des Art. 20 (1) GG, daß in dem Begriff der Gleichheit eine dynamische Komponente mitenthalten ist, die auf die jeweils unterschiedliche Situation des einzelnen bezogen ist. Auf diese Weise wird sichergestellt, daß dem jungen Menschen nicht allein jeder Bildungsweg offensteht, sondern daß er zugleich auch in die Lage versetzt wird, jeden möglichen Bildungsweg zu beschreiten. Wenn für alle jungen Menschen gleiche Bildungschancen bestehen sollen, setzt dies voraus, daß die jungen Menschen differenziert gefördert werden müssen. Da Gleichheit nicht Identität bedeutet, sind weder vereinheitlichende noch nivellierende Maßnahmen angebracht[9]. Statt dessen kommt es darauf an, durch differenzierende und den einzelnen gezielt fördernde Maßnahmen sicherzustellen, daß Chancengleichheit für alle gegeben ist. Die dynamische Komponente im Gleichheitsbegriff erfordert somit unter sozial-politischen Aspekten ein breites Spektrum an spezifischen Förderungsmaßnahmen, die auf einen Ausgleich unterschiedlicher Bedingungen zielen. Scheler versteht diese dynamische Komponente als „Ausgleich" und nennt das Bemühen darum die „Aufgabe des kommenden Zeitalters", das durch eine zunehmende Demokratisierung aller Gesellschaftsbereiche gekennzeichnet ist.

---

9 *D.-J. Löwisch,* Pädagogik und „Gleichheit" – zum Beispiel bei Gotthold Ephraim Lessing. Eine notwendige historische Besinnung auf Grund eines gegenwärtig inflationären Gebrauchs des Gleichheitsbegriffs in der Pädagogik, in: VjWP 54 (1978) 421–434

„Die Tendenz zum Ausgleich bei stetig wachsender Differenzierung des geistigen Individuums Mensch – dieser Ausgleich ist nicht eines von jenen Dingen, die wir zu ‚wählen' hätten. Er ist unentrinnbares *Schicksal.*"[10]

Die in den folgenden Überlegungen vorgenommene Differenzierung des Gleichheitsbegriffes im Sinne des Chancenausgleichs und der Chancengerechtigkeit versucht dieser dynamischen Komponente gerecht zu werden. Chancenausgleich und Chancengerechtigkeit stellen in diesem Zusammenhang zwei Formen der Bildungsförderung dar, die in spezifischer Weise darauf ausgerichtet sind, den individuellen Möglichkeiten des jungen Menschen und seiner besonderen Situation gerecht zu werden. Es ist dieses nichts anderes, als was Aristoteles in der Nikomachischen Ethik die Billigkeit genannt hat, in der sich die Gerechtigkeit erfüllt[11]. Der in anthropologischen und gesellschaftlichen Dimensionen begründete Auftrag der Schule schließt daher die Verpflichtung ein, allen jungen Menschen auf ihrem Bildungsweg Chancengleichheit zu gewähren. Hierbei darf jedoch auf dem Weg über schulische Anforderungen nicht ein schichtenspezifischer Selektionsmechanismus in Gang

---

10 *M. Scheler,* Der Mensch im Weltalter des Ausgleichs (1927), in: *Scheler* 1954 97. *Scheler* zeigt dann im folgenden die Bereiche auf, in denen der Ausgleich nötig ist (u. a. zwischen den Rassen, den Unter- und Oberklassen, den großen Kulturnationen, dem Kapitalismus und Sozialismus, den Industrie- und Entwicklungsländern).

11 Unter dem Begriff der Tugend wird dieser Zusammenhang und seine vielfältigen Dimensionen in der Nikomachischen Ethik aufgezeigt. *Aristoteles,* Nikomachische Ethik (Die Lehrschriften VII, 3), Paderborn 1966[2] – Vgl. hierzu die höchst aufschlußreiche Darstellung dieses Zusammenhanges bei *J. Derbolav,* Das Problem der Verteilungsgerechtigkeit bei Aristoteles und in unserer Zeit. Mit einem Exkurs zum Thema Bildungsgerechtigkeit, in: ders. (Hg.), Grundlagen und Probleme der Bildungspolitik. Ein Theorieentwurf (Erziehung in Wissenschaft und Praxis 25), München 1977 223–243

gesetzt werden, der dazu führt, daß spezifische Bildungswege bestimmten Sozialschichten zugeordnet werden. Das wird immer dann geschehen, wenn die Möglichkeit, die von der Schule geforderten Leistungen zu erbringen, vornehmlich von häuslichen und familiären Voraussetzungen abhängig ist, die selbst wiederum nicht in allen Sozialschichten gleichermaßen selbstverständlich sind[12]. Chancengleichheit wird dann zur Farce, weil schon zu Beginn des schulischen Bildungsweges die Unterschiede so erheblich sind, daß eine dauernde Benachteiligung von Kindern aus den unteren Sozialschichten festgeschrieben wird.

Chancenausgleich

Geht man jedoch davon aus, daß die vorgenannten Schwierigkeiten nicht zwingend sind, dann stellt sich die Frage nach den

---

12 Dieser Tatbestand ist in der Literatur umfangreich dokumentiert. S. u. a. *J. Hitpass,* Abiturientendefizit – Versagt unser Schulsystem? (Pädagogische Taschenbücher 9), Ratingen 1964 – ders., Einstellungen der Industriearbeiterschaft zu höherer Bildung. Eine Motivuntersuchung, Ratingen 1965 – *F. Hess/F. Latscha/W. Schneider,* Die Ungleichheit der Bildungschancen. Soziale Schranken im Zugang zur höheren Schule (Texte und Dokumente zur Soziologie), Olten/Freiburg 1966 – *H. Peisert,* Soziale Lage und Bildungschancen in Deutschland (Studien zur Soziologie 7), München 1967 – *E. Höhn,* Der schlechte Schüler. Sozialpsychologische Untersuchungen über das Bild des Schulversagers (Erziehung in Wissenschaft und Praxis 2), München 1967 – *H. Peisert/R. Dahrendorf* (Hg.), Der vorzeitige Abgang vom Gymnasium. Studien und Materialien zum Schulerfolg an den Gymnasien in Baden-Württemberg 1953–63, (Bildung in neuer Sicht Reihe A Nr. 6), Villingen 1967 – *H.-G. Rolff/E. Nyssen,* Sozialisation und Auslese durch die Schule (Gesellschaft und Erziehung Teil 7 – Pädagogische Forschungen. Veröffentlichungen des Comenius-Instituts 40), Heidelberg 1973[6] – *L.-R. Reuter,* Das Recht auf chancengleiche Bildung. Ein Beitrag zur sozial ungleichen Bildungspartizipation und zu den Aufgaben und Grenzen der Rechtswissenschaft bei der Verwirklichung eines sozialen Grundrechts

Formen und Möglichkeiten einer Lösung. Dazu ist es notwendig, den Begriff der Chancengleichheit, wie oben angedeutet, so zu verstehen, daß in ihm zum einen Chancenausgleich und zum anderen Chancengerechtigkeit angelegt sind[13]. Mit dieser Ausdifferenzierung wird auf die in der Begabungsforschung intensiv geführte Diskussion über den Anteil von Anlage und Umwelt Bezug genommen. Diese Diskussion hat deutlich gemacht, daß anstelle einseitiger Fixierungen verstärkt die Vielschichtigkeit des Zusammenwirkens von Anlage und Umwelt gesehen werden muß. Mit dem Eintritt in das Leben steht der Mensch in Kontakt mit seinem sozialen Umfeld. Er ist als Mensch dadurch ausgezeichnet, daß er diesen Kontakt für seine Menschwerdung (Personagenese) benötigt[14]. Zu diesem Umfeld zählen u. a. die Familie, die Nachbarschaft, die Wohngegend. Der Einfluß dieser Gegebenheiten auf die Entwicklung des Menschen ist nicht zu allen Zeiten gleich. In der frühkindli-

---

auf chancengleiche Bildung (Schriftenreihe zur Geschichte und politischen Bildung), Ratingen/Kastellaun 1975 – *K. Feldmann,* Selektion und Sozialisation in der Grundschule, in: *G. Achinger/K. Feldmann/J. Meintker,* Grund- und Hauptschule – reformbedürftig? Empirische Untersuchungen zur Selektion und Sozialisation in der Schule (Beiträge zur empirischen Unterrichtsforschung), Hannover 1976 17–116

13 Vgl. die Ausarbeitung der Bedeutungsnuancen des Begriffs Chancengleichheit im Sinne der „Rechtsgarantie für Zugangsmöglichkeiten in Bildungsinstitutionen", der „Beteiligung an allen Bildungsgängen" und der „Garantie des Bildungserfolgs" bei *A. O. Schorb,* Zur Gleichheit der Chancen im Bildungswesen, in: Civitas. Jahrbuch für Sozialwissenschaften hg. v. d. Görres-Gesellschaft Band XI, Mannheim-Ludwigshafen 1972 61–79

14 *H. Müller-Braunschweig,* Die Wirkung der frühen Erfahrung. Das erste Lebensjahr und seine Bedeutung für die psychische Entwicklung, Stuttgart 1976 – *F. Neidhardt* (Hg.), Frühkindliche Sozialisation. Theorien und Analysen (Der Mensch als soziales und personales Wesen Band 5), Stuttgart 1975 – *K. Grossmann,* Frühe Einflüsse auf die soziale und intellektuelle Entwicklung des Kleinkindes, in: ZfP 23 (1977) 847–880 – *K. Kreppner,* Grundlagenforschung im Bereich der frühkindlichen Sozialisation. Bemerkungen zu drei Beiträgen in dem Sammelband „Frühkindliche Sozialisation", in: ZfP 23 (1977) 881–908

chen Phase ist es insbesondere die Zuwendung der Mutter, in der Kindheitsphase tritt die Familie als Ganzes mehr in den Vordergrund, während in späteren Zeiten neben der Familie auch die weitere soziale Umwelt von Bedeutung ist.

Soll nun für das Kind ein günstiges Entwicklungsklima geschaffen werden, ist es notwendig, daß die pädagogischen Hilfen gezielt einsetzen. Es werden in der frühkindlichen Phase andere Akzente der Hilfe zu setzen sein als in der Phase der Kindheit und im späteren Lebensalter. Dieser Zuschnitt der Hilfen im Sinne einer individuellen Passung dient der Freisetzung der individuellen Möglichkeiten, die ihrerseits wiederum neue Formen der Hilfe bedingen[15]. Anlage und Umwelt sind somit in einen Prozeß ständiger gegenseitiger Einwirkung und Vermittlung zusammengeschlossen. Dieser Gegebenheit müssen alle Bemühungen, die auf die Herstellung von Chancengleichheit zielen, Rechnung tragen. Die Vergleichsuntersuchung von Modellkindergärten und Vorklassen in Nordrhein-Westfalen hat in diesem Zusammenhang z. B. deutlich gemacht, daß einseitig ausgerichtete Regelungen nicht sinnvoll sind. Kindergarten, Vorklasse und Familie nehmen gleichermaßen Förderungsaufgaben wahr. Deren Wirksamkeit hängt von einem Bündel von Faktoren ab, die in der individuellen Situation ihren Grund haben und denen durch differenzierte Maßnahmen und institutionelle Vorkehrungen entsprochen werden muß (Passung der Angebote). Hier stellen sich eine Reihe Fragen, die noch weiterer Klärung bedürfen. Unbestritten ist, daß alle Hilfen auf die persönliche und familiäre Situation abgestellt sein müssen und

---

15 Den Einfluß der unmittelbar erfahrenen Umwelt auf die Intelligenz- und Schulleistung bis hin zur Prognose des Schulerfolgs verdeutlichen *K. D. Schuck/E. Schuck*, Familiäre Umwelt und kognitive Leistungen im Vorschul- und Schulalter, in: ZfEP 3 (1979) 135–151. Die Verfasser betonen auf Grund der gewonnenen Ergebnisse die Notwendigkeit gezielter Hilfen.

deshalb die Einzelberatung und Einzelhilfe von großer Wichtigkeit ist.[16]
Aufgabe der Schule ist es zunächst einmal, Chancengleichheit herzustellen. Die Schüler beginnen von unterschiedlichen Voraussetzungen her ihren Bildungsweg in der Schule. Die Unterschiedlichkeit kann in der individuellen Lage des Schülers (Krankheit u. a. m.), aber auch in den Besonderheiten des familiären Milieus sowie in den soziokulturellen und sozioökonomischen Bedingungen ihren Grund haben[17]. Es kommt zunächst einmal darauf an, bei allen Schülern eine gemeinsame Basis elementarer Fähigkeiten, Kenntnisse und Fertigkeiten herzustellen und zugleich im Rahmen erster Sozialerfahrungen einen Grundstock gemeinsamer sozialer Normen und Verhaltensweisen zu vermitteln. Dies geschieht schulorganisatorisch am zweckmäßigsten in einem integrativen System, wie es der Kindergarten und die Grundschule jeweils darstellen[18]. Es muß unbedingt dort geschehen, weil alle späteren Maßnahmen wie z. B. die Orientierungsstufe auf die sozial bedingten Defizite zu spät reagieren.
Darüber hinaus ist zusätzlich durch eine gezielte individuelle Förderung besonders den Schülern zu helfen, deren schulische Startbedingungen im Vergleich zu denen anderer Schüler ungünstig sind. Auf diese Weise wird in der Bildungsarbeit des Kindergartens, der in diesen frühen Förderungsprozeß schon einzubeziehen ist, und in der Grundschule der Forderung nach

---

16 *R. Dollase*, Kontinuität und Diskontinuität zwischen vorschulischer und schulischer Sozialisation. Empirische Aspekte zur sozial-emotionalen Entwicklung in Kindergarten, Vorklasse und Grundschule, in: BuE 31 (1978) 412–424

17 Hierzu weitere Hinweise in dem Sammelband von *H. Roth* (Hg.), Begabung und Lernen. Ergebnisse und Folgerungen neuer Forschungen (Gutachten und Studien der Bildungskommission Band 4), Stuttgart 1969²

18 *J. Diederich*, Fördern im Kernunterricht. Kontrollierte Beobachtungen und didaktische Überlegungen (Beiträge zur empirischen Unterrichtsforschung), Hannover 1973

Chancengleichheit bereits entsprochen[19]. Hier bedarf es sehr differenzierter Formen der Hilfe und Beratung für die Eltern, um zu verhindern, daß die gegenteiligen Auswirkungen eintreten. „Die Realisierung etwa des Grundsatzes, die Lernprozesse in der Eingangsstufe an die familiale Lebenssituation und Sozialisationsvoraussetzungen anknüpfen zu lassen, macht es notwendig, umfassende Einzelinformationen über das Herkunftsmilieu ebenso wie grundlegende Einsichten über schichtmäßige und anderweitig spezifische Sozialisationsmechanismen für das Lehrpersonal bereitzustellen."[20] Dies alles ist

---

19 Zur vorschulischen Bildungsförderung s. *L. Schenk-Danzinger*, Schuleintrittsalter, Schulfähigkeit und Lesereife. Untersuchungen über die Bedeutung von Schulreifegruppentests und vorschulischer Förderung (Gutachten und Studien der Bildungskommission Band 7), Stuttgart 1969 – *DIPF* (Hg.), Der Hessische Schulversuch zur Früheinschulung. Bericht über die Begleituntersuchungen zur Einschulung fünfjähriger Kinder (Mitteilungen und Nachrichten Sonderheft), Frankfurt 1971 – *Kultusminister Nordrhein-Westfalen* (Hg.), Schulversuch „Vorklasse". Vorläufiger Bildungsplan für Vorklassen (Die Schule in Nordrhein-Westfalen Heft 45), Ratingen 1972 (a) – *M. Wasna*, Leistungsmotivation. Empirische Untersuchungen bei Vorschulkindern und Geistigbehinderten, München/Basel 1973 – *E. Schmalohr/R. Dollase/A. Holländer/H. Schmerkotte/W. Winkelmann,* Vorklasse und Kindergarten aus der Sicht der Erzieher. Ergebnisse einer Erzieherbefragung im Modellversuch von Nordrhein-Westfalen (Beiträge zur Vorschulerziehung), Hannover 1974 – *D. Schwerdt*, Vorschulerziehung. Grundlagen – Ziele – Förderungsbereiche, Paderborn 1975 – Für die positiven Ansätze im Bereich der Sprachentwicklung s. *K. A. Wiederhold*, Kindersprache und Sozialstatus. Eine empirisch-pädagogische Untersuchung zum Sprachstand und Sprachwandel bei Kindern des ersten und zweiten Schuljahres (Kölner Arbeiten zur Pädagogik), Ratingen 1971– *I. Bock*, Das Phänomen der schichtenspezifischen Sprache als pädagogisches Problem (Erträge der Forschung Band 8), Darmstadt 1972 – *E. Oksaar*, Spracherwerb im Vorschulalter. Einführung in die Pädolinguistik, Stuttgart u. a. 1977 – *H. Schmerkotte*, Ergebnisse eines Vergleichs von Modellkindergärten und Vorklassen in Nordrhein-Westfalen, in: BuE 31 (1978) 401–411

20 Vgl. hierzu die Analyse des Elternverhaltens und der Elternerwartungen in bezug auf die jeweiligen Förderungsaspekte für Vorschulkinder bei *A. Bauer*, Eltern und Kinder in der Eingangsstufe. Eine empirische Untersuchung an Eltern und Kindern der Eingangsstufe als Bei-

nötig, damit ein Ausgleich der unterschiedlichen Ausgangsbedingungen – soweit dies möglich ist – stattfinden kann. Damit wird für jeden Schüler zugleich auch eine Aussage über seinen künftigen Bildungsweg möglich, die seiner Leistungsfähigkeit wie auch seiner Interessenlage weitgehend gerecht wird[21]. Die generelle Einführung der schulformunabhängigen Orientierungsstufe bringt hier keine befriedigenden Verbesserungen[22]. Die Orientierungsstufe setzt unter Berücksichtigung der genannten Aspekte zu spät ein. Dies bestätigt *Kramp* auf Grund einer Erhebung über den Schulerfolg von 2531 Schülern an Berliner Schulen beim Übergang aus dem 6. Grundschuljahr in weiterführende Schulen. Es „zeigte sich, daß derartige Prognosen nach sechs Grundschuljahren nicht sicherer sind als solche nach vier Jahren, solange man sich dabei auf die gleichen unzureichenden Beobachtungsmethoden und Urteilskriterien stützt ... Allgemeiner formuliert: Veränderungen des Schulaufbaus und der Selektionsverfahren führen offenbar nicht notwendig zu einer effektiven und sozial gerechteren Begabungsauslese. Ins Grundsätzliche gewendet: Veränderungen in der Schulorganisation bewirken anscheinend nicht stets auch

---

trag zur Verbesserung der Zusammenarbeit von Elternhaus und Schule (Studien zu Gesellschaft und Bildung Band 3), Weinheim/Basel 1977 hier insbesondere S. 236 – Die Notwendigkeit von Verbesserungen in diesem Bereich betont ebenfalls *J. Meintker*, Einstellungen von Grund- und Hauptschullehrern zu innerschulischen Problemen, in: *Achinger/Feldmann/Meintker* 1976 232–338 – *B. Hassenstein/G. Heinelt/C. Meves* Das Kind im Vorschul- und Grundschulalter, Freiburg i. B. 1973

21 *H.-R. Lückert* (Hg.), Begabungsforschung und Bildungsförderung als Gegenwartsaufgabe, München/Basel 1969 – *W. Dietrich*, Schülergutachten. Die Schülerbeurteilung für den Übergang auf Realschulen und Gymnasien (Ergebnisse aus der Arbeit der niedersächsischen Lehrerfortbildung Heft 4), Hannover 1965 – Auf den diagnostischen Charakter von Schulreifetests und die Berücksichtigung emotionaler und motivationaler Komponenten verweisen *A. Krapp/H. Mandl*, Schulreifetests und Schulerfolg (ppf Pädagogisch-psychologische Forschungen), München 1971.

22 *F. Uplegger/H. Götz*, Die förderstufenähnlichen Schulversuche in Hessen. Untersuchungen und Materialien zur Unterrichtsgestaltung

entsprechende Veränderungen in den ‚Schulstuben'."[23] Die in diesem Abschnitt vorgetragenen Bemerkungen zur basalen Bildungsförderung geben Hinweise auf eine begabungsgerechte Förderung aller Schüler im Rahmen des gegliederten Schulwesens und sehen die Lösung dieser Aufgabe nicht ausschließlich in organisatorischen Veränderungen.

Chancengerechtigkeit

Auf der Basis einer gemeinsamen und zugleich individuell ausgerichteten Förderung aller Schüler in der Grundschule kommt es nun im Verlauf des weiteren schulischen Bildungsweges darauf an, jedem Schüler entsprechend seinen Fähigkeiten, Neigungen und Interessen gerecht zu werden. Es erfolgt so eine Ausweitung des Begriffs Chancengleichheit in Richtung auf Chancengerechtigkeit. Das Ende der Grundschule stellt gleichsam einen Wendepunkt dar, an dem die pädagogisch-anthropologische Aufgabe der Schule, Chancenausgleich herzustellen, umschlägt in den pädagogisch-anthropologischen Auftrag, Chancengerechtigkeit zu gewähren. Das individuelle Profil des

---

und vergleichenden Leistungsmessung im 5. und 6. Schuljahr, Hannover 1963 – *E. E. Geissler/R. P. Krenzer/A. Rang*, Fördern und Auslesen. Eine Untersuchung an hessischen Schulen mit Förderstufe, Frankfurt 1967 – *W. H. Peterßen* (Hg.), Orientierungsstufe – Beiträge aus der Bildungspolitik, Erziehungswissenschaft, Praxis (EGS Texte Erziehungs- und gesellschaftswissenschaftliche Studientexte), Ravensburg 1975 – *G. Wehle*, Schulpolitische und didaktische Perspektiven zur Funktionsbestimmung der Klassen 5 und 6, in: *Realschullehrerverband NW* (Hg.), Aspekte des Lehrens und Lernens in Klasse 5 und 6 (7. Mülheimer Kongreß), Paderborn 1975 12–24 – *H. J. Hagel*, Zum Voraussagewert der Förderstufe, in: DDS 68 (1976) 496–499

23 *W. Kramp*, Schulreform, Bildungspolitik und erziehungswissenschaftliche Forschung, in: Jahrbuch der Universität Düsseldorf 1970/71, Düsseldorf 1972 210 f.

Schülers, das sich in seiner Leistungsfähigkeit, seinen Neigungen und Interessen niederschlägt, bedarf einer schulischen Entsprechung[24], in der auf bestimmte Zielangaben, d. h. auf die schulischen Bildungsabschlüsse hin das Unterrichtsangebot entsprechend ausgerichtet ist[25]. Schulorganisatorisch bedeutet dies den Übergang von der horizontal integrierten Schulstufe (Kindergarten, Grundschule) zum vertikal gegliederten Schulsystem mit seinen Schulformen Hauptschule, Realschule, Gymnasium und den beruflichen Schulen[26]. Um die nötige Flexibilität für individuelle Entwicklungen der Schüler zu gewährleisten, sind zu bestimmten Zeitpunkten Übergangsmöglichkeiten zwischen den Schulformen offenzuhalten[27]. Für viele Schüler ist es aber möglich und angemessen, bereits nach der Grundschule eine hinlänglich abgesicherte Entscheidung über den künftigen Bildungsweg zu fällen. Im Sinne der Chancengerechtigkeit haben diese Schüler einen Anspruch darauf, in die entsprechende weiterführende Schule überzugehen.

Im Rahmen der institutionellen Vorgaben des gegliederten Schulwesens kommt es nun darauf an, die schulischen Anforderungen in den weiterführenden Schulen so zu strukturieren, daß sie zugleich leistungs- und individualbezogen sind. Dies bedeu-

---

24 Prinzip der Passung nach *H. Heckhausen*, Förderung der Lernmotivierung und der intellektuellen Tüchtigkeiten, in: *Roth* 1969 193–228 – ders., Begabungsentfaltung für jeden, Osnabrück 1972

25 Die Notwendigkeit der Berücksichtigung individueller Bedingungen verdeutlicht *J. Simons*, Intelligenz- und Schulleistungen bei Arbeiter- und Akademikerkindern auf der Unterstufe des Gymnasiums, in: *Nickel/Langhorst* 1973 260–273 – Über Fragen der Intelligenzdifferenzierung berichten *H. Mandl/A. Zimmermann*, Intelligenzdifferenzierung, Stuttgart 1976.

26 *J. Hitpass/H.-R. Laurien/R. Mock*, Dreigliedriges Schulsystem oder Gesamtschule? Drei Gutachten, Bamberg o. J. (1969)

27 Die Schulen des gegliederten Schulwesens werden in der Amtsterminologie der Länder der Bundesrepublik unterschiedlich bezeichnet (Schulform bzw. Schulart). In dieser Arbeit wird durchgehend auf den Terminus Schulform zurückgegriffen.

tet, daß den einzelnen Schülern unterschiedliche Hilfen zuteil werden müssen, sofern es darum geht, Nachteile der familiären Situation durch gezielte Förderungsmaßnahmen (u. a. Unterrichtshilfen der Lehrer, Hausaufgabenbetreuung) auszugleichen[28]. Damit werden beim Schüler Voraussetzungen einer sachbezogenen Leistungsmotivation geschaffen. Es geht dabei um „Aufbau und Festigung von individuellen Bezugsnormen für die eigene Leistungstüchtigkeit in relevanten Tätigkeitsbereichen".[29] Daraus folgt, daß anspruchsvolle, aber realistische Zielsetzungen den Unterricht bestimmen, die weder eine Überforderung noch eine Unterforderung des Schülers bewirken. Für den Lehrer schließt dies eine stärkere Anpassung der Anforderungen an das jeweilige Leistungsprofil des Schülers ein. Das Lehrerurteil richtet sich dann stärker „nach solchen individualisierten Normwert-Erwartungen, nicht nach sozialen Bezugsnormen der Leistungsverteilung aller Schüler in der Klasse".[30] Damit werden zugleich Intentionen des mastery learning-Konzepts aufgegriffen, nach dem die Auswahl und Darbietung der Unterrichtsgegenstände wie auch der zeitliche Rahmen der Erarbeitung so variabel sein sollen, daß möglichst alle Schüler einer Klasse ein bestimmtes Unterrichtsziel errei-

---

28 So hat *Simons* festgestellt, daß zwischen Arbeiter- und Akademikerkindern keine Unterschiede in der Intelligenzleistung bestehen, im Laufe der Klassen 5–7 sich im sprachlichen Bereich jedoch schichtenspezifische Unterschiede abzeichnen. Hier kann auch im gegliederten Schulwesen durch gezielte Maßnahmen dem einzelnen geholfen werden. – *Simons* 1973 260–273

29 *H. Heckhausen*, Bessere Lernmotivation und neue Lernziele, in: *F. E. Weinert* u. a. (Hg.), Pädagogische Psychologie 6 Teile, Weinheim/Basel 1976 4, 145

30 *Heckhausen* 1976 4, 146 – Wichtig der gesamte Beitrag 4, 125–154 – Ferner *H. Heckhausen*, Hoffnung und Furcht in der Leistungsmotivation (Psychologia universalis Band 6), Meisenheim am Glan 1963 – *Weiner* 1975 – *A. Yates* (Hg.) Lerngruppen und Differenzierung. Bericht und Dokumentation im Auftrag des UNESCO-Instituts für Pädagogik, Weinheim/Basel 1972

chen[31]. Dies ist im gegliederten Schulwesen eher möglich als in der Gesamtschule, weil dort in den einzelnen Schulformen nicht das gesamte breitgefächerte Begabungs- und Neigungsspektrum von der Hauptschule bis zum Gymnasium jeweils vorhanden ist. Im Rahmen der Bildungsarbeit der einzelnen Schulformen kann der Lehrer somit den individuellen Normwert-Erwartungen weitgehend entsprechen mit der Folge, daß beim Schüler Leistungsmotivationen freigesetzt werden[32]. Diese individuelle Förderungsmöglichkeit wird noch verstärkt, wenn kleine und überschaubare Lerneinheiten gegeben sind[33].

Die Forderung nach Chancengleichheit im Sinne der Chancengerechtigkeit versteht unter den vorgenannten Erwägungen Bildung als ein soziales Grundrecht. Hierzu muß jedoch kritisch angemerkt werden, daß in der gegenwärtigen bildungspolitischen Diskussion übersehen wird, daß das Verständnis von Bildung als einem sozialen Grundrecht (Art. 2 [1] und 12 [1] GG sowie entsprechende Artikel der Länderverfassungen) auch für den begabten, d. h. leistungsfähigen und leistungswilligen Schüler den Anspruch auf frühzeitige und angemessene schulische Förderung mit einschließen muß[34]. Die bildungs- und sozialpolitische Forderung nach Chancengleichheit kann für den begabten Schüler nur so eingelöst werden[35]. Unterbleibt diese schulische Förderung, sind oftmals Verhaltensstörungen

---

31 *H. J. Block*, Mastery learning: Theory and practice, New York 1971 – Eine Problematisierung dieses Ansatzes bei *G. Eigler/G. A. Straka*, Mastery learning: Lernerfolg für jeden? München 1978

32 Vgl. die Analyse der unterschiedlichen individuellen Lernsituationen bei *R. M. Thomas/S. M. Thomas*, Individual Differences in the classroom, New York 1965.

33 *A. R. Jensen*, Wie sehr können wir Intelligenzquotient und schulische Leistung steigern? (1969), in: *Skowronek* 1976 129

34 Dieser Anspruch kann auch nicht auf dem Wege einer Ausweitung der sozialen Grundrechte in soziale Teilhaberechte unterlaufen werden, die letztlich Gleichheit der Chancen als Identität von Chancen sieht, so bei *H. Titze*, Bildung, Identität und soziale Teilhabe, in: NS 17 (1977) 575–593.

35 S. hierzu die umfassend dokumentierte Arbeit von *M. H. Schmidt*, Verhaltensstörungen bei Kindern mit sehr hoher Intelligenz (Zeitschrift

und schulische Fehlleistungen die Folge. Der anthropologische wie auch pädagogische Gehalt des Begriffs Chancengleichheit zielt auf die spezifischen Bedingungen des Individuums, nicht aber auf eine uniforme Reglementierung des einzelnen. In diesem Zusammenhang ist höchst aufschlußreich, daß *T. Husén*, einer der Befürworter des Gesamtschulgedankens, neuerdings die Notwendigkeit differenzierender schulischer Förderungsmaßnahmen mit Nachdruck vertritt. „Die Schule (muß) ihre pädagogischen Grundprinzipien neu in Frage stellen. Gemeinsamer Nenner sämtlicher Initiativen dieser Art (Nachhilfeunterricht und Anleitung bei Hausarbeiten eingeschlossen) ist die Individualisierung des gesamten pädagogischen Systems. Es folgt daraus, daß Chancengleichheit nicht Identität der Chancen bedeutet – und hier liegt ein Grundproblem für die moderne Demokratie. Nach den hier entwickelten Vorstellungen bedeutet Chancengleichheit auch, daß jedem Kind die notwendige Möglichkeit zur Entfaltung seiner persönlichen Gaben geboten wird, so wie sie bei der Aufnahme in den Bildungsgang einer öffentlichen Einrichtung vorhanden sind. Es besteht kein vernünftiger Grund für die Hoffnung, man könne mehr Gleichheit durch eine gleichartige Behandlung aller Kinder erreichen. Paradoxerweise könnte man sagen, daß allen Kindern im Hinblick auf die Unterschiede ihrer sozialen Herkunft gleiche Chancen zu ungleicher Behandlung geboten werden müssen."[36] Chancengleichheit heißt somit: Gleichheit der Startbedingun-

für Kinder- und Jugendpsychiatrie Beiheft 1), Bern/Stuttgart/Wien 1977

36 *T. Husén*, Soziale Umwelt und Schulerfolg. Perspektiven der Forschung zum Problem der Chancengleichheit, Frankfurt 1977 41 – Ferner die Darlegung der vielschichtigen Zusammenhänge, die sich im Rahmen der Verwirklichung von Chancengleichheit stellen, in dem Sammelband der *OECD* (Hg.), Bildung, Ungleichheit und Lebenschancen. Ausgewählte Beiträge, Frankfurt/Berlin/München 1978 – *J. S. Coleman*, Equality of Educational Opportunity, Washington 1966 – ders., What is Meant by „an Equal Educational Opportunity"? in: Oxford Review of Education 1 (1975) 27–29

gen, nicht aber Gleichheit der Ziele, die von allen erreicht werden. Viele bildungspolitische Maßnahmen der letzten Jahre haben diesen Unterschied verwischt.

Begabung und Begaben: eine problematische Gleichsetzung

In diesem Zusammenhang bedarf die Frage der Erbe-Umwelt-Verschränkung einer gesonderten Betrachtung. Im Jahre 1952 hat *Heinrich Roth* mit seinen Überlegungen zur Frage des Verhältnisses von Begabung und Begaben für die nachfolgende bildungstheoretische und bildungspolitische Diskussion neue richtungweisende Akzente gesetzt[37]. Die Formulierung zielte auf eine Relativierung der vorherrschenden Theorien, nach denen die Begabung vornehmlich den Ausweis angeborener Fähigkeiten darstellt. Statt dessen sollten die Bedeutung der Umwelt, der erzieherischen Anregungen, des familiären Milieus u. a. m. stärker hervorgehoben und in ihrem Einfluß auf die Ausformung der Begabung berücksichtigt werden. Die vorgefundene Unterschiedlichkeit der Begabungen hatte nach diesen Überlegungen ihren Grund nicht in unterschiedlichen humangenetischen Dispositionen, sie war vielmehr auf unterschiedliche Umweltbedingungen zurückzuführen. Das was sich als Begabung zeigte, war zunächst und vor allem Ausdruck unter-

---

37 *H. Roth*, Begabung und Begaben. Über das Problem der Umwelt in der Begabungsentfaltung, in: Die Sammlung 7 (1952) 395–407. Die Formulierungen *Roths* in diesem Aufsatz stellen diese Neuorientierung des Begabungsbegriffs nicht so gezielt heraus, wie es hier geschieht, jedoch treten die Intentionen, die *Roth* verfolgt, eindeutig hervor: „Damit ist das Ziel erreicht, das wir angestrebt haben, nämlich der Nachweis der entscheidenden Abhängigkeit der Intelligenz, aber noch mehr der Begabung und Begabungsentfaltung von der *Lebenssituation* ... Wir dürfen Begabungsentfaltung nicht auffassen als das Größerwerden einer in nuce schon vorhandenen seelischen Eigenschaft, sondern als einen stufenreichen Entfaltungsprozeß, der sich in der Auseinandersetzung mit den Hochleistungen der heutigen Formen unserer Daseinsbewältigung und Kulturbetätigung vollzieht.“398

schiedlicher Umwelteinflüsse und das heißt bildungspolitisch: mangelnder Chancengleichheit. Da nun aber eine generelle Angleichung der persönlichen und familiären Sozialisationsbedingungen im Blick auf ein anregendes und förderndes erzieherisches Milieu angesichts der gegebenen verfassungsrechtlichen Bestimmungen politisch nicht durchsetzbar ist und die Familie sich weitgehend staatlich normierten und reglementierten Einflußmöglichkeiten entzieht, ist einzig die Schule der Ort, an dem eine solche Angleichung erfolgen kann. Daraus wurde in den folgenden Jahren in bildungspolitischer Hinsicht die Konsequenz gezogen, daß Chancengleichheit nur dann erreichbar ist, wenn alle Schüler möglichst lange gemeinsam gefördert werden.

Es ist jedoch zu fragen, ob dieser von *Roth* in die Diskussion eingebrachte Ansatz in dieser Ausschließlichkeit überhaupt gilt. Statt dessen ist zu erwägen, ob nicht Begabungstheorien zu berücksichtigen sind, die stärker auf die individuellen Fähigkeiten Bezug nehmen und die im Gefolge des Ansatzes von *Roth* über Gebühr vernachlässigt worden sind. Diese Theorien greifen auf humangenetische Fragestellungen zurück und analysieren die Erbe-Umwelt-Verschränkung in sehr differenzierter Weise. Ein Blick auf den Stand der modernen Begabungsforschung zeigt, daß sogenannte lupenreine Lösungen nicht zu erwarten sind. Weder ein pädagogischer Pessimismus als Folge einer vollständigen Determiniertheit durch Erbanlagen noch ein pädagogischer Optimismus als Folge eines Glaubens an die grenzenlose Herstellbarkeit menschlicher Fähigkeiten sind angebracht. Anstelle dessen ist eher ein pädagogischer Realismus gefordert. Damit ist gesagt, daß Anlage und Umwelt in vielfältiger Weise zusammenwirken und daß die schulische Unterweisung und darin eingeschlossen die Organisation des Schulwesens diesem Tatbestand Rechnung tragen müssen. Die Verkürzung des Begabungsbegriffs bei *Roth* ist nun darin zu sehen, daß dieser zu sehr auf Fähigkeiten im Sinne von Verhalteneigenschaften eingeschränkt ist[38]. Nach *Roth* geht es

---

38 Eine grundlegend kritische Aufarbeitung des Begabungsbegriffs

zunächst um den Zuwachs an Lernleistungen in den verschiedenen Aufgabenbereichen. Dieser Zuwachs gibt zugleich Auskunft über das Ausmaß der Lernfähigkeit, die letztlich als Begabung verstanden wird.
Unklar bleibt bei der Verschränkung der beiden Termini Lernfähigkeit und Begabung, wie Begabung in diesem Zusammenhang verstanden wird. Einerseits kann der Begriff Begabung so ausgelegt werden, daß mit ihm Verhaltenseigenschaften und Leistungsprofile angesprochen sind. Andererseits läßt er Raum für Interpretationen, die auf grundlegende Dispositionen und Konstitutionen zielen. Hier zeigt sich ein Dilemma hinsichtlich der Abklärung von Bedeutungsinhalten. Auf diesen Tatbestand hat *Meili* mit dem Hinweis verwiesen, daß „viele Unklarheiten und unnötige Diskussionen ... von der Vieldeutigkeit der Eigenschaftsbegriffe in der Psychologie" herrühren, und dies dahingehend erläutert, daß es darauf ankomme, deutlich zu machen, ob ein Begriff auf die „phänomenale Bestimmung der Erscheinung und des Verhaltens einer Person" oder „auf die inneren Bedingungen des psychischen Geschehens und der seelischen Eigenart einer Person" bezogen sei[39]. Die Diskussion um den Begabungsbegriff war im Anschluß an die Formulierung von *Roth* in den nachfolgenden Jahren stärker auf die „phänomenale Bestimmung" im Sinne einer Gleichsetzung von Begabung und Begaben ausgerichtet. Die These von der Herstellung der Begabung durch schulisch vermittelte Akte des Begabens nimmt darauf Bezug. Auch die bildungspolitischen Entscheidungen folgten dieser Vorgabe mit den Konsequenzen, die oben aufgezeigt worden sind.

---

von *Roth* findet sich bei *W. Knoche*, Das Erbe-Umwelt-Problem. Begriffliches und Klärendes zu Begabung und Intelligenzerblichkeit (Untersuchungen zum in- und ausländischen Schulwesen Band 18), Weinheim/Basel 1977.

39 *R. Meili*, Lehrbuch der psychologischen Diagnostik, Bern/Stuttgart 1955[3] 31 ff.

Verhältnis von Anlage und Umwelt im Lichte der Begabungsforschung

Zur Klärung des hier anstehenden Gesamtzusammenhanges ist es daher dienlich, auf einige Bestimmungen zu verweisen, die sich über die Begabung in der Literatur finden. *Meili* versteht unter Begabung „die von den Umwelteinflüssen unabhängige, anlagemäßige Grundlage der Entwicklung der Leistungsfähigkeiten". *Schenk-Danzinger* bestimmt Begabung als eine „anlagemäßig vorgegebene Leistungsdisposition". Für *Arnold* schließlich ist die Begabung „die Gesamtheit der angeborenen Fähigkeiten zu qualifizierten Leistungsvollzügen in den verschiedenen Kulturgebieten".[40] Allen vorgenannten Bestimmungen, die eine Auswahl aus einer Reihe ähnlicher Formulierungen darstellen, ist gemeinsam, daß sie sich vornehmlich auf die Fähigkeiten und darin eingeschlossenen Neigungen und Interessen beziehen, die neben anderem auch in der Schule von Bedeutung sind. Es ist daher angebracht, in diesem Zusammenhang den Intelligenzbegriff mit heranzuziehen. Dies geschieht hier unbeschadet der Tatsache, daß der Begabungsbegriff ein breiteres Spektrum von spezifischen geistigen Möglichkeiten abdeckt. Das Arbeiten in der Schule und der Zuschnitt des Bildungsangebotes stehen jedoch in einem engen Zusammenhang mit den spezifischen Begabungs- und Intelligenzstrukturen des einzelnen[41].

Wie für die Begabung wird auch für die Intelligenz in der Forschung von anlagebedingten Vorgaben ausgegangen. Hier-

---

40 *Meili* 1955 328 – *L. Schenk-Danzinger*, Begabung und Entwicklung, in: *P. Lersch/F. Sander/H. Thomae/K. Wilde* (Hg.), Handbuch der Psychologie, Göttingen 1959² 3, 358 ff. – *W. Arnold*, Begabung, in: *W. Arnold/H. J. Eysenck/R. Meili* (Hg.), Lexikon der Psychologie, Freiburg/Basel/Wien 1971 1, 241

41 S. hierzu den Sammelband von *Süllwold*, in dem der Zusammenhang von Begabung und Intelligenz sowie das Problem der Anlage-Umwelt-Verschränkung umfassend dokumentiert werden. *F. Süllwold* (Hg.), Begabung und Leistung, Hamburg 1976

bei tritt eine zunehmende Ausdifferenzierung dessen hervor, was unter Intelligenz im Rahmen faktorenanalytischer Modelle verstanden wird. Der klassische Ansatz des allgemeinen Faktors g von *Spearman* ist von *Thurstone* durch das Modell der Primärfaktoren erweitert worden (Befähigung zu räumlicher Vorstellung, Rechenfähigkeit, Sprachverständnis, Wortflüssigkeit, logisches Denken, Wahrnehmungsgeschwindigkeit)[42]. Von besonderer Bedeutung ist in diesem Zusammenhang ein Forschungsansatz von *Cattell*, der versucht, die zunehmende Ausdifferenzierung der Faktoren (*Guilfords* Intelligenzstrukturmodell enthält 120 Faktoren) auf zwei grundlegende allgemeine Faktoren zurückzuführen. *Cattell* bezeichnet sie als fluide und kristallisierte Fähigkeiten[43]. Die fluide (angelegte) allgemeine Intelligenz ist stärker anlagebedingt. Sie zeigt sich vor allem in Wahrnehmungsleistungen wie z. B. schnelles Erfassen wahrnehmungsgebundener Aufgaben und räumliches Erfassen, induktive Denkleistungen, Erkennen figurativer Beziehungen. Diese Fähigkeiten sind weitgehend bildungsunabhängig; ihr Nachweis erfolgt mittels kulturfreier Tests. Die kristallisierte (verfestigte) allgemeine Intelligenz ist stärker umweltbezogen. Es treten hier kognitive Leistungen in den Vordergrund wie z. B. numerische Fähigkeiten, Leistungen in schlußfolgerndem Denken, Sprachverständnis, Denken in sprachlichen Kategorien. Die kristallisierte allgemeine Intelligenz verdeutlicht kul-

---

42 Auf andere faktorenanalytische Modelle wie auch weitere experimental-psychologische und kognitionstheoretische Ansätze soll hier nicht weiter eingegangen werden. Vgl. u. a. *K.-H. Wewetzer*, Intelligenz und Intelligenzmessung. Ein kritischer Überblick über Theorie und Methodik (Erträge der Forschung Bd. 11), Darmstadt 1973 – *A. O. Jäger*, Dimensionen der Intelligenz, Göttingen 1973[3] – *P. Hofstätter*, Psychologie, Frankfurt 1974 – *A.-K. Schön-Gaedike*, Intelligenz und Intelligenzdiagnostik. Eine Einführung in theoretische und praktische Probleme der Intelligenzforschung, Weinheim/Basel 1978

43 *R. B. Cattell*, Theorie der fluiden und kristallisierten Intelligenz: Ein kritisches Experiment (1963), in: *Skowronek* 1976 27–62 – ders., Die empirische Erforschung der Persönlichkeit (1965), Weinheim/Basel 1973

turell erworbene Fähigkeiten; sie ist stärker bildungsabhängig und wird eher durch Tests nachgewiesen, die auf kulturelle Gegebenheiten ausgerichtet sind. Wichtig ist nun für den hier anstehenden Zusammenhang, daß die fluide und kristallisierte Intelligenz nicht unabhängig voneinander zu sehen sind. Anlage und Umwelt stehen in einer gewissen Verschränkung zueinander[44]. Dies hat Folgen für die Strukturierung des Unterrichtsangebotes im Bildungswesen. Es kommt darauf an, das Angebot so auszuwählen, zu strukturieren und zu vermitteln, daß beiden allgemeinen Intelligenzfunktionen angemessen entsprochen wird. Die Förderung des einzelnen und die Entfaltung seiner Fähigkeiten bedarf also einer entsprechenden Passung der Angebote und der Lernbedingungen[45]. Der Einfluß der Umwelt muß so gestaltet werden, daß die dem einzelnen mitgegebenen Dispositionen und Konstitutionen möglichst weitgehend erfaßt und entwickelt werden[46].

Die Arbeiten *Cattells* über die fluide und kristallisierte allgemeine Intelligenz leisten zugleich einen Beitrag zu einem umfassenderen Verständnis dessen, was Begabung ist. Förderung des einzelnen bedeutet in pädagogischer Hinsicht die Entfaltung der individuellen Fähigkeiten und damit seiner Unver-

---

44 Die Aspekte der fluiden und kristallisierten Intelligenz sind umfangreich dargestellt bei *R. B. Cattell/H. J. Butcher*, The Prediction of Achievement and Creativity, Indianapolis/New York 1968.

45 *K. J. Klauer*, Intelligenztraining im Kindesalter. Ergebnisse, Theorien und Methoden der Forschung, Weinheim/Basel 1975 – ders., Lernen und Intelligenz. Der Einfluß von Trainingsmethoden auf die Intelligenzleistung schwachbegabter Kinder, Weinheim/Berlin/Basel 1969

46 Die Intelligenz stellt daher nicht eine Summe von Einzelfaktoren dar, sie ist vielmehr „ein wesentlich umfassenderes System koordinierter funktionaler Möglichkeiten, in dem Lebensgeschichte, Motivation, Erziehung, Ausbildung, Qualität z. B. der neurologischen und endokrinen Maschinerie alle eine große Rolle spielen“. *M. J. Langeveld*, Voraussage und Erfolg. Über die Bedeutung von Tests als Voraussage kindlicher Entwicklung, Braunschweig 1973 113

wechselbarkeit. Das Ergebnis der bestmöglichen Förderung aller führt deshalb nicht zur Gleichheit, sondern Ungleichheit. Gleichheit im Sinne von Uniformität und Identität ist nur erreichbar, wenn von den mitgegebenen Dispositionen und Konstitutionen des einzelnen abgesehen wird. Auf dem Weg über gezielte pädagogische Maßnahmen werden dann alle zu einem gleichen Ziel geführt, das vorweg von außen für alle gesetzt worden ist, anstatt daß im Blick auf die unterschiedlichen Fähigkeiten, Neigungen und Interessen in sich differenzierte Ziele vorgegeben werden. Die Gliederung des Schulwesens in die Schulformen Hauptschule, Realschule, Gymnasium und berufliche Schulen stellt den Versuch dar, angesichts der bei den Schülern vorfindbaren Unterschiede in der Begabung und Leistungsfähigkeit möglichst angemessene Differenzierungen der Leistungsangebote sowohl in quantitativer wie qualitativer Hinsicht bereitzustellen. In den einzelnen Schulformen können diese Angebote nach Umfang und Anspruch noch weiter differenziert werden. „Zu jeder Art von Begabung gehört also die besondere Weise der *Begegnung* mit einem eigengearteten Ausschnitt der Welt.“[47]

Erkenntnisse der Humangenetik

Die Ergebnisse der Begabungsforschung stehen damit in Übereinstimmung mit Fragestellungen und Erkenntnissen aus dem Bereich der Humangenetik. Der Zusammenhang von Anlage und Umwelt ist auch für die Humangenetik konstitutiv. Hierbei geht es jedoch nicht um eine Ausschließlichkeit von Anlage und Erbdispositionen gegenüber der Umwelt, sondern um die

---

47 *G. Mühle*, Definitions- und Methodenprobleme der Begabungsforschung, in: *Roth* 1969 74 – *H.-D. Göldner*, Erblichkeit der Intelligenz. Fakten und Folgerungen, in: DUZ (1977) 440–441 – *W. Brezinka*, Vererbung, Chancengleichheit, Schulorganisation, in: Lehren und Lernen 2 (1976) 1–7 (a)

Zuordnung und Ergänzung beider Bereiche[48]. Dieser Tatbestand wird von *Engel/Vogel* im folgenden herausgestellt: „Bildsamkeit und Lernfähigkeit sind ebenso wie alle anderen psychosozialen Eigenschaften des Menschen polygen bedingte Merkmale. Solche Merkmale sind in hohem Maße umweltlabil, d. h. ihre Ausprägung ist von der individuellen Erziehung abhängig. Die in der Literatur vorliegenden Daten zum Begabungsproblem zeigen übereinstimmend, daß es genetisch festgelegte Unterschiede zwischen den Menschen in bezug auf ihre geistige Leistungsfähigkeit gibt. Für jedes Individuum existiert eine genetisch festgelegte Reaktionsbreite für geistige und psychische Leistungsfähigkeit. Die Umwelt bestimmt über die Erziehung, was innerhalb dieser Reaktionsbreite verifiziert wird. Über diese Reaktionsbreite kann die Erziehung nicht hinaus. Die Reaktionsbreite kann sehr weit, aber auch wie bei den meisten chromosomal geschädigten oder erblich stoffwechselkranken Patienten sehr schmal sein. Die genetisch festgelegte Mannigfaltigkeit der Population zwingt zur Forderung eines differenzierten Erziehungssystems, welches die Entwicklung der jeweils individuellen Begabung eines Kindes zu einem Optimum ermöglicht. Innerhalb der genetisch festgelegten Reaktionsbreite eines Individuums wird nur das verifiziert, was durch Erziehungsmaßnahmen gefördert wird.“[49]

---

48 *G. u. R. Meili-Dworetzki*, Grundlagen individueller Persönlichkeitsunterschiede. Ergebnisse einer Längsschnittuntersuchung mit zwei Gruppen von der Geburt bis zum 8. und 16. Altersjahr (Beiträge zur genetischen Charakterologie Nr. 6), Bern/Stuttgart/Wien 1972

49 *W. Engel/W. Vogel*, Pädagogische Aspekte humanbiologischer Denkansätze, in: *P. Xochellis/H. Debl* (Hg.), Denkmodelle für die Pädagogik. Theorien aus Pädagogik, Psychologie, Humanbiologie, Theologie, Philosophie, Soziologie in ihrer Bedeutung für die Erziehung, München 1975 70 ff. – Ferner die umfangreiche Dokumentation dieses Zusammenhanges bei *U. Füllgrabe*, Wege der Begabungsförderung – aus psychologischer und genetischer Sicht, in: DHS 32 (1979) 161–174

Die Differenzierung der schulischen Bildungsangebote und die Verbesserung der pädagogischen Hilfen für jeden Schüler sind so gesehen eine Aufgabe, die ständig neu überdacht werden muß[50]. Organisatorische Regelungen sind daher kein Selbstzweck, sie müssen neuen Fragestellungen kontinuierlich angeglichen werden. Dies bedeutet aber, daß nicht eine Vereinheitlichung, sondern eine zunehmende Differenzierung des Bildungswesens notwendig ist[51]. Das Problem besteht darin, den individuellen Möglichkeiten des einzelnen weitgehend gerecht zu werden, zugleich aber eine vielfach gegliederte institutionelle Verfassung des Bildungswesens zu finden, die organisatorisch bewältigt werden kann[52]. Aus der Sicht der Humangenetik heißt dies: „Im Idealfall müßte jedes Kind die Umwelt erhalten, die der Entwicklung gerade seiner besonderen Fähigkeiten am dienlichsten ist . . . Inwieweit sich das freilich in die Praxis umsetzen läßt, ist eine andere Frage. Bestimmte Fähigkeiten mag man in einer gegebenen Gesellschaft gegenüber anderen als wichtiger beurteilen. Gleichwohl gilt es zu erkennen, daß die

---

50 Hierzu ergänzende Hinweise bei *H. v. Hentig*, Erbliche Umwelt – oder Begabung zwischen Wissenschaft und Politik, in: NS 10 (1971) 51–71 (a) und *Jensens* Bemerkungen, auf die sich *v. Hentig* bezieht. *A. Jensen*, Erblicher IQ – oder Pädagogischer Optimismus vor einem anderen Gericht, in: NS 11 (1971) 71–76

51 „Nicht Merkmale vererben sich, sondern die Fähigkeiten, diese Merkmale zu entwickeln. Daß bei diesem Sachverhalt Umweltfaktoren eine mitunter recht wesentliche Rolle beim Zustandekommen einer Leistung bzw. beim Manifestwerden einer Begabung spielen, liegt auf der Hand. Jede Begabung braucht Ausbildung, Entwicklung und Entfaltung und schließlich die Möglichkeit, sich zu zeigen." (2199) *E. Rüdin-Zerbin*, Schulerfolg und Lebensleistung und ihre familiäre Beziehung, in: Ärztliche Mitteilungen (Deutsches Ärzteblatt Köln) 45 (1960) 2198–2200

52 Dieses Dilemma hat herausgearbeitet *H. J. Eysenck*, Vererbung, Intelligenz und Erziehung. Zur Kritik der pädagogischen Milieutheorie, Stuttgart 1976² 171 ff.

Fähigkeiten vieler Menschen ernsthaft verkannt werden, wenn jeder durch die gleiche Bildungsmaschine gedreht wird."[53]
Das gegliederte Schulwesen mit seinen differenzierten Schullaufbahnen nimmt somit Bezug auf Befunde, die von der Begabungsforschung und der Humangenetik vorgelegt worden sind. Die auf gesellschaftskritischen Vorgaben und oftmals neomarxistischen Setzungen beruhende Verurteilung des gegliederten Schulwesens, nach der dieses Schulwesen einer überholten Klassenstruktur entspringt, geht deshalb an der Sache vorbei. Sie nimmt die Ergebnisse der Begabungsforschung und der Humangenetik nicht zur Kenntnis, weil diese mit den weltanschaulichen Doktrinen jener Position nicht vereinbar sind. Statt dessen wird in pauschaler Weise auf demokratische Grundrechte verwiesen, und werden die Prinzipien der Gleichheit und Gerechtigkeit als allgemeine Argumentationshilfen herangezogen. Ausgehend vom Verfassungsverständnis moderner demokratischer Gesellschaften kommt es aber gerade darauf an, dem einzelnen und seinen individuellen Möglichkeiten Raum zu bieten und seine Fähigkeiten zu fördern. „Der Trend der kulturellen Evolution hat nicht allen Leuten dieselben Berufe beschert, sondern zu einer immer differenzierteren Berufsstruktur geführt. Was wäre die Antwort, die diesem Trend am besten angepaßt ist? Sicherlich nichts, was eine genetische Uniformität bestärken würde . . . Zu behaupten, daß nur Umweltbedingungen und Training das Verhalten eines Menschen bestimmen, stellt eine Travestie der demokratischen Vorstellungen von individueller Wahl, Verantwortlichkeit und Freiheit dar."[54]

---

53 *T. Dobzhansky*, Intelligenz, Vererbung und Umwelt. Die Antwort der Wissenschaft im Streit um vererbte und erworbene Intelligenz, München 1973 49 ff.

54 *T. Dobzhansky*, On Genetics, Sociology and Politics, in: Perspectives in Biology and Medicine 11 (1968) 554 (in der Übersetzung von *A. R. Jensen*)

1.22 Begabungsstruktur und individueller Bildungsweg

Ausbau der Bildungsförderung und der Bildungsberatung in Kindergarten und Grundschule

Mit der Differenzierung des Begriffs Chancengleichheit in Richtung Chancenausgleich und Chancengerechtigkeit ist zugleich eine wichtige Voraussetzung für die Ausgestaltung des individuellen Bildungsweges genannt. Dieser Differenzierung liegt eine Vorentscheidung zugrunde, nach der es vorrangig darauf ankommt, daß der Weg des jungen Menschen durch die Schule von individuellen Bildungsentscheidungen getragen, nicht aber von administrativen Bildungszuweisungen bestimmt wird. Wenn die individuellen Bildungsentscheidungen sachgemäß getroffen werden sollen, müssen Eltern, Lehrer und Schüler zusammenarbeiten. Der oft erwähnte Tatbestand, daß in integrativen Schulsystemen (Orientierungsstufe und Gesamtschule) Schüler und Eltern sachgemäßer über den künftigen Bildungsweg orientiert seien und dementsprechend beraten würden, soll nicht bestritten werden[1]. Hierbei wird jedoch zumeist verschwiegen, daß dies nicht ein schulorganisationsspezifischer Vorteil integrativer Systeme ist. Gesamtschulen verfügen in der Regel über fachlich ausgebildetes Personal, das speziell für Fragen der Schullaufbahnberatung eingesetzt wird. Man darf somit die Untersuchungsergebnisse nicht losgelöst von den konkreten schulischen Bedingungen sehen. Bei entsprechender Ausbildung und entsprechendem Einsatz der Lehrer lassen sich diese Vorteile integrativer Systeme auch im gegliederten Schulwesen erreichen. Hier ist jedoch festzustel-

1 *R. Klaus-Roeder/U. Häßler*, Was Eltern über Gesamtschulen wissen. Bericht über eine empirische Untersuchung (Mitteilungen und Nachrichten des DIPF Nr. 83/84), Frankfurt 1976 80–101 – *L. Krecker*, Gesamtschule als Angebotsschule? Ergebnisse einer Elternbefragung (Alternative Konzepte. Schriftenreihe der Georg Michael Pfaff Gedächtnisstiftung 23), Karlsruhe 1977

len, daß die personellen und sächlichen Voraussetzungen für eine solche Beratungstätigkeit in allen Schulformen weithin fehlen.
Die Bildungsarbeit in der Grundschule ist vornehmlich im Sinne einer basalen Bildungsförderung[2] zu strukturieren, damit Interessen, Neigungen und Fähigkeiten des einzelnen erkannt und entwickelt werden[3]. Aufgabe der basalen Bildungsförderung ist es, allen Schülern durch ein individuell zugeschnittenes Bildungsprogramm Chancengleichheit zukommen zu lassen, indem individuelle und milieubedingte Defizite möglichst ausgeglichen werden. Die unter der Bezeichnung „open education" laufenden Reformen der Grundschule in England und den USA nahmen darauf Bezug. Die starre Unterrichtsorganisation mit festem Unterrichtsplan und entsprechenden Unterrichtszeiten sowie allgemein verbindlichen Bewertungsmaßstäben ist teils aufgehoben, um dem Lehrer die Möglichkeit zu geben, sich gezielt auf die kognitiven, emotionalen und sozialen Bedingungen des Schülers einzustellen[4]. Wenn diese Voraussetzungen allgemein gegeben sind, ist in diesem Rahmen die Absprache und Beratung zwischen Eltern und Lehrern besonders wichtig[5].

---

2 *Lückert* 1969 225–279 ff.

3 *E. Schwartz* (Hg.), Bericht des Grundschulkongresses 1969: Funktion und Reform der Grundschule 3 Bde, Frankfurt 1970 – *E. Schmack,* Die Grundschule. Entwicklung und Auftrag (Henns Pädagogische Taschenbücher 21), Wuppertal/Ratingen 1970 – *H. Rauh,* Kognitive Entwicklung während der Grundschulzeit. Ergebnisse und Probleme einer Längsschnittuntersuchung, in: ZfP 20 (1974) 21–46

4 *E. B. Nyquist/G. R. Hawes,* Open education. A Sourcebook for Parents and Teachers, New York 1972

5 *K. Aurin,* Ermittlung und Erschließung von Begabungen im ländlichen Raum. Untersuchung zur Bildungsberatung in Baden-Württemberg in den Landkreisen Buchen, Tauberbischofsheim, Künzelsau (Bildung in neuer Sicht Reihe A. Nr. 2), Villingen 1966 – ders., Gleiche Chancen im Bildungsgang. Bericht der Bildungsberatungsstellen von Baden-Württemberg über Begabung und Schuleignung in ländlichen Gebieten (Bildung in neuer Sicht Reihe A Nr. 9), Villingen 1968 – *K. Heller,* Aktivierung der Bildungsreserven (Abhandlungen zur Pädago-

Hierbei ist es notwendig, daß den Lehrern vor allem im Blick auf den unterschiedlichen Sozialstatus der Eltern die Bedeutung ihrer Urteilsgebung und ihrer Beratungsfunktion einsichtig ist[6]. Neben der Beratung der Eltern durch die Lehrer ist des weiteren die Zusammenarbeit mit der Bildungsberatung von Bedeutung. Die Erfahrungen der Lehrer und die Ergebnisse von Testverfahren in der Bildungsberatung müssen zusammengesehen werden u. a. mit Schülermerkmalen, Umweltfaktoren und schulformspezifischen Anforderungen[7].
Die Empfehlungen der Grundschullehrer, sofern sie sich auf langfristige Beobachtungen verbunden mit angemessenen Testverfahren gründen und eine darauf bezogene Beratung der Eltern einschließen, bieten die Möglichkeit, für jeden Schüler in der Regel die Schullaufbahn zu finden, die er erfolgreich abschließen kann. Eine Verbesserung der unterrichtlichen Bedingungen an den Grundschulen (Abbau der Lehrerfluktuation, kleinere Klassen, Binnendifferenzierung) würde den Empfehlungen ein noch größeres Maß an Zuverlässigkeit geben[8]. Hinzu kommt, daß in den zur Zeit bestehenden Beobachtungs- und Erprobungsstufen an den einzelnen weiterführenden Schulformen der Schüler über 2 Jahre hinweg besonderen schu-

---

gischen Psychologie. Neue Folge Band 1), Bern/Stuttgart 1970 – *K. Heller/B. Rosemann*, Handbuch der Bildungsberatung 3 Bde Stuttgart 1975/76 insbesondere die Bände 2 und 3

6 *O. Preuß*, Soziale Herkunft und die Ungleichheit der Bildungschancen. Eine Untersuchung über das Eignungsurteil des Grundschullehrers, Weinheim/Basel/Berlin 1972[2] – *R. Gresser-Spitzmüller*, Lehrerurteil und Bildungschancen. Eine Untersuchung über den Einfluß des Grundschullehrers auf die Wahl weiterführender Schulen (Schriftenreihe der Arbeitsgruppe für empirische Bildungsforschung Band 9), Weinheim/Basel 1973

7 Vgl. die Erörterung dieses komplexen Zusammenhanges bei *K. Heller/B. Rosemann/K.-H. Steffens*, Prognose des Schulerfolgs. Eine Längsschnittstudie zur Schullaufbahnberatung, Weinheim/Basel 1978

8 Auf diese und weitere Schwierigkeiten der Grundschule verweist *A. Garlichs*, Grundschule am Ausgang der Bildungsreform – Kritische Anmerkungen zur Situation der Grundschule nach dem Strukturplan, in: DDS 71 (1979) 221–228.

lischen Bedingungen unterliegt (u. a. didaktische Maßnahmen, Fortfall der Versetzung zwischen Klasse 5 und 6). So erreichten z. B. an den Gymnasien des Landes Nordrhein-Westfalen in den Jahren 1972 bis 1978 im Schnitt ca. 92% der in die Klasse 5 eintretenden Schüler die Klasse 8.[9]

Individuelle Bildungsgeschichte und Differenzierung des Bildungswesens

Die basale Bildungsförderung berücksichtigt zugleich die durch Befunde der Forschung abgesicherte Erkenntnis, daß die für den Schulerfolg günstigen Begabungs-, Leistungs- und Motivationsstrukturen bereits weitgehend in der Kindheit geprägt werden. *Heckhausen* hat auf der Basis umfangreicher Detailarbeiten im Rahmen eines Forschungsberichtes den Zusammenhang von „Motivation und Begabung" aufgewiesen und von verschiedenen Aspekten her erläutert[10]. Das häusliche Milieu und die Anregungen von seiten der Eltern sind von entscheidender Bedeutung für die kognitive, die soziale, die Sprach- und

9 *Philologen-Verband Nordrhein-Westfalen* (Hg.), Philologen-Jahrbuch 1978–79, Köln/Münster 1979 593

10 (Problemaufgaben, sprachliche Fähigkeiten, sprachliche Gedächtnisleistungen, wahrnehmungsgebundene Aufgaben, Lesegeschwindigkeit, Fertigkeiten, sensumotorische Koordination, Schnelligkeitsaufgaben, Suchaufgaben, kognitiver Stil, Wiedererkennen verlagerter Figuren, Unterscheidungsreaktionen) *H. Heckhausen,* Leistungsmotivation, in: Handbuch der Psychologie 2. Band (hg. v. *H. Thomae*), Göttingen 1965 602–702 insbesondere 669–676 – Ausgehend von ideologisch motivierten Vorbehalten gegenüber dem Leistungsgedanken werden die Ansätze von *Heckhausen, Weiner* u. a. kritisch analysiert bei *E. Harten-Flitner,* Leistungmotivation und soziales Verhalten. Eine pädagogische Kritik der Leistungsmotivforschung, Weinheim/Basel 1978.

Intelligenzentwicklung des Kindes[11]. Hierdurch wird beim Kind die Lernbereitschaft geweckt, die für den Schulerfolg so wichtig ist[12]. Nicht die formale Angebotsgleichheit ist die entscheidende Voraussetzung, sondern die Art und Weise, wie das Kind angebotene Chancen nutzt; und dies hängt wiederum davon ab, in welchem Maße die Lernbereitschaft ausgeprägt ist[13]. In diesem Zusammenhang ist vor allem der Einfluß der Eltern und Lehrer bei der Entwicklung des Kindes in individualpsychologischer Hinsicht von Bedeutung[14].

---

11 *J. Kagan/H. A. Moss,* Birth to Maturity. A Study in Psychological Development, New York/London 1962 – *B. S. Bloom,* Individuelle Unterschiede in der Schulleistung: ein überholtes Problem? in: *Edelstein/Hopf* 1973 251–270 – DIPF 1971 101–128 – *U. Bronfenbrenner,* Ökologische Sozialisationsforschung (Konzepte der Humanwissenschaften), Stuttgart 1976

12 *M. B. Luszki/R. Schmuck,* Pupil Perceptions of parental Attitudes toward School, in: Mental Hygiene 49 (1965) 296–307 – Sowie eine weitere Studie aus diesem Forschungsprojekt *R. Schmuck/M. B. Luszki/D. Epperson,* Interpersonal Relations and Mental Health in the Classroom, in: Mental Hygiene 47 (1963) 289–299 – *E. W. Gordon,* Education for socially disadvantaged children, in: Review of Educational Research 40 (1970) 1–12 – *A. Krapp,* Bedingungen des Schulerfolgs. Empirische Untersuchung in der Grundschule, (ppf Pädagogisch-psychologische Forschungen), München 1973 – *H.-L. Freese,* Schulleistungsrelevante Merkmale der häuslichen Erziehungsumwelt. Ergebnisse einer empirischen Untersuchung über Jungen und Mädchen der 7. Klasse des Gymnasiums (Studien und Berichte des Max-Planck-Instituts für Bildungsforschung Band 35), Berlin 1976

13 *H. Heckhausen,* Leistung und Chancengleichheit (Motivforschung Band 2), Göttingen 1974 119 ff. – Diesen Zusammenhängen ist *Heckhausen* im Rahmen eines umfangreichen Forschungsprogramms nachgegangen. *H. Heckhausen/I. Roelofsen* und *H. Heckhausen/I. Wagner,* Anfänge und Entwicklung der Leistungsmotivation: (I) im Wetteifer des Kleinkindes und (II) in der Zielsetzung des Kleinkindes. Zur Genese des Anspruchsniveaus, in: Psychologische Forschung 26 (1959/1962) 313–397 und 28 (1964/65) 179–245.

14 *R. Röhrich,* Individualpsychologie in Erziehung und Unterricht, München 1976

Die Förderung der Leistungs- und Lernbereitschaft beim Kinde ist jedoch nicht allein von der wirtschaftlichen Lage und der beruflichen Stellung der Eltern abhängig. Dabei sollen Schwierigkeiten, die in der sozioökonomischen Lage der Familie ihren Grund haben, nicht unterschätzt werden. Dennoch ist zu betonen, daß die Förderung der Lernbereitschaft entscheidend durch andere Faktoren bestimmt wird[15]. Hier muß z. B. gefragt werden:

– in welcher Art und mit welcher Intensität Eltern Leistungen des Kindes fördern und den Kindern Leistungsmotivationen geben,
– ob Eltern bei ihrem Kinde intellektuelle Neugier wecken und es zu Neugierverhalten ermutigen,
– wie Eltern das Kind zu Lerngewohnheiten hinführen und auf eine angemessene Lerndisziplin achten,
– inwieweit die Eltern für ihr Kind ein gutes Sprachvorbild darstellen[16].

Dies wird schließlich durch Untersuchungen von *Löwe* über schulische Schwierigkeiten von Kindern in Leipziger Schulen und von *Palouš* über den Anteil von Arbeiterkindern beim Übergang in weiterführende Bildungswege des tschechoslowakischen Bildungswesens bestätigt. Diese Untersuchungen zeigen, daß auch unter den veränderten Bedingungen eines sozialistischen Gesellschafts-, Familien- und Erziehungsverständnis-

---

15 *G.-B. Reinert/J. Thiele,* Zur Problematik der Verwendung soziologischer Schichtmodelle in erziehungswissenschaftlichen Untersuchen, in: PR 29 (1975) 454–462

16 *B. S. Bloom,* Stabilität und Veränderung menschlicher Merkmale (1964), Weinheim/Basel 1974² 130–141 – *E. D. Fraser,* Home Environment and the School, London 1973³ – *J. S. Bruner,* Wie das Kind lernt, sich sprachlich zu verständigen, in: ZfP 23 (1977) 829–845 – *E. Zigler,* Social class and the socialization process, in: Review of Educational Research 40 (1970) 87–110 – *H. Zabel* (Hg.), Sprachbarrieren und Sprachkompensatorik. Beiträge zum Problem Sozialisation und Sprache (Monographien Literatur – Sprache – Didaktik Band 23), Königstein i. T. 1979

ses die zentrale Bedeutung der familiären Sozialisation nach wie vor gegeben ist[17]. Der sozioökonomische Status der Familie ist nicht ohne Einfluß; entscheidender jedoch sind die anthropologischen Bedingungen und die erzieherischen Einflüsse der Familie[18].

Der Einfluß der Familie und der näheren Umgebung auf die individuelle Bildungsgeschichte deckt sich zugleich mit Erkenntnissen, die in den Forschungsansätzen des symbolischen Interaktionismus gewonnen worden sind. Es ist dies die Abkehr vom Modell einer starren Rollenfixierung im Rahmen institutioneller Regelungen hin zu den Formen von Rollen-Identitäten, die in Freiräumen mit ihren individuellen Gestaltungsmöglichkeiten zum Tragen kommen[19]. Organisatorische Regelungen und Veränderungen und allgemeine sozioökonomische Bedingungen besagen als solche nicht alles. Sie sind vielmehr daraufhin zu prüfen, ob in ihnen Freiräume angelegt sind, die individuelle Gestaltungs- und Entwicklungsmöglichkeiten

---

17 *H. Löwe,* Probleme des Leistungsversagens in der Schule. Pädagogisch-psychologische Untersuchungen zum Zurückbleiben einzelner Schüler, Berlin (Ost) 1975[4] – *R. Palouš,* Pädagogische und soziologische Aspekte der Differenzierung im tschechoslowakischen Sekundarschulwesen, in: *O. Anweiler* (Hg.), Bildungsreformen in Osteuropa, Stuttgart 1969, 154–167 – *H. Weck,* Grundfragen der Forschung zur Einheitlichkeit und Differenzierung aus schulpolitischer Sicht, in: Pädagogik 26 (1971) 157–165

18 *W. U. Meyer,* Leistungsmotiv und Ursachenerklärung von Erfolg und Mißerfolg m. e. Einführung v. *H. Heckhausen*, Stuttgart 1973. *Meyer* nennt eine Reihe von Faktoren, die als Ursache für Erfolg und Mißerfolg maßgeblich sind u. a. Anspruchsniveau, Erfolgs- und Mißerfolgsmotiv, Erfolgswahrscheinlichkeit, Anreiz, Leistungsbekräftigung. – Ferner *Weiner* 1975

19 *G. H. Mead,* Philosophie der Sozialität. Aufsätze zur Erkenntnisanthropologie (1932), Frankfurt 1969 – ders., Geist, Identität und Gesellschaft aus der Sicht des Sozialbehaviorismus (1934), Frankfurt 1973 – *G. J. McCall/J. L. Simmons,* Identität und Interaktion. Untersuchungen über zwischenmenschliche Beziehungen im Alltagsleben (1966) (Sprache und Lernen. Internationale Studien zur pädagogischen Anthropologie Band 36), Düsseldorf 1974

offen halten. Zugleich müssen durch eine Reihe von flankierenden sozialpolitischen Maßnahmen, die auf die persönlichen Gegebenheiten bezogen sind, die Voraussetzungen dafür geschaffen werden, daß individuelle Entscheidungen sachgerecht getroffen und persönliche Entwicklungsmöglichkeiten erkannt und verwirklicht werden können.

Wird somit sichergestellt, daß frühzeitig eine individuell ausgerichtete Bildungsförderung allen Schülern Chancenausgleich einräumt, dann ist leitendes Organisationsprinzip von Schule die institutionell abgesicherte Profilierung eigenständiger Bildungswege. Damit wird dem oben genannten Tatbestand Rechnung getragen, daß die Kinder in die Schule bereits eine höchst differenzierte Lebens- und Lerngeschichte mitbringen[20]. So ist die Gleichsetzung von Lebensalter und Jahrgangsklasse ebenfalls ein zu grobes Klassifikationsmerkmal. Des weiteren kann heute in entwicklungspsychologischer Hinsicht nicht mehr von einer starren Stufung der Jugendphasen gesprochen werden. Die Entwicklung ist eher als ein Prozeß der Sozialisation zu verstehen, bei dem es vielfältige Übergänge und Verweisungen gibt. Es besteht beim jungen Menschen keine fest umrissene Parallelität zwischen dem kalendarischen Alter und der Entwicklung der Fähigkeiten, Kenntnisse und Motivationen[21]. Unbeschadet dieser Gegebenheiten gibt es generelle altersspezifische Merkmale. Es ist jedoch eine Frage, ob diese Merkmale durch ein so grobes Einteilungsschema, wie es der Stufenschule zugrundeliegt, angemessen erfaßt werden. Die Zusammenfas-

---

20 *H. Rauh,* Entwicklungspsychologische Analyse kognitiver Prozesse. Der Zahlbegriff bei 4- bis 7jährigen Kindern (Theorie und Praxis der Schulpsychologie Band XV), Weinheim /Basel 1972 – dies., Psychologische Grundlagen und Probleme der Elementarerziehung, in: *Bennwitz/ Weinert* 1973 11–73

21 *K. Ingenkamp,* Zur Problematik der Jahrgangsklasse. Eine empirische Untersuchung (Theorie und Praxis der Schulpsychologie Band IX), Weinheim 1972 – *F. E. Weinert,* Probleme der Unterrichtsdifferenzierung in psychologischer Sicht, in: NS 15 (1975) 35–47

sung der 10- bis 16jährigen in der Sekundarstufe I und der 17- bis 19jährigen in der Sekundarstufe II stellt eine globale und willkürlich gesetzte Zuordnung dar. Hauptschule, Realschule und Gymnasium mit ihren jeweiligen Unter-, Mittel- und Oberstufen sind demgegenüber didaktisch begründete und schulformspezifisch orientierte Einheiten.

Eine angemessene Förderung aller Begabungen sollte dann nicht dahingehend mißverstanden werden, daß man alle Kinder und deren Begabungsprofil bis zum 6. Schuljahr und darüber hinaus schulischen Anforderungen aussetzt, die durch einen hohen Grad an Einheitlichkeit hinsichtlich der Unterrichtsgegenstände wie auch des Anspruchsniveaus gekennzeichnet sind[22]. Anstelle dessen sind Formen einer Differenzierung des schulischen Angebotes angebracht, die im Rahmen der Ausrichtung des Bildungsangebotes auf bestimmte Abschlüsse hin individuellen Ausprägungen der Begabungsstruktur und des Leistungsprofils entsprechen[23]. Dazu zählen u. a. kleine Klassen, individuelle Förderung, Leistungsdifferenzierung, Angebotsdifferenzierung. Auch in der Grundschule sollten schon Formen der Unterrichtsdifferenzierung behutsam aufgegriffen werden[24].

---

22 *L. Kemmler,* Erfolg und Versagen in der Grundschule. Empirische Untersuchungen, Göttingen 1975[3] 174–184 – *Husén* 1977 41

23 *H. Schiefele,* Schule und Begabung (Pädagogische Grund- und Zeitfragen), München 1971 – *S. Prell/H. Schiefele/D. Ulich,* Leistungsdifferenzierung und individuelle Förderung. Die Untersuchung eines Schulversuchs und seine Probleme (ppf Pädagogisch-psychologische Forschungen), München 1972 – *F. E. Weinert,* Fähigkeits- und Kenntnisunterschiede zwischen Schülern, in: ders. (Hg.), Pädagogische Psychologie Funk-Kolleg 2 Bde, Frankfurt 1977 763–793

24 *Kultusminister Nordrhein-Westfalen (Hg.),* Richtlinien und Lehrpläne für die Grundschule. Schulversuch in Nordrhein-Westfalen (Die Schule in Nordrhein-Westfalen Heft 40), Ratingen 1969 – *H. Bennwitz/F. E. Weinert* (Hg.), CIEL. Ein Förderungsprogramm zur Elementarerziehung und seine wissenschaftlichen Voraussetzungen. Auf Anregung des Arbeitskreises CIEL der Stiftung Volkswagenwerk, Göttingen 1973

Die individuelle Bildungsgeschichte ist darüber hinaus auch von gesellschaftlichen Randbedingungen abhängig, die jedoch als solche nicht direkt in Erscheinung treten. Die vorgenannten Aspekte eines anregungsfreudigen häuslichen Milieus geben einen indirekten Hinweis auf diese Randbedingungen. Ein solches Milieu ist vornehmlich in Elternhäusern zu finden, die durch ein bestimmtes Maß an Weltläufigkeit, Freizügigkeit, Interessenreichtum und Aufgeschlossenheit für Anregungen vielfältiger Art ausgezeichnet sind. Die Angehörigen dieser Familien stehen zumeist in beruflichen Positionen, die vom einzelnen u. a. Innovationsfähigkeit, Risikobereitschaft, berufliche Mobilität, Entscheidungsfreudigkeit und Fortbildungsinteresse in speziellen beruflichen Aufgabenfeldern verlangen.
Mit diesen Merkmalen sind berufliche und soziale Verhaltensformen angesprochen, die als Professionalisierung näher zu bestimmen sind. Die modernen Produktions- und Verwaltungsstrukturen verlangen heute in stärkerem Maße den Einsatz professionalisierter Mitarbeiter. Dadurch wird in diesen Bereichen eine größere Anpassungsfähigkeit an neu auftretende Problemlagen sichergestellt, die sich auf Grund wissenschaftlich-technischer Entwicklungen und neuer politisch-sozialer Aufgabenstellungen ergeben. Das Spektrum der Berufe, die eine solche Professionalisierung auf den unterschiedlichen Ebenen verlangen, reicht vom Facharbeiter über Angestellte und Beamte mit Einschluß der Lehrer zu freiberuflich Tätigen, zu Gewerbetreibenden und zu Unternehmern[25]. Man spricht in diesem Zusammenhang auch von Funktionseliten[26]. Die Zuordnung dieser Personengruppen zur Mittel- bzw. Oberschicht ist ein zu grobes Raster. Hier zeichnen sich vielmehr die Umrisse eines

25 *F. Marbach,* Theorie des Mittelstandes, Bern 1942; hinsichtlich der Unterscheidung alter und neuer Mittelstand insbesondere 188–198
26 *O. Stammer,* Das Elitenproblem in der Demokratie, in: *Schmollers* Jahrbuch für Gesetzgebung, Verwaltung und Volkswirtschaft 71. (1951)

neuen Mittelstandes ab, über den Unterscheidungsmerkmale wie Lohnabhängigkeit oder Selbständigkeit wenig aussagen[27]. Gemeinsam ist vielmehr, daß dieser Personengruppe ein größeres Maß an Verfügungsgewalt, Entscheidungsfreiheit und Verantwortung übertragen ist[28]. Das Selbstverständnis dieser

---

513–540 – Eliten werden hier nicht im Sinne eines ausgeprägten Gegensatzes von Elite – Masse verstanden. Im Rahmen demokratischer Gesellschaften sind Eliten keine Minderheiten, die unbeschränkt Macht ausüben. Sie stellen vielmehr die breite Schicht jener Menschen dar, die in den vielen Bereichen des gesellschaftlichen und beruflichen Lebens Verantwortung tragen und Menschen in die gesellschaftlichen Aufgaben hineinnehmen. – *P. Bachrach,* Die Theorie demokratischer Elitenherrschaft. Eine kritische Analyse (Kritische Studien zur Politikwissenschaft), Frankfurt 1970

27 Einen Überblick über die verschiedenen Ausformungen des Mittelstandes und weiterführende Literaturverweise gibt *O. H. v. d. Gablentz,* Artikel: Mittelstand, in: Handwörterbuch der Sozialwissenschaften, Stuttgart/Tübingen/Göttingen 1961 7, 392–395 – Ferner die Analyse der Auflösung der gesellschaftlichen Klassenstruktur bei *Th. Geiger,* Die Klassengesellschaft im Schmelztiegel, Köln/Hagen 1949 – Auf die Ausformung des Mittelstandes zu einer breiten Gesellschaftsschicht, die eine Fülle beruflicher und öffentlicher Aufgaben wahrnimmt, verweist bereits 1897 *G. Schmoller,* Was verstehen wir unter dem Mittelstand? Hat er im 19. Jahrhundert zu- oder abgenommen? Göttingen 1897.

28 Auf die politischen und sozialen Aspekte, die bei der Rekrutierung von Eliten in der Demokratie von Bedeutung sind, verweist *Stammer:* ,,Nun ist es aber gerade die Aufgabe einer Demokratie, die ideologische Isolierung der Eliten von den sozialen Muttergruppen und Bewegungen, denen sie zugeordnet sind, zu verhindern. Die Verhaltensweisen und die Werthaltungen der Eliten, obgleich aus Gründen der verschiedenen Integrationsdichte der einzelnen Gruppen zweifellos unterschiedlich, dürfen sich doch von denen der großen Sozialgruppen nicht so weit entfernen, daß man, wie in totalitären Systemen, von einer doppelten gesellschaftlichen Moral und von entgegengesetzten Denkweisen zwischen Eliten und Großgruppen der Gesellschaft sprechen kann. Die Überzeugung von einer gemeinsamen wichtigen Funktion in der Gesellschaft und das öffentliche Ansehen, das soziale Prestige, das man darob genießt, dürfen nicht zu einer ideologischen Isolierung der Eliten füh-

Gruppe ist von fachlicher Kompetenz, kritischem Engagement und persönlicher Leistungsbereitschaft geprägt. Der Anteil dieser Personengruppe an der Gesamtbevölkerung nimmt ständig zu[29].

Hierbei ist von Bedeutung, daß dieser neue Mittelstand für seine berufliche und soziale Entfaltung auf bestimmte gesellschaftliche Rahmenbedingungen verwiesen ist. Diese Rahmenbedingungen müssen so beschaffen sein, daß sie soziale Mobilität ermöglichen. Anstelle von gesellschaftlichen Lenkungs- und Zuteilungsmechanismen müssen offene Strukturen stehen. Es muß Formen des Ausgleichs und der Differenzierung gesellschaftlicher Macht (Parteien, Verbände) geben, die zugleich Ausdruck einer offenen Gesellschaft sind. Die gesellschaftlichen Rahmenbedingungen müssen darüber hinaus dem einzelnen ein größtmögliches Maß an persönlicher Lebensgestaltung und Eigeninitiative erlauben. Damit ist gesagt, daß es anstelle kollektiver Regelungsmechanismen vorrangig Freiheitsräume für individuelle Entscheidungen geben muß. Es geht dabei um die Bevorzugung von Formen der persönlichen Daseinsgestal-

---

ren. Jedes demokratische System in der Massengesellschaft bedarf einer sozialen, geistigen und politischen Ventilation von unten nach oben und von oben nach unten. In diesem Ventilationsmechanismus spielen die Eliten eine hervorragende Rolle . . . Daher ist es die wichtigste gesellschaftliche und politische Funktion dieser Eliten, einen Ausgleich herzustellen zwischen den Meinungen unten und den Entscheidungen oben. Dazu müssen sie selbst über politische Konzeptionen verfügen. Das bedeutet aber für diese Eliten, in ihrer Funktion kontrolliert und bestätigt zu werden von unten und Einfluß auszuüben nach oben. Auch die Eliten unterliegen also in diesen Systemen den demokratischen Postulaten der Delegation, der Kontrolle und der Resonanz.“ *Stammer* 1951 536–539

29 Über die Stellung der Wissenschaftler in dem speziellen Bereich der Großforschung vgl. *M. v. Engelhardt/R.-W. Hoffmann,* Wissenschaftlich-technische Intelligenz im Forschungsgroßbetrieb. Eine empirische Untersuchung zu Arbeit, Beruf und Bewußtsein (Studienreihe des Soziologischen Forschungsinstituts SOFI Göttingen), Frankfurt/Köln 1974.

tung, die in weltanschaulichen, religiösen und politischen Überzeugungen gründen. Schließlich ist noch auf die wirtschaftliche Situation zu verweisen, in der sich der einzelne befindet. Auch hier ist bei den gesellschaftlichen Rahmenbedingungen davon auszugehen, daß alle Bevölkerungsgruppen ein hinlängliches Maß an wirtschaftlicher Sicherheit erreicht haben. Es gibt weder Formen eines extremen Reichtums noch einer extremen Armut. Mit diesen Vorgaben wird die Situation des neuen Mittelstandes, wie sie sich z. B. in der Bundesrepublik zeigt, zutreffend erfaßt. Der neue Mittelstand steht exemplarisch für eine Mittelklassengesellschaft, in der weitgehend alle Glieder der Gesellschaft am wirtschaftlichen Fortschritt teilhaben und ein relativ hohes Maß an sozialer Sicherheit und wirtschaftlichem Wohlstand erreicht haben[30].

---

30 Hierzu u. a. *D. C. McClelland,* Die Leistungsgesellschaft. Psychologische Analyse der Voraussetzungen wirtschaftlicher Entwicklung (1961) (Veröffentlichungen des Hamburgischen Weltwirtschafts-Archivs), Stuttgart 1966 – *J. Vontobel,* Leistungsbedürfnis und soziale Umwelt. Zur sozio-kulturellen Determination der Leistungsmotivation, Bern 1970 – Ferner die abwägende Darstellung des Leistungsgedankens und seiner Grenzen im Rahmen bestimmter persönlicher und sozialer Bedingungen bei *H. Heckhausen/C. Graf v. Krockow/W. Schlaffke,* Das Leistungsprinzip in der Industriegesellschaft, Köln 1974² – Unter gesellschaftskritischen Vorzeichen steht die Studie von Offe, die einige Fragen aufgreift, jedoch keine tragfähigen Lösungen aufweist. *C. Offe,* Leistungsprinzip und industrielle Arbeit. Mechanismen der Statusverteilung in Arbeitsorganisationen der industriellen „Leistungsgesellschaft" (Kritische Studien zur Politikwissenschaft), Frankfurt 1970 – Dazu die kritischen Überlegungen von *K. O. Hondrich,* Demokratisierung und Leistungsgesellschaft. Macht- und Herrschaftswandel als sozio-ökonomischer Prozeß, Stuttgart 1972 – Die Einbindung des Leistungsgedankens in ein umfassendes Wertesystem in den Beiträgen des Sammelbandes „Grenzen der Leistung" Olten/Freiburg i. B. 1975 – *G. Hartfiel* (Hg.), Das Leistungsprinzip. Merkmale – Bedingungen – Probleme, Opladen 1977 – Vergl. ferner die klärende Analyse des Begriffs „Demokratisierung" und vor allem die kritischen Bemerkungen zum Demokratisierungspostulat im Blick auf sachlich und politisch notwendige Leistungsanforderungen in der Gesellschaft bei R. Löwenthal,

Die Umwandlung unserer Gesellschaftsstruktur von einer Klassengesellschaft mit ihrer Differenzierung in eine Ober-, Mittel- und Unterschicht zu einer „nivellierten Mittelstandsgesellschaft" hat sich in den letzten Jahrzehnten stetig und konsequent vollzogen[31]. Dieser Wandlungsprozeß hat nie spektakuläre Formen angenommen[32]. Dennoch kann man zu Recht von einer sozialen Revolution sprechen. Es haben Umschichtungen stattgefunden, die eine Auflösung der alten überkommenen Klassenstruktur zur Folge haben. Der Anteil derer, die in einem arbeitsrechtlichen Sinne als Arbeitnehmer zu bezeichnen sind, ist im Jahre 1978 auf ca. 85% aller Beschäftigten gestiegen (davon ca. 43% Beamte und Angestellte und ca. 42% Arbeiter), während der Anteil der Selbständigen nur noch ca. 15% ausmacht[33]. Die neue Mittelstandsgesellschaft ist daher weitgehend eine Arbeitnehmergesellschaft. Weite Kreise dieser Arbeitnehmergesellschaft besitzen ein neues Selbstbewußtsein von sich und ihrer gesellschaftlichen Tätigkeit. Damit hat eine geistige und gesellschaftliche Emanzipation breiter Kreise der

---

Demokratie und Leistung. Zum Streit über Sinn, Ort und Grenzen einer „Demokratisierung" gesellschaftlicher Bereiche, in: Solidarität. Alfred Nau zum 65. Geburtstag, Bonn-Bad Godesberg 1971 227–255.

31 Für die USA verdeutlicht dies *U. Bronfenbrenner,* Socialization and social class through time and space, in: *E. E. Maccoby/T. M. Newcomb/E. L. Hartley* (Hg.), Readings in Social Psychology, New York 1958[3] 400–425. – Für die Bundesrepublik vgl. *H. Schelsky,* Die Bedeutung des Schichtungsbegriffs für die Analyse der gegenwärtigen deutschen Gesellschaft (1953) und ders., Die Bedeutung des Klassenbegriffs für die Analyse unserer Gesellschaft (1961), in: ders., Auf der Suche nach Wirklichkeit. Gesammelte Aufsätze, Düsseldorf/Köln 1965 331–336 und 352–388. – Eine aufschlußreiche Detailanalyse gibt *R. Mayntz,* Soziale Schichtung und sozialer Wandel in einer Industriegemeinde. Eine soziologische Untersuchung der Stadt Euskirchen (Schriftenreihe des Unesco-Instituts für Sozialwissenschaften Köln, Band 6), Stuttgart 1958.

32 *D. Fröhlich,* Die Arbeiterschaft – „Bestandsmasse" oder „Durchgangsmasse"? in: KZSS 30 (1978) 283–304

33 *Institut der deutschen Wirtschaft* (Hg.), Zahlen zur wirtschaftlichen Entwicklung der Bundesrepublik Deutschland. Ausgabe 1979, Köln 1979 5

Bevölkerung stattgefunden, auf die *L. v. Stein* bereits 1849 mit unbestechlicher Schärfe als die Konsequenz dessen aufmerksam gemacht hat, was mit der Französischen Revolution in einem universalgeschichtlichen Sinne in Erscheinung getreten ist[34]. Dieses neue Bewußtsein zeigt sich heute in der Aufgeschlossenheit für personale Leistungsvorgaben (z. B. in musischen, sportlichen und politischen Aufgabenfeldern), der Bereitschaft, individuelle Formen der Lebensgestaltung zu finden (z. B. in Fragen der Wohnkultur, der Urlaubsgestaltung), dem Interesse an kulturellen Angeboten (z. B. Erwachsenenbildungsveranstaltungen, Teilnahme am öffentlichen Kulturleben wie Kunst, Theater, Museen), dem Verständnis und Eintreten für überkommene und gewachsene geschichtliche und kulturelle Zeugnisse (z. B. Bürgerinitiativen gegen bürgerfremde Gebiets- und Verwaltungsreformen oder Initiativen zum Schutz von Naturdenkmälern, zur Pflege von alter Bausubstanz und zur Erhaltung architektonischer Ensembles bei der Sanierung

---

34 „Denn es ist, mag nun der Ausweg auch durchaus noch verhüllt sein, jene Abhängigkeit der reinen Arbeit vom Kapitale ein Widerspruch mit der Idee der Freiheit, und eben darum kann er nicht dauern. Es muß entweder die Idee der Freiheit in der arbeitenden Klasse getötet werden, oder sie muß nach irgendeiner Erfüllung ihrer Bestimmung ringen. Keine Macht der Welt ist groß genug, sie davon abzuhalten. Der ewig schöpferische Boden der Idee der Freiheit aber ist der Erwerb des geistigen Gutes, die Bildung. Wo Bildung entsteht, da ist der Beginn der sozialen Ideen gegeben; wo sie wächst, werden sie zum Prinzip der Gleichheit fortschreiten; wo dieses zum Bewußtsein des arbeitenden Standes kommt, da muß sich dasselbe endlich, sei es auch oft in den verrücktesten Umwegen, unabänderlich in der Idee der sozialen Demokratie zu seiner höchsten Höhe erheben. Diese Idee ist keine Theorie, keine Phantasie, kein zufälliger Einfall; sie entsteht, sowie die Bedingungen gegeben und die Vorarbeiten vollendet sind, mit Naturnotwendigkeit aus dem Boden der Gesellschaft; es ist Blindheit, diese Notwendigkeit nicht sehen, es ist Torheit, sie direkt bekämpfen zu wollen. Denn sie ist nichts, wenn sie nicht der Ausdruck und das Bewußtsein des höchsten inneren Gegensatzes der Idee der Freiheit und der Ordnung der Erwerbsgesellschaft ist." *L. v. Stein,* Geschichte der sozialen Bewegung in Frankreich von 1789 bis auf unsere Tage (1849) 3 Bde, München 1921 1,124

von Städten und Gemeinden)[35]. Weiterhin äußert sich dieses Selbstverständnis in einem geschärften Bewußtsein für eine neue Gewichtung der persönlichen Interessen und allgemeinen Verpflichtungen im Blick auf die ständig knapper werdenden allgemein zugänglichen Ressourcen. Dies setzt ein hohes Maß an Einsicht und Verständnis und damit an Bildung voraus, um Bescheidenheit, Selbstbeherrschung und Askese angesichts dieser Gegebenheiten als „öffentliche Tugenden" zu begreifen[36]. Schließlich läßt sich im Blick auf den hier anstehenden Zusammenhang von Begabungsstruktur und Bildungsentscheidung feststellen, daß in der breiten Schicht des neuen Mittelstandes ein hohes Maß an Aufgeschlossenheit für die Fragen der Erziehung und Bildung sowie für weiterführende schulische Förderung vorherrscht[37]. Das Interesse an dem schulischen Bildungsweg des Kindes ist verbunden mit einem anregenden familiären Klima, das bei den Kindern Leistungsmotivationen und entsprechende Arbeitshaltungen hervorruft, die in einem differenzierten Schulwesen mit Hauptschule, Realschule, Gymnasium und den beruflichen Schulen ihre Entsprechung finden[38].

---

35 *H. Lübbe,* Kultur in der Arbeitnehmergesellschaft (1976), in: ders. Endstation Terror. Rückblick auf lange Märsche, Stuttgart 1978 188–204

36 *C. F. v. Weizsäcker,* Gehen wir einer asketischen Weltkultur entgegen? in: Merkur 32 (1978) 745–769

37 *E. Lemberg/R. Klaus-Roeder,* Familie – Schule – Sozialisation, in: *Wurzbacher* 1968 3, 133–174 – Für die Gesamtschule bestätigen dies *G. Bühlow/W. Clemens/G. Müller/U. Preuss-Lausitz/H.-J. Weißbach,* Soziale Lage von Gesamtschülern. Soziale Erfahrungen von Gesamtschülern. Eine empirische Untersuchung an Berliner Gesamtschulen Teil I (Veröffentlichung des Pädagogischen Zentrums Berlin), Weinheim/Basel 1977.

38 Es sei noch auf *McClelland* verwiesen, der drei Merkmale genannt hat, die einen Menschen auszeichnen, der auf Leistung bedacht ist: „Zunächst einmal schätzt er Situationen, in denen er die persönliche Verantwortung bei der Lösung von Problemen übernehmen kann ... Ein weiteres Merkmal eines Mannes mit einem starken Leistungsbedürfnis ist seine Tendenz, sich bescheidene Leistungsziele zu setzen und ‚berechnete Risiken' einzugehen ... Der Mann mit einem starken Lei-

Beitrag der Forschung zur Verbesserung der individuellen Entscheidungspraxis

Der Einfluß der vorgenannten familiären Gegebenheiten und der gesellschaftlichen Rahmenbedingungen auf das Bildungsschicksal des jungen Menschen schließt zugleich eine Korrektur von bisher üblichen Untersuchungsansätzen ein[39]. Bei der Untersuchung des Zusammenhanges von Schichtzugehörigkeit und Bildungsweg wurden in diesen Arbeiten vor allem jene Merkmale ausgewiesen, von denen man annahm, daß sie einen weiterführenden Bildungsweg erschwerten und für die Bildungsabstinenz z. B. von Arbeitern aufschlußreich seien. Es sind dies u. a. Merkmale, die auf die familiäre Situation (u. a. Größe der Familie, Beruf der Eltern, finanzielle Möglichkeiten, Bildungsstand), die Wohngegebenheiten, die Schulsituation, die Umgangsgruppen, des weiteren auf ethnische und religiöse Vorgegebenheiten sowie auf die Ungleichheit zwischen den Geschlechtern bezogen sind[40]. Allen diesen Merkmalen ist gemeinsam, daß sie äußere und generell vorgegebene Bedingungen nennen, in die das Individuum eingelassen ist. Sie sagen jedoch wenig über das konkrete Geschehen, d. h. die Handlungen, Erfahrungen, Ansprachen, Motivationen, Einstellungen zu Normen und Formen des persönlichen Umgangs im Rahmen

---

stungsbedürfnis will auch konkret bestätigt wissen, wie gut er arbeitet." *D. C. McClelland,* Motivation und Kultur (Psychologisches Kolloquium Band III), Bern/Stuttgart 1967 45 ff.

39 *Rodax/Spitz* legen eine Analyse dieser Ansätze vor und fordern eine stärkere Differenzierung vor allem der Sozialschichtenmodelle; aber auch diese Differenzierung bleibt im Bereich der allgemeinen Randbedingungen. *K. Rodax/N. Spitz,* Sozialstatus und Schulerfolg. Darstellung und Kritik der schichtenspezifischen Sozialisationsforschung, Heidelberg 1978

40 *S. Grimm,* Die Bildungsabstinenz der Arbeiter. Eine soziologische Untersuchung, München 1966 – *A. R. Trethewey,* The Dimensions of Inequality: A Review und ders., Towards a Policy of Reduced Inequalities, in: *P. J. Fensham* (Hg.), Rigths and Inequality in Australian Education, Melbourne 1970 171–185

dieser Bedingungen aus. In den vorliegenden Untersuchungen sind diese Zusammenhänge kaum herausgearbeitet worden[41]. Diese konkreten Vollzüge geben aber erst Aufschluß über die Beweggründe, von denen her Entscheidungen über den Bildungsweg fallen, und über die Hilfen, die für die Bewältigung der Anforderungen in dem jeweils ergriffenen Bildungsweg bereitgestellt werden müssen. Versteht man Familie und Schule als eigenstrukturierte soziale Systeme, dann bedürfen die unterschiedlichen familiären Sozialisationsmuster unterschiedlicher Formen der schulischen Anpassung[42].

Das Zusammenspiel von generell vorgegebenen Randbedingungen und konkreten Erziehungsvollzügen muß daher in seinen spezifischen Auswirkungen beachtet werden. In Analogie zu Unterscheidungsmerkmalen, die in der Biologie üblich sind, spricht man in diesem Zusammenhang von distalen und proximalen Variablen. In der Biologie werden damit die Organteile gekennzeichnet, die von der Körperachse her gesehen, außen liegend bzw. außen gerichtet und innen liegend bzw. innen gerichtet sind. Auf den vorliegenden Zusammenhang übertragen, beschreiben distale Variablen personferne Zusammenhänge. Es sind dies die oben genannten generell vorgegebenen Randbedingungen. Demgegenüber sind proximale Variablen auf das personnahe Geschehen ausgerichtet. Wichtig ist nun das Zusammenspiel dieser beiden Variablen im Blick auf den schu-

---

41 Diesem Zusammenhang ist ausdrücklich nachgegangen *Hitpass* 1965.

42 Dieser Tatbestand ist sehr präzise herausgearbeitet worden von *K. Plake,* Familie und Schulanpassung. Soziologische Aspekte zum Verhältnis von primärer und sekundärer Sozialisation (Schule in der Gesellschaft), Düsseldorf 1974. – Ferner die Darstellung des Strukturwandels der Familie bei *H. Pross* (Hg.), Familie – wohin? Leistungen, Leistungsdefizite und Leistungswandlungen der Familien in hochindustrialisierten Gesellschaften, Reinbek 1979 – Einen breit angelegten systematisch und historisch ausgerichteten Überblick über die Familie bis hin zur „postmodernen“ Familie gibt *E. Shorter,* Die Geburt der modernen Familie (1975), Hamburg 1977.

lischen Bildungsprozeß, in den der einzelne eingelassen ist. Beide Variablen wirken auf diesen Prozeß ein. In diesem Zusammenhang ist für den Schulerfolg von Bedeutung, wie die allgemeinen Randbedingungen auf dem Wege konkreter Erziehungs- und Handlungsvollzüge verändert werden. Die distalen Variablen stellen so gesehen allgemein vorgegebene Input-Variablen dar, die im Rahmen der konkreten Vollzüge zu proximalen Prozeß-Variablen werden. Diese sind im Blick auf den schulischen Bildungsweg die entscheidenden Ausgangsbedingungen (Output-Variablen), d. h. die Startvorgaben, die jeder einzelne von seinen familiären und sozioökonomischen Bedingungen her in die Schule mitbringt[43].
Damit wird deutlich, daß den Interaktions- und Kommunikationsprozessen innerhalb der Primärgruppen (z. B. Familie, Peer-Group, Nachbarschaft) größere Bedeutung bei der individuellen Bildungsentscheidung zukommt als der Feststellung äußerer Sozialindikatoren. Dies bestätigt eine Untersuchung von Fraser, nach der innerhalb einer Gruppe von Indikatoren wie Bildungsgrad der Eltern, Einkommen, Familiengröße usw. die Ermutigung durch die Eltern, die eine solche proximale Prozeßvariable darstellt, im Unterschied zu den anderen Indikatoren in einem viel stärkeren Maße mit dem Intelligenzquotienten (R 0.60) und den Schulnoten (R 0.66) korreliert[44]. Arbeiten von *Dave, Wolf, Baur* und *Bauer* haben diesen Ansatz im Grundsatz bestätigt[45]. *Bauer* nennt in diesem Zusammenhang folgende Faktoren: Bereitschaft, dem Kind Zeit zu widmen;

---

43 *R. M. Gagné,* Policy implications and future Research: A response, in: Office of Education (Hg.), Do teachers make a difference? A Report on Recent Research on Pupil Achievement, Washington 1970 169–173
44 *Fraser* 1973 59
45 *R. H. Dave,* The Identification and Measurement of Environmental Process Variables that are Related to Educational Achievement, Chicago 1963 – *R. M. Wolf,* The Identification and Measurement of Environmental Process Variables that are Related to Intelligence, Chicago 1964 – *R. Baur,* Elternhaus und Bildungschancen. Eine Untersuchung über die Bedeutung des Elternhauses für die Schulwahl nach

elterliche Kontrolle; elterliche Leistungserwartungen; Ablehnung versus Billigung kindlichen Verhaltens; Vorsorge für die geistigen Bedürfnisse des Kindes; Abhängigkeit von fremder Hilfe[46]. Hieran wird deutlich, wie wichtig die Elternbildung (als Aufgabe der Erwachsenenbildung) und die Beratung der Eltern sind. Auf der Basis umfangreicher Daten über die Einstellung der Eltern zu weiterführenden Bildungswegen kommt Baur zu dem Ergebnis: „Die Hemmnisse für das Bildungsstreben liegen zu allererst in der elterlichen Einstellung, andere Hemmnisse, etwa Informationsmangel oder finanzielle Hemmnisse, sind dagegen wohl kaum von Bedeutung."[47] Die weitgehende Erfolglosigkeit des Head Start-Programms in den USA hat die mangelnde Berücksichtigung dieser Tatbestände unterstrichen[48]. Angesichts dieser Gegebenheiten zeigt sich, daß die

---

der 4. Klasse Grundschule (Bildung in Zahlen: Modelle, Prognosen, Alternativen. Schriftenreihe der Arbeitsgruppe für empirische Bildungsforschung Band 4), Weinheim/Basel 1972 – *A. Bauer* 1977 – *H. Müller-Kohlenberg/G. Fokken,* Eltern-Kind-Beziehungen und die Befindlichkeit von Schülern im Unterricht. Eine empirische Untersuchung zum Zusammenhang von elterlichem Erziehungsstil und der Schulsituation von 10- bis 12jährigen Hauptschülern, in: ZfP 24 (1978) 261–266 – Eine Verbesserung der Erhebungsmethoden und Erhebungsinstrumente zur Erfassung des häuslichen Klimas angesichts dessen Bedeutung für die Entwicklung der Kinder fordert *R. Götte,* Meßinstrumente zur Erfassung der häuslichen Lernumwelt von Kindern, in: ZfEP 3 (1979) 95–120.

46 *A. Bauer* 1977 26 – Auf diesen Tatbestand verweist ferner unter Hinzuziehung einer Reihe von Forschungsansätzen *Füllgrabe* 1979 168–174.

47 *R. Baur* 1972 296 – Dies bestätigt insbesondere *Bolder* für Arbeiterfamilien. „Die dieser Untersuchung zugrundeliegenden Daten haben aber unmißverständlich geklärt, daß die Mobilitäts- und Qualifikationstraditionen der Familie den größten Einfluß auf die Wahl des schulischen Qualifikationsweges ausüben." Um hier Abhilfe zu schaffen, sind jedoch die gesellschaftspolitischen Vorstellungen, die *Bolders* Analyse bestimmen, nicht zwingend. *A. Bolder,* Bildungsentscheidungen im Arbeitermilieu (Untersuchungen des Instituts zur Erforschung sozialer Chancen), Frankfurt/New York 1978 194

48 Einen Überblick hierüber gibt *T. Sprey,* Artikel: Head Start-Programme, in: *Wehle* 1973 3,49–52. – Ferner Jensen 1976 129–146

Schulstruktur im Blick auf die Bildungsbeteiligung nicht so entscheidend ist, wie es für die Gesamtschule weitgehend angenommen wird.

Zusammenhang von Begabungsstruktur und Zuschnitt des Bildungsangebotes

Die Schule hat die Aufgabe, der individuellen Bildungsgeschichte und Bildungssituation des Schülers soweit wie möglich gerecht zu werden. Die schulischen Möglichkeiten des Schülers hängen von einem Bündel Faktoren ab, die – wie oben dargelegt – teils auf die individuellen Gegebenheiten, teils auf den sozialen Kontext des Schülers Bezug nehmen. In den vergangenen Jahren waren die bildungspolitischen Maßnahmen verstärkt darauf ausgerichtet, alle jene Einschränkungen der Bildungsfähigkeit des Schülers abzubauen, die in den schichtenspezifischen, d. h. distalen Bedingungen ihren Grund hatten. Unbeschadet dieser Hilfen aber bleibt im Spektrum der individuellen Möglichkeiten ein nicht unbeträchtlicher Bereich, der von diesen Maßnahmen nur zu einem Teil beeinflußt bzw. verändert werden kann[49]. Hier finden vielmehr die in begabungspsychologischen Untersuchungen ermittelten Befunde eine gewisse Bestätigung. Nach diesen Untersuchungen lassen sich in der Phase der Kindheit verläßliche Aussagen über die Begabungsstruktur, die Intelligenzentwicklung sowie die kognitiven,

---

49 *Jensen,* 1976 – *R. J. Herrnstein,* Chancengleichheit – eine Utopie? Die IQ-bestimmte Klassengesellschaft (1971), Stuttgart 1974 – *C. Jencks u. a.,* Chancengleichheit (1972), *Reinbek* 1973 – *T. Husén,* Begabung und Bildungspolitik. Die Bedeutung von Erbanlagen und Milieueinflüssen für die Bildungsreform, Hannover 1975 – *H. Skowronek* (Hg.), Umwelt und Begabung (Konzepte der Humanwissenschaften), Stuttgart 1976^2 – *P. Bourdieu/J.-C. Passeron,* Die Illusion der Chancengleichheit. Untersuchungen zur Soziologie des Bildungswesens am Beispiel Frankreichs (1964) (Texte und Dokumente zur Bildungsforschung), Stuttgart 1971

affektiven und sozialen Fähigkeiten machen. Ergebnisse von Längsschnittuntersuchungen belegen hohe Übereinstimmungen zwischen Schulreifeuntersuchungen und Schulreifetests mit dem durch Noten geprüften Schulerfolg (z. B. im 9. Schuljahr). Im 3. Schuljahr zeigen sich bei angemessener Beobachtung bereits die Unterschiede zwischen den Schülern (z. B. im allgemeinen Wort- und Sprachverständnis). Aber auch im schlußfolgernden Denken sowie in der Fähigkeit, schnell und konzentriert zu arbeiten, treten deutlich abgrenzbare Begabungskomponenten hervor[50]. Weiterhin wurden hohe Korrelationen zwischen den Lese-Leistungswerten im 3. Schuljahr und allen nachfolgenden Lese-, Mathematik- und Intelligenztests sowohl in der Junior- wie auch der Senior-High-School festgestellt. Der Leistungstest kann somit im Rahmen bestimmter Vorgaben als Vorhersage dienen[51].
Wichtig ist in diesem Zusammenhang die enge Zuordnung von Begabungsstruktur, Leistungsfähigkeit, Transfermöglichkeit, Lernfähigkeit, Lerntempo und Zuschnitt des Bildungsangebotes[52]. Damit ist gesagt, daß gleiche Lernzeiten zu unterschiedlichen Lernzielen führen. Das Lerntempo ist ein entscheidendes Kriterium für die Zuordnung zu Lerngruppen und den entspre-

---

50 *Bloom* 1973 251–270 – *U. Bronfenbrenner,* Wie wirksam ist kompensatorische Erziehung (Konzepte der Humanwissenschaften), Stuttgart 1974 – *Kemmler* 1975 56–60 – dies., Schulerfolg und Schulversagen. Eine Längsschnittuntersuchung vom ersten bis zum fünfzehnten Schulbesuchsjahr, Göttingen 1976 156–169

51 *P. E. Kraus,* Yesterday's Children. A Longitudinal Study of Children from Kindergarten into the Adult Years, New York 1973 – Für den gesamten Bereich grundlegend *W. Edelstein/D. Hopf* (Hg.), Bedingungen des Bildungsprozesses. Psychologische und pädagogische Forschungen zum Lehren und Lernen in der Schule (Konzepte der Humanwissenschaften), Stuttgart 1973 – Über die Fragen der Schulleistung orientiert *A.-K. Gaedike,* Determinanten der Schulleistung, in: *Heller* 1975 46–93.

52 *F. A. Flammer,* Transfer und Korrelation, Weinheim/Berlin/Basel 1970

chend strukturierten Bildungsangeboten[53]. Diese Überlegungen beruhen auf Erkenntnissen der Begabungsforschung, die heute als „Theorie des strukturierten Lernens" diskutiert werden[54]. Diese Theorie geht von komplexen Bedingungen des Lernens aus, zu denen die Fähigkeiten, die Persönlichkeitsstruktur und die Motivationsbereitschaft u. a. zählen[55]. Die Bedingungen selbst stellen jeweils wieder höchst differenzierte Funktionsbündel dar, in die verschiedene Vorgaben eingehen. Die empirische Überprüfung dieser Zusammenhänge stellt hohe methodische Anforderungen und ist nur unter Verwendung multivariabler Verfahren möglich. Es werden somit die Begabung, des weiteren Merkmale der Persönlichkeitsstruktur, aber auch die Umwelt mit Einschluß der häuslichen und familiären Situation und der schulischen Gegebenheiten im Sinne der oben genannten proximalen Faktoren zusammen gesehen und in ihrer Bedeutung für die verschiedenen Formen kognitiven und emotionalen Lernens analysiert[56]. Das Lernen stellt so gesehen nicht eine Addition von Erbanlagen und Umwelteinflüssen dar,

---

53 *J. B. Carroll,* Ein Modell schulischen Lernens, in: *Edelstein/Hopf* 1973 234–250 – *R. Schwarzer,* Lernerfolg und Schülergruppierung. Untersuchungen zur pädagogischen Diagnostik und Unterrichtsorganisation im differenzierten Schulwesen (Studien zur Lehrforschung Band 9), Düsseldorf 1974 – *A. Flammer,* Individuelle Unterschiede im Lernen, Weinheim/Basel 1975 – *B. S. Bloom,* Human Characteristics and School Learning, New York 1976 – Vor allem *A. Harnischfeger/D. E. Wiley,* Kernkonzepte des Schullernens, in: ZfEPP 9 (1977) 207–228

54 *R. B. Cattell,* Lernfähigkeit, Persönlichkeitsstruktur und die Theorie des strukturierten Lernens, in: *G. Nissen* (Hg.), Intelligenz, Lernen und Lernstörungen. Theorie, Praxis und Therapie, Berlin/Heidelberg/New York 1977 32–39

55 *R. B. Cattell/D. Child,* Motivation and Dynamic Structure, London/New York/Sydney/Toronto 1975 insb. 59–87 und 184–203

56 Hierzu vor allem der Aufweis der komplexen Zusammenhänge und vielfältigen Aspekte in den Beiträgen des umfangreichen Sammelbandes von *W. H. Sewell/R. M. Hauser/D. L. Featherman,* Schooling and Achievement in American Society, New York/San Francisco/London 1976

sondern ist als ein Prozeß des ständigen Ineinanderwirkens jener Faktoren nie gleichbleibend. Der Grad des Einflusses ist vielmehr immer abhängig von dem Einfluß der anderen Faktoren, d. h. jeder Faktor ist eine variable Größe und wandelt sich im Zusammenspiel mit den anderen Faktoren. Lernleistungen sind somit Ergebnisse kumulativer Prozesse und darin Ausdruck individueller Lerngeschichten.
Der Verschiedenheit dieser Lerngeschichten muß die Schulorganisation Rechnung tragen[57]. Die Gliederung nach Schulformen ist in organisationstheoretischer Hinsicht die Konsequenz, die sicherstellt, daß der einzelne Schüler in einen institutionell abgesicherten Bildungsweg eintritt, dessen Bildungsangebot und dessen Strukturierung des Unterrichtsgeschehens bestmöglich seiner Leistungsfähigkeit und seinem Lerntempo entsprechen. Zugleich ist eine ständige Verfeinerung und Verbesserung der Übergangs- und Auswahlkriterien und deren Handhabung wie auch der Leistungsbeurteilung in der Schule notwendig, um möglichst allen Schülern gerecht zu werden[58]. Im Rahmen der Unterrichtsverfassung jeder Schulform sind dann noch weitergehende Differenzierungen möglich, die den besonderen Fähigkeiten, Neigungen und Interessen der Schüler entgegenkommen[59]. Darüber hinaus sind Übergangsmöglichkeiten zwischen den Schulformen offen zu halten, die sicher-

---

57 *H. Heckhausen,* Lernen, Motivation und Gesellschaftsstruktur, in: *Nissen* 1977 112–122
58 *L. Tent,* Die Auslese von Schülern für weiterführende Schulen. Möglichkeiten und Grenzen. Beiträge zur Theorie und Praxis der Leistungsbeurteilung in der Schule, Göttingen 1969 – *J. Ziegenspeck,* Zensur und Zeugnis in der Schule. Darstellung der allgemeinen Problematik und der gegenwärtigen Tendenzen, Hannover 1973 – *J. Wendeler,* Intelligenztests in Schulen, Weinheim/Basel 1974⁴ – *K. Heller,* Leistungsbeurteilung in der Schule, Heidelberg 1975
59 *K. Aurin,* Differenzierung als pädagogisches und bildungspolitisches Problem, in: DHS 28 (1975) 421–429 – *R. Oerter/E. Dreher/M. Dreher,* Kognitive Sozialisation und subjektive Struktur (ppf Pädagogisch-psychologische Forschungen), München 1977

stellen, daß zu bestimmten Zeiten eine Änderung des Bildungsweges möglich ist. So kann ein anderes Bildungsziel auf einem längeren, aber dem einzelnen Schüler entsprechenden Bildungsweg erreicht werden.

Vorrang der individuellen Bildungsentscheidung

Die Orientierungsstufe, die Gesamtschule und die Kollegstufe versuchen auf dem Wege der Zusammenführung aller Bildungswege den Schwierigkeiten zu begegnen, die in der familiären Situation des Kindes und seiner Umwelt ihren Grund haben. Durch die Zusammenführung aller Schüler einer Jahrgangsstufe soll erreicht werden, daß jedem Schüler unbeschadet seiner Ausgangslage möglichst lange alle Chancen offen gehalten werden. Diese Intention, die auf den Ausgleich sozialer Unterschiede zielt, die der einzelne Schüler für seine Person nicht zu verantworten hat, ist pädagogisch berechtigt. Die Frage ist nur, ob es dazu ausschließlich der organisatorischen Vorkehrungen bedarf, wie sie die Orientierungsstufe, die Gesamtschule und die Kollegstufe darstellen. Die vorausgegangenen Erörterungen haben gezeigt, daß auch andere Wege möglich und besser sind. Wichtig ist vor allem, daß in den integrativen Systemen die Konturen der Schullaufbahnen und deren Ausrichtung auf eindeutige Bildungsabschlüsse verlorengehen. Der Schüler benötigt aber diese Klarheit über seinen Bildungsweg; sie dient der Profilierung seiner Fähigkeiten, Neigungen und Interessen. Des weiteren wird das Entscheidungsrecht der Eltern zunehmend eingeschränkt. Die Zuweisung zu den Fachleistungskursen (Englisch, Mathematik) in der Orientierungsstufe geschieht z. B. weitgehend ohne Mitwirkung der Eltern und bedeutet damit eine wesentliche Vorentscheidung über den weiteren Bildungsweg des Schülers.
Mit diesen Hinweisen soll nicht einer unbeschränkten Ausweitung des Elternrechtes das Wort geredet werden. Im Blick auf die Erziehung und Bildung des einzelnen gibt es Rechte des Kindes und der Eltern sowie des Staates und der Gesellschaft,

die auf bestmögliche Weise aufeinander abgestimmt werden müssen[60]. Die Kinder können nicht immer die für sie richtigen Entscheidungen fällen. Hier haben die Eltern das natürliche Recht, stellvertretend für ihre Kinder dieses Recht auszuüben. Die Rechte des Kindes und der Eltern sind gegenüber den Rechten des Staates und der Gesellschaft zusammengebunden. Nur in den Fällen, wo die Rechte des Kindes gegenüber den Eltern geschützt werden müssen, haben Staat und Gesellschaft die Verpflichtung, helfend einzugreifen. Dies ist jedoch nicht die Regel. Kind und Eltern – d. h. die Bürger – müssen Freiräume haben, in die Staat und Gesellschaft nicht reglementierend eingreifen können. Dahinter steht die Auffassung, daß in einer freiheitlichen Gesellschaftsordnung Staat und Gesellschaft nicht alles regeln sollen. Wo dieses liberale Verständnis nicht gegeben ist, werden daher konsequent diese Freiräume zunehmend durch administrative Maßnahmen eingegrenzt, wobei diese Maßnahmen in der Regel mit dem Willen der Gesellschaft gleichgesetzt werden. Alle totalitären Gesellschaften bestätigen dies zur Genüge.
Jede Entwicklung, die auf eine stärkere organisatorische Vereinheitlichung gesellschaftlicher Institutionen drängt, führt zwangsläufig zu immer umfassenderer Administrierung. Im Bereich der Schule ist dies in pädagogischer Hinsicht höchst fragwürdig. Hier steht nicht die administrative Zuordnung von Bildungswegen im Mittelpunkt, sondern das Bildungsinteresse des einzelnen Schülers und das seiner Eltern. Jeder Schüler muß nicht den gleichen Weg, sondern seinen eigenen Weg gehen und das für sich Beste aus der Schule und ihrem Bildungsangebot machen. Das verlangt eine sachliche und organisatorische

60 *G. Hahn*, Elternrecht und Schulpolitik: Zum neuen Hamburger Schulgesetz. Vom Senatsentwurf zum fertigen Gesetz, in: DHS 32 (1979) 73–77

Differenzierung der schulischen Angebote[61]. Heute gilt dies um so mehr, da in vielen gesellschaftlichen Bereichen die Probleme immer offener zutage treten, die in den übersetzten Maßnahmen zur Vereinheitlichung mit ihren technokratischen und administrativen Zwängen angelegt sind. Will man im Bereich der Schule diese Gefahr meiden, kommt der sachgerechten Entscheidungspraxis der Eltern eine zentrale Bedeutung zu. Die Voraussetzungen hierzu bereitzustellen, ist eine vordringliche öffentliche Aufgabe.
In diesem Zusammenhang muß aber kritisch angemerkt werden, daß der organisatorische und inhaltliche Ausbau vornehmlich des Kindergartens, aber auch der Grundschule, verbunden mit einem Bündel flankierender sozial- und familienpolitischer Maßnahmen (u. a. Ausbau der Eltern-Schule im Rahmen von Erwachsenenbildungsprogrammen, kinderfreundlicher Wohnungsbau, finanzieller Familienlastenausgleich) noch nicht zufriedenstellend erfolgt ist. Hier zeigt sich die Notwendigkeit, neue bildungs- und sozialpolitische Prioritäten bei der Aufteilung der finanziellen Ressourcen zu setzen. Durch begleitende bildungsfördernde Angebote in allen Schulformen (u. a. Silentien, Ganztagsschulen, Freizeitprogramme) und ergänzende sozialpolitische Maßnahmen (siehe oben) ist es möglich, alle Eltern in den Stand zu setzen, die Bildungsentscheidungen sachgemäß zu fällen. Hier ist jedoch noch einiges nachzuholen, denn „als ein Hemmnis, das auch für aufstiegsbestrebte Eltern aus den unteren Schichten gilt, kann man allerdings das geringe Selbstbewußtsein und die größere Unsicherheit bei der Schulwahl betrachten. Auch aufstiegsbestrebte Eltern aus den unteren Schichten sind bei weitem nicht so zielstrebig in der Verfol-

---

61 Mit einem differenzierten schulischen Angebot werden Schülern und Eltern zugleich auch Möglichkeiten des sozialen Aufstiegs bereitgestellt. Dies verdeutlicht die Untersuchung von *A. O. Schorb/M. Schmidbauer,* Aufstiegsschulen im sozialen Wettbewerb. Entwicklung und Hintergründe unterschiedlicher Bildungsbeteiligung in Bayern (Schriftenreihe des Staatsinstituts für Bildungsforschung und Bildungsplanung München) Stuttgart 1973.

gung ihrer Wünsche wie Eltern aus mittleren Schichten"[62]. Viele Eltern sind aber jetzt schon bereit und fähig, ihre Wünsche zu verfolgen[63]. Damit wird deutlich, daß vor dem Hintergrund einer liberalen gesellschaftlichen Ordnungspolitik die individuelle Bildungsentscheidung Vorrang hat vor administrativen Bildungszuweisungen. Bestehende Unzulänglichkeiten, die eine sachgemäße Ausübung individueller Bildungsentscheidungen auf seiten der Eltern, Lehrer und Schüler erschweren oder gar unterlaufen und die nicht geleugnet werden sollen, können jedoch nicht beseitigt werden durch Abbau des Elternrechts und Ausbau gesellschaftlicher Entscheidungsmechanismen, sondern nur durch Abbau der Unzulänglichkeiten selbst. Es ist schließlich ein folgenschwerer Irrtum zu glauben, die Defizite von bestimmten Bevölkerungsgruppen durch gesellschaftlich reglementierte Maßnahmen ausgleichen zu können. Statt dessen sollte man im Sinne von verantwortungsbewußter Subsidiarität jenen Bevölkerungsgruppen gezielt helfen und damit die Voraussetzungen zu einer verantwortlichen Entscheidungspraxis schaffen, wie dies einem liberalen Gesellschafts- und Staatsverständnis entspricht[64].

---

62 *R. Baur* 1972 296 ff.

63 *E. Stuckmann,* Die Mehrheit der Eltern plädiert für das dreigliedrige Schulwesen, in: DHS 29 (1976) 434–438 – Dem Anteil der Eltern an der Gestaltung des Schulwesens geht die Arbeit von *Wagner-Winterhager* nach, jedoch mit der Maßgabe, Aktivitäten von Eltern in einem negativen Sinne als konservativ abzuwerten, sofern sie sozialistischen Reformvorstellungen nicht entsprechen. Im Vorwort des Herausgebers (S. Vf.) erfolgt die sachlich notwendige Korrektur dieses einseitigen Vorgehens. *L. Wagner-Winterhager,* Schule und Eltern in der Weimarer Republik. Untersuchungen zur Wirksamkeit der Elternbeiräte in Preußen und der Elternräte in Hamburg 1918–1922 (Studien und Dokumentationen zur deutschen Bildungsgeschichte Band 7), Frankfurt 1978

64 Diese Notwendigkeit bestätigt *Baur* und zieht aufgrund einer empirisch aufbereiteten Analyse der Bedeutung des Elternhauses für die Schulwahl folgende Schlußfolgerung: „Um eine Vergrößerung der Zahl

1.3 WERTORDNUNG UND ERZIEHUNGSAUFTRAG

1.31 Prinzipien einer freiheitlichen Wertordnung

Erziehung und Bildung des jungen Menschen sind kein autonomes Geschehen. Ob sie nun vom Elternhaus, von der Schule oder von gesellschaftlichen Gruppen wahrgenommen werden, in jedem Falle ist eine Rückbindung an einen Kanon gemeinsamer Werte und Überzeugungen gefordert, der alle Beteiligten bindet. Diese Rückbindung ist angesichts der Bedingungen der modernen Gesellschaft unaufgebbar. Die moderne Gesellschaft wird in ihrem Selbstverständnis nicht von einer einheitlichen und umfassenden religiösen oder weltanschaulichen Position her geprägt, der allgemein anerkannte Verbindlichkeit zukommt. Der Prozeß der Säkularisierung hat solche in früheren Zeiten gegebenen Verbindlichkeiten aufgelöst. Anstelle der Ausschließlichkeit bestimmter weltanschaulicher Vorgaben steht nun eine Pluralität religiöser und weltanschaulicher Positionen. Diese Positionen haben einen bestimmten Grad an Verbindlichkeit für diejenigen, die sich an sie gebunden fühlen,

---

der Kinder, die eine höhere Schulbildung erhalten, zu erreichen, ist es kaum erforderlich, Bildungswerbung zu betreiben. Das Potential der ‚bildungswilligen' Eltern ist auch in den unteren Schichten groß. Es kommt darauf an, die kompensatorische Funktion der Schule zu stärken. Eltern in den unteren Schichten bedürfen mehr der Hilfe. Sie sind am anfälligsten für restriktive Politik. Eine weitere Expansion des Bildungswesens führt nicht automatisch zu einer Vergrößerung der Chancengleichheit. Vor den Unterschichtkindern werden die Mittelschichtkinder davon profitieren. Eine weitere Expansion des Bildungswesens braucht deshalb auch nicht zu einer Verbesserung der Chancengleichheit zu führen, weil sich dann der Auslesevorgang auf eine höhere Stufe verlagern wird. In den unterschiedlich hochgesteckten Zukunftsplänen der Eltern ist dies schon angelegt. Man könnte allenfalls erwarten, daß die Kinder um so mehr Chancen haben, sich vom elterlichen Aufstiegshorizont zu lösen, je länger sie am Bildungsprozeß teilgehabt haben." *R. Baur* 1972 297 nicht aber für diejenigen, die nicht auf diese Positionen verpflichtet sind. Pluralität heißt somit, daß es in unserer Gesellschaft eine Fülle unterschiedlicher, aber gleichberechtigter religiöser und weltanschaulicher Positionen gibt, die zu tolerieren, nicht aber zu akzeptieren jedem aufgegeben ist.

Demgegenüber sind die Grundrechte, die in den Art. 1–19 des Grundgesetzes formuliert sind, in ihrer Gesamtheit Ausdruck einer Wertordnung, die jeden Bürger bindet. Die Grundrechte sind daher nach Art. 79 (3) unabänderlich. Die Vielzahl religiöser und weltanschaulicher Positionen ist in diese Wertordnung eingebunden[1]. In Art. 2 (1) GG werden daher die verfassungsmäßige Ordnung und das Sittengesetz einander gleich- und nebengeordnet. Mag die jeweilige religiöse oder weltanschauliche Position, für die sich der einzelne entscheidet, noch so sehr von einer anderen Position verschieden sein, der Bindung an die Wertordnung der Grundrechte kann sich niemand entziehen. Die Aufhebung der Ausschließlichkeit einer jeden Position gibt dem einzelnen zugleich die Freiheit, sich begründet für eine Position entscheiden zu können. Dieser Tatbestand verdeutlicht den hohen Grad an Liberalität, der unsere Gesellschaft vom Boden der Verfassung her auszeichnet. Die Grundrechte im einzelnen umschreiben die Freiheitsrechte des Individuums und stellen insgesamt einen Rechtsraum dar, der allem staatlichen und gesellschaftlichen Handeln vorgelagert ist und dieses Handeln bindet. Ihrer Intention nach entsprechen sie ursprünglich einem Ansatz liberalen Denkens, der darauf zielte, die Freiheitssphäre des Individuums dem Staat gegenüber abzugrenzen.

Die Wertordnung, die die Grundrechte prägt, geht aber über diesen ursprünglichen Ansatz hinaus. Diese Wertordnung wird nicht allein vom Prinzip der Freiheit, sondern auch von den Prinzipien der Gleichheit und der sozialen Gerechtigkeit getra-

1 Die Stellung der Kirche verdeutlicht in diesem Zusammenhang *P. Mikat,* Kirche, Gesellschaft, Staat, in: *Böckenförde* 1976 304–316.

gen[2]. Daraus folgt, daß in allen Grundrechten neben den Freiheitsrechten zugleich immer auch die Bindung an die beiden anderen Prinzipien mit angelegt ist[3]. Die Sozialbindung des Eigentums oder die Gleichheit der Bildungschancen seien hierfür exemplarisch genannt. Mit der Loslösung aus der ausschließlichen Fixierung auf die individuellen Freiheitsrechte gewinnt die Wertordnung unserer Verfassung die Offenheit, die es ihr erlaubt, auf gesellschaftliche Herausforderungen, die im Laufe der geschichtlichen Entwicklung hervortreten, sachgemäß und zugleich mit dem hohen Grad an Verbindlichkeit zu antworten. Damit ist sichergestellt, daß notwendige Entwicklungen ermöglicht werden, tagespolitische Moden und vordergründige Aktivitäten aber auf ihren substantiellen Gehalt hin kritisch geprüft werden können. Die in den letzten Jahren als sogenannte „innere Reformen" eingeleiteten Maßnahmen im Bereich der Sozial- und Bildungspolitik sind hierfür beispielhaft.

Die Reformen im Bildungswesen verdeutlichen exemplarisch, daß der Wertordnung, die die Grundrechte bestimmt, ein hohes Maß an Flexibilität zukommt und daß weitreichende Reformimpulse von ihnen ausgehen, so daß den politischen und sozialen Herausforderungen der Zeit sachgerecht entsprochen werden kann. Dies ist aber nur möglich, wenn die Grundrechte nicht als Ausdruck individualistisch zugespitzter Freiheitsansprüche oder als Rechtfertigungsideologie für die Durchsetzung privater Machtinteressen verstanden werden. Es geht somit

---

2 S. hierzu die Darstellung des Zusammenhanges von Freiheit und Gleichheit und die Aufarbeitung des geschichtlichen Aspektes der Fragestellung bei *K. Mannheim,* Freiheit und geplante Demokratie (1950), Köln/Opladen 1970.

3 Den Zusammenhang rechts- und sozialstaatlicher Fragen dokumentiert von verschiedenen Ansätzen her *E. Forsthoff* (Hg.), Rechtsstaatlichkeit und Sozialstaatlichkeit. Aufsätze und Essays (Wege der Forschung Band CXVIII), Darmstadt 1968 – *F. A. v. Hayek,* Drei Vorlesungen über Demokratie, Gerechtigkeit und Sozialismus (Walter Eucken Institut. Vorträge und Aufsätze 63), Tübingen 1977

nicht um die starre Fixierung auf einseitige weltanschauliche Positionen. Entscheidend ist vielmehr, angesichts sich ständig wandelnder politischer, gesellschaftlicher und geschichtlicher Situationen einen sachlich angemessenen Ausgleich zwischen den Prinzipien der Freiheit, der Gleichheit und der sozialen Gerechtigkeit zu finden[4]. Diese Vermittlung ist Ausdruck dessen, was von altersher unter dem Begriff des Gemeinwohls verstanden wurde. Von *Plato* und *Aristoteles* her über die Scholastik und die Aufklärung bis zu unserer Gegenwart hin kennzeichnet das Gemeinwohl den Ausgleich der Interessen der Gemeinschaft und des Individuums. Wird dieser Ausgleich aufgegeben, droht die Gefahr des Abgleitens in totalitäre Herrschaftsverhältnisse oder die Gefahr der Degeneration der gesellschaftlichen Ordnung in einen von partikularen Interessen geleiteten Kampf aller gegen alle[5].

Die letztgenannte Gefahr darf heute nicht gering geachtet werden. Die Pluralität religiöser und weltanschaulicher Positionen wie auch die Fülle partikularer Interessen, die in Verbänden und sonstigen gesellschaftlichen Gruppierungen organisiert sind, verlangen immer wieder die erneute Rückbesinnung auf das Gemeinwohl[6]. Das Gemeinwohl ist so gesehen ein Bestandteil unserer Wertordnung, von dem her die vorgenannten parti-

---

4 Diesen Zusammenhängen und ihren Verflechtungen ist von verschiedenen wirtschafts- und gesellschaftstheoretischen Fragestellungen her nachgegangen *F. A. v. Hayek,* Die Verfassung der Freiheit (1960) (Walter Eucken Institut. Wirtschaftswissenschaftliche und wirtschaftsrechtliche Untersuchungen 7), Tübingen 1971.– ders., Freiburger Studien. Gesammelte Aufsätze (Walter Eucken Institut. Wirtschaftswissenschaftliche und wirtschaftsrechtliche Untersuchungen 5), Tübingen 1969

5 Vgl. die weiterführenden Analysen in dem Sammelband *W. Hennis/P. Graf Kielmannsegg/U. Matz* (Hg.), Regierbarkeit. Studien zu ihrer Problemlösung Band I, Stuttgart 1977.

6 Hierzu die breite problemorientierte Aufarbeitung dieser Zusammenhänge bei *H. H. v. Arnim,* Gemeinwohl und Gruppeninteressen. Die Durchsetzungsschwäche allgemeiner Interessen in der pluralistischen Demokratie. Ein Beitrag zu verfassungsrechtlichen Grundfragen der Wirtschaftsordnung, Frankfurt 1977

kularen Aspekte im Blick auf die unabdingbaren Gemeinsamkeiten von Individuum und Allgemeinheit relativiert werden[7]. Die Pluralität der Positionen und Interessen in unserer Gesellschaft ist deshalb nicht dahin zu deuten, daß die Wertordnung unserer Verfassung, wie sie sich in den Grundrechten niederschlägt, selbst wertneutral bzw. wertpluralistisch ist. Freiheit, Gleichheit und soziale Gerechtigkeit als die drei grundlegenden Prinzipien der Wertordnung ergänzen sich wechselseitig und sind nicht voneinander zu trennen[8]. Dies läßt sich vom Verständnis der Freiheit her verdeutlichen. Die Freiheit des einzelnen gilt nur so weit und so lange, wie sie die Freiheit des anderen nicht beschneidet. *Kant* hat diesen Tatbestand in der Grundlegung der Metaphysik der Sitten so formuliert: „Handle so, daß du die Menschheit, sowohl in deiner Person, als in der Person eines jeden andern, jederzeit zugleich als Zweck, niemals bloß als Mittel brauchest."[9] Daraus folgt: alles Handeln – sei es das Handeln des einzelnen oder staatlicher Institutionen und gesellschaftlicher Gruppen – wird immer allen drei Prinzipien Rechnung tragen müssen. Damit ist sichergestellt, daß die Wertordnung zugleich Richtschnur allen Handelns ist. Von diesen Gegebenheiten her stellt die staatliche Ordnung und die gesellschaftliche Wirklichkeit ein Angebot dar, in dessen Rahmen der einzelne und die gesellschaftlichen Gruppen für ihr Handeln die politische, sittliche und geistige Legitimation finden[10].

---

7 *M. Kriele,* Kriterien der Gerechtigkeit. Zum Problem des rechtsphilosophischen und politischen Relativismus, Berlin 1963

8 *E.-W. Böckenförde,* Der Staat als sittlicher Staat (Wissenschaftliche Abhandlungen und Reden zur Philosophie, Politik und Geistesgeschichte Band 14), Berlin 1978

9 *I. Kant,* Grundlegung zur Metaphysik der Sitten (1786), in: Werke 1964 4,61

10 Zur Frage der demokratischen Legitimität vgl. die umfassende Analyse von *P. Graf Kielmannsegg,* Volkssouveränität. Eine Untersuchung der Bedingungen demokratischer Legitimität, Stuttgart 1977. – Ferner die das Spektrum der politischen Positionen kritisch abwägende Arbeit von *M. Kriele,* Legitimitätsprobleme in der Bundesrepublik, München

1.32 Ideologiekritik als Herrschaftswissen

Die Prinzipien einer freiheitlichen Wertordnung sind in den letzten Jahren zunehmend in Frage gestellt worden. In ideologiekritischer Absicht wurden die staatliche Ordnung und die gesellschaftliche Wirklichkeit von Konflikttheorien her analysiert, die darauf zielten, die überkommene Ordnungsstruktur in Richtung neomarxistischer Gesellschaftmodelle zu verändern. Eine Zurückweisung dieser Ansätze bedeutet jedoch nicht, daß kritisches soziales Engagement und das Austragen von Konflikten als solche abgelehnt werden. Der Konflikt, verstanden als ein Mittel, Interessen des einzelnen wie auch gesellschaftlicher Gruppen durchzusetzen, gehört zur gesellschaftlichen Wirklichkeit. Staat und Gesellschaft stellen keine prästabilisierte Harmonie dar. Eine solche Sicht ist nicht allein unrealistisch. Sie stellt darüber hinaus, wenn sie entschieden vertreten wird, ein Mittel zur Verschleierung von Disparitäten dar und dient damit der Bestätigung von gesellschaftlichen Strukturen, um sie der notwendigen und berechtigten Kritik zu entziehen. Gesellschaftlich notwendige Entwicklungen bedürfen des Konfliktes, um allgemein bewußt zu werden. *Dahrendorf* hat diesen Zusammenhang von einer Fülle thematischer Ausgangspunkte

---

1977 – Des weiteren *P. Mikat,* Die begriffliche Unterscheidung von Staat und Gesellschaft und ihr heutiger ordnungspolitischer Stellenwert, in: *Baier* 1977 263–276 – Den Zusammenhang von Staat und Gesellschaft im Blick auf den einzelnen und die gesellschaftlichen Gruppen verdeutlichen von verschiedenen Ausgangspunkten her die Aufsätze des Sammelbandes von *E.-W. Böckenförde* (Hg.). Staat und Gesellschaft (Wege der Forschung Band CDLXXI), Darmstadt 1976. – Darin ders., Die Bedeutung der Unterscheidung von Staat und Gesellschaft im demokratischen Sozialstaat der Gegenwart 395–431 – Ebenfalls verdeutlichen den hier anstehenden Zusammenhang die Aufsätze des Sammelbandes von *P. Haungs* (Hg.), Res publica. Studien zum Verfassungswesen. Dolf Sternberger zum 70. Geburtstag, München 1977.

her verdeutlicht[1]. Insbesondere hat er die Notwendigkeit des Aufstellens und Beachtens von Formen zur Regelung von Konflikten aufgewiesen[2]. Diese Forderung wird zunehmend dringlicher, da bei Auseinandersetzungen zwischen gesellschaftlichen Gruppen wie auch im Bereich des persönlichen Umgangs ausgehend von totalen Denk- und Handlungsmustern die Einsicht, Spielregeln anzuerkennen und entsprechend zu handeln, merklich zurückgeht. Nur so lassen sich aber auf dem Wege der Auseinandersetzung über die anstehende Sache neue Gegebenheiten durchsetzen. Spielregeln, die von allen beachtet werden, sind Bedingungen des Miteinanderhandelns und stellen Möglichkeiten dar, Konflikte in einer für alle Beteiligten zumutbaren Weise austragen zu können.

Damit ist aber nicht gesagt, daß der Konflikt das einzig legitime und damit grundlegende Mittel der gesellschaftlichen Auseinandersetzung darstellt. Ein solcher Ansatz führt, sofern er konsequent zu Ende gedacht wird, zur Auflösung aller staatlichen und gesellschaftlichen Strukturen und damit zu einem Antagonismus aller gegen alle. In einem solchen Prozeß verliert der einzelne die Möglichkeit, seine personalen Bedingungen zu realisieren. Zugleich wird dem einzelnen die Chance genommen, Formen einer angemessenen Identifikation mit der staatlichen Ordnung und der gesellschaftlichen Wirklichkeit zu finden. Freiheit, Gleichheit und soziale Gerechtigkeit werden dann zu abstrakten Formeln und sind nicht mehr Prinzipien einer Wertordnung, die das Handeln des einzelnen und der gesellschaftlichen Gruppen bestimmt. Identifikationskrisen sind die Folge, weil der Anspruch auf die Durchsetzung absoluter Forderungen den einzelnen dazu führt, die vorgegebene staatliche Ordnung

---

1 In den Aufsatzsammlungen von 1968 und 1972: *R. Dahrendorf,* Pfade aus Utopia. Arbeiten zur Theorie und Methode der Soziologie (Gesammelte Abhandlungen I), München 1968 und ders., Konflikt und Freiheit. Auf dem Weg zur Dienstklassengesellschaft (Gesammelte Abhandlungen II), München 1972

2 *R. Dahrendorf* 1972 20–47

und die vorgefundene gesellschaftliche Wirklichkeit abzulehnen.
Diese Ablehnung ist aber ausgehend von bestimmten gesellschaftskritischen Positionen, auf die sich die hier vorgetragenen Einwände beziehen, oftmals gewollt. Damit soll erreicht werden, daß der einzelne sich überhaupt erst gar nicht auf die Bedingungen seiner Zeit einläßt. Diese Bedingungen bedürfen nach dieser Meinung vielmehr einer grundlegenden Veränderung, weil sie den Menschen nicht freisetzen, sondern ihn entfremden. Der Entfremdung des Menschen wird erst unter gesellschaftlichen Verhältnissen Einhalt geboten, in denen Macht und Herrschaft aufgehoben sind[3]. Der Weg dieser Befreiung des Menschen von allen gesellschaftlichen Zwängen wird als ein Prozeß der Emanzipation des Menschen verstanden. Alles gesellschaftskritische Denken und Handeln, das diesem Prozeß dient, versteht sich von dieser Zielsetzung her als emanzipatorisch. Erst wenn dieser Prozeß geschichtlich an sein Ende gekommen ist, ist der Mensch mündig geworden.
Das Wissen um die Notwendigkeit der Emanzipation des Menschen wird im Rahmen dieser gesellschaftskritischen Positionen zur Form eines Herrschaftswissens. Nur derjenige, der diesen Gesamtzusammenhang von gegebener Gesellschaftsstruktur und künftig zu verwirklichenden Formen herrschaftsfreier Gesellung im Blick hat, kann in der Gegenwart richtig handeln. Die gegenwärtige Gesellschaft zerfällt somit in die Gruppe

---

3 *Israel* hat aufgezeigt, daß das Problem der Entfremdung in allen hochorganisierten Industriegesellschaften unabhängig von der Frage des Besitzes der Produktionsmittel auftritt, so daß eine ausschließlich marxistische Interpretation dieses Phänomens in die Leere läuft. *J. Israel,* Der Begriff Entfremdung. Makrosoziologische Untersuchung von Marx bis zur Soziologie der Gegenwart (1970), *Reinbek* 1977 – Ferner *G. Rohrmoser,* Marxismus und Menschlichkeit, Freiburg 1974 – Eine Analyse des Entfremdungsbegriffs, die die verschiedenen Wurzeln dieses Begriffs aufzeigt, gibt *P. Ch. Ludz,* Ideologiebegriff und marxistische Theorie. Ansätze zu einer immanenten Kritik, Opladen 1976 50–81.

derer, die ein richtiges Bewußtsein haben, und derer, die ein falsches, d. h. entfremdetes Bewußtsein haben. An dieser Stelle zeigt sich nun eine fatale Verkehrung des ursprünglichen Ansatzes. Emanzipation kennzeichnete im überlieferten Sinne die Freisetzung des Menschen aus vorgegebenen Verhältnissen, die dem einzelnen Beschränkungen auferlegten. Diese Beschränkungen konnten altersbedingt sein (Lossprechung der Jugendlichen), aber auch politisch oder rollenspezifisch (Judenemanzipation, Emanzipation der Frau) begründet sein. Der einzelne erhielt durch die Emanzipation einen neuen Status: er war mündig. Damit ist gesagt, daß der einzelne in der Lage ist, sein Leben in freier Entscheidung selbst zu gestalten, und daß er bereit ist, für sich und andere Verantwortung zu übernehmen. Mit der Emanzipation, d. h. der Freisetzung des einzelnen wurde die Zahl der Mündigen erweitert. Darin bekundet sich ein liberales Verständnis von der Würde und dem Wert des Menschen. Unter den oben genannten veränderten Bedingungen verliert der Begriff der Emanzipation seinen Charakter als Status und wird zu einer Handlungsmaxime in einem unendlichen Entwicklungsprozeß, dessen Ziel utopisch vorgegeben und dessen Dauer nicht abzusehen ist[4]. In diesem Zusammenhang erfüllt der Begriff der Emanzipation zugleich die Funktion eines Selektionsinstrumentes. Er dient der Begründung eines bestimmten Selbstbewußtseins und darin eingeschlossen der Rechtfertigung für den Sonderstatus einer elitären Minderheit, die sich im Besitze des allein richtigen Wissens über den künftigen Weg der Gesellschaft weiß[5].

---

4 *R. Spaemann,* Emanzipation – ein Bildungsziel, in: ders., Zur Kritik der politischen Utopie. Zehn Kapitel politischer Philosophie, Stuttgart 1977 142–157 – *G.-K. Kaltenbrunner* (Hg.), Zur Emanzipation verurteilt. Der Preis unserer Mündigkeit, Freiburg 1975

5 Beispielhaft hierfür der Sammelband „Erziehung in der Klassengesellschaft" und insbesondere die „Thesen zur emanzipatorischen Erziehung" 149 ff. und die „Thesen zur Lehrerausbildung" 245 f., *J. Beck/M. Clemens* u. a., Erziehung in der Klassengesellschaft. Einführung in die Soziologie der Erziehung, München 1970

Der Absicherung bzw. der Tabuisierung der vorgenannten Position dient insbesondere das Instrument der Ideologiekritik. Die Ideologiekritik ist in diesem Zusammenhang nicht mehr eine in wissenschaftstheoretischer Hinsicht spezielle Methode der Wissenssoziologie, die der Analyse und Kritik von partikularen Vorurteilen dient, die gesellschaftliche Gruppierungen auszeichnen und ihre Auseinandersetzung mit anderen gesellschaftlichen Gruppen bestimmen[6]. So gesehen stellt die Ideologiekritik eine Methode der Analyse von weltanschaulichen Positionen dar; sie ist selbst aber keine weltanschauliche Position. Davon unterscheidet sich das Verständnis von der Funktion der Ideologiekritik im Rahmen neomarxistischer Ansätze. Ideologiekritik ist hier die Form eines Herrschaftswissens, das in die Lage versetzt, alle weltanschaulichen Positionen und gesellschaftlichen Ortsbestimmungen kritisch zu hinterfragen mit Ausnahme der eigenen Position. Als Herrschaftswissen dient die Ideologiekritik der Verabsolutierung der eigenen Position. Die Legitimation für diesen Anspruch liegt im Hinweis auf einen gesellschaftlichen Zustand, in dem die Entfremdung des Menschen aufgehoben und herrschaftsfreie Kommunikation und Interaktion Wirklichkeit geworden sind. Für diesen Zustand gibt es keine rationale Begründung, sondern lediglich eine von dem Glauben an die Rechtmäßigkeit utopischer Ziele her legitimierte Setzung[7]. Eine solche Setzung widerspricht aber der seit der Aufklärung für alles politische Denken und Handeln konstitutiven und substantiellen Forderung nach der kritischen Infragestellung und Überprüfung jeglicher Position.

---

6 Hierzu insgesamt *K. Mannheim*, Ideologie und Utopie (1929), Frankfurt 1969^5 227–267 und der Problemaufriß über die verschiedenen Ansätze der Wissenssoziologie in dem Vorwort von *L. Wirth* zur englischen Ausgabe der Arbeit von *Mannheim* IX–XXVII. – ders., Wissenssoziologie. Auswahl aus seinem Werk hg. v. *K. H. Wolff* (Soziologische Texte Band 28), Neuwied 1970^2 – *Th. Geiger*, Ideologie und Wahrheit. Eine soziologische Kritik des Denkens, Neuwied/Berlin 1968^2

7 *R. Baumeister*, Der „neue“ Mensch – Leitvorstellungen über die Bestimmung des Menschen bei westeuropäischen Marxisten, in: VjWP 54 (1978) 90–101

In diesem Sinne ist eine solche Setzung Ausdruck eines reaktionär unkritischen und letztlich autoritären Denkens.[8]

Mündigkeit ist nach überkommenem Verständnis ein für alle Menschen in der gegenwärtigen Situation wünschenswerter und erreichbarer Zustand. Dieser Zustand ist zugleich Ausdruck einer an liberalen Prinzipien orientierten ordnungspolitischen Verfassung des Menschen und seiner Welt. Dies zu erreichen, liegt jedoch nicht in der Absicht gesellschaftskritisch-neomarxistischer Ansätze. Statt dessen wird die Mündigkeit auf jene elitäre Minderheit hin festgeschrieben und zugleich die Gruppe der Unmündigen grenzenlos erweitert[9]. Die vorgefundene Gesellschaft und die Menschen, die ihre gesellschaftliche Tätigkeit als einen Auftrag in dieser Gesellschaft verstehen, werden dem Status der Unmündigkeit überantwortet. In diesem kritisch selektierenden Anspruch liegt eine den Menschen übersteigende, letztlich als unmenschlich zu bezeichnende Radikalität. Der Mensch lebt sein Leben hier und jetzt. Dieses Leben

---

8 Die Konsequenzen eines solchen Denkens benennt *H. Barth:* „Wenn man nun aber die Idee der Wahrheit und der Gerechtigkeit selbst als Ideologie denunziert, dann werden die Bedingungen des sozialen Daseins überhaupt erschüttert. Denn man wird des Maßes beraubt, auf welches das verbindende Wort und die Ordnungen der Gemeinschaften ihrem Wesen entsprechend ausgerichtet sind. Es gibt dann nur – um noch einmal die Sprache Nietzsches zu verwenden – individuelle ‚Willensquanta', die selbstherrlich, eben auf Grund und nach Maßgabe ihres faktischen Besitzes an Macht, festsetzen, was als wahr und gerecht zu gelten hat. Trotz dieser ungeheuerlichen Verkennung, durch die der Mensch sich selbst in seinem Bestand bedroht, bleibt ihm die Erkenntnis erhalten, die Christian Wolff ausgesprochen hat: ‚Wahrheit und Gerechtigkeit sind die Stützen des gemeinen Wesens: fehlen jene, so fället dieses über den Haufen'." *H. Barth,* Wahrheit und Ideologie, Zürich 1945 305 – Ferner die teils überzogenen, in vielen Punkten aber zutreffenden Analysen bei *K. R. Popper,* Die offene Gesellschaft und ihre Feinde (1944) 2 Bde., Bern/München 1970² – Auf die Gefahr der Dogmatisierung des Denkens von den Positionen eines konservativ autoritären Traditionalismus und eines neomarxistisch antiautoritären Radikalismus verweist *H. Albert,* Plädoyer für kritischen Rationalismus, München 1971 59–65.

9 *H. Schelsky,* Die Arbeit tun die anderen. Klassenkampf und Priesterherrschaft der Intellektuellen, Opladen 1975

muß geleistet und verantwortet werden. Diese Verantwortung trifft den einzelnen und damit auch die Herrschenden, die in Politik, Wirtschaft, Verwaltung und den einzelnen gesellschaftlichen Gruppierungen Entscheidungen für andere fällen und damit in der Verantwortung stehen. Dies ist eine in der abendländischen Tradition in vielfältigen Anläufen immer wieder neu gewonnene Erfahrung. Herrschaft und Abhängigkeit sind Formen des menschlichen Zusammenlebens. Autorität und Kontrolle sind daher gleichermaßen Ausdruck von Herrschaft[10]. Aufgabe der Politik ist es, auf dem Wege der immerwährenden Auseinandersetzung Formen zu finden, die dem Menschen Möglichkeiten seiner Selbstverwirklichung in politischer, sittlicher und geistiger Hinsicht als Person sicherstellen. Dies ist eine ständig neu zu leistende Aufgabe, die den Konflikt nicht ausschließt, letztlich aber den Konsens über tragende Gemeinsamkeiten im Sinne einer für alle verbindlichen Wertordnung, wie sie oben erläutert worden ist, zur Voraussetzung hat. Utopien sind notwendig, um den Menschen Perspektiven zu geben. Sie werden für die Menschen aber zu unmenschlichen Zwängen, wenn sie zu Handlungsanweisungen degenerieren. Es werden dann die konkreten Herausforderungen des Tages überlagert von Handlungszwängen, die dem Menschen hier und jetzt keine Hilfen bei der Lösung der ihn bedrängenden Fragen bieten[11].

---

10 Hierzu *W. Kessel,* Auctoritas und potestas als Ordnungsgrundlagen der Demokratie, in: Archiv für Rechts- und Sozialphilosophie XLV (1959) 215–233 – Ferner der Artikel Herrschaft von *J. Fijalkowski* in: *H. Kunst/S. Grundmann* (Hg.), Evangelisches Staatslexikon, Stuttgart 1966 Sp. 755–761

11 Vgl. die scharfsinnigen Analysen der Strukturen kommunistischer totalitärer Diktaturen bei *L. Kolakowski,* Die Hauptströmungen des Marxismus. Entstehung – Entwicklung – Zerfall (bisher 2 Bde.), München 1977 ff. – *J.-F. Revel,* Die totalitäre Versuchung, Frankfurt 1977 – *R. Aron,* Plädoyer für das dekadente Europa, Berlin/Frankfurt 1978 – *F. A. v. Hayek,* Der Weg zur Knechtschaft (1944), München 1976 – Ferner die scharfsinnige Analyse des real existierenden Sozialismus bei *H.-R. Peters,* Marxismus und Realität, in: Jahrbuch für Sozialwissenschaft 38 (1979) 83–114 – Eine Darstellung der unterschiedlichen Methodenan-

1.33 Aufgaben von Erziehung und Bildung im Rahmen der Wertordnung

Erziehung und Bildung haben die Aufgabe, den jungen Menschen auf die Welt vorzubereiten, in der zu leben ihm aufgegeben ist. Für dieses Leben benötigt er Hilfen und Perspektiven. Die Wertordnung, die den Grundrechten unserer Verfassung zugrunde liegt, verdeutlicht den normativen Rahmen, innerhalb dessen Erziehung und Bildung und damit das konkrete erzieherische Handeln in Familie, Schule und den gesellschaftlichen Gruppen ihren Ort haben. Der junge Mensch muß in diese Zusammenhänge eingeführt werden und auf seinem Bildungsweg die Einsichten und Erfahrungen gewinnen, die es ihm ermöglichen, im Rahmen der Wertordnung verantwortungsbewußt entscheiden und handeln zu können. Er muß erfahren, daß die vorgegebene Wertordnung letztlich die Bedingung für seine politische, sittliche und geistige Existenz ist[1]. Indem die Familie, die Schule und die gesellschaftlichen Gruppen diese vorgegebene Wertordnung verdeutlichen und sich in ihrem erzieherischen Wirken daran gebunden fühlen, tragen sie mit dazu bei, daß zwischen allen Gliedern der Gesellschaft ein weitgehender Konsens über die tragenden, gemeinsamen normativen Voraussetzungen möglich wird[2]. Diese Notwendigkeit gründet in der

---

sätze des Marxismus und der analytischen Wissenschaftstheorie findet sich bei *Ch. Helberger,* Marxismus als Methode. Wissenschaftstheoretische Untersuchungen zur Methode der marxistischen politischen Ökonomie, Frankfurt 1974.

1 Vgl. die Ausbreitung und Problematisierung dieser Fragestellung bei *H. Bokelmann,* Maßstäbe pädagogischen Handelns. Normenkonflikte und Reformversuche in Erziehung und Bildung (Weltbild und Erziehung 27), Würzburg 1965.

2 Hierzu die umfassende Analyse von *W. Tröger,* Erziehungsziele, München 1974 – *P. Brunnhuber/H. Zöpfl,* Erziehungsziele konkret. Erziehung zum kritischen Ja – ein Programm zur inneren Schulreform, Donauwörth 1975, nennen 7 Problemfelder in diesem Zusammenhang: Sinn und Wertorientierung; Glück und Freude; Zeit und Zeitlichkeit;

Forderung nach Pluralität, die unsere verfassungsmäßige Ordnung bestimmt[3].

Diese Aufgabe ist in den letzten Jahren in den Schulen zunehmend vernachlässigt worden[4]. In den Lehrplänen und Richtlinien verschiedener Länder der Bundesrepublik wie auch in einer Reihe von Unterrichtswerken werden ausgehend von gesellschaftstheoretischen Modellen, in denen die Gesellschaft fast ausschließlich vom Konflikt her interpretiert wird, die Grundwerte und normativen Überzeugungen als Requisite geschichtlich überfälliger Bewußtseinslagen dargestellt[5]. Der Abbau normativer Gemeinsamkeiten geschieht in ideologiekritischer Absicht und folgt Interpretationsmustern, die weitgehend auf neomarxistische Setzungen bezogen sind oder von einem sogenannten emanzipatorischen Erkenntnisinteresse ausgehen[6]. Richtlinien, Lehrpläne und Unterrichtswerke werden zu den bevorzugten Medien, mittels deren man im Sinne des oben erläuterten Verständnisses von Ideologiekritik Herrschaftswissen auf dem Wege gezielter Indoktrination weitergeben kann. Schule und Unterricht verlieren auf diese Weise ihre erzieherische Funktion. Sie werden zu Multiplikatoren, die bestimmte gesellschaftstheoretische Modelle im Bewußtsein der jungen Menschen festigen sollen[7]. Man hofft, auf dem Wege

---

Freiheit; Soziale Beziehungen; Fragen, Wahrnehmen, Erkennen; Handeln, Gestalten, Verwirklichen.

3 *W. Becker*, Pädagogik und Demokratie. Über das staatsphilosophische Grundproblem demokratischer Lernzielbestimmung, in: PR 33 (1979) 89–99

4 *J. Nosbüsch*, Pädagogik ohne Normen? in: VjWP 54 (1978) 25–47

5 *H. Schoeck*, Schülermanipulation, Freiburg 1976[2]

6 Eine kritische Aufarbeitung des Begriffs Emanzipation für die Pädagogik findet sich bei *H. Bath*, Emanzipation als Erziehungsziel? Überlegungen zum Gebrauch und zur Herkunft eines Begriffs, Heilbrunn 1974 und *W. Braun*, Emanzipation als pädagogisches Problem. Anthropologische Voraussetzungen und pädagogische Möglichkeiten, Saarbrücken/Kastellaun 1977.

7 *G.-K. Kaltenbrunner* (Hg.), Klassenkampf und Bildungsreform. Die neue Konfessionsschule, Freiburg 1974

einer beständigen und gezielt einseitigen Beeinflussung in der Generation der Heranwachsenden das entsprechende ideologiekritisch ausgerichtete Potential für künftige strukturverändernde Prozesse heranzubilden.
In Übereinstimmung mit dieser Zielsetzung ist es nur konsequent, wenn die Unterrichtsarbeit der Schule keine Bezüge zur gegenwärtig gegebenen staatlichen Ordnung und gesellschaftlichen Wirklichkeit aufweist bzw. diese nur in negativen Verzerrungen dargestellt werden. Es werden mit Absicht die Dimensionen einer sogenannten „pädagogischen Provinz" aufgebaut, die beim jungen Menschen das Gefühl und das Bewußtsein grundlegen, daß er in einer Welt lebt, die seinen eigentlichen Fragen, Interessen und Bedürfnissen nicht entspricht[8]. Damit wird in höchst geschickter Weise die Bewußtseinslage und Gefühlswelt des jungen Menschen angesprochen, die durch ein hohes Maß an Unbedingtheit und Ausschließlichkeit im Denken und Handeln bestimmt ist. Die Erfahrung dieser Differenz soll Entfremdung, menschliche Betroffenheit und schließlich moralische Entrüstung hervorrufen. Auf diese Weise wird eine soziale Desintegration betrieben, die zugleich in sozialpsychologischer Hinsicht beim einzelnen zu innerer Leere und Teilnahmslosigkeit führt und damit die innere Verfassung der Person verändert[9]. Der Erfahrungshorizont, in den Schule und Hochschule eingelassen werden, ist deshalb in einem quasi luftleeren Raum angesiedelt. Hier werden utopisch und neomarxistisch orientierte gesellschaftliche Modelle vorgegeben

8 *H.-R. Laurien/A. F. Utz/H. B. Streithofen,* Sozialistische Erziehungsziele – Ende der persönlichen Freiheit (Walberberger Gespräche 5), Stuttgart 1974

9 *Durkheim* hat diesen Prozeß unter dem Aspekt der gesellschaftlichen Anomie bereits 1897 analysiert und auf das Problem des Selbstmordes in diesem Zusammenhang hingewiesen. *E. Durkheim,* Der Selbstmord (1897) (Soziologische Texte Band 32), Neuwied/Berlin 1973 – Ferner *W. Hollstein,* Der Untergrund. Zur Soziologie jugendlicher Protestbewegungen, Neuwied/Berlin 1969 – *K. Sontheimer,* Jugend zwischen politischem Aktivismus und Apathie (Bundesarbeitsgemeinschaft Schule/Wirtschaft 10), Köln 1978

und im Bewußtsein des jungen Menschen als die eigentliche gesellschaftliche Wirklichkeit und moralische Qualität gefestigt[10]. Ist dies gelungen, besteht die reale Chance, eine Aufhebung der gegebenen gesellschaftlichen Strukturen in Richtung neomarxistischer Zielsetzungen einzuleiten. Die in der Bildungsarbeit von Schule und Hochschule gelegten Prämissen im Sinne eines ideologiekritischen Bewußtseins, das sich als Herrschaftswissen versteht, sind dafür die Voraussetzung.

Ein Verständnis der Lebenswirklichkeit des Menschen, das in den demokratisch geregelten Verfahren des Ausgleichs von Herrschaft und Kontrolle, in den Prinzipien staatlicher Ordnung und Legitimation sowie in den dem Allgemeinwohl dienenden Formen der Vermittlung gesellschaftlicher Ansprüche und Verpflichtungen seinen Ausdruck findet, wird einer solchen Anmaßung widersprechen müssen. Erziehung und Bildung, die der Familie, der Schule und gesellschaftlichen Gruppen aufgetragen sind, folgen anderen Grundsätzen. Diese sind in der Wertordnung, die unsere Verfassung bestimmt, niedergelegt. Im Blick auf die *soziale Verantwortung*, die jedem einzelnen aufgegeben ist, heißt dies: Einübung in die Möglichkeiten partnerschaftlichen Verhaltens und angemessener Zusammenarbeit. Damit ist gesagt, daß Formen der Zusammenarbeit entwickelt werden, die durch Höflichkeit und Rücksichtsnahme bestimmt sind und damit Sympathie, Hilfsbereitschaft, Verständnis und Teilnahme sowie Toleranz gegenüber den Mitmenschen einschließen. Es sind dies Aspekte des sozialen Lernens, die für das Zusammenwirken in den vielfältigen politischen und gesellschaftlichen Aufgabenfeldern sowie den beruflichen Arbeitsbereichen immer wichtiger werden. Im Blick auf die vielfältigen Formen der *gesellschaftlichen Tätigkeiten*, die dem

10 Vgl. hierzu die von *K. Mannheim* (1929) vorgelegte Unterscheidung von Ideologie und Utopie. Die Herausarbeitung dieser Fragestellung erfolgt bezeichnenderweise zu einer Zeit, wo in der Weimarer Republik irrationale Denk- und Handlungsmuster in der politischen Auseinandersetzung immer stärker hervortreten. Mannheim 1969 49–94.

einzelnen aufgegeben sind, heißt dies: Vermittlung von Arbeitshaltungen wie Ausdauer, Genauigkeit, Gründlichkeit, Verläßlichkeit, Engagement, Beherrschung angemessener Arbeitstechniken, überlegte Planung, Einverständnis in Verfahren der Kontrolle, Bereitschaft zur Weiterbildung u. a. m. Im Blick auf die Art und Weise, wie der *einzelne sich selbst* versteht und entsprechend handelt, heißt dies: Hinführung zu Entscheidungs- und Handlungskompetenz. Der einzelne muß mit Gründen entscheiden können, Mut zum Bekenntnis haben, Selbstbeherrschung üben, nüchtern abwägen, sein Denken und Handeln in Verantwortung vor sich und der Allgemeinheit rechtfertigen.[11]

Die Einübung in die vorgenannten Einstellungen, Haltungen und Befähigungen, die insgesamt so etwas wie einen Kanon „öffentlicher Tugenden"[12] ausmachen, vollzieht sich in der Familie, der Schule und den gesellschaftlichen Gruppen jeweils anders. In der Schule ist der Unterricht vornehmlich der Ort, an dem dies geschieht. Unbeschadet der vielen erzieherischen Möglichkeiten und sozialen Erfahrungen, die das Schulleben neben dem Unterricht bietet, kommt dem Unterricht im Blick auf die oben genannten erzieherischen Aufgaben eine zentrale Stelle zu. Die Einübung in diese öffentlichen Tugenden kann deshalb nicht eigens darauf abgestellten Unterrichtsveranstaltungen übertragen werden. Dies würde bedeuten, daß die öffentlichen Tugenden etwas Zusätzliches sind. Der Schüler müsse zuerst Mathematik, Physik und Englisch lernen, und dann komme noch etwas hinzu, das man soziales Lernen oder

---

11 Grundlegend *E. E. Geissler,* Allgemeinbildung in einer freien Gesellschaft. Standpunkte – Konzepte – Ideen – Kritik (Erziehung und Wirklichkeit 1), Düsseldorf 1977 87–93 – Ferner die Kritik des Emanzipationsbegriffs als verschleiertes Herrschaftswissen und der Aufweis individueller und gesellschaftlicher Freiheit bei *Th. Wilhelm,* Jenseits der Emanzipation. Pädagogische Alternativen zu einem magischen Freiheitsbegriff, Stuttgart 1975

12 *R. Dahrendorf,* Gesellschaft und Demokratie in Deutschland, München 1965 327–341

politische Bildung nennt. Dies ist dann die spezielle Aufgabe von sogenannten „Sinnvermittlern“ und oftmals zugleich ein Ort gezielter gesellschaftskritischer Indoktrination. Statt dessen ist daran festzuhalten, daß die Einübung in die öffentlichen Tugenden dem Unterricht in jedem Fach als erzieherische Aufgabe vorbehalten ist.

Der Unterricht wird bestimmt von dem Zusammenwirken von Lehrern und Schülern wie auch der Schüler untereinander. Die Klasse bzw. die Lerngruppe als feste Bezugsgröße von Lehrern und Schülern im Zusammenwirken mit den Unterrichtsinhalten bietet dem einzelnen Schüler Möglichkeiten, seine personale Identität und soziale Kompetenz zu finden. Dies geschieht in vielfältigen Formen. Hier sind u. a. zu nennen: der Beitrag zum Sachgespräch, die nachfragende Orientierung über einen Sachzusammenhang, die Anfrage über weitere Konkretisierungen des Sachbereichs, die kritisch nachforschende Vergegenwärtigung der Unterrichtsinhalte in Rückbindung an eigene Lebenserfahrungen und Einstellungen, das kritisch aufmerksame Verfolgen des Unterrichtsgeschehens im Blick auf den eigenen Leistungsstand und den seiner Mitschüler, das anteilnehmende Verständnis für Fragestellungen des Mitschülers, das Angebot von Hilfen an den Mitschüler, die Aufgeschlossenheit für die allgemeinen Interessen der Klassen- und Schulgemeinschaft und darüber hinaus die Mitarbeit in allen Gremien auf Klassen- und Schulebene.

Bei allen diesen Aktivitäten ist es wichtig, daß sie von der Kleingruppe, d. h. letztlich der Klasse, ausgehen und getragen werden. Hier ist die zentrale Mitte aller Kommunikations- und Interaktionsprozesse. Diese vollziehen sich sowohl in verbaler als auch nichtverbaler Weise. Es wird bei allen Beteiligten damit eine Sensibilität für differenzierte Aussage-, Verhaltens- und Verständnismuster geweckt, wobei diese Sensibilität sich sowohl auf den einzelnen rückbezieht wie auch den anderen einbezieht. Hinsichtlich der zwischenmenschlichen Bezüge stellt der Unterricht so gesehen ein komplexes und in sich differenziertes Gefüge dar. Die Beachtung dieser strukturellen Gegebenheiten ist letztlich auch für den Erfolg des Unterrichtes entscheidend. Im Sprechen und Handeln entsteht eine Wirklichkeit, die sich lupenreinen wie auch eindimensionalen und damit im Sinne der Curriculumtheorie operationalisierbaren Festlegungen entzieht, weil „wir immer nur von *Bildern* der Wirklichkeit und nicht *der* Wirklichkeit sprechen können"[13]. Von überragender Bedeutung ist in diesem gesamten Prozeß die sprachliche Artikulation. Sprache gewinnt hier in dreifachem Sinne eine politische Dimension: Einerseits ist sie Darstellung der personalen Identität. Andererseits ist sie in der Reflexion der Argumente wie auch der Situation des anderen Ausdruck sozialer Kompetenz. Schließlich ist sie in der Form argumentativer Durchsetzung eigener und fremder Interessen, aber auch der argumentativen Wahrung von Ansprüchen der Allgemeinheit ein Mittel des politischen Diskurses[14]. Zusammenfassend läßt sich sagen, daß der Unterricht auf diese Weise seinen Beitrag zur Einübung in jene öffentlichen Tugenden leistet. Er

---

13 *P. Watzlawick,* Die Möglichkeit des Andersseins. Zur Technik der therapeutischen Kommunikation, Bern/Stuttgart/Wien 1977 16. Ausgehend von kommunikationstheoretischen Ansätzen verdeutlicht *Watzlawick* in dieser Arbeit die Möglichkeiten einer kommunikativen Therapie, die auch in einem übertragenen Sinne für den hier anstehenden Zusammenhang von Bedeutung sind. – Ferner *P. Watzlawick,* Wie wirklich ist die Wirklichkeit? Wahn – Täuschung – Verstehen, München 1978[5] und *O. Schießl,* Lehren als Erziehungsprozeß. Affektive Ziele und Gruppenprozesse in Theorie und Praxis der Schule, Donauwörth 1973

14 Grundlegend für die sprach- und handlungstheoretischen Zusammenhänge *K.-O. Apel,* Transformation der Philosophie 2 Bde., Frankfurt 1973 – *J. Habermas,* Vorbereitende Bemerkungen zu einer Theorie der kommunikativen Kompetenz, in: *J. Habermas/N. Luhmann,* Theorie der Gesellschaft oder Sozialtechnologie – Was leistet die Systemforschung? Frankfurt 1971 101–141 – Vor allem die Fortführung dieses Ansatzes in seiner Rede aus Anlaß der Verleihung des Hegel-Preises. *J. Habermas,* Können komplexe Gesellschaften eine vernünftige Identität ausbilden? in: ders./*D. Henrich,* Zwei Reden, Frankfurt 1974 23–84 – Ferner *W. Loch,* Die Sprache als Instrument der Erziehung, in: Schulpraxis 56 (1966) 23–35 (Bern), grundlegend fortgeführt in dem Artikel:

bereitet damit den jungen Menschen zugleich darauf vor, die Welt, die er vorfindet, zu gestalten und in dieser Welt, für die er letztlich auch Verantwortung tragen muß, sinnvoll zu leben. Diese Aufgabe kann im Unterricht nur geleistet werden, wenn die Lehrer sachlich angemessen auf ihren fachlichen und pädagogischen Auftrag vorbereitet werden und wenn sie die Wertordnung unserer Gesellschaft bejahen. An diesem Anspruch sind alle Maßnahmen der Lehrer, insbesondere aber auch die Richtlinien, Lehrpläne und Unterrichtswerke in den Schulen zu messen[15].

Erziehung und Bildung des jungen Menschen in der Schule vollziehen sich im Horizont der vorauf erörterten Normen und Werte sowie deren geschichtlicher und kultureller Überlieferung verbunden mit dem Aufzeigen von gelungenen, aber auch verfehlten Formen der Daseinsbewältigung von Menschen und Völkern[16]. Die Fülle dieser Aspekte darf daher nicht zugunsten

---

Sprache, in: *Speck/Wehle* 1970 2, 481–528 – *D. Baacke,* Kommunikation als System und Kompetenz. Materialien zu einer pädagogischen Kommunikationstheorie, in: NS 11 (1971) 566–580 und 12 (1972) 57–69 – *M. Rösel,* Kommunikation, Interaktion und Diskurs. Bemerkungen zur Metatheorie der Kommunikation in erziehungswissenschaftlicher Absicht, in: VjWP 49 (1973) 15–31 – *D. C. Kochan* (Hg.), Sprache und kommunikative Kompetenz. Theoretische und empirische Beiträge zur sprachlichen Sozialisation und Primärsprachdidaktik (Konzepte der Humanwissenschaften), Stuttgart 1973 – *R. Pries,* Unterricht als Kommunikationssituation, in: DHS 29 (1976) 98–104 – *G. Priesemann,* Zur Theorie der Unterrichtssprache, Düsseldorf 1971 – Die umfassende Aufarbeitung kommunikationstheoretischer Ansätze für den Unterricht bei *I. Bock,* Kommunikation und Erziehung. Grundzüge ihrer Beziehungen, Darmstadt 1978 – Auf die Gefährdung der Gesprächsfähigkeit verweist *H.-G. Gadamer,* Die heutige Unfähigkeit zum Gespräch als philosophisches Problem, in: Universitas 26 (1971) 1295–1304.

15 Hierzu die Beiträge aus der Sicht verschiedener Disziplinen in dem Sammelband von *F. O. Schmaderer* (Hg.), Werterziehung. Der Erziehungsauftrag der Schule unter dem besonderen Aspekt der Wertorientierung, Wertvermittlung und Wertverwirklichung (Schulpädagogische Aspekte), München 1978

16 *J. Dolch,* Lehrplan des Abendlandes. Zweieinhalb Jahrtausende seiner Geschichte, Ratingen 1965²

einseitig fixierter gesellschaftskritischer Erklärungsmuster und Reformvorstellungen beschnitten werden. Bei einem solchen Vorgehen werden dann in perspektivischer Verkürzung die Gegenwart und die Vergangenheit ihrer je eigenen Erfahrungen und Antworten beraubt und im Blick auf utopische Zielsetzungen in positive und negative Fakten geschieden. „Reform ist keine Utopieverwirklichung und kein technokratisches Geschäft, sondern Politik mit dem Ziel, in und durch Veränderung jene Kontinuität zu sichern, die unser gesellschaftliches System funktions- und entwicklungsfähig erhält und ihm Zukunft in Aussicht stellt.“[17] Die Kontinuität der kulturellen und gesellschaftlichen Bezüge, in denen der Mensch lebt, wird vornehmlich von der Geschichte vergegenwärtigt. Keine Gesellschaft ist ohne geschichtliche Bezüge und deren Vergegenwärtigung denkbar. Diese Vergegenwärtigung kann aber nur geschehen, wenn die Tatbestände und die Zusammenhänge, in die jene eingelassen sind, als solche dargestellt werden. Dazu reichen formale Strukturgitter, wie sie in der Curriculumkonstruktion üblich sind und die nur partielle Aspekte hervortreten lassen, nicht aus. Auf diese Weise können fundierte Einsichten nicht gewonnen werden[18].

---

17 *R. Vierhaus,* Über die Gegenwärtigkeit der Geschichte und die Geschichtlichkeit der Gegenwart (Vortragsreihe der Niedersächsischen Landesregierung zur Förderung der wissenschaftlichen Forschung in Niedersachsen Heft 59), Göttingen 1978 31; die Ausführungen von *Vierhaus* stellen eine breitgefächerte Darlegung dieses Zusammenhanges dar.

18 Vgl. hierzu die grundlegende Aufarbeitung der Fragestellung nach der Bedeutung der Geschichte für das Verstehen eigener und fremder Identität und die Herausarbeitung der je eigenen Ansätze der Geschichtswissenschaft und der Sozialwissenschaftlichen Theoriebildung bei *H. Lübbe,* Geschichtsbegriff und Geschichtsinteresse. Analytik und Pragmatik der Historie, Basel/Stuttgart 1977. – Ferner *K. Schmitz,* Identität und Geschichte. Erziehungsphilosophische und geschichtstheoretische Perspektiven des Geschichtsunterrichts, in: WPB 29 (1977) 393–396

Die in den Unterrichtsfächern angelegten Gehalte sind unbeschadet der gesellschaftlichen Verflechtungen, die in ihnen mit angelegt sind, Ausdruck der Fähigkeit des Menschen zu individueller Selbstformung, schöpferischer Freiheit, vielfältig differenzierter Weltgestaltung, autonomer Weltsicht, individuell geprägten Formen der Gesellung und eigenverantwortlichem Handeln und Entscheiden. In all diesen Ausdrucksformen entdeckt und findet sich der Mensch als er selbst. Es treten hier Merkmale seiner individuellen Ausprägung, seiner Kreativität, seiner Autonomie, seiner Freiheit hervor. Die Gehalte sind so gesehen nicht ausschließlich als Überbaupartikel oder sonstwie entstandene Zufälligkeiten im Gefolge gesellschaftlicher Herrschaftsverhältnisse zu verstehen. Sie sind vielmehr Entsprechungen zu anthropologischen Grundstrukturen. Die Gesamtheit dieser Entsprechungen kann man auch Kultur nennen, wenn damit zum einen die Fähigkeit des Menschen gefaßt wird, sich in dieser Welt einzurichten, und darin zum anderen die Verpflichtung eingeschlossen ist, dafür einzustehen, daß man in dieser Welt auch menschlich leben kann[19]. Erziehung und Bildung meint in diesem Zusammenhang nichts anderes, als daß der Gesamtzusammenhang dieses Kanons an Gehalten, Normen, Werten und Erfordernissen erfahren und soweit möglich auch bewußt gemacht worden ist. Angesichts der Bedingungen neuzeitlichen wissenschaftlichen Denkens und zweckrationalen Wirtschaftens, aber auch im Blick auf die politischen Aufgaben der Zeit ist dies eine dringende Notwendigkeit. „Es zeigt sich nämlich, daß die ‚Wahrheiten' des modernen wissenschaftlichen Weltbildes, die mathematisch beweisbar und technisch demonstrierbar sind, sich auf keine Weise mehr sprachlich oder

---

19 *E. Lichtenstein,* Bildungsgeschichtliche Perspektiven. Glaube und Bildung – Bildung als geschichtliche Begegnung, Ratingen 1962 – *W. Flitner,* Europäische Gesittung. Ursprung und Aufbau abendländischer Lebensformen, Zürich/Stuttgart 1961 – ders., Grundlegende Geistesbildung. Studien zur Theorie der wissenschaftlichen Grundbildung und ihrer kulturellen Basis (Anthropologie und Erziehung Band 15), Heidelberg 1965

gedanklich darstellen lassen. Sollte sich herausstellen, daß Erkennen und Denken nichts mehr miteinander zu tun haben, daß wir erheblich mehr erkennen und daher auch herstellen können, als wir denkend zu verstehen vermögen, so würden wir wirklich uns selbst gleichsam in die Falle gegangen sein, bzw. die Sklaven – zwar nicht, wie man gemeinhin glaubt, unserer Maschinen, aber – unseres eigenen Erkenntnisvermögens geworden sein, von allem Geist und allen guten Geistern verlassene Kreaturen, die sich hilflos jedem Apparat ausgeliefert sehen, den sie überhaupt nur herstellen können, ganz gleich wie verrückt oder auch mörderisch er sich auswirken möge.“[20]

---

20 *H. Arendt*, Vita activa oder Vom tätigen Leben, Stuttgart 1960 9 f.

2. Strukturmerkmale von Schule

2.1 HISTORISCHE PERSPEKTIVEN UND VERFASSUNGSRECHTLICHE GEGEBENHEITEN

Historische Perspektiven

Aus der geschichtlichen Entwicklung des Schulwesens läßt sich der Auftrag der Schule ablesen: sie soll den Menschen zu seinem personalen Selbstsein hinführen und ihn zugleich auf seine gesellschaftlichen Tätigkeiten vorbereiten[1]. „Die Erziehung – im engeren Sinne beendet, wenn der Zeitpunkt eintritt, daß die Selbsttätigkeit der Einwirkung anderer übergeordnet wird – soll den Menschen abliefern als ihr Werk an das Gesamtleben im Staate, in der Kirche, im allgemeinen freien geselligen Verkehr und im Erkennen oder Wissen.“[2] Die Schule nimmt einerseits gegenüber dem jungen Menschen im Blick auf die gesellschaftlichen Anforderungen bestimmte Ausbildungsaufgaben wahr, und sie legt andererseits im Bildungsprozeß selbst beim jungen Menschen jene Voraussetzungen, die in der Gesellschaft als solche nicht aufgehen und diese damit verändern[3]. Die

---

1 *M. Luther,* An die Ratsherren aller Städte deutschen Landes, daß sie christliche Schulen aufrichten und halten sollen (1524), Frankfurt 1955 – *A. H. Francke,* Der große Aufsatz (1704). Schrift über eine Reform des Erziehungs- und Bildungswesens als Ausgangspunkt einer geistlichen und sozialen Neuordnung der Evangelischen Kirche des 18. Jahrhunderts (Abhandlungen der Sächsischen Akademie der Wissenschaften zu Leipzig. Philologisch-historische Klasse Band 53 Heft 3), Berlin (Ost) 1962 – *Sextroh 1785* – *Vollbeding* 1789 – *L. Török,* Etwas von der Erziehung, Preßburg 1789

2 *F. Schleiermacher,* Die Vorlesungen aus dem Jahre 1826, in: ders. Pädagogische Schriften 2 Bde. (Pädagogische Texte), Düsseldorf/München 1957 1, 28 f.

3 Unter Bezug auf *E. Weniger* verweist auf diesen Zusammenhang *Wehle* 1968 231–243.

Schule als Institution der Gesellschaft steht somit zugleich neben der Gesellschaft. Darin ist jene paradoxe Doppelheit von Zeitgebundenheit und Unzeitgemäßheit der Schule begründet, an der sich viele stoßen, weil sie sich aller totalen gesellschaftlichen Planung entzieht und doch für die Gesellschaft nicht ohne Plan und Sinn ist. Um es mit Franz Kafka zu sagen: „Etwas geht immer über die Rechnung hinaus."[4]

Im Blick auf die geschichtliche Überlieferung und die gegenwärtigen Bedingungen lassen sich daher die Aufgaben der Schule in dreifacher Weise akzentuieren. Erziehung und Bildung, wie die Schule sie vermittelt, sollen den jungen Menschen, soweit dies möglich ist, in die Lage versetzen,

– angesichts der gesellschaftlichen Herausforderungen Anpassungsbereitschaft und Kritikfähigkeit zu bewahren,
– angesichts der geschichtlich-kulturellen Überlieferung über Reflexionsfähigkeit und Differenzierungsmaßstäbe zu verfügen,
– angesichts der eigenen personalen Bedingungen Engagement und Verantwortung gegenüber sich und anderen zu zeigen.

Die Wiedergewinnung des Erzieherischen in der Arbeit der Schule vollzieht sich im Horizont der pädagogisch-anthropologischen und gesellschaftlichen Aufgaben der Schule. Dabei soll nicht verschwiegen werden, daß in dieser zweifachen Akzentuierung eine Spannung eingeschlossen ist, für die immer wieder neue Lösungsmöglichkeiten gefunden werden müssen. Dies gilt für die Gegenwart, galt aber auch für die Vergangenheit. Exemplarisch soll dieser Tatbestand durch folgenden Ausschnitt aus einer Gymnasialrede des Jahres 1778 verdeutlicht werden: „Es würde meiner Einsicht nach ein solcher Jüngling, der nie seine Freyheit auf eine vernünftige Weise brauchen gelernt, ein unbrauchbares Mitglied für die menschliche Gesellschaft seyn;

4 *G. Janouch,* Gespräche mit Kafka. Erinnerungen und Aufzeichnungen, Frankfurt 1951 69

nie würde er sich selbst regieren können; nie würde er frey handeln können, immer würde er in allem, was er vornähme, wie ein Kind von einem anderen am Gängelband geführt werden: und wehe dem Staate, in welchem die einzelnen Mitglieder, mechanischen Maschinen gleich, von anderen erst müssen in Bewegung gesetzt werden! *Freyheit* ist die Seele der menschlichen Gesellschaft: aber eine durch Vernunft und Politik eingeschränkte Freyheit."[5]

Für die Organisation des Schulwesens und die Ausrichtung der Bildungsarbeit in der Schule erweisen sich die geschichtlich überlieferten Aufgaben von Schule im Blick auf die Bedingungen unserer gegenwärtigen Welt als wegweisend[6]. Die moderne Gesellschaft wird von den Erscheinungsformen der technischen Zivilisation und den Standards einer Wissenschaftskultur nachhaltig geprägt[7]. Angesichts der technisch-ökonomischen Aufgaben und der Arbeitsvorgänge, die den Fortbestand der modernen Gesellschaft sichern, bedarf es einer wachsenden Zahl von Menschen, die über angemessene technische und wissenschaftliche Qualifikationen verfügen und zugleich eine zureichende soziale und berufliche Mobilität besitzen, um den

---

5 *F. R. Walther,* Über die eingebildete akademische Freyheit und ihren schädlichen Einfluß auf die Schulen, Stendal 1778 8

6 Hierzu u. a. *G. Kerschensteiner,* Theorie der Bildungsorganisation Leipzig/Berlin 1933 – Zu *Kerschensteiner* insbesondere *G. Wehle,* Praxis und Theorie im Lebenswerk Georg Kerschensteiners (Göttinger Studien zur Pädagogik. Neue Folge Band 1), *Weinheim* 1964 – Einen umfassenden Überblick über verschiedene Ansätze der Kerschensteiner-Rezeption gibt die Einführung (1–46) von *G. Wehle* (Hg.), Kerscheinsteiner (Wege der Forschung Band CIC), Darmstadt 1979 – *Roessler* 1961 –*Lange* 1967 – *Stratmann* 1967 – *Blankertz* 1969 – *U. Herrmann,* Die Pädagogik Wilhelm Diltheys. Ihr wissenschaftstheoretischer Ansatz in Diltheys Theorie der Geisteswissenschaften (Studien zum Wandel von Gesellschaft und Bildung im Neunzehnten Jahrhundert Band II), Göttingen 1971

7 *M. Weber,* Wirtschaft und Gesellschaft. Grundriß der verstehenden Soziologie (1921), Tübingen 1972[5] 1–121 u. 181–198 – Zu *Weber* insbesondere *W. J. Mommsen,* Max Weber. Gesellschaft, Politik und Geschichte, Frankfurt 1974 – *Th. Geiger,* Aufgaben und Stellung der Intelligenz in der Gesellschaft, Stuttgart 1949

ständigen Wandlungen der wissenschaftlichen, technischen und ökonomischen Entwicklung gerecht zu werden[8].
Doch damit ist nur ein Aspekt der Bildungsarbeit der Schule benannt. Die moderne Gesellschaft ist zugleich von einer politischen und sozialen Ordnung geprägt, die in unserer Verfassung als der freiheitliche, soziale und demokratische Rechtsstaat (Art. 20 GG) näher bestimmt wird. Von daher ergibt sich die Notwendigkeit, daß die jungen Menschen über die zuvor genannten Befähigungen hinaus (berufliche Qualifikationen, berufliche und soziale Mobilität) zugleich in der Lage sind, die politischen und gesellschaftlichen Strukturen zu durchschauen und politisch mitzugestalten. Für die Schule stellt sich damit die Aufgabe, eine fundierte und weitgehend verbindliche Grundbildung zusammen mit einer den gegenwärtigen beruflichen Anforderungen entsprechenden Ausbildung zu vermitteln. Damit wird der Schule nicht der Auftrag zugewiesen, lediglich der Reproduktion des gesellschaftlichen Status zu dienen. Unbestritten bleibt, daß sie als eine pädagogische Institution emanzipatorisch wirken muß und so gesellschaftliche Veränderungen bewirken kann[9].

---

8 *C. Menze*, Zur Entstehung der Disjunktion von allgemeiner und beruflicher Bildung und ihrer Auswirkung auf die Bildungsorganisation, in: VjWP 53 (1977) 75–89

9 *E. Durkheim,* Erziehung und Soziologie (1922), Düsseldorf 1972 – *H.-J. Heydorn,* Über den Widerspruch von Bildung und Herrschaft, Frankfurt 1970 – *W. Kramp,* Studien zur Theorie der Schule, München 1973 – *H. Fend,* Gesellschaftliche Bedingungen schulischer Sozialisation. Soziologie der Schule I, Weinheim/Basel 1974. Die Analyse der gesellschaftlichen Rahmenbedingungen dient in dieser Arbeit vornehmlich der Relativierung der eigenständigen pädagogischen Aufgaben der Schule. Die erzieherischen und unterrichtlichen Möglichkeiten werden überwiegend als Mechanismen der Reproduktion bestehender gesellschaftlicher Strukturen gesehen. Die anthropologischen Dimensionen, die zusammen mit den gesellschaftlichen Dimensionen gleichermaßen die Schule und ihre Arbeit prägen, werden in ihrer Bedeutung nicht angemessen berücksichtigt. – *H.-H. Groothoff,* Einführung in die Erziehungswissenschaft, Ratingen/Kastellaun 1975 19–39

Kulturstaat als Träger des Bildungswesens

Die bildungsgeschichtlichen Perspektiven bedürfen zugleich einer Ergänzung und Weiterführung in verfassungsgeschichtlicher Hinsicht. Die Preußische Reformepoche zu Beginn des 19. Jahrhunderts hat hier Maßstäbe gesetzt. Die Reform der Bildungsverfassung unter Humboldt und Altenstein geht von der Idee des Kulturstaates aus. Hierin liegt eine Ambivalenz beschlossen, deren negative Auswirkungen sich in der staatlichen Bildungspolitik nach 1850 vor allem niedergeschlagen haben. Unbeschadet dieser Tatsache darf jedoch der ursprüngliche Ansatz nicht verkannt werden. Geschichtliche Ereignisse sind immer zugleich auch Ausdruck von Versuchen der Problemlösung; sie dürfen deshalb den Blick auf die zugrunde liegenden strukturellen Fragestellungen nicht verdecken. Die oben erwähnte Ambivalenz ist in folgendem zu sehen:

– Zum einen wird die partikulare Vielfalt kirchlicher und lokaler Schulautoritäten abgebaut. Diese hatte vielerorts eine Zufälligkeit des Bildungsangebotes, eine Willkür bei der Bestimmung und Auswahl der Bildungsgegenstände, eine Beschränkung des Zugangs zu den Bildungsinstitutionen und weitgehende Rechte bei der Auswahl und Bestellung der Lehrer zur Folge.

– Zum anderen wird eine zentrale staatliche Bildungsverwaltung aufgebaut. Dazu zählt u. a. ein gestuftes System der Schulaufsicht, der Ausbau staatlicher Anstaltsgewalt über das Schulwesen, die Festlegung der Schulformen durch den Staat, die Ordnung des Unterrichtes (Lehrstoffe, Lehrpläne, Lehrmethoden), der Ausbau eines Prüfungs- und Berechtigungswesens und die Überführung der Lehrer in die dienstrechtliche Stellung von Staatsbeamten.

Die bisher gegebene unübersichtliche und subalterne Reglementierung durch die kirchlichen und lokalen Behörden wird somit ersetzt durch eine gesamtstaatliche Reglementierung. Dieser Prozeß ist jedoch nur angemessen zu würdigen, wenn zugleich bedacht wird, daß die Preußische Reform den Staat als einen sittlichen Staat begreift. Der Bürger dieses Staates ist der

einzelne als Person, dessen Denken und Handeln in der Idee der Freiheit und in dem Sittengesetz ihren Grund haben. Auf diese Vorgaben sind die Erziehung und Bildung des Menschen ausgerichtet. Der Staat begreift sich von daher als ein Sachwalter, der dafür einsteht, daß die Erziehung und Bildung des Menschen diesem Anspruch gerecht werden. Diesem Auftrag kann der Staat jedoch nur genügen, wenn er sich als Kulturstaat versteht. Die staatliche Kulturhoheit ist so gesehen zugleich die Bedingung für die Autonomie der Kultur, die sich in der Freiheit von Bildung, Forschung und Lehre niederschlägt. Das Bildungsverständnis der Preußischen Reform ist daher zugleich ein tragendes Element des Staatsverständnisses. Nur von dieser Voraussetzung her ist es einsichtig, daß Humboldt, der „die Grenzen der Wirksamkeit des Staates" aufgezeigt hat, zugleich als Preußischer Kultusbeamter für die Notwendigkeit der staatlichen Kulturhoheit eintrat und die Einrichtung einer obersten Behörde (Kultusministerium) forderte[10].
Die allgemeine Schulpflicht, die zusammen mit der allgemeinen Steuerpflicht und der allgemeinen Wehrpflicht die drei großen allgemeinen Grundpflichten des 19. Jahrhunderts ausmacht, ist das Mittel, das dem Staate auf dem Wege der staatlichen Kulturhoheit die Möglichkeit gibt, Erziehung und Bildung für alle Menschen sicherzustellen. Der Staat hat in dieser Hinsicht eine soziale Gestaltungsfunktion und ist zugleich Kulturstaat. Das staatliche Handeln muß sich dieses Zusammenhanges und seiner philosophischen, bildungstheoretischen und verfassungsrechtlichen Begründung ständig bewußt sein. Geschieht dies nicht, artet die staatliche Kulturhoheit in eine sachfremde Reglementierung aus, die vorrangig politischen und gesell-

---

10 *W. v. Humboldt,* Ideen zu einem Versuch, die Gränzen der Wirksamkeit des Staats zu bestimmen (1792), in: Werke 1960 1, 56–233 – *S. A. Kaehler,* Wilhelm von Humboldt und der Staat. Ein Beitrag zur Geschichte deutscher Lebensgestaltung um 1800, München/Berlin 1927

schaftlichen Gruppeninteressen folgt, nicht aber der Erziehung und Bildung des Menschen und seiner Freisetzung als Person dient. Der weitere Verlauf der Geschichte hat gezeigt, daß diese Zusammenhänge nicht immer begriffen worden sind[11]. Dies ist aber kein Argument gegen die ursprünglichen Intentionen der Preußischen Reform der Bildungsverfassung. Es kommt vielmehr darauf an, diese Intentionen auf die heutigen Bedingungen hin fortzuschreiben. Auf der Grundlage der Wertordnung, die unsere staatliche Ordnung und gesellschaftliche Wirklichkeit bestimmt, ist das möglich. Die staatliche Kulturhoheit ist dann die Gewähr dafür, daß Schule und Unterricht ihrem pädagogischen Auftrag gerecht werden können und Erziehung und Bildung den Menschen zu personaler Identität und sozialer Kompetenz führen[12].

Verfassungsrechtliche Gegebenheiten

Der voraus erörterte Zusammenhang von Erziehung, Bildung und Schule ist zugleich im Rahmen der verfassungsrechtlichen Gegebenheiten zu sehen, die im Grundgesetz und den Verfassungen der Länder der Bundesrepublik niedergelegt sind. Strukturreformen im Bildungswesen bedürfen wie jedes andere staatliche Handeln der verfassungsrechtlichen Legitimation. Die Gestaltung des Schulwesens im Rahmen der Schulgesetzgebung ist Sache der Länder und an die jeweiligen Bestimmungen des Grundgesetzes und der Länderverfassungen gebunden. Das Verfassungsrecht für den Bildungssektor ist Teil des allgemei-

---

11 Einzelhinweise hierzu bei *E. R. Huber,* Deutsche Verfassungsgeschichte seit 1789 5 Bde., Stuttgart 1957ff.[2] 4, 876–924

12 Grundlegend für den voraus erörterten Zusammenhang *Huber* 1957 1, 260–290 – Neuerdings sind die verfassungsrechtlichen Zusammenhänge von Staat und höherem Schulwesen in Deutschland während des 19. Jahrhunderts detailliert aufgewiesen worden von *H. Romberg,* Staat und Höhere Schule. Ein Beitrag zur deutschen Bildungsverfassung vom Anfang des 19. Jahrhunderts bis zum Ersten Weltkrieg unter besonderer Berücksichtigung Preußens (Studien und Dokumentationen zur deutschen Bildungsgeschichte Band 11), Frankfurt 1979

nen Verfassungsrechtes. Die Verfassung verlangt als ein umfassender Komplex verfassungsrechtlicher Normen nach einer einheitlichen Anwendung und Auslegung und läßt keine Sonderinterpretationen zu. Die Erfüllung des schulischen Erziehungs- und Bildungsauftrages ist gemäß der Verfassung eine dem Parlament und der Regierung übertragene Aufgabe, an der der Staatsbürger angemessen zu beteiligen ist[13]. Im Blick auf die Schulgesetzgebung bedarf es daher immer einer Analyse der normativen Bedingungen und Schranken der Schulgesetzgebung. Am Verfassungsrecht findet auch der Anspruch, mit Mitteln des staatlich gesetzten Rechtes das Schulwesen dem sozialen Wandel anzupassen oder gesellschaftliche Veränderungen herbeizuführen, seine Grenze[14].
Fragt man nach den verfassungs- und staatsrechtlichen Dimensionen und Legitimationsgrundlagen von Reformbestrebungen, so sind folgende Verfassungsbestimmungen von Bedeutung[15]:

---

13 *E. Spranger,* Die wissenschaftlichen Grundlagen der Schulverfassungslehre und Schulpolitik (1928), Heilbrunn 1963 – *Th. Oppermann,* Kulturverwaltungsrecht. Bildung – Wissenschaft – Kunst, Tübingen 1969 147–290 u. 549–603 – *H. Heckel/P. Seipp,* Schulrechtskunde. Ein Handbuch für Lehrer, Eltern und Schulverwaltung. Ein Studienbuch für die Lehrerbildung, Neuwied 1969[4] – *M. Stock,* Pädagogische Freiheit und politischer Auftrag der Schule. Rechtsfragen emanzipatorischer Schulverfassung (Pädagogische Forschungen. Veröffentlichungen des Comenius-Instituts 48), Heidelberg 1971 – *H. Stephany,* Staatliche Schulhoheit und kommunale Selbstverwaltung (Verwaltung und Wirtschaft Heft 31), Stuttgart 1964

14 *W. Krawietz,* Zum Streit um das Bildungsverfassungsrecht. Rechtsstaatliche Aspekte demokratischer Schulverfassungsreform (hekt. Manuskript), Münster 1977 – Ferner die kritische Aufarbeitung dieser Zusammenhänge in Richtung einer politischen Wertung sozialstaatlicher Maßnahmen (1. Teil: „Normen gegen Reformen“ – 2. Teil: „Reformen durch Normen?“) bei *I. Richter,* Bildungsverfassungsrecht. Studien zum Verfassungswandel im Bildungswesen (Texte und Dokumente zur Bildungsforschung), Stuttgart 1973 – Ebenso *L.-R. Reuter,* Verfassung und Schulreform, in: DDS 70 (1978) 263–274

15 Die folgenden Ausführungen greifen auf Bestimmungen des Grundgesetzes (GG) und der Verfassung des Landes Nordrhein-Westfalen (NW) zurück.

– Die Gesetzgebung ist an die verfassungsmäßige Ordnung gebunden. Art. 20 (3) GG.
– Pflege und Erziehung der Kinder sind das natürliche Recht der Eltern. Art. 6 (2) GG.
– Das natürliche Recht der Eltern, die Erziehung und Bildung ihrer Kinder zu bestimmen, bildet die Grundlage des Erziehungs- und Schulwesens. Die staatliche Gemeinschaft hat Sorge zu tragen, daß das Schulwesen den kulturellen und sozialen Bedürfnissen des Landes entspricht. Art. 8 (1) Verf. NW.
– Die Gliederung des Schulwesens wird durch die Mannigfaltigkeit der Lebens- und Berufsaufgaben bestimmt. Art. 10 (1) Verf. NW.
– Die Erziehungsberechtigten wirken durch Elternvertretungen an der Gestaltung des Schulwesens mit. Art. 10 (2) Verf. NW.
– Die Wahl der Schulart steht den Erziehungsberechtigten zu. Art. 12 (3) Verf. NW.
– Die Ausbildung der Lehrer hat dem Charakter, der Eigenart und den Bedürfnissen der verschiedenen Schularten und Schulformen zu entsprechen. Art. 15 (2) Verf. NW.

Schulrechtliche Bestimmungen sollten daher ausgehend von diesen verfassungsrechtlichen Vorgaben nicht in die pädagogisch begründete Organisation von Schullaufbahnen samt ihren Abschlüssen nachhaltig eingreifen, diese verändern und die an diesen Schullaufbahnen orientierte Entscheidung der Eltern für den Bildungsweg des Kindes einschränken und behindern.[16]
Die Vergleichbarkeit von Schullaufbahnen, Schulabschlüssen, Unterrichtsinhalten und Unterrichtszielen zwischen den Ländern der Bundesrepublik kann daher auch nicht aufgehoben werden aufgrund von Normvorstellungen, die in bildungspoliti-

16 Ausgehend von höchstrichterlichen Urteilen erörtert dies *G. Eiselt*, Die Begrenzung schulorganisatorischer Entscheidungen von Legislative und Exekutive durch Kindes- und Elternrechte, in: Die Öffentliche Verwaltung 32 (1979) 845–853.

scher Hinsicht divergieren. Die Bund-Länder-Kommission für Bildungsplanung hat am 15. 6. 1973 einen langfristigen Rahmenplan für eine abgestimmte Entwicklung des Schulwesens in der Bundesrepublik Deutschland vorgelegt[17]. Dadurch sollte sichergestellt werden, daß sich das Schulwesen in den Ländern der Bundesrepublik Deutschland nicht auseinander entwickelt und die im Grundgesetz (Art. 72 [2] Nr. 3) vorgegebene Einheitlichkeit der Lebensverhältnisse unterlaufen wird. Inzwischen zeigt sich, daß diese Zielsetzung der Bund-Länder-Kommission sich nicht durchhalten läßt. Der Grund dafür ist darin zu sehen, daß der Bildungsgesamtplan lediglich organisatorische Fragen aufgreift. Die inhaltlichen Aspekte sind weitgehend ausgeklammert worden. In diesem Bereich liegen aber die entscheidenden Fragen, die für den konkreten Vollzug von Schule und Unterricht wichtig sind. Hier treten die Unterschiede zwischen den Länderregelungen deutlich hervor, die ihren Grund selbst wiederum in unterschiedlichen bildungspolitischen Vorentscheidungen haben. Einschneidende schulreformatorische Veränderungen bedürfen aber der gesamtstaatlichen Absprache. Die Kultusministerkonferenz ist der Ort, an dem dies geschehen muß.

Die Auflösung bzw. Aufteilung von Schulformen bedarf ebenfalls der gesamtstaatlichen Absprache. Hierzu zählt z. B. die Aufteilung des Gymnasiums in die Klassen 5 bis 10 und 11 bis 13 sowie die Zuordnung dieser Jahrgangsstufen zu anderen organisatorischen Schuleinheiten wie Mittelstufenzentren und Kollegstufen. Nach § 11 des Hamburger Abkommens ist für das Gymnasium neben der 9jährigen nur die 7jährige Normalform (Aufbaugymnasium) zugelassen. Das Gymnasium in Aufbauform, das erst an Klasse 10 anschließt, ist nur für Absolventen der Realschule und der 10. Klasse der Hauptschule vorgesehen. So gibt es auch keinen Abschluß innerhalb des Gymnasiums am Ende der 10. Klasse. Neue Abschlüsse können nur nach Verein-

---

17 *Bund-Länder-Kommission* (Hg.), Bildungsgesamtplan 2 Bde., Stuttgart 1973

barung in der Kultusministerkonferenz eingerichtet werden (vgl. § 17 des Hamburger Abkommens). Mit dem Hamburger Abkommen vereinbar sind Schulversuche. Der einschlägige § 16 des Hamburger Abkommens läßt aber pädagogische Versuche, die von der in diesem Abkommen vereinbarten Struktur des Schulwesens abweichen, nur nach vorheriger Empfehlung der Kultusministerkonferenz zu.

Diese Absprachen sind in letzter Zeit von einigen Ländern der Bundesrepublik unterlaufen worden. Es wurden in diesen Ländern einschneidende Änderungen der Schulstruktur in Richtung integrativer Schulsysteme vorgenommen, obwohl die zwischen den Ländern vereinbarten Schulversuchsprogramme über diese Systeme noch nicht abgeschlossen sind. Aufgrund dieser einseitigen Vorgabe zeichnen sich hinsichtlich der Schulzeitdauer, Abschlüsse u. a. m. zwischen den Ländern der Bundesrepublik unterschiedliche Regelungen ab. Der sogenannte „Mängelbericht" der Bundesregierung hat darauf aufmerksam gemacht. Er vermeidet es jedoch, den Grund für diese Unterschiedlichkeiten in den oben genannten einseitigen Vorgaben einiger Länder der Bundesrepublik zu sehen. Die Kultusministerkonferenz hat in ihrer Stellungnahme zum Mängelbericht die notwendigen Korrekturen vorgenommen. Des weiteren ist zu fragen, ob die Zielsetzung des Mängelberichtes selbst verfassungskonform ist[18]. Die Schule ist eine Veranstaltung des Staates. Die Länder der Bundesrepublik üben die Staatsaufsicht über die inneren Angelegenheiten der Schule aus. Dazu zählen auch die Fragen des Aufbaus des Schulwesens und der inneren

---

18 *M. Kloepfer,* Die Verfassungsmängel des „Mängelberichts". Zum Bericht der Bundesregierung über die strukturellen Probleme des föderativen Bildungssystems, in: Zeitschrift für Rechtspolitik 11 (1978) 121–123 – *E. Stuckmann,* Schulreform durch Verfassungsänderung? Der falsche Ansatz des „Mängelberichts" der Bundesregierung, in: DHS 31 (1978) 378–380 – *H.-M. Große-Oetringhaus/M. Hitzel/G. Schlünder,* Mehr Bundeskompetenz im Bildungswesen. Machtstreben oder Sachzwang? – Die Diskussion um den Mängelbericht (D. I. P.-Dokumentation Nr. 4), Münster 1979

Organisation von Schule und Unterricht[19]. Hier ist ein gewisses Maß an Übereinstimmung und Vergleichbarkeit geboten. Diese Verpflichtung ist daher nicht delegierbar. Sie kann deshalb nicht dem Bund, aber auch nicht den Schulträgern (Städten, Gemeinden, Kreisen), die für die äußeren Schulangelegenheiten (Bau, Einrichtung u. a.) zuständig sind, übertragen werden, wie dies mit dem Gesetzentwurf zur Kooperativen Schule in Nordrhein-Westfalen vorgesehen war.

2.2 ASPEKTE EINER THEORIE DER SCHULE

Nach der Schule fragen, heißt zugleich nach den institutionellen, organisatorischen und inhaltlichen Dimensionen von Unterricht fragen. Es sind dies die Dimensionen, die für eine Theorie der Schule maßgeblich sind. Im folgenden sollen, wenn auch skizzenhaft, allgemeine Rahmenbedingungen einer Theorie der Schule aufgewiesen werden.[1] Schule im Sinne eines nach Lehrplänen mit geregelten Unterrichtszeiten und hauptberuflich tätigen Lehrern organisierten Unterrichtsbetriebes stellt eine spezifische Form der Unterweisung der Jugendlichen dar.[2] Schule im vorgenannten Verständnis wird erst möglich, aber auch nötig, wenn die Unterweisung der Jugendlichen selbst zu einem Problem geworden ist. Dieses Problem stellte sich, als überlieferte und weithin informelle Formen der Unterweisung nicht mehr möglich waren. Die überkommene Erziehungspraxis

---

19 Vgl. hierzu die Beiträge in Heft 3 „Föderalismus im Bildungswesen der Bundesrepublik Deutschland" in BuE 31 (1978)

1 Vgl. die Ausbreitung der für eine Theorie der Schule maßgeblichen Aspekte bei *K. Aurin,* Sekundarschulwesen. Strukturen, Entwicklungen und Probleme, Stuttgart 1978 11–26. – *Th. Ballauff,* Weshalb Schule? in: VjWP 51 (1975) 372–391

2 Vgl. hierzu die Unterscheidung von primär und sekundär bildungsbezogenen Institutionen bei *G. Wehle,* Artikel: Bildungswesen, in: *Speck/Wehle* 1970 1, 221–226.

war auf die Übernahme und die Nachahmung vorgegebener weltanschaulicher, persönlicher, beruflicher und öffentlicher Bestimmungen ausgerichtet, die den einzelnen und das Gemeinwesen banden. Für diese Auflösung gibt es ein Bündel von Gründen, die mit der folgenden Aufzählung nicht abschließend benannt sind:

– die zunehmende Arbeitsteilung,

– die stetig sich steigernde Differenziertheit der Arbeitsbedingungen,

– die damit verbundenen höheren Ansprüche an die allgemeine und spezielle berufliche Vorbereitung auf die verschiedenen beruflichen Tätigkeiten,

– die Überführung bisher gegebener Lebens- und Arbeitsformen mit ihrer Identität von familiärer und beruflicher Lebenswelt in moderne arbeitsteilige Produktionsverhältnisse,

– die Entdeckung der Jugend als einer eigenständigen und eigens zu akzentuierenden Lebensphase zwischen dem Kindsein und dem Erwachsensein,

– die politische und moralische Freisetzung des Menschen im Zuge eines gewandelten Verständnisses vom Menschen, das auf die Selbstfindung und Selbstbestimmung des einzelnen als Individuum zielt.

Inhaltliche Merkmale einer Theorie der Schule

Der Prozeß der Ablösung aus der überkommenen Erziehungspraxis vollzog sich in vielfältigen Schüben, die in der Geschichte des Erziehungswesens der letzten drei Jahrhunderte sich niedergeschlagen haben und dort aufzuzeigen sind. Mit Beginn unseres Jahrhunderts ist dieser Prozeß weitgehend abgeschlossen. Hierbei sind einige inhaltliche Merkmale hervorgetreten, die für eine Theorie der Schule grundlegend sind. Es sind dies:

– die *Verschränkung* der liberalen Freiheitsrechte des Individuums mit dem sozialstaatlichen Gebot der gleichgewichtigen Förderung aller,

– das *Verständnis* von Bildung als Hinführung zu personaler Identität und sozialer Kompetenz,

– die *Bestimmung* der schulischen Unterweisung als Weg der Anthropogenese,

– *die Notwendigkeit* einer differenzierten schulischen Förderung mit dem Ziel der Freisetzung individueller Möglichkeiten einerseits und der Berücksichtigung gesellschaftlicher Anforderungen andererseits.

Alle vorgenannten Merkmale sind in der Geschichte des Erziehungswesens der letzten Jahrhunderte mehr oder weniger deutlich hervorgetreten. Oft sind sie in ihren Intentionen verkehrt worden, weil sie politischen Ansprüchen und gesellschaftlichen Interessen nicht entsprachen[3]. Damit wird aber die Bedeutung dieser Ansätze für die Gegenwart nicht geschmälert. Die Geschichte des Erziehungswesens muß daher im Rahmen eines kritischen historischen Bewußtseins und unter Berücksichtigung der gegenwärtigen politischen, gesellschaftlichen, beruflichen und personalen Bedingungen vergegenwärtigt und für eine Theorie der Schule aufgearbeitet werden. Dies kann an dieser Stelle nicht geleistet werden[4].

---

3 Hierzu aus marxistischer Sicht die Beiträge in dem Sammelband von *K. L. Hartmann* (Hg.), Schule und Staat im 18. und 19. Jahrhundert. Zur Sozialgeschichte der Schule in Deutschland, Frankfurt 1974

4 Die nachfolgenden Hinweise nehmen Bezug auf die Ausführungen im 1. Teil dieser Arbeit.

Die *Verschränkung* der liberalen Freiheitsrechte des Individuums mit dem sozialstaatlichen Gebot der gleichgewichtigen Förderung aller besagt, daß Bildung ein allen Jugendlichen gleichermaßen zukommendes Grundrecht ist. Umfang und Intensität des Bemühens um Bildung finden ihre Grenze an den Möglichkeiten und Fähigkeiten des einzelnen. Sie sind nicht gebunden an die Zufälligkeiten des familiären Milieus und der sozialen Schichtung. Das dichte Netz sozialer Maßnahmen, das unsere gesellschaftliche Ordnung in der Gegenwart kennzeichnet, bietet jedem jungen Menschen Möglichkeiten des Ausgleichs unterschiedlicher Ausgangssituationen. Hierbei ist jedoch ein Umdenken notwendig. Anstelle globaler Maßnahmen, die stärker dem Gießkannenprinzip folgen, sollten verstärkt Formen einer gezielten individuellen Bildungsförderung treten.
Das *Verständnis* von Bildung als Hinführung zu personaler Identität und sozialer Kompetenz greift auf die Neubestimmung des Bildungsgedankens in der Wende vom 18. zum 19. Jahrhundert zurück. Angesichts des Aufkommens der modernen Gesellschaft und zugleich im Blick auf die Situation des Menschen in einer säkularisierten Welt, in der religiöse und traditionelle Bindungen nicht mehr die alleinige Richtschnur menschlichen Denkens und Handelns sind, wird Bildung hier in einem umfassenden anthropologischen Verständnis zur entscheidenden Bedingung der Selbstfindung und Selbstbestimmung des Menschen. Der Bildung kommt die Aufgabe zu, angesichts der Vergesellschaftung vieler Lebensbereiche die darin eingeschlossenen Zwänge zu relativieren. Von diesem Verständnis her ist es zwingend, daß Bildung nicht von schichtenspezifischen Kriterien her in eine volkstümliche und gelehrte Bildung oder andere „Teil"-Bildungen differenziert werden kann. Der Mensch als Person hat einen unverkürzten Anspruch auf Bildung im Sinne allgemeiner fundamentaler Menschenbildung. Zugleich aber müssen im Rahmen dieser für alle geltenden Maßgabe dem einzelnen auf seinem schulischen Bildungsweg die Hilfen zuteil werden, die seinen individuellen Möglichkeiten entsprechen und diese freisetzen. Auf diese Weise wird der

Mensch zugleich in die Lage versetzt, den Aufgaben gerecht zu werden, die später in seinen beruflichen, gesellschaftlichen und politischen Verpflichtungen auf ihn zukommen.

Die *Bestimmung* der schulischen Unterweisung als Weg der Anthropogenese versteht Schule als einen Ort in der Gesellschaft, an dem der Mensch von seinem Kindsein zu seinem Erwachsenensein geführt wird. Die Schule ist eine Veranstaltung der Gesellschaft. Die Ordnungen (Stundenplan, Unterrichtskanon, Klassenstruktur, Schulformen, Zensurengebung u. a. m.), in die der Lernprozeß eingebunden ist, sind nicht nur Äußerlichkeiten. Sie sind vielmehr strukturelle Bedingungen, die sicherstellen, daß der Weg des jungen Menschen in die Erwachsenenwelt gelingen kann. So gesehen stellen diese Ordnungen gesellschaftliche Normierungen dar, die beim jungen Menschen einen Entfremdungsprozeß einleiten, durch den er ein erweitertes Bewußtsein von sich und seiner Welt gewinnen kann. Wenn dies geschehen soll, daneben aber die in diesem Prozeß als Möglichkeit eingeschlossenen Gefahren einer geistigen und psychischen Überforderung des Jugendlichen vermieden werden sollen (Schulstreß, Identitätskrisen u. a. m.), muß die Schule bestimmten Anforderungen gerecht werden. Schule ist dann nicht mehr eine Stätte gesellschaftlicher Disziplinierung. Sie wird vielmehr verstanden als ein soziales System, in dem die Beteiligten (Schüler, Lehrer, Eltern, Schulaufsicht) nicht von starren Rollenfixierungen her ihre Aufgaben verstehen.

Soziale Systeme sind – anders als formale Organisationen – durch ein hohes Maß an Handlungsflexibilität bei allen Beteiligten gekennzeichnet. Diese Flexibilität ist verbunden mit einem hohen Grad an Sensibilität für Entwicklungen, Besonderheiten und neue Fragestellungen. Dies gilt sowohl für die Binnenstruktur als auch für die Außenbeziehungen. Die Kommunikations- und Interaktionsprozesse zwischen allen Beteiligten folgen hier nicht starren Rollenmustern, sondern sind durch ein hohes Maß an Einfühlungsvermögen, Gesprächsfähigkeit und Hilfsbereitschaft ausgezeichnet. Dies setzt voraus, daß Schule und Unterricht gekennzeichnet sind durch

- eine weitgehende Konstanz der sozialen Bezugsgruppen von Mitschülern und Lehrern in der Klasse und den Arbeitsgruppen,
- eine überschaubare Größe dieser Gruppen,
- eine inhaltliche und fachliche Ausrichtung der Bildungsarbeit auf bestimmte Abschlüsse,
- ein bestimmtes Maß an individuellen Entscheidungsmöglichkeiten im Rahmen vorgegebener Lehrplanrichtlinien und
- vielfältige Formen der Gestaltung des gemeinsamen Schullebens unter Beteiligung von Schülern, Lehrern und Eltern (Feste, künstlerische und soziale Aktivitäten u. a. m.)[5].

Die *Notwendigkeit* einer differenzierten schulischen Förderung mit dem Ziel der Freisetzung der individuellen Möglichkeiten einerseits und Berücksichtigung gesellschaftlicher Anforderungen andererseits ergibt sich aus den vorgenannten Bestimmungen zwangsläufig. Nach einer Epoche zunehmender Angleichung der Lebensverhältnisse aller Glieder der Gesellschaft, die ihre Berechtigung aus dem sozialstaatlichen Gebot der Gleichheit aller ableitet, ist es an der Zeit, die Berechtigung individueller Gestaltungs- und Freiheitsräume, die ihren Grund in den liberalen Traditionsbeständen unserer Geschichte hat, wiederum stärker zu betonen. Die Angleichungstendenzen entsprechen einer technokratisch-deduktiven Planungsstrategie. Die Akzentuierung individueller Spielräume steht demgegenüber in Bezug zur Anerkennung faktisch-konkreter gesellschaftlicher Bedürfnislagen. In diesem Zusammenhang ist die Ablehnung planerischer Perfektionismen bei der Gestaltung der unmittelbaren Lebensumwelt zu sehen, die weithin zu uniformen und realitätsfernen Lösungen geführt haben (Städteplanung, Wohnungsbau, Gebietsreform, Funktionalreform u. a. m.). Dieser Widerstand ist Ausdruck eines kritischen Bewußtseins, das auf eine neue Gewichtung gesamtgesellschaftlicher Entscheidungsprozesse zielt. Es wird zunehmend der Wert überschaubarer Strukturen gesehen, die individuellen Verhaltens- und Gestal-

5 Vgl. hierzu die Einzelbeiträge von Heft 8 „Schulleben“ in WPB 29 (1977).

tungsdispositionen verbunden mit entsprechenden Entscheidungsvorgaben einen größeren Entfaltungsspielraum einräumen.
Dies ist zugleich unter gesamtgesellschaftlichen Aspekten von Bedeutung. Die zunehmende Differenziertheit aller politisch-öffentlichen, wirtschaftlichen und beruflichen Angelegenheiten erfordert in steigendem Maße Menschen, die unkonventionell denken, entscheiden und handeln können. Es sind dies Herausforderungen, die vom einzelnen zugleich Engagement und Distanz, Kreativität und Anpassung, Solidarität und Autonomie, Freiheitsbewußtsein und Disziplin verlangen. Dies ist aber nur zu leisten, wenn der einzelne gelernt hat, seine ihm gegebenen Möglichkeiten in der Konfrontation mit sachlichen Anforderungen und in der Begegnung mit den Ansprüchen der sozialen Gruppe, mit der er verbunden ist, zu entdecken und zu erfahren. Die Schule ist vor allem in unserer Gesellschaft der Ort, an dem dies dem jungen Menschen exemplarisch auf dem Weg seiner Anthropogenese, d. h. seiner Hinführung in die Erwachsenenwelt, vermittelt werden kann. Angesichts der Differenziertheit der hiermit gesetzten sachlichen Erfordernisse kann dies nicht ausschließlich in vereinheitlichten und grob differenzierten Struktureinheiten geschehen. Hieraus folgt vielmehr die Notwendigkeit differenzierter schulischer Strukturen.

Kanon gemeinsamer Grundanforderungen

Aus dem sozialstaatlichen Gebot der gleichgewichtigen Förderung aller und dem anthropologisch begründeten liberalen Postulat von den Freiheitsrechten des Individuums erwächst allen Schulen die Aufgabe, einen Kern gemeinsamer politisch-moralischer Überzeugungen, gesellschaftlicher Übereinstimmungen, elementarer Kenntnisse, Fähigkeiten und Fertigkeiten zu vermitteln. Dieser Kern gemeinsamer Grundanforderungen bedarf jedoch einer differenzierten Behandlung im Unterricht. Die besonderen Qualifikationen eines Schülers, die selbst wiederum im Zusammenhang mit seinen altersspezifischen Ausprägungen gesehen werden müssen, erfordern eine Differenzierung des Grundangebotes. Dieses Angebot ist formal für alle Schüler gleich. In der konkreten Umsetzung im Unterricht unterscheidet es sich jedoch hinsichtlich der geistigen Durchdringung der einzelnen Sachbereiche. Dies ist ein Tatbestand, auf den aus lernpsychologischer Sicht *Flammer* aufmerksam gemacht hat[6]. Das Differenzierungskonzept der Gesamtschule mit seiner Unterteilung in ein Fundamentum für alle und ein Additum für einige Schüler ist daher von seinem Ansatz her sachlich und lernpsychologisch unangemessen. Das Fundamentum ist bereits in sich differenziert; und zwar hinsichtlich der Art der sachlichen und didaktischen Präsentation der Unterrichtsinhalte, die als solche den Kern der gemeinsamen Grundanforderungen für alle Schüler ausmachen[7].

---

6 *Flammer* gibt hierfür 4 Beispiele, für die eine hinlängliche empirische Absicherung vorliegt: „(1) Klare und relativ detaillierte Strukturierung des Unterrichtes durch den Lehrer hilft vor allem dem unsicheren, ängstlichen und schwächeren Schüler, aber auch dem weniger leistungsmotivierten (sog. need of achievement); mehr erfolggewohnte, angstfreie und hochleistungsorientierte hingegen profitieren auf kurze und längere Frist mehr in einem Unterricht, der ihnen größere Freiheit läßt, einen Lernweg zu suchen und auch einen eigenen zu gehen . . . (2) Deduktiver Unterrichtsstil eignet sich im allgemeinen für ältere und intelligentere Schüler besser, während schwächere auf induktiven Unterricht besser ansprechen . . . (3) Programmierte Instruktion eignet sich im allgemeinen weniger gut für überdurchschnittlich intelligente Jugendliche und Erwachsene als übliche Formen sog. konventionellen Unterrichts. Für schwächere Lernende gilt das Gegenteil . . . (4) Das Erarbeiten und Behalten eines Sachtextes wird mit eingefügten (ordnungsstiftenden) Fragen erleichtert für Personen mit schwachem assoziativem Gedächtnis, kann jedoch erschwert werden für Lerner mit gutem assoziativem Gedächtnis. Letztere scheinen verläßliche eigene Memorierungsstrategien entwickelt zu haben und ‚Einmischung von außen' schwerer zu ertragen." (138 f.) *A. Flammer,* Wechselwirkung zwischen Schülermerkmal und Unterrichtsmethode, in ZfEPP 5 (1973) 130–147

7 *W. Flitner,* Theorie des pädagogischen Weges und der Methode, *Weinheim* 1953[2] – *Flitner* spricht in diesem Zusammenhang von zwei

Die allgemeinen Grundanforderungen konkretisieren sich in den spezifischen Unterrichtsinhalten der einzelnen Schulformen. Die Vermittlung dieser Anforderungen ist immer auf die gegebenen schulischen Bedingungen verwiesen. Schulische Bedingungen bedeutet in diesem Zusammenhang:

– Kontinuität eines einheitlich geprägten zielgerechten Bildungsweges,
– Einpassung der Bildungsinhalte in die jeweiligen schulformspezifischen Darbietungsformen,
– Berücksichtigung der altersspezifischen Erkenntnis- und Erfahrungsmöglichkeiten.

Die allgemeinen Grundanforderungen stellen so gesehen nicht losgelöste zweckrationale Versatzstücke dar, die im Sinne des Baukastenprinzips beliebig eingesetzt und verwendet werden können. Statt dessen sind sie Teil des Bildungskanons einer jeden Schulform und damit zugleich in die spezifischen sachlichen und didaktisch-methodischen Vorgaben eingebunden, die die Unterrichtsarbeit der einzelnen Schulform bestimmen[8]. Die

---

methodischen Grundsätzen, die zu beachten sind: „Die methodische Hilfe besteht zu einem wesentlichen Teil darin, den komplexen Inhalt zu zerlegen und die besonderen Schritte einzeln zu tun, die den Gesamtinhalt konstituieren. Dies ist der erste methodische Grundsatz ... Der zweite methodische Grundsatz bezieht sich auf die innere Gliederung erziehender und bildender Gehalte in ihrem Bezug auf Kindheit und Jugend – oder noch allgemeiner: auf die Stufen der Reife, der Fassungskraft und der Bildsamkeit derjenigen, welchen dieser Inhalt begegnet." 25 ff., insbesondere auch 62 ff.

8 *Hardörfer* verwischt in seinem integrativen Bildungskonzept die Differenzierungen hinsichtlich der Art der Präsentation und der Auswahl der Gegenstandsbereiche im Kanon der Grundanforderungen. Statt dessen entwickelt er einen Kanon von Inhalten, die verschiedenen Unterrichtsfächern entnommen sind und zu einem eigenständigen Fach zusammengeschlossen werden. Damit wird der Gedanke aufgegeben, daß in den Gegenständen des Fachunterrichtes selbst und der Art ihrer Vermittlung grundlegende Fragen nach dem Verständnis des Menschen und seiner Welt angelegt sind. Es erfolgt somit, wenn auch in sehr subtiler Weise, eine Auswahl und Reduktion der Inhalte auf Lernzielsetzungen und Qualifikationsmerkmale hin, wie sie für die Curriculum-

Schule hat die bildungs- wie auch gesellschaftspolitisch wichtige Aufgabe, in ihrer Bildungsarbeit die Voraussetzungen für den Kanon gemeinsamer Grundüberzeugungen zwischen allen Jugendlichen zu schaffen. Die Elemente dieses Kanons müssen daher in allen Bildungswegen, die der einzelne Jugendliche gemäß seinem individuellen Bildungsprofil einschlägt, vorhanden sein und angeboten werden.

Wissenschaftsorientierung des Unterrichts

Der Strukturplan für das Bildungswesen der Bildungskommission des Deutschen Bildungsrates hat die Bildungsarbeit in allen Schulen dem Prinzip des „wissenschaftsbestimmten Lernens" unterstellt[9]. Wissenschaftsbestimmtes Lernen meint in diesem Zusammenhang, daß die fachspezifischen Inhalte des Unterrichts durch die Ergebnisse der Wissenschaften abgesichert sind. Des weiteren ist damit gesagt, daß die Vermittlung der Inhalte in allen Unterrichtsfächern selbst wiederum wissen-

---

theorie kennzeichnend ist. Die Gegenstände der Bildung werden zu akzidentellen Merkmalen, die von anderen, jeweils wechselnden und teils politisch vorgegebenen, nicht aber anthropologisch orientierten Kriterien abhängig sind (zur Problematik dieses Vorgehens s. *Geissler* 1978 24 ff.). Mit diesen kritischen Hinweisen soll die Bedeutung der Frage nach der Gesamtorientierung nicht eingeschränkt werden. Es ist dies ein bildungstheoretischer Ansatz, der das abendländische Bildungsdenken von der Antike her bestimmt hat. Die Gesamtorientierung ist aber nach diesem Ansatz an die Gegenstände der großen inhaltlichen Bereiche gebunden, die in den Fächern des Bildungskanons vergegenwärtigt werden (vgl. hierzu die Ausführungen in Ziffer 1.13 und 3.3). *L. Hardörfer,* Denkenlernen und Gesamtorientierung. Ein integratives Bildungskonzept, München 1978

9 Einen Überblick über Möglichkeiten und Grenzen des wissenschaftsorientierten Unterrichts gibt *K. Schmitz,* Wissenschaftsorientierter Unterricht. Didaktische Konzepte – Projekte – Konsequenzen, München 1977. – *Deutscher Bildungsrat* 1970 33 ff.

schaftsorientiert erfolgt (Allgemeine Didaktik, Fachdidaktik)[10]. Mit diesem Anspruch werden die Ergebnisse breitgefächerter Einzelanalysen im Bereich der Unterrichtsforschung für die Unterrichtsarbeit nutzbar gemacht[11]. Die Bestimmung des wissenschaftsbestimmten Lernens darf jedoch nicht dahin mißverstanden werden, daß die Unterrichtsarbeit in allen Schulen wissenschaftspropädeutisch ausgerichtet sein muß. Dies ist vornehmlich Aufgabe der Schulen (z. B. Gymnasium), die unmittelbar auf wissenschaftliche Studien vorbereiten. Eine uneingeschränkte Übertragung der Forderungen nach wissenschaftspropädeutischem Arbeiten auf alle Schulen nimmt den einzelnen Schulformen ihre speziellen Bildungsmöglichkeiten. Das hat zur Folge, daß der einzelne Schüler ein Bildungsangebot vorfindet, das seinen besonderen Fähigkeiten und Fertigkeiten nicht entspricht. Die Schule verliert damit die Möglichkeit, erzieherisch wirken zu können, wenn der Schüler ständig Anforderungen gegenübergestellt wird, die ihm nicht gemäß sind.

Bei der Wissenschaftsbestimmtheit des Unterrichts geht es um eine neue Orientierung und Ordnung der Bildungsinhalte. Ausgangspunkt der Überlegungen ist die Feststellung, daß „die Wirklichkeit ... für die Zwecke der Schule neu vermessen werden" muß und daß „der einzige Vermessungsmaßstab, der

---

10 *D. C. Kochan* (Hg.), Allgemeine Didaktik, Fachdidaktik, Fachwissenschaft. Ausgewählte Beiträge aus den Jahren 1953 bis 1965, (Wege der Forschung Band LXVIII), Darmstadt 1970

11 Zur Verdeutlichung der Problemfülle dieses Zusammenhanges sei verwiesen auf die Überlegungen von *J. Derbolav,* Was heißt „wissenschaftorientierter Unterricht"? in: ZfP 23 1977 (a) 935–945 und die Stellungnahme dazu von *W. Flitner,* Verwissenschaftlichung der Schule? in: ZfP 23 (1977) 947–955 sowie *K. Giel/G. G. Hiller,* Verwissenschaftlichung der Schule – wissenschaftsorientierter Unterricht? in: ZfP 23 (1977) 957–961 – *R. Messner,* Was heißt: Wissenschaftsorientierter Unterricht für alle? in: WPB 30 (1978) 219–225.

zur Verfügung steht. . ., der der Wissenschaft" ist[12]. Dieser Ansatz *Th. Wilhelms* umfaßt die positiven Wissenschaften ebenso wie die vielfältigen Bereiche der Geistes- und Sozialwissenschaften im Blick auf deren erzieherische Dimensionen. Die Aufgaben der Schule in der Gegenwart gründen in anthropologischen Vorgaben, die *Th. Wilhelm* abschließend in fünffacher Weise akzentuiert:

- Der Mensch ist auf Lernen angewiesen.
- Der Mensch lebt wesentlich aus Vorstellungen.
- Der Mensch muß daher vor allem lernen, eine differenzierte Vorstellungswelt aufzubauen und in Ordnung zu halten.
- Die Schule ist der Ort, wo die Vorstellungswelt systematisch und nach ökonomischen Prinzipien gepflegt wird.
- Die Pflege der Vorstellungswelt impliziert den Kontinuitätszusammenhang der Geschichte[13].

Organisatorische Fragen

Für die Schule gelten auch jene allgemeinen organisationstheoretischen Bestimmungen, nach denen sie zum einen ein soziales Gebilde mit einer bestimmten Mitgliederstruktur und interner Rollendifferenzierung und zum anderen in ihrer Organisation und Arbeit zweck- und zielorientiert ist[14]. Darüber hinaus hat aber die Schule, verstanden als soziales System, noch weiteren Bestimmungen zu genügen. Es sind dies zwei spezifische Organisationsziele, die der Schule gesetzt sind.

---

12 *Th. Wilhelm,* Theorie der Schule. Hauptschule und Gymnasium im Zeitalter der Wissenschaften, Stuttgart 1967 209

13 *Wilhelm* 1967 78 ff.

14 *R. Mayntz,* Soziologie der Organisation, Reinbek 1972 – Über die bestmögliche Verwendung und den Einsatz personeller, finanzieller und sächlicher Ressourcen im Schulwesen unter Rückgriff auf die in den USA als Accountability in education entwickelten Überlegungen orientiert *M. Weiß,* Effizienz im Bildungswesen. Darstellung und Diskussion von Instrumenten zur Beurteilung der ökonomischen Rationalität von Bildungsmaßnahmen (Studien zur ökonomischen Bildungsforschung Band 2), Weinheim/Basel 1975.

Zum einen kann sich der junge Mensch der Schule nicht entziehen; er ist durch gesetzliche Regelungen (Schulpflicht) gezwungen, sie zu besuchen. In dieser Hinsicht ist die Schule eher als „Anstalt" mit „kustodialen" Aufgaben zu bestimmen, nämlich der „Bewahrung und Behütung einer größeren Anzahl von Menschen"[15], wobei ein gewisser Zwangscharakter nicht zu verleugnen ist. Es ist dies zugleich auch die Stelle, an der am stärksten die Eingriffsrechte des Staates zum Tragen kommen. Die Reglementierung der Schule durch die staatlichen Aufsichtsorgane drängt die Schule oftmals in die Rolle einer nachgeordneten Behörde, die an fest umrissene Weisungen gebunden ist. Des weiteren ist zu berücksichtigen, daß das staatliche Handeln über Gesetze und Aufträge der Parlamente zugleich auch politisch legitimiert ist. Die Schule kann sich daher den berechtigten Ansprüchen der politischen Gruppierungen, wie sie von deren gewählten Mandatsträgern in Parlamenten und Regierungen vertreten werden, nicht entziehen. Sogenannte lupenreine Lösungen im Sinne einer Trennung von Schule und politischem Gestaltungswillen oder gar einer Entschulung der Gesellschaft führen nicht weiter[16]. Es kommt in Zukunft vielmehr darauf an, die notwendigen Gesetzes- und Verwaltungsregelungen so zu gestalten, daß genügend Freiräume für den pädagogischen Auftrag der Schule erhalten bleiben.
Zum anderen hat die Schule die Aufgabe, jungen Menschen zu helfen, ihre Kenntnisse, Fähigkeiten und Fertigkeiten zu entwickeln, ihre Denk- und Entscheidungsmuster nachhaltig zu

---

15 Zum folgenden *P. Fürstenau*, Zur Psychologie der Schule als Institution, zitiert nach *Kramp* 1973 96.

16 *I. Illich*, Entschulung der Gesellschaft, München 1972 (a) – ders., Schulen helfen nicht. Über das mythenbildende Ritual der Industriegesellschaft, Reinbek 1972 (b) – Hierzu die abwägende Stellungnahme von *H. v. Hentig*, Cuernavaca oder: Alternativen zur Schule? Stuttgart/München 1971 – Ferner die kritischen Bemerkungen zur Schule als Institution bei *W. Fischer* u. a., Schule und kritische Pädagogik. Fünf Studien zu einer pädagogischen Theorie der Schule, Heidelberg 1972

prägen und ihre sozialen Erfahrungen und Handlungskompetenzen zu erweitern. In diesem Zusammenhang sind es „edukativ-korrektive" Gesichtspunkte, nämlich die „Veränderung einer größeren Anzahl von Menschen hinsichtlich Verhalten, Kenntnisse und Fertigkeiten". Die Schule ist angesichts dieser letztgenannten Aufgaben weniger von ihrem Anstaltscharakter her zu definieren. Sie ist vielmehr eine Stätte der Begegnung, d. h. des Miteinandersprechens und -handelns von Schülern und Lehrern, die über die gemeinsam betriebene Arbeit an den Sachgegenständen miteinander verbunden sind. So gesehen ist die Schule vorrangig nicht ein Ausführungsorgan für allgemein gesetzte und normierte Regelungen (Organ der Schulverwaltung); sie stellt vielmehr einen Freiraum dar, der den gesellschaftlichen Setzungen teilweise entzogen ist und eine relative Eigenständigkeit besitzt. Unter diesen Voraussetzungen kann den „edukativ-korrektiven" Gesichtspunkten in der Schule Rechnung getragen werden.

Beide Aufgaben lassen sich im Vollzug von Schule nicht immer ohne Abstriche miteinander verbinden[17]. Verwaltungstechnische und organisatorische Zwänge stehen oftmals quer zu erzieherischen Aufgaben und Verpflichtungen[18]. Dies hat zur Folge, daß künftig in Anlehnung an moderne organisationstheoretische und -soziologische Erkenntnisse die äußeren und inneren Schulangelegenheiten neu aufeinander abgestimmt werden müssen[19]. In diesem Zusammenhang bedarf die Ausbildung der

---

17 Die Auswirkungen dieser unterschiedlichen Bestimmungen von Schule im Schulalltag sowie den Einfluß unabgeklärter politischer Eingriffe und gewandelter Einstellungen zu schulischer Arbeit auf die Schule analysiert in pointierter Weise *H. Hahne,* In der Pause. Ketzereien eines Studienrates, Stuttgart 1957². – Ebenso *H. Rumpf,* 40 Schultage. Tagebuch eines Studienrates (Das Pädagogische Forum 10), Braunschweig 1966

18 Hierzu jetzt der Aufsatzband von *W. Fischer* u. a., Schule als parapädagogische Organisation (Grundfragen der systematischen Pädagogik), Kastellaun 1978

19 *P. Fürstenau,* Neuere Entwicklungen der Bürokratieforschung und das Schulwesen. Ein organisationssoziologischer Beitrag, in: *Dallmann* 1969 47– 66 (a) und ders., Zur Psychoanalyse der Schule als Institution,

Lehrer neuer Akzente in Richtung einer verstärkten Professionalisierung, um den edukativ-korrektiven Aufgaben zu entsprechen[20]. Schule als soziales System ist der Ort in der Gesellschaft, dem wichtige Abschnitte im Aufwachsen sowie in der Erziehung des jungen Menschen überantwortet sind[21]. Zweck und Ziel der Schule als einer „Veranstaltung des Staates" bzw. der Gesellschaft ist darin zu sehen, den jungen Menschen zu Personalität und darin eingeschlossen zur Wahrnehmung beruflicher, gesellschaftlicher und politischer Aufgaben, d. h. zur Mündigkeit hinzuführen. *Langeveld* hat die anthropologischen Voraussetzungen dieses Geschehens verdeutlicht. Das erzieherische Handeln in der Schule ist in zweifacher Weise näher zu bestimmen. Zum einen ist der Mensch ein soziales Wesen und daher Erziehung als ein soziales Phänomen zu verstehen. Zum anderen sind alle Menschen unbeschadet ihrer

---

in: *Dallmann* 1969 9–25 (b) – *I. Richter,* Bildungsverwaltungsforschung, in: *H. Roth/D. Friedrich* (Hg.), Bildungsforschung. Probleme – Perspektiven – Prioritäten 2 Teile (Gutachten und Studien der Bildungskommission Band 50/51), Stuttgart 1975 1, 343–402 – *H.-U. Peter* hat drei zentrale Bereiche herausgearbeitet (Die Mitglieder der Schule als Organisation; Die Rollenproblematik in der Organisation Schule; Die Zielproblematik der Schule als Organisation), die im Rahmen organisationstheoretischer Fragestellungen für die Schule von Bedeutung sind. Die Untersuchung gibt eine Fülle aufschließender und weiterführender Einzelhinweise, deren Wert durch die eingestreuten einseitigen gesellschaftskritischen Randbemerkungen nicht eingeschränkt wird. *H.-U. Peter,* Die Schule als soziale Organisation m. e. Einleitung *v. W. Klafki* (Marburger Pädagogische Studien. Neue Folge Band 11), Weinheim/Basel 1973

20 Die Schwierigkeiten, die sich im Blick auf die geforderte Professionalisierung zeigen, hat *Kraft* in einer Untersuchung an Hauptschullehrern deutlich gemacht (u. a. kollegiale Zusammenarbeit, Arbeitskontrolle, große Klassen, Medieneinsatz, Fachspezialisierung). *P. Kraft,* Zur beruflichen Situation des Hauptschullehrers. Eine empirische Untersuchung zu Professionalisierungstendenzen und Störfaktoren im Volksschullehrerberuf nach Einführung der Hauptschule in Nordrhein-Westfalen, Hannover 1974

21 *Groothoff* 1975 19–39

natürlichen Unterschiede als Personen gleich. Diese beiden grundlegenden Aussagen über den Menschen sind aber in ihrem pädagogischen Gehalt nur dann angemessen zu erfassen, wenn sie zugleich mit zwei weiteren Bestimmungen zusammen gesehen werden. Die Anerkennung des sozialen Charakters des Menschen muß verbunden sein mit der Anerkennung der Tatsache, daß Menschen durch individuelle Unterschiede ausgezeichnet sind und diesen Unterschieden ein eigener Wert zugesprochen werden muß. Ebenso muß die Bestimmung von der Gleichheit aller Menschen die Forderung einschließen, daß nicht von allen Menschen im Denken und Handeln Gleiches verlangt werden kann, sondern statt dessen die individuellen Unterschiede, die das Personsein jedes einzelnen Menschen charakterisieren, in entsprechender Weise gefordert und gefördert werden[22].

Für die Organisation der Schule ergeben sich von diesen pädagogisch-anthropologischen Vorgaben her zwei Konsequenzen. Schule muß in einem ersten Ansatz so organisiert sein und das Bildungsangebot so abstimmen, daß für alle jungen Menschen gleiche Bildungschancen gegeben sind. Zugleich aber müssen in einem zweiten Ansatz die Schulorganisation so variabel und die Bildungsangebote so differenziert sein, daß den Fähigkeiten, Neigungen und Interessen des einzelnen jungen Menschen bestmöglich entsprochen werden kann. Dies geschieht insgesamt in einem Bildungsprozeß, der durch die Kontinuität des Bildungsweges, eine sachgemäße Strukturierung der Bildungsangebote und die relative Konstanz der sozialen Bezugsgruppe gekennzeichnet ist. Dieser Prozeß ist an Formen der Kommunikation und der Interaktion gebunden, die im Rahmen organisatorischer Regelungen die Infrastruktur von Unterricht ausmachen[23].

---

22 *M. J. Langeveld,* Einführung in die theoretische Pädagogik (Erziehungswissenschaftliche Bücherei Reihe IV. Theoretische Pädagogik), Stuttgart 1965^5 63–69 – *Roth* 1966/71 2, 164–187

23 Der Zusammenhang von Organisation und Interaktion ist von

Konstanz der sozialen Bezugsgruppe

Das Kommunikations- und Interaktionsgeschehen, das sich im Rahmen des Unterrichts vollzieht, ist für den Aufbau personaler Identität und sozialer Kompetenz von entscheidender Bedeutung. Wichtig ist hierbei die relative Konstanz der Gruppe und der Bezugsperson, d. h. der beteiligten Lehrer und Schüler. Für den Kindergarten und die Grundschule ist das inzwischen weitgehend anerkannt, aber auch im Bereich der weiterführenden Bildungswege nach der Grundschule muß dies schulorganisatorisch möglichst sichergestellt sein. Die in diesen Jahrgangsstufen notwendige Differenzierung des Unterrichtsangebotes, bezogen auf die individuellen Leistungsprofile, Neigungs- und Interessenschwerpunkte, darf also nicht dazu führen, daß ständig wechselnde Bezugspersonen von Lehrern und Schülern den Unterricht bestimmen.
Die Differenzierung der weiterführenden Bildungswege nach Schulformen stellt in schulorganisatorisch angemessener Weise die Vermittlung zwischen der sachlich gebotenen Unterrichtsdifferenzierung und der jugend- und sozialpsychologisch gebotenen festen Bezugsgruppe dar. Der Klassenverband, der heute weitgehend als durchgehende Organisationseinheit die Hauptschule, die Realschule und das Gymnasium bestimmt, gewinnt in diesem Zusammenhang unter Berücksichtigung von Forschungsergebnissen zur Interaktions- und Kommunikationstheorie eine neue Bedeutung[24]. Die in den Schulformen mögli-

---

Klafki in seinem Einführungsreferat zum 5. Kongreß der Deutschen Gesellschaft für Erziehungswissenschaft herausgearbeitet worden. *W. Klafki,* Organisation und Interaktion in pädagogischen Feldern – Thesen und Argumentationsansätze zum Thema und zur Terminologie, in: ZfP 13. Beiheft, Weinheim/Basel 1977 11–37. Das Gymnasium stellt wie die anderen Schulformen einen erzieherisch wirksamen institutionellen Rahmen für diese Zusammenhänge dar.

24 *Mead* 1973 – *P. R. Hofstätter,* Gruppendynamik. Kritik der Massenpsychologie, Hamburg 1975 – *A. Strauss,* Spiegel und Masken. Die

che relativ stabile und überschaubare Kleingruppe mit der festen Bezugsperson des Klassenlehrers (im Zusammenwirken mit den übrigen Fachlehrern) gibt dem einzelnen Schüler die Chance, seine spezifischen Möglichkeiten im Rahmen eines konstanten sozialen Bezugsfeldes zu verwirklichen[25]. Damit kommt in die Schullaufbahn jedes einzelnen Schülers unter gleichzeitiger Beachtung von sachlich gebotenen Differenzierungsaspekten ein hinlängliches Maß an Kontinuität und Übersichtlichkeit. In der überschaubaren und relativ beständigen Bezugsgruppe können somit alle jene „öffentlichen Tugenden" wie Rollendistanz, Ambiguitätstoleranz, Emphatie, Einfühlungsvermögen, Verantwortungsbewußtsein und Solidarität

---

Suche nach Identität (1959), Frankfurt 1974 – *E. H. Erikson,* Identität und Lebenszyklus. Drei Aufsätze (1959), Frankfurt 1974^2 – *E. Goffman,* Stigma. Über Techniken der Bewältigung beschädigter Identität (1963), Frankfurt 1975 (a) – *McCall/Simmons* 1974 – *E. Goffman,* Interaktionsrituale. Über Verhalten in direkter Kommunikation (1967), Frankfurt 1975 (b) – *P. Watzlawick/J. H. Beavin/D. Jackson,* Menschliche Kommunikation. Formen, Störungen, Paradoxien (1967), Bern/Stuttgart/Wien 1974^4 – *R. Battegay,* Der Mensch in der Gruppe 3 Bde. (1967), Bern/Stuttgart/Wien 1976^5/73^4/72^2 – *M. Argyle,* Soziale Interaktion (1969), Köln 1974^2 – *R. C. Cohn,* Von der Psychoanalyse zur themenzentrierten Interaktion. Von der Behandlung einzelner zu einer Pädagogik für alle (Konzepte der Humanwissenschaften), Stuttgart 1976^2 – *L. Krappmann,* Soziologische Dimensionen der Identität. Strukturelle Bedingungen für die Teilnahme an Interaktionsprozessen (1969) (Texte und Dokumente zur Bildungsforschung), Stuttgart 1973^3 – *M. Brumlik,* Der symbolische Interaktionismus und seine pädagogische Bedeutung. Versuch einer systematischen Rekonstruktion, Frankfurt 1973 – *R. Biermann,* Interaktion im Unterricht. Didaktische Ansätze, Beiträge, Perspektiven (Erträge der Forschung Band 93), Darmstadt 1978 – Ferner die Bemerkungen von *Huschke-Rhein* zum Interaktionsproblem, die einige Aspekte aufzeigen, die kritisch bedacht werden müssen. *R. B. Huschke-Rhein,* Interaktionspädagogik und Anthropologiekritik. Über den theoretischen und den praktischen Zustand eines unfertigen Paradigmas, in: PR 33 (1979) 171–200

25 Teils in kritischer Abgrenzung *F. Wellendorf,* Schulische Sozialisation und Identität. Zur Sozialpsychologie der Schule als Institution (Veröffentlichung des Pädagogischen Zentrums Berlin), Weinheim/Basel 1974^2

besser erfahren und praktiziert werden, die heute und künftig für die Gestaltung des persönlichen wie auch politischen und gesellschaftlichen Lebens unabdingbar sind[26]. Durch die Einbindung der sozialen Bezugsgruppe in die Schulgemeinschaft wird darüber hinaus sichergestellt, daß diese öffentlichen Tugenden zugleich in das soziale Umfeld eingebracht werden. In der Lehrerbildung müssen die vorgenannten anthropologischen und sozialisationstheoretischen Dimensionen verstärkt berücksichtigt werden. Neben den fachwissenschaftlichen und fachdidaktischen Ausbildungsinhalten, die nicht verkürzt werden können, ist die erziehungswissenschaftliche und sozialwissenschaftliche Ausbildung im Sinne einer notwendigen Professionalisierung des Lehrerberufes auf diese wichtigen Aufgaben hin auszurichten[27].

Zusammenfassung

Die hier vorgetragenen Aspekte einer Theorie der Schule erheben nicht den Anspruch einer abschließenden Darstellung. Sie gehen von anthropologischen und gesellschaftlichen Vorgaben aus, beziehen geisteswissenschaftliche und historisch orientierte Ansätze ein und greifen sozialwissenschaftliche und organisations- bzw. systemtheoretische Fragestellungen auf[28]. Es

26 *Krappmann* 1973 132–173 – *F. O. Schmaderer* (Hg.), Die Bedeutung eines schülerorientierten Unterrichts. Grundsätze, Möglichkeiten, Maßnahmen (Schulpädagogische Aspekte), München 1976

27 *H.-H. Groothoff,* Funktion und Rolle des Erziehers (Grundfragen der Erziehungswissenschaft Band 5), München 1972 122–195 – *G. Wehle,* Der Lehrer als Erzieher? Zur Aufgabe und zum Selbstverständnis von Schule und Lehrer in der Gegenwart, in: Lehrerberuf – Lehrer im Beruf (28. Gemener Kongreß) hg. v. Philologen-Verband NW, Bottrop 1976 23–45

28 Sie greifen damit „Perspektiven" auf, die *Nipkow* für die Entwicklung einer Theorie der Schule für unerläßlich hält. Es sind dies: 1. die anthropologische Perspektive, 2. die gesellschaftliche bzw. ökologische Perspektive (unter diesen beiden Blickrichtungen klären sich mit den Grundvoraussetzungen der Schule zugleich ihre Ziele auf), 3. die didak-

geht hierbei nicht um die Ausschließlichkeit eines Ansatzes[29]. Alle Ansätze stellen, so gesehen, Teiltheorien mit begrenzter Reichweite dar[30]. Eine Theorie der Schule sollte letztlich immer in einem anthropologischen Sinne als eine pädagogische und didaktische Theorie von Schule verstanden werden. Sie muß durch ein hohes Maß an Offenheit gekennzeichnet sein, um alle Entwicklungen aufgreifen zu können, die in den vorauf genannten Ansätzen sowie von den jeweiligen fachwissenschaftlichen Voraussetzungen her sich abzeichnen. Im Rahmen dieser Vorgaben kommt es darauf an, alle Aussagen über die Schule soweit wie möglich zu konkretisieren und im Sinne erfahrungswissenschaftlichen Vorgehens zu objektivieren[31]. Schule wird in entscheidendem Maße vom Unterrichtsgeschehen bestimmt; sie kann deshalb in gewisser Weise „als optimale Organisation von

---

tische Perspektive (im weiten und integrierenden Sinn: sie bezieht dabei die lehrplantheoretischinhaltlichen Aufgaben auf die schul- und unterrichtsorganisatorischen Bedingungen) sowie 4. die organisationssoziologisch-institutionelle Perspektive." *K.-E. Nipkow,* Umriß und Problematik einer modernen Schultheorie, in: ZfP 14 (1968) 189–204

29 Beispielhaft für die Ausschließlichkeit eines Ansatzes („multidimensionaler Schultheorie") *B. Adl-Amini,* Schultheorie – Geschichte, Gegenstand und Grenzen, Weinheim/Basel 1976 und die kritischen Anmerkungen dazu von *D. Hoffmann,* Theorie der Schule – ein „leerer" Begriff? in: DDS 70 (1978) 34–42

30 Zum Begriff der „Theorie mittlerer Reichweite" s. *R. K. Merton,* Social Theory and Social Structure (1949), New York 1968 39–72. – Die Einseitigkeit eindimensionaler Interpretationsmuster von Schule berücksichtigt zu wenig die vielfältigen gesellschaftlichen Bezüge, in die die Schule eingelassen ist. Hier sind differenzierte Ansätze notwendig, die das gesamte soziale Umfeld einer Institutition erfassen. Der Begriff der Sozialstruktur stellt nach *Fürstenberg* einen Schlüsselbegriff zur Analyse solcher Phänomene dar. Unter Sozialstruktur versteht *Fürstenberg* „den Wirkungszusammenhang multipler sozialer Felder" (445). Die Überlegungen *Fürstenbergs* sind für die Entwicklung einer Theorie der Schule daher nicht ohne Bedeutung. *F. Fürstenberg,* „Sozialstruktur" als Schlüsselbegriff der Gesellschaftsanalyse, in KZSS 15 (1963) 439–453

31 *Kramp* hat mit seiner Theorie der Schule wichtige Vorarbeiten geleistet, auf die zurückgegriffen werden kann. *Kramp* 1973 – Einen

Lernprozessen" definiert werden[32]. Eine Theorie der Schule wird immer auf die erzieherischen, fachlichen und didaktischen Gegebenheiten, die die Unterrichtsarbeit bestimmen, vorrangig Bezug nehmen. Die in diesem Abschnitt vorgetragenen einzelnen Aspekte sind für eine Theorie der Schule als allgemeine Rahmenbedingungen zu sehen. Das Unterrichtsgeschehen selbst ist das Zentrum, auf das diese Rahmenbedingungen ausgerichtet sind.

2.3 ZUSAMMENHANG VON SCHULLAUFBAHN, SCHULFORM UND BILDUNGSABSCHLUSS

Die Erkenntnisse über begabungspsychologische Zusammenhänge, die sozialpolitische Forderung nach Chancengleichheit für alle und Chancengerechtigkeit für jeden und die Anerkennung des Rechts auf individuelle Bildungsentscheidung haben zur Folge, daß die Schullaufbahn des einzelnen ein hinlängliches Maß an Strukturierung und eine Zielorientierung aufweisen muß. Die Gliederung des Schulwesens von den erreichbaren Bildungsabschlüssen her wird diesen Tatbeständen gerecht. Jeder Abschluß, der im Schulwesen erreicht werden kann, ist so gesehen das Ergebnis eines Bildungsprozesses, der in bestimmter Weise sachlich und zeitlich ausgerichtet ist. Diese sachliche Ausrichtung zeigt sich in der Gewichtung der einzelnen Fächer

---

Überblick über bereits vorhandene Ansätze gibt *H. Röhrs* (Hg.), Theorie der Schule. Versuch einer Grundlegung, Frankfurt 1968 – Ferner *G. Dallmann* (Hg.), Zur Theorie der Schule (Veröffentlichungen des Pädagogischen Zentrums Berlin Reihe B: Diskussionsbeiträge Band 10), Weinheim/Basel 1972[2] und *G. Brinkmann u. a.* (Hg.), Theorie der Schule – Konzepte und Kritik, Kronberg Ts. 1974 – Schließlich die Problematisierung der verschiedenen Ansätze bei *P. M. Roeder u. a.*, Überlegungen zur Schulforschung, Stuttgart 1977 11–126

32 *H. Roth,* Schule als optimale Organisation von Lernprozessen, in: *Roth* 1969 (a) 56–76

im Rahmen des Fächerkanons. Hierher gehört ferner die Art und Weise, in der die Sachinhalte eines Faches dargeboten werden. Damit ist sowohl der Umfang des Unterrichtsstoffes als auch die Höhe des Niveaus angesprochen. Das Bildungsangebot ist nach dem inhaltlichen Zuschnitt der einzelnen Gegenstandsbereiche und nach der Form der Präsentation im Unterricht durchaus unterschiedlich. So stehen z. B. neben wissenschaftspropädeutisch ausgerichteten Gegenstandsbereichen solche, die stärker auf technische Kompetenz oder auf eine handlungsorientierte Umsetzbarkeit bezogen sind. Das Lernen bezieht sich angesichts dieser Gegebenheiten in der Hauptschule, in der Realschule und im Gymnasium jeweils auf andere Dimensionen, die selbst wiederum von den spezifischen Abschlüssen her bestimmt sind. Schließlich ist die zeitliche Dauer des Bildungsweges zu beachten[1].

Für die Bildungsarbeit einer Schulform ist entscheidend, daß sie einen Bildungsschwerpunkt hat. Dadurch wird verhindert, daß die Bildungsangebote in einen grenzenlosen Enzyklopädismus ausufern und damit keine Strukturierung aufweisen, die für die didaktisch-methodische Ausrichtung der Bildungsarbeit notwendig ist. Der Bildungsschwerpunkt hat somit die Bedeutung eines Kristallisationszentrums, von dem her die jeweils wichtigen Bildungsangebote exemplarisch erschlossen werden. Für die weiterführenden Schulformen heißt dies: Die Hauptschule schafft in ihrer Bildungsarbeit die grundlegenden allgemeinbildenden Voraussetzungen für die vielfältigen Bildungsmöglichkeiten im beruflichen Schulwesen. Das Gymnasium schafft in seiner Bildungsarbeit die grundlegenden allgemeinbildenden Voraussetzungen für die vielfältigen Bildungsmöglichkeiten im Bereich der Wissenschaftlichen Hochschulen. Die Realschule hat schulorganisatorisch eine Gelenkfunktion zwischen Hauptschule und Gymnasium, indem hier die grundlegenden allgemeinbildenden Voraussetzungen für Weiterbil-

1 *H. Holstein*, Bildungsweg und Bildungsgeschehen. Der Bildungsprozeß bei Kant, Herbart und *Fröbel*, Ratingen 1965

dungsmöglichkeiten sowohl im beruflichen Schulwesen als auch über das berufliche Schulwesen zum Fachhochschulbereich und über die Oberstufe des Gymnasiums zum Hochschulbereich geschaffen werden. Diese Ausrichtung auf eine spezielle Bildungsmöglichkeit schließt das Erreichen anderer Bildungsziele nicht aus (z. B. Übergang von der Hauptschule ins Gymnasium, Übergang vom Gymnasium in berufliche Ausbildungen). Aufgabe einer jeden Schulform ist es zunächst einmal, in ihrem Bildungsangebot das jeweilige Eigenprofil deutlich zu machen. Im folgenden soll dies für die Hauptschule und für die Realschule versucht werden. Für das Gymnasium erfolgt dies im 3. Teil.

Hauptschule

Die Hauptschule ist neben der Realschule und dem Gymnasium eine weiterführende Schule, deren Bildungsaufgabe und Bildungsangebot eine eigenständige Ausrichtung besitzen. Dies ist in den letzten Jahren nicht genügend beachtet worden. Zum einen ist die Hauptschule über Gebühr auf die gymnasiale Bildungsarbeit hin orientiert worden. Zum anderen ist der sächliche Ausbau und die Lehrplanentwicklung zugunsten der Gesamtschule vernachlässigt worden. Die Folgen sind wachsende Schulmüdigkeit bei den Schülern und Zeichen der Resignation bei den Lehrern, weil die Hauptschule mit ihrem Bildungsangebot nicht der Situation der ihr anvertrauten Schüler gerecht wird[2]. „Sowohl inhaltlich wie methodisch-didaktisch trifft die Hauptschule nur zum Teil die Interessen und Bedürfnisse der Jugendlichen. Viel zu wenig werden die sportlichen Interessen der Jugendlichen berücksichtigt, außerdem direkt im Beruf verwertbare Kenntnisse, praktisches Wissen für Haus

---

2 *H. H. Hopf,* Hauptschüler und Destruktivität, in: WPB 29 (1977) 271–275

und Familie, Erhöhung der individuellen Verhaltenssicherheit und individuelle Hobbyinteressen. Die inhaltlichen Angebote der Hauptschule sind außerdem zu wenig auf die gesellschaftsspezifische Interessenstruktur der Schüler abgestimmt."[3]

Diese Fehlentwicklung setzt mit dem Strukturplan für das Bildungswesen des Deutschen Bildungsrates ein und gipfelt in dem Bildungsgesamtplan der Bund-Länder-Kommission. Die bildungspolitischen Entscheidungen, die hinter diesen Plänen stehen, haben Reformtendenzen abrupt abgebrochen, die in den 50er und 60er Jahren den Übergang von der überkommenen Volksschule zur Hauptschule bestimmt haben. Es gilt heute, diese Ansätze wieder neu zu aktivieren. Dies bedeutet nicht, daß die Hauptschule als Schule der „volkstümlichen Bildung" neu begründet werden soll. Unbeschadet der im Begriff der „volkstümlichen Bildung" angelegten allgemeinen Bildungsaspekte ist dieser Ansatz heute nicht mehr zu vertreten[4]. Wie in anderen weiterführenden Schulen (Realschule, Gymnasium) ist auch in der Hauptschule der Unterricht auf das Spektrum der politischen Bedingungen unserer Zeit und die Strukturmerkmale einer von den Wissenschaften geprägten Arbeitswelt ausgerichtet. Vor diesem Hintergrund und unter Berücksichtigung der vorauf genannten grundlegenden Merkmale von Schule ist die eigenständige Bildungsaufgabe der Hauptschule zu sehen. Werden diese Ansätze eingelöst, stellt die Hauptschule eine überzeugende Alternative zur Realschule und zum Gymnasium

---

3 Zu diesem Ergebnis kommt *Achinger* in ihrer empirischen Untersuchung über die Hauptschule. *G. Achinger,* Erfolg und Versagen in der Hauptschule, in: *Achinger/Feldmann/Heintker* 1976 218 – Einen kritischen Überblick über die Situation der Hauptschule in den Ländern der Bundesrepublik geben *U. Franz/M. Hoffmann* (Hg.), Hauptschule. Erfahrungen – Prozesse – Bilanz, Kronberg Ts. 1975

4 *W. Flitner,* Die vier Quellen des Volksschulgedankens (1949), Stuttgart 1966[6]; in der Einleitung zur 2. Auflage greift *Flitner* diesen Einwand auf. Die von *Flitner* aufgezeigten vier großen Bereiche sind jedoch auch heute in ihrem pädagogisch-anthropologischen Gehalt von Bedeutung.

dar. Zur Begründung der Eigenständigkeit der Hauptschule sind drei Vorgaben von Bedeutung.
Die Hauptschule ist *zum einen* eine Pflichtschule. Dies hat zur Folge, daß sie mit einer Schülerschaft rechnen muß, die nicht einheitlich ist. Sie muß daher auf die Verschiedenartigkeit der Bildungsvoraussetzungen, der Bildungswilligkeit und der Begabungen ihrer Schüler in verstärktem Maße Rücksicht nehmen. Diese Unterschiede bestehen u. a. in der Lernfähigkeit und Lernbereitschaft, in den Begabungsprofilen und der Begabungshöhe, im Umfang und Maß der Belastbarkeit mit schulischen Anforderungen, im breitgefächerten Spektrum der individuellen sozialen Bedingungen und im Entwicklungsgrad der Motivation.
Die Hauptschule kann angesichts dieser Gegebenheiten *zum anderen* nicht auf eine weithin vereinheitlichte Unterrichtsstruktur zurückgreifen, wie sie die überkommene Volksschule kennzeichnete. Das Bildungsangebot muß daher nach Leistungs- und Neigungsschwerpunkten hin differenziert sein. Der Kernpflichtbereich wird in diesem Rahmen stärker auf Bildungsangebote bezogen sein, die auf den Kanon gemeinsamer Grundkenntnisse und Fertigkeiten sowie elementarer allgemeiner Wertüberzeugungen ausgerichtet sind. Der Wahlbereich bietet demgegenüber die Möglichkeit der individuellen Profilierung in den Leistungs- und Neigungsschwerpunkten des einzelnen Schülers. Der Deutsche Ausschuß für das Erziehungs- und Bildungswesen hat in seinen Empfehlungen zum Aufbau der Hauptschule hierzu eine Fülle von Anregungen zur Ausgestaltung des Unterrichts gegeben[5].

---

5 *Deutscher Ausschuß für das Erziehungs- und Bildungswesen* (Hg.), Empfehlungen und Gutachten 1953–1965 (Gesamtausgabe), Stuttgart 1966 366–409 – Einen Bericht über die Ansätze in der Hauptschule, die den vorgenannten Intentionen zu entsprechen suchen, geben *R. G. Ermer,* Hauptschultagebuch oder: Der Versuch, in der Schule zu leben, Weinheim/Basel 1975 – *Zentrale Pädagogische Planungsgruppe Marburg,* Vorschläge zur Verbesserung der Hauptschulsituation – am Beispiel der Universitätsstadt Marburg 1977, in: WPB 30 (1978) 6–12

Die Hauptschule schafft *schließlich* mit ihrer Bildungsarbeit die grundlegenden allgemeinbildenden Voraussetzungen für die vielfältigen Bildungsmöglichkeiten im beruflichen Schulwesen. Die enge Verzahnung von Hauptschule und beruflichem Schulwesen ist gerade in den letzten Jahren sehr zum Nachteil der Hauptschule in den bildungspolitischen Reformkonzeptionen zu wenig gesehen worden. Die Schüler treten nach dem Abschluß der Hauptschule in eine berufliche Ausbildung ein, sei es nun in eine berufliche Vollzeitschule oder in einen dualen Ausbildungsweg. Dieser Gegebenheit muß die Hauptschule in dem Bildungsangebot Rechnung tragen. Der Deutsche Ausschuß spricht in diesem Zusammenhang von dem „Beruf als didaktischem Zentrum“ der Hauptschularbeit. Hierbei geht es nicht um eine irgendwie geartete Berufsvorbereitung, wohl aber um die Hinführung zur Berufsreife. Von dieser Zielsetzung her sind in den Leistungs- und Neigungsbereichen Bildungsangebote bereitzustellen. Zugleich dienen diese Angebote dazu, die Schüler zu stärkerem schulischen Einsatz zu motivieren[6].
Mit diesen Vorgaben, die die Bildungsangebote und die Bildungsarbeit der Hauptschule bestimmen, erhält die Hauptschule ein eigenständiges Profil, das sie von der Realschule und dem Gymnasium unterscheidet. Damit wird zugleich einem wesentlichen Merkmal des gegliederten Schulwesens Rechnung getragen, das mit der vertikalen Ausrichtung der Schulformen die institutionellen Entsprechungen zu den individuellen Bildungsansprüchen bereitstellt. Die Überlegungen zur Haupt-

---

6 Diesen Zusammenhang betonen *W. Dowe/H. Frommberger* (Hg.), Die Hauptschule in Nordrhein-Westfalen. Idee, Inhalt, Organisation, Düsseldorf 1968 29–32 und *K. Stöcker,* Die Hauptschule. Entwurf und Gestaltung, München 1968 sowie *B. Linke,* Zur Entwicklung der Hauptschule im Sekundarbereich I, in: WPB 29 (1977) 236–241. – Über die Möglichkeiten einer Orientierung im Berufsfeld berichtet *S. Russig-Kallfass,* Die Praxisrelevanz des Berufswahlunterrichts an den Hauptschulen Baden-Württembergs, in: DDS 71 (1979) 237–243.

schule machen zugleich deutlich, daß die Hauptschule unter diesen Voraussetzungen nicht eine Schule minderer Wertigkeit und sozialer Deklassierung ist und daß der Bildungsweg über die Hauptschule nicht in einer Sackgasse endet. Die beruflichen Tätigkeiten erschöpfen sich heute weitgehend nicht mehr in mechanischen Vollzügen von eng umrissenen Vorgaben. Berufliche Praxis ist heute in vielen Bereichen nicht mehr denkbar ohne die Einsicht in Zusammenhänge und in die aus ihnen entspringenden praktischen Erfordernisse. Sie ist zunehmend angewiesen auf das Verstehen und Beherrschen fachtheoretisch bedingter Verfahrensweisen[7]. Die Hauptschule hat so gesehen eine spezifische Aufgabe, indem sie neben den allgemeinbildenden Inhalten, die dem einzelnen als Person gelten, zugleich auch jene allgemeinen Fähigkeiten und Fertigkeiten entwickelt, die den einzelnen überhaupt erst in die Lage versetzen, in den vielfältigen Arbeitsvollzügen tätig zu werden. Die letztere Aufgabe läßt sich jedoch nur in exemplarischer Bindung und Orientierung an künftige Berufsfelder angemessen bewältigen. Die „Lehrpläne für die Hauptschule" des Landes Nordrhein-Westfalen vom Ende der 60er Jahre haben hier im Abschnitt „Hin-

---

7 *Mickler* u. a. sehen in automatisierten Arbeitsvorgängen verstärkt die Tendenz zur Dequalifizierung. Dies mag im Bereich der Anlernberufe teils gelten, für die Facharbeiter trifft dies nicht zu, wie dies der ständig zunehmende Mangel an Facharbeitern bestätigt. *O. Mickler/W. Mohr/U. Kadritzke,* Produktion und Qualifikation. Bericht über die Hauptstudie im Rahmen der Untersuchung von Planungsprozessen im System der beruflichen Bildung – eine empirische Untersuchung zur Entwicklung von Qualifikationsanforderungen in der industriellen Produktion und deren Ursachen. 2 Teile (Soziologisches Forschungsinstitut SOFI Göttingen), Göttingen 1977[2] – Die Qualifikationsverschiebung von Fertigkeiten zu Kenntnissen hin als Folge technologisch differenzierter Produktionsverfahren und die damit verbundenen Konsequenzen für die Berufsausbildung erläutert am Beispiel hochintegrierter Halbleitersysteme *G. Faber,* Mögliche Einflüsse technologischer Strukturwandlungen auf die gewerblich-technische Berufsausbildung, in: Die Deutsche Berufs- und Fachschule 75 (1979) 683–691.

führung zur Wirtschafts- und Arbeitswelt" weiterführende Maßstäbe gesetzt[8].
Aus der Sicht der Waldorfpädagogik hat *Fucke* vier berufsübergreifende Qualifikationen herausgestellt, die im Lehrplan der Waldorfschule mit seiner Integration geistiger, künstlerischer und handwerklicher Bereiche besonders gefördert werden. Diese Qualifikationen sind: Beobachtungsfähigkeit, Zielstrebigkeit durch Identifikation mit der Arbeit, Ausbildung von Empfindung und Gefühl, Selbstverwirklichung durch Arbeit[9]. Die Hauptschule kann von diesen Vorgaben her neue Impulse für ihre erzieherische Arbeit gewinnen, die heute bei weitem noch nicht gebührend berücksichtigt sind. Hinter diesen Überlegungen steht die Erkenntnis der Waldorfpädagogik, daß viele junge Menschen – und dies gilt nicht nur für Hauptschüler – aufgrund eingeschränkter Spiel- und Handlungsmöglichkeiten oftmals gleichsam als „praktische Analphabeten" in den Beruf eintreten[10]. Die Waldorfschule hat in diesem Zusammenhang in beispielhafter Weise Vorarbeit geleistet. Im Bereich der Arbeitslehre, des Berufsgrundschuljahres und der beruflichen Stufenausbildung sind Möglichkeiten entwickelt worden, die im öffentlichen Schulwesen nur bedingt und zum Teil sogar unter Verkürzung der pädagogischen Intentionen übernommen worden sind[11]. Desweiteren haben die konfessionell gebunde-

---

8 *Kultusminister Nordrhein-Westfalen* (Hg.), Grundsätze, Richtlinien, Lehrpläne für die Hauptschule in Nordrhein-Westfalen (Die Schule in Nordrhein-Westfalen Heft 30), Ratingen 1968 Teil B 10 S. 1–170 – Ferner *Dowe/Frommberger* 1968 – *A. Koch* (Hg.), Die Wirtschaft zur Hauptschulkrise. Zur Gestaltung und Aufwertung der Hauptschule, Köln o. J. (1977) – *A. Hasseberg/K. Vaupel/K. Bungard,* Mehr leisten auf der Oberstufe der Volksschule, Essen 1957[2]

9 *E. Fucke,* Mehr Chancen durch Mehrfachqualifikation. Reportagen, Analysen, Organisationsmodelle Stuttgart, 1977

10 *Rist/Schneider* 1977 24

11 *G. Rist/P. Schneider,* Die Hiberniaschule. Von der Lehrwerkstatt zur

nen Hauptschulen in freier Trägerschaft viele der vorgenannten Intentionen übernommen. Die Arbeit in diesen Hauptschulen ist von starken erzieherischen Impulsen geprägt, und es zeigen sich dort nicht die in den öffentlichen Hauptschulen beklagten Schwierigkeiten. Diese Schulen erfreuen sich daher einer wachsenden Anerkennung durch Schüler und Eltern, verbunden mit einem steigenden Zugang. Es zeigt sich somit, daß die gegenwärtigen Schwierigkeiten der Hauptschule nicht im System des gegliederten Schulwesens begründet sind, sondern daß sie sich einstellen, wenn systemwidrige Eingriffe in das gegliederte Schulwesen erfolgen.

Realschule

Zur Charakterisierung der Bildungsaufgabe der Realschule reicht es nicht aus, ihn erstens in Abhebung von der Hauptschule und dem Gymnasium her zu bestimmen, etwa in dem Sinne, daß die Realschule höhere Ansprüche stelle als die Hauptschule und weniger leiste als das Gymnasium. Zweitens ist eine Fixierung auf den Begriff „mittlerer Bildungsweg", der sich von einem „höheren" (Gymnasium) und „niederen" (Hauptschule) abgrenzt, wenig hilfreich. Die vorgenannten Bestimmungen gehen von Maßstäben aus, die außerhalb der Bildungsaufgabe der Realschule liegen.
Im ersten Falle liegt eine einseitige Bindung an einen Leistungsmaßstab vor, der auf bestimmte intellektuelle Fähigkeiten bezogen ist, wie sie speziell im Gymnasium gefordert werden. Dieser Leistungsmaßstab erhält im Zusammenhang seiner relativen Ausweitung auf die Hauptschule und Realschule einen

---

Gesamtschule: eine Waldorfschule integriert berufliches und allgemeines Lernen, *Reinbek* 1977 und *C. Lindenberg* Waldorfschulen: Angstfrei lernen, selbstbewußt handeln. Praxis eines verkannten Schulmodells, Reinbek 1978

Absolutheitsgrad, der durch nichts gerechtfertigt ist. Fest steht, daß die menschliche Begabung insgesamt in einem weit gestreuten Spektrum erscheint, in das unterschiedliche, aber gleichberechtigte Profilierungen eingelassen sind. Hauptschule, Realschule und Gymnasium stellen in diesem Rahmen die jeweils akzentuierten institutionellen Bedingungen dar, innerhalb derer für einen charakteristischen Ausschnitt aus dem gesamten Begabungsspektrum ein entsprechendes Bildungsangebot bereitgehalten wird.

Im zweiten Fall liegt eine Bindung an bestimmte Modelle schichtenspezifischer Differenzierung vor. Die Schulformen haben nach diesen Vorstellungen die Aufgabe, als jeweils abgegrenzte Rekrutierungsinstanzen der gesellschaftlichen Ober-, Mittel- und Unterschicht zu dienen. Dies gilt in gewisser Weise für die Zuordnung von Schule und gesellschaftlichem Status im 19. und beginnenden 20. Jahrhundert. Auf diesen Tatbestand ist bereits mehrfach hingewiesen worden. Angesichts der heute gegebenen gesellschaftlichen Bedingungen ist diese Zuordnung gegenstandslos. Des weiteren enthält diese Zuordnung keine pädagogischen Aspekte. Wird Schule verstanden als die systematisch betriebene Hinführung des jungen Menschen in die Erwachsenenwelt (Anthropogenese), dann ist es eine unzureichende Verkürzung dieser pädagogischen Intention, wenn Schule ausschließlich als Weg gesellschaftlicher Disziplinierung und Statuszuweisung ausgewiesen wird. Die hier vorgetragenen Überlegungen folgen anderen Begründungskriterien.

Die Realschule hat ihren Bildungsschwerpunkt im Bereich jener Bildungsangebote, die auf weiterführende Schulen im beruflichen Schulwesen (höhere Fachschule) und auf die Fachhochschulreife (Fachoberschule) sowie auf Berufe mit höherem Theorieanteil vorbereiten. Die eigenständige Bildungsaufgabe der Realschule und die ihr entsprechenden Bildungsangebote und Arbeitsweisen sind von dieser Zielsetzung her strukturiert. Sie decken einen bestimmten Erfahrungsbereich von Wirklichkeit ab, in dem geradezu modellhaft die Strukturen und Erscheinungen der umgebenden Wirklichkeit erfaßt und bedacht werden. Die so gewonnenen Einsichten sind hierbei zugleich die Bedingungen für sachbezogenes Handeln in beruflichen und gesellschaftlichen Arbeitsvollzügen[12]. Die Reformkonzepte der letzten Jahre (Strukturplan, Bildungsgesamtplan), die auf eine Stufengliederung des Schulwesens hinzielen, lassen diese Strukturierung vermissen. Mit dem Aufkommen der Reformpläne ist die Realschule daher auch immer stärker aus der bildungspolitischen und erziehungswissenschaftlichen Diskussion ausgeblendet worden. Der Deutsche Ausschuß für das Erziehungs- und Bildungswesen hat 1959 noch einmal die Aufgaben der Realschule umrissen. Danach ist Vergleichbares kaum noch von Kommissionen oder sonstigen öffentlichen Gremien vorgelegt worden. Aufschlußreich ist in diesem Zusammenhang die Überlagerung und Verdrängung der Ergebnisse der realen Schulentwicklung im Zuge der Vorlage neuer Reformkonzeptionen[13]. Dieser Tatbestand ist um so verwunderlicher und zugleich höchst bedenklich, wenn man sich die Entwicklung der Realschule in den letzten Jahren vergegenwärtigt. Die im folgenden vorgelegten Zahlen gelten für das Land Nordrhein-Westfalen und können als repräsentativ für die Entwicklung in der Bundesrepublik angesehen werden. Es sind die Jahre 1958 und 1977 verglichen worden[14].

---

12 *W. Scheibe,* Das mittlere Schulwesen, in: ders. (Hg.), Die Pädagogik im XX. Jahrhunderts. Eine enzyklopädische Darstellung ihrer Grundfragen, geistigen Gehalte und Einrichtungen, Stuttgart 1960 307–312 – *K. Frey,* Der Bildungsauftrag der Realschule (Studien- und Forschungsberichte aus dem Päd. Institut der Universität Freiburg/Schweiz), Weinheim/Berlin/Basel 1969[2] – Ferner die umfassende Darstellung der Realschule mit einer Fülle von Einzelaspekten von *H. Wollenweber* (Hg.), Die Realschule 2 Bde., Paderborn 1979

13 Darauf verweist *A. O. Schorb,* Die Realschule in der Bildungsreformdebatte, in: Die Realschule 87 (1979) 8–20. – Eine Ausnahme bildet der Problemaufriß von *O. Derbolav,* Probleme des mittleren Bildungsweges. Die Realschullehrerausbildung in der BRD. Ein Beitrag zur Diskussion um die Sekundarstufe, Hannover 1970 (a).

14 Die Zahlen stellte das Kultusministerium von Nordrhein-Westfalen und das Landesamt für Statistik und Datenverarbeitung zur Verfügung.

– Wohnbevölkerung von 10 bis unter 16 Jahren
1 173 309   1 718 395   +   545 086   146,46 (1958 = 100)
– Wohnbevölkerung von 15 bis unter 18 Jahren
777 684   832 566   +   54 882   107,06
– Zahl der Realschulen
257   547   +   290   212,84
– Zahl der hauptamtlichen und hauptberuflichen Lehrer an der Realschule
4 302   13 897   +   9 595   323,04
– Schüler an der Realschule
105 935   350 564   +   244 629   330,92
– Relativer Schulbesuch der Realschule (von 100 Jugendlichen der Wohnbevölkerung von 10 bis unter 16 Jahren besuchen im Durchschnitt . . . Jugendliche die Realschule)
8,7   20,4   +   11,7   234,48
– Zahl der Absolventen der Realschule
15 153   37 372   +   22 219   246,63
– Absolventenquote (in v. H. eines Durchschnittsjahrgangs der Wohnbevölkerung von 15 bis unter 18 Jahren
6,6   13,6   +   7,0   206,06

Der Vergleich der Jahre 1958 und 1977 bestätigt den überdurchschnittlichen Zuwachs an Schülern und Lehrern. Daraus geht hervor, daß die Realschule von weiten Kreisen der Bevölkerung angenommen worden ist[15]. Dies ist jedoch nur damit zu erklären, daß das Bildungsangebot, das die Realschule bereithält, der Begabungsstruktur und der Interessenvielfalt einer großen Gruppe von Schülern sowie den Bildungsabsichten ihrer Eltern entgegenkommt. Im Windschatten bildungspolitischer Kontroversen um die Gesamtschule hat die Realschule auf dem Wege einer kontinuierlich aufbauenden Bildungsarbeit vielen jungen Menschen neue Bildungschancen erschlossen. Dies ist eine Leistung der Realschule, die bildungspolitisch und gesell-

15 *H. Ebel*, Die soziale Funktion der Realschule, in: *Wollenweber* 1979 1, 142–165

schaftspolitisch von großer Bedeutung ist. Hierbei ist noch zusätzlich in Rechnung zu setzen, daß über die Aufbaustufe für Realschulabsolventen vielen Realschülern der Weg zur Hochschulreife eröffnet worden ist. Es scheint daher an der Zeit, daß in der bildungspolitischen und erziehungswissenschaftlichen Diskussion dieser Beitrag und darin eingeschlossen die Leistung der Realschule angemessen gewürdigt wird. An der Entwicklung der Realschule läßt sich zeigen, wie eine Bildungsinstitution auf dem Wege einer sachbezogenen pädagogischen Arbeit Schüler und Eltern für ihre Bildungsangebote gewinnen kann.

In diesem Zusammenhang ist nun im Blick auf die eigenständige Bildungsaufgabe der Realschule sehr aufschlußreich, daß über Jahre hinweg bestimmte Vorstellungen über einen in spezifischer Weise ausgerichteten Bildungsweg durchgehalten worden sind. Diese Vorstellungen gehen teils von unterschiedlichen bildungspolitischen Vorgaben aus, decken sich jedoch in den inhaltlichen Erfordernissen. Das Gesetz über die Fachhochschulen im Lande Nordrhein-Westfalen von 1975 bestimmt die Aufgaben der Fachhochschulen in folgender Weise: „Die Fachhochschulen vermitteln durch praxisbezogene Lehre eine auf wissenschaftlicher oder künstlerischer Grundlage beruhende Bildung, die zu selbständiger Tätigkeit im Beruf befähigt.“[16] Der Beschluß der Kultusministerkonferenz aus dem Jahre 1953 über die „Stellung der Mittelschule im Schulaufbau“ weist der Realschule folgende Aufgaben zu: „Die Mittelschule entspricht einem dringenden Bedürfnis des deutschen Bildungswesens und Wirtschaftslebens. Sie bereitet ihre Schüler auf Aufgaben des praktischen Lebens mit erhöhter fachlicher, wirtschaftlicher und sozialer Verantwortung vor und vermittelt die dafür notwendige allgemeine Bildung . . . Die Mittelschule ist bestimmt für gutbegabte Kinder, die mit praktischer Veranlagung eine größere Fähigkeit zum Erwerb theoretischer

16 *Minister für Wissenschaft und Forschung des Landes Nordrhein-Westfalen* (Hg.), Hochschulrecht in Nordrhein-Westfalen, Lippstadt 1976 133

Erkenntnisse verbinden."[17] Der Deutsche Ausschuß für das Erziehungs- und Bildungswesen begründet schließlich die Notwendigkeit der Realschule und die Tatsache ihrer Eigenständigkeit im „Rahmenplan zur Umgestaltung und Vereinheitlichung des allgemeinbildenden öffentlichen Schulwesens" im Jahre 1959 mit dem Hinweis: „Die Realschule (Mittelschule) entstand als die Schule des gewerblichen Mittelstandes und der später anwachsenden industriellen, verwaltenden, disponierenden Mittelschicht, in steigendem Maße auch der ausführenden technischen Berufe ... Wirtschaft und Verwaltung verlangen auch heute nach einem solchen Typ der Bildung, die den praktischen Berufen mit erhöhter Verantwortung angemessen ist."[18]

Allen vorgenannten Äußerungen ist gemeinsam, daß sie auf ein in bestimmter Weise strukturiertes Spektrum an Fähigkeiten und Neigungen zielen. In diesem Rahmen ist die schulische Arbeit dadurch ausgezeichnet, daß theoretische Einsichten immer in praktische Vollzüge und Anwendungsbedingungen eingebunden sind. Sachbereiche werden in elementarer Weise systematisiert und zugleich auf ihren Praxisbezug hin analysiert. Die Bindung des Erkenntnisprozesses an die sogenannten „Realien" dient der Sicherung eines stärkeren Praxisbezuges

---

17 *Kultusministerkonferenz* (Hg.), Sammlung der Beschlüsse der Ständigen Konferenz der Kultusminister der Länder in der Bundesrepublik Deutschland Leitzahl 150 S. 1.

18 *Deutscher Ausschuß* 1966 88 – Die vom Deutschen Ausschuß angedeutete Entwicklung dokumentiert *R. W. Keck,* Die mittlere realistische Schule in der Epoche der Anpassung an Preußen von 1870 bis zur Weimarer Republik, in: *U. Herrmann* (Hg.), Schule und Gesellschaft im 19. Jahrhundert. Sozialgeschichte der Schule im Übergang zur Industriegesellschaft, Weinheim/Basel 1977 265–305. – Einen kritischen Überblick über die Realschule gibt *H.-W. Brandau,* Die mittlere Bildung in Deutschland. Historisch-systematische Untersuchung einiger ihrer Probleme (Göttinger Studien zur Pädagogik Neue Folge Heft 2), Weinheim/Berlin 1959. – Wichtig der Problemaufriß von *H.-P. Freytag,* Zur Problematik mittlerer Bildungsqualifikationen. Eine historische und bildungsökonomische Untersuchung (Marburger Pädagogische Studien Neue Folge Band 3), Weinheim/Berlin/Basel 1969

mit der Maßgabe, daß die Auswahl und Strukturierung der Unterrichtsgegenstände von den Fachwissenschaften her erfolgt. Der Unterricht der Realschule verliert daher nie die Sache selbst aus dem Auge, auch wenn sie ihren Bezug in wissenschaftlichen Fachbereichen hat. Die Methodik und Systematik der Bezugswissenschaft eines Faches sind als solche nicht Gegenstand des Unterrichts, wohl aber ein von der Wissenschaft her geleitetes Verständnis der Sache und ihre Konkretisierung in den verschiedenen Bezügen und Situationen. Es geht somit um die Hinführung zu einem Verständnis von Praxis, das die vielfältigen Begründungsaspekte von Sachzusammenhängen im Blick hat. Von da her ist es möglich, an Verwendungssituationen orientierte Analysen vorzulegen, weiterführende Konzepte zu entwickeln und aufzuzeigen sowie angemessene Lösungsmöglichkeiten vorzuschlagen[19]. *Frey* sieht deshalb unter systemtheoretischen Aspekten die eigenständige Aufgabe der Realschule im Rahmen des Schulwesens „in der Auseinandersetzung mit den beiden Exponenten des Verständnisansatzes, dem wissenschaftlichen und dem praktischen“[20]. Diesen Aufgaben entspricht das Bildungsangebot der Realschule in besonderer Weise. Die Ausrichtung auf die Fachhochschulen und die Hinführung zu beruflichen Tätigkeiten, vor allem im Bereich des Handwerks und der mittelständischen Wirtschaft, die ein erhöhtes Maß an disponierenden, organisatorischen und

---

19 Diesen Ansatz hat vor allem herausgearbeitet *H. Holstein,* Zur bildungstheoretischen Begründung der Realschule, in: *Wollenweber* 1979 1, 89–120. – Eine Beschreibung der Fähigkeitsprofile für den Bereich technischer Aufgaben geben *H. Lenk/G. Ropahl,* Technische Intelligenz im system-technologischen Zeitalter, Düsseldorf 1976. „Technische Intelligenz ... ist eine individuelle Qualifikation, die in technischer Tätigkeit auftritt und erforderlich ist. Als typisches Merkmal einer solchen technischen Intelligenz gelten räumliches Vorstellungsvermögen und Gestaltungstalent, mathematisch-formale Abstraktionsfähigkeit, zahlengebundenes Denken und Rechenfertigkeit.“ 3

20 *Frey* 1969 43

vermittelnden Fähigkeiten in vielfältigen beruflichen Feldern verlangen, begründet die Realschule als eine eigenständige weiterführende Schulform mit einer spezifischen Profilierung. Dies bestätigt eine Erhebung aus Rheinland-Pfalz. Dort nahmen 1975 von ca. 6500 Realschulabsolventen 58% eine berufliche Ausbildung auf, 20% besuchten berufliche Vollzeitschulen und 17% weiterführende allgemeinbildende Schulen[21].

Die hier vorgetragenen Bemerkungen zur Eigenständigkeit der Realschule sind nicht im Sinne einer starren Zuordnung von Aufgabenfeldern zu verstehen. In allen Schulformen sind z. B. die sogenannten Realien in die verschiedenen Unterrichtsinhalte eingebunden. Es gibt keine Abschottung in dem Sinne, daß etwa das Gymnasium in seinem Unterricht nicht die Realien zu berücksichtigen habe. Es kommt vielmehr darauf an, in welcher Weise diese Realien vermittelt werden. Die didaktisch-methodische und lehrplanmäßige Ausrichtung tritt somit in den Vordergrund. Im Blick auf den Bildungsabschluß, den die Realschule vermittelt und der auf weitere Ausbildungsmöglichkeiten u. a. im Rahmen des Fachhochschulbereiches zielt, kommt es darauf an, diese Realien in einen fachtheoretischen Rahmen einzubinden und die entsprechenden Anschauungsweisen und Denkformen zu vermitteln. Dies schließt zugleich eine Differenzierung des Bildungsangebotes in mathematisch-naturwissenschaftliche, technische, sozialwissenschaftliche und andere Gegenstandsbereiche ein[22].

---

21 *M. Böhmer,* Die Realschule – ihre Erneuerung durch Reformen, in: WPB 29 (1977) 242–246 – *J. Peege/M. Böhmer,* Individualisierung des Unterrichts durch Wahlpflichtdifferenzierung in der Realschule, in: Die Realschule 85 (1977) 293–386 – Vor allem die Einzelbeiträge in dem Band 2 „Unterricht und Bildungsgänge" bei *Wollenweber* 1979 – *A. Hegelheimer* Bildungsökonomische Aspekte zur Bedeutung der Realschule, in: *Wollenweber* 1979 1, 121–141

22 Hierzu *J. Derbolav,* Die bildungstheoretischen Grundlagen der Schulorganisation und die Aufgabe der Realschule, in: ders. (Hg.), Wesen und Werden der Realschule. Beiträge zur Theorie und Geschichte unseres Bildungswesens (Akademische Vorträge und

Mehrgliedrigkeit des Schulwesens

Die Mehrgliedrigkeit des allgemeinbildenden Schulwesens bedarf im Anschluß an die voraufgegangene Erörterung noch einiger ergänzender Hinweise. Die in der gegenwärtigen bildungspolitischen Diskussion häufig geäußerte Zuordnung der einzelnen Schulformen zu bestimmten Klassen oder Schichten der Gesellschaft ist in der Sache falsch. Wo dies im Blick auf die gegenwärtige Gliederung des Schulwesens gesagt wird, stellt dies eine Polemik dar, die der bewußten Irreführung dienen soll. Bereits 1961 hat *Schelsky* eine solche schichtenbezogene Zuordnung kritisch zurückgewiesen[23]. So ist der Begriff des Mittelstandes heute nicht mehr eindeutig festlegbar. Die soziologisch aufweisbaren Wandlungen in diesem Bereich haben zu einem breiten Spektrum gesellschaftlicher Differenzierung geführt, die oben unter dem Begriff neuer Mittelstand erörtert worden ist[24]. Schließlich hilft auch eine starre Zuordnung sogenannter praktischer, praktisch-theoretischer und theoretischer Begabungen zu den einzelnen Schulformen nicht weiter. In allen Schulformen geht es sowohl um praktische als auch um theoretische Einsichten und Erfahrungen, die von den jeweiligen Zielsetzungen der Bildungsarbeit in den einzelnen Schulformen her unterschiedlich in Erscheinung treten. Diese Strukturierung schlägt sich in den Lehrplänen und didaktisch-methodischen Vorgaben nieder. Hierbei geht es um die Auswahl, die Gewichtung und die Form der Systematisierung der einzelnen Bildungsgegenstände sowie um die Art und den Umfang des Niveaus ihrer Repräsentation. Ferner ist die Frage

---

Abhandlungen 24), Bonn 1960 9–42 – *W. Thielke/H. J. Kaszemek,* Differenzierung der Realschul-Oberstufe (Ergebnisse aus der Arbeit der Niedersächsischen Lehrerfortbildung 24), Hannover 1975 – *E. Geyer* (Hg.), Differenzierung der Realschuloberstufe in Nordrhein-Westfalen, Hannover 1977

23 *H. Schelsky,* Anpassung oder Widerstand? Soziologische Bedenken zur Schulreform, Heidelberg 1961 9–16

24 S. Ziffer 1.22.

der Berufsbezogenheit und das Ausmaß ihrer Konkretisierung von Bedeutung. Die Hauptschule, die Realschule und das Gymnasium richten ihr Bildungsangebot auf diese Fragestellungen aus. Hauptschule und Realschule decken z. B. eine Schulzeitdauer ab, die in der Regel bis zum 10. Schuljahr reicht. Die zeitliche Identität ist jedoch keine sachliche. Die Schüler der Realschule benötigen eine Vollzeitschule, die ein intensiveres Eindringen in eine Reihe von Sachzusammenhängen sicherstellt, nicht aber die zeitliche Dauer des Gymnasialunterrichtes bis zum 13. Schuljahr voraussetzt, der zum Studium an Wissenschaftlichen Hochschulen hinführt. Dem Hauptschüler ist jedoch von seiner Begabungsstruktur her durchgehend nicht mit einer Vollzeitschule bis zum 10. Schuljahr gedient, in der der Unterricht inhaltlichen und didaktisch-methodischen Vorgaben folgt, die für die Realschule gelten. In die Unterrichtsarbeit müssen vielmehr handlungsorientierte Sachbereiche eingebaut sein, die jedoch nur angemessen vermittelt werden können, wenn eine entsprechend lange Schulzeit mit Einschluß praxisbezogener Arbeitsformen und Aufgabenstellungen gegeben ist.

Die Mehrgliedrigkeit des Schulwesens hat heute darin ihren Grund, das breite Spektrum an Fähigkeiten, Neigungen und Interessen so zu erfassen, daß für überschaubare Bereiche dieses Spektrums bestmögliche Arbeits- und Lernbedingungen gegeben sind. Der Gliederung des Schulwesens liegen somit auch systemtheoretische Gesichtspunkte zugrunde. Es wird einerseits der Zersplitterung in eine Fülle von Schulformen Einhalt geboten, die auf spezifische Ausformungen des Fähigkeits-, Neigungs- und Interessenspektrums ausgerichtet und organisatorisch nicht mehr zu bewältigen ist. Andererseits wird eine organisatorische Vereinheitlichung vermieden, bei der das Spektrum vielfältig differenzierter und im Anspruch unterschiedlich ausgeprägter Fähigkeiten, Neigungen und Interessen zu wenig berücksichtigt wird. Die Mehrgliedrigkeit des Schulwesens bietet hier mit seiner sachlichen Differenzierung und seiner didaktisch-methodischen Strukturierung die Möglichkeit eines angemessenen Ausgleichs. Es ist auch dies keine lupenreine, wohl aber eine praktikable Lösung, die weiterge-

hende Ausgestaltungen und entsprechende organisatorische Binnendifferenzierungen nicht ausschließt.
Der Zusammenhang von Schullaufbahn, Schulform und Bildungsabschluß im Bereich der Hauptschule, der Realschule und des Gymnasiums ist die Konsequenz einer sachgerechten Zuordnung von inhaltlichen Anforderungen und individuellen Dispositionen. Die allgemeinbildende Schule hat die Aufgabe, neben den Inhalten, die auf die Bildung des Menschen als Person zielen, zugleich auch die Voraussetzungen grundzulegen, die für die nachfolgende berufliche Ausbildung wichtig sind. Im Blick auf diese beruflichen Ausbildungsmöglichkeiten lassen sich in der Tat drei unterschiedliche Ansätze herausheben. *Schelsky* hat diese Ansätze näher umschrieben: „Unsere moderne Gesellschaft ist in ihrem Prinzip wissenschaftliche Zivilisation; erst auf dieser Grundlage ist ihre Arbeitsteilung, wie sie heute besteht, erwachsen. Eine Neugliederung des Schulwesens sollte auf das Prinzipielle der modernen Zivilisation zurückgehen, nicht aber sich nach der Symptomatik der bestehenden Arbeitsteilung richten, die zudem schnellen Veränderungen unterworfen sein kann. Die Grundlagen einer erfolgreichen Behauptung in der wissenschaftlichen Zivilisation scheinen mir in drei Stufen gegeben zu sein, denen auch die Ausbildungsziele dieser Gesellschaft entsprechen sollten:
a) Die Stufe der konkretistisch-praktischen Anwendung von Technik und Organisationsmitteln der wissenschaftlichen Zivilisation, verbunden mit einer im wesentlichen auf praktische Lebensbewältigung und auf konkrete Sachhorizonte eingestellten Denkweise und Lebenseinstellung.
b) Die Stufe einer wissens- und gedächtnismäßigen Einführung in wissenschaftlich-abstrakte Materien und Denkweisen bis zu einem Grade, daß die selbständige Orientierung und Urteilsfähigkeit gegenüber den abstrakten ‚sekundären Systemen' unserer Gesellschaft, ihrer Berufs- und Organisationswelt und ihrer allgemeinen geistigen Zusammenhänge erreicht wird.
c) Die Stufe des Durchganges durch eine wissenschaftliche, und das heißt im gewissen Sinne immer auch spezialisierte, Ausbildung bis zum selbständigen wissenschaftlichen Urteil

und der Fähigkeit, wissenschaftliches Denken und Können produktiv einsetzen zu können. Daß diese Stufe, wenigstens grundsätzlich, auf der Stufe b) aufbaut, dürfte deutlich sein; dagegen sind Stufe a) und b) nebeneinander gelagerte Ausbildungsgänge."[25]

Schelsky geht davon aus, daß eine allgemeine Volksbildung, die Gymnasialbildung und die akademische Bildung diesen drei Ausbildungsstufen zuzuordnen sind. Diese Zuordnung bedarf jedoch heute neuer Überlegungen. Innerhalb der Wissenschaft haben inzwischen weiterführende Entwicklungen und Differenzierungen stattgefunden. So gibt es im Rahmen der Wissenschaft ein immer breiter ausuferndes Feld anwendungsbezogener Gegenstandsbereiche. Die Differenzierung des Hochschulbereiches in Universitäten und Fachhochschulen nimmt darauf Bezug. Die vorgenannten inhaltlichen Aspekte, die *Schelsky* für die drei Ausbildungsziele aufgezeigt hat, müssen deshalb mit den inzwischen eingetretenen Entwicklungen im Wissenschaftsbereich und im Bildungssystem zusammen gesehen werden. Mit dem Ausbau des beruflichen Schulwesens (Berufsfachschulen, Fachoberschulen, Fachschulen und höhere Fachschulen) und der Differenzierung im Hochschulbereich (Fachhochschulen und Wissenschaftliche Hochschulen) sind neue Fakten gesetzt worden. Die inhaltliche und didaktisch-methodische Ausrichtung der drei Schulformen entspricht Fähigkeiten, Neigungen und Interessen, die insbesondere in den vorgenannten Ausbildungsstufen und den damit gesetzten Ausbildungsmöglichkeiten nachgefragt werden. Unbeschadet der allgemeinbildenden Inhalte werden somit individuelle Fähigkeits- und Leistungsprofile angesprochen und gefördert. Die Hauptschule, die Realschule und das Gymnasium haben hierfür ihre jeweils besonderen Unterrichtsformen, Arbeitsweisen und sachlichen

---

25 *Schelsky* 1961 13 f.

Aufgabenstellungen entwickelt. In diesen Gegebenheiten hat die Mehrgliedrigkeit des Schulwesens ihren Grund.

2.4 ÜBERGÄNGE UND ZUSAMMENARBEIT ZWISCHEN DEN SCHULFORMEN

Die Differenzierung der Bildungswege und die Durchlässigkeit zwischen den Schulformen sind gegenläufige Prinzipien. Sie können daher für die Organisation des Schulwesens nicht die allein bestimmenden Kriterien sein. Wenn beiden Gesichtspunkten sachgerecht entsprochen werden soll, ist es nötig, zwischen den Schulformen Übergänge vorzusehen und bei den Lehrern hinlängliche Kenntnisse der anderen Schulformen sicherzustellen. Bei der Organisation des Schulwesens kommt es deshalb darauf an, den individuellen Gestaltungsspielraum im Rahmen der Schulorganisation so weit wie möglich offenzuhalten und zugleich die generellen schulorganisatorischen Regelungen lediglich so weit wie nötig festzuschreiben. Auf diese Weise werden ein Höchstmaß an Individualisierung und damit zusammenhängend an Differenzierung erreicht und zugleich die notwendigen Voraussetzungen der Korrespondenz der Bildungswege sichergestellt[1]. Es muß jedem Schüler und seinen Eltern deutlich sein, welche weiterführenden Bildungsmöglichkeiten gegeben sind. Dies gehört auch zu den Kriterien der Kontinuität und der Überprüfbarkeit, die den Bildungsweg des einzelnen bestimmen sollen. Wenn dagegen schulische Bildungswege als Sackgassen erscheinen, weil die entsprechenden Übergangs- und Weiterbildungsmöglichkeiten nicht klar ausgewiesen sind, ist es nicht zu verwundern, daß sie nicht gewählt

---

1 Einen informativen Überblick geben *H. Nickel/E. Langhorst* (Hg.), Brennpunkte der Pädagogischen Psychologie. Ein wissenschaftliches Lesebuch zu aktuellen Problemen für Studierende der Erziehungs- und Sozialwissenschaften (Abhandlungen zur Pädagogischen Psychologie Band 4), Bern/Stuttgart 1973.

werden. Ein Beispiel dafür ist die Situation der reformierten Hauptschule in Nordrhein-Westfalen, deren Ausbau in den Jahren nach 1968 ohne Bezug auf die entsprechenden weiterführenden Bildungsmöglichkeiten im beruflichen Schulwesen erfolgte. Wird dagegen die Weiterführung des jeweils eingeschlagenen Bildungsweges schulorganisatorisch im gesamten Schulwesen verankert, dann ergeben sich daraus drei aufeinander bezogene Konsequenzen:

- kein eingeschlagener Bildungsweg endet schulisch in einer Sackgasse, d. h. verschließt schulische Weiterbildungsmöglichkeiten,
- jede weiterführende Schulform (Hauptschule, Realschule, Gymnasium) wird wählbar, weil ihr schulorganisatorisch bestimmte weiterführende schulische Institutionen zugeordnet sind (Korrespondenz der Bildungswege), die gegebenenfalls in den tertiären Bereich führen,
- die Schullaufbahnberatung muß die Übergangsmöglichkeiten zwischen den Schulformen und vor allem die bisher sehr unübersichtlichen Weiterbildungsmöglichkeiten im beruflichen Schulwesen verdeutlichen.

Diese Zusammenhänge sind auf der Basis umfangreicher empirischer Befunde von *Bofinger* und *Meister* aufgewiesen worden. Hierbei wird deutlich, in welch hohem Maße im gegliederten Schulwesen die einzelnen Bildungswege im Bereich der allgemeinbildenden und beruflichen Schulen strukturiert und aufeinander bezogen sind[2].

---

2 *J. Bofinger,* Schullaufbahnen im gegliederten Schulwesen und ihre Bedingungen. Eine empirische Untersuchung (Studien und Materialien des Staatsinstituts für Bildungsforschung und Bildungsplanung München Folge 7), München 1977 – *J.-J. Meister,* Bildungslaufbahnen in die Berufswelt. Schulische und nichtschulische Determinanten beruflicher Bildung (Studien und Materialien ... Folge 8), München 1978 – *J. Wöppel,* Hauptschule und berufliche Schulen: ein Bildungsgang?

Im Laufe der schulischen Entwicklung können sich Verschiebungen innerhalb der Neigungs- und Interessenprofilierung wie auch des Begabungsspektrums abzeichnen, denen durch eine Korrektur der bereits eingeschlagenen Schullaufbahn begegnet werden muß. Diese Korrektur kann jedoch nicht jederzeit stattfinden, sondern nur zu bestimmten Zeitpunkten, und zwar im wesentlichen nach dem 6. und 10. Schuljahr, wobei in den jeweiligen Schulformen die entsprechenden Hilfen (u. a. zeitlich begrenzte Förderkurse) bereitzustellen sind. Der Kontinuität des individuellen Bildungsweges widerspricht der häufige Wechsel der Schullaufbahn, d. h. von Schulformen und deren entsprechendem Bildungsangebot. Schulorganisatorisch kommt es also darauf an, für den einzelnen Schüler ein Höchstmaß an Kontinuität in der Unterrichtsarbeit mit einer größtmöglichen Flexibilität des Bildungsweges zu verbinden. Bei der Organisation des Schulwesens sind somit drei Gesichtspunkte in ein ausgewogenes Verhältnis zu bringen:

- die Kontinuität des individuellen Bildungsweges,
- die Differenzierung der schulischen Bildungsangebote,
- die Korrespondenz der Schullaufbahnen (Übergänge und Zusammenarbeit zwischen den Schulformen).

Die Überbetonung eines dieser Gesichtspunkte führt notwendig zu Disparitäten, die durch flankierende Maßnahmen nachträglich korrigiert werden müssen. Es wird sich auf die Dauer nur die organisatorische Gliederung des Schulwesens als sinnvoll erweisen, in der die drei Gesichtspunkte der Individualisierung, der Differenzierung und der Korrespondenz in bestmöglicher Weise miteinander verbunden sind.

Die Zusammenarbeit der Schulformen bedarf in diesem Zusammenhang einiger Erläuterungen. Die bestehenden Rechtsgrundlagen in den schulgesetzlichen Bestimmungen vieler Länder der Bundesrepublik reichen aus, um die Zusammenarbeit von Schulen zu ermöglichen und zu intensivieren. Die im folgenden

---

Akzente des „Aktionsprogramms zur Weiterentwicklung der Hauptschule in Baden-Württemberg“, in: WPB 29 (1977) 204–208 skizzierten Vorschläge sollen zeigen, wie solche Maßnahmen aussehen und realisiert werden können, ohne daß so einschneidende Veränderungen der Schulstruktur vorgenommen werden, wie es die Orientierungsstufe, die Gesamtschule und die Kollegstufe darstellen.

So ist in Nordrhein-Westfalen nach § 5 des geltenden Schulverwaltungsgesetzes den Schulen die schulfachliche und organisatorische Zusammenarbeit als Aufgabe zugewiesen. Der Kooperationsauftrag für Schulen verschiedener Schulstufen „erstreckt sich insbesondere auf die Vermittlung der Bildungsinhalte und auf die Übergänge von einer Schulstufe auf die andere". Weiter heißt es: „Die Zusammenarbeit zwischen den Schulen einer Schulstufe erstreckt sich insbesondere auf die Abstimmung zwischen den Schulformen über Bildungsgänge und Bildungsabschlüsse. Die Zusammenarbeit soll vor allem durch das Angebot gemeinsamer Unterrichtsveranstaltungen für mehrere Schulen und durch den Austausch von Lehrern für Unterrichtsveranstaltungen gefördert werden." Die Kooperation von Schulen im Sinne des Schulverwaltungsgesetzes wird durch ihren funktionalen Charakter bestimmt; sie ist auf die Verbesserung der Übergänge und des schulischen Angebots ausgerichtet. Die beteiligten Schulen bleiben prinzipiell selbständig.

Bei der Verbesserung der Übergangsmöglichkeiten zwischen den verschiedenen Schulformen geht es generell darum, die Beratung für Schüler und Eltern zu intensivieren. Voraussetzung ist der Kontakt zwischen den Lehrern verschiedener Schulformen. Die gegenseitige Hospitation der Lehrer muß ermöglicht und als Regelfall angestrebt werden. Gemeinsame Konferenzen von Fachlehrern verschiedener Schulformen können den gegenseitigen Informationsaustausch vertiefen. Ziel solcher Zusammenarbeit muß sein, Einsicht zu gewinnen in die curricularen, pädagogischen und vom schulformspezifischen Abschluß her geprägten Eigenprofile der Schulen. Damit können z. B. bei eventuellen Übergängen von Schülern (Schulformwechsel) die besondere Ausgangslage und Lernsituation des Schülers im Sinne der anthropogenen und soziokulturellen Vor-

aussetzungen besser eingeschätzt und berücksichtigt werden. Intensivere Zusammenarbeit erfordert zentrale (kommunale) Hilfsmaßnahmen zur Förderung benachteiligter Kinder: z. B. Schülertransport, Einrichtung von Silentien, Einrichtungen und Maßnahmen zur Freizeitbetreuung.
Auch Fördermaßnahmen, die direkt auf die Übergangsmöglichkeiten zwischen den Schulformen abgestimmt sind (Förderkurse, Ergänzungskurse) können schulformübergreifend organisiert werden. Es ist durchaus möglich, daß in Schulzentren und bei Absprache zwischen den Schulen Schüler der Klassen 5 und 6 aus Hauptschule, Realschule und Gymnasium (z. B. nach längerer Krankheit) durch zusätzlichen Unterricht in zentralen Fächern gefördert werden, um in die entsprechenden Schulformen übertreten zu können. In Einzelfällen sollten auch die Übergangsmöglichkeiten innerhalb der Klassen 8 und 9 durch Zusammenarbeit verbessert werden. Einerseits sind Ergänzungskurse denkbar, die für Realschüler einen Übergang in die gymnasiale Mittelstufe ermöglichen, andererseits sollten Ergänzungskurse angeboten werden (z B. Naturwissenschaften, Gesellschaftswissenschaften, Arbeitslehre), die für Schüler des Gymnasiums einen Übergang zur Hauptschule oder Realschule, bzw. für Realschüler den Übergang zur Hauptschule ermöglichen. Damit wird an diesen Schulen das Erzielen eines profilierten Abschlusses sichergestellt.
Für den Übergang von der Grundschule zu den weiterführenden Schulen sind auf kommunaler Ebene Arbeitskreise zwischen Lehrern verschiedener Schulformen denkbar, die pädagogische und psychologische Probleme des Übergangs diskutieren. Gegenseitige Hospitation der Lehrer in den verschiedenen Schulformen muß hier dazu führen, daß aus der intensiven Kenntnis der jeweiligen pädagogischen Arbeit vor allem im Hinblick auf die sachliche und didaktisch-methodische Akzentuierung des Unterrichts in den einzelnen Schulformen für die Schüler ein reibungsloser Übergang ermöglicht wird[3].

---

3 Ein Beispiel für eine solche Zusammenarbeit gibt *E. Müller*, Objekti-

Besondere Bedeutung erhält die Zusammenarbeit in den Klassen 5 und 6. Durch die Intensivierung der Zusammenarbeit von Schulen auf kommunaler Ebene lassen sich ohne die Nachteile integrativer Systeme alle die Vorteile sogar besser erreichen, die mit der schulformunabhängigen Orientierungsstufe angestrebt werden. Dies geschieht wirkungsvoller durch gezielte individuelle Förderung, durch objektivierte Schullaufbahndiagnose und -beratung sowie durch Pädagogisierung der Übergangsformen. Konferenzen der Schulleiter bzw. von Beauftragten aller Grund- und weiterführenden Schulen sollten Steuerungsstellen für alle Maßnahmen sein, die für die Übergänge zwischen den Schulformen während der Klassen 5 und 6 und zu späteren Zeitpunkten eingeleitet werden. Folgende Aufgaben sind u. a. zu nennen: Untersuchung der Gültigkeit der Grundschulgutachten vorrangig unter dem Gesichtspunkt der Lernerfolge in den verschiedenen weiterführenden Schulen, Unterbreitung von Vorschlägen zur Anwendung und einheitlichen Durchführung und Auswertung diagnostischer Verfahren im 4. Grundschuljahr und während der Klassen 5 und 6, Beratung und Festlegung gemeinsamer Kriterien und Verfahren der Schüler- und Elternberatung bei Schulformwechsel.
Ziel dieser Maßnahmen ist es, daß die Grundschullehrer in die Lage versetzt werden, die Schüler beim Übergang in die weiterführenden Schulen angemessen zu beraten und zu begutachten. Entfällt diese Möglichkeit, führt dies zu einer Verzerrung der Übergangsquoten in die einzelnen weiterführenden Schulen. So zeichnet sich verschiedentlich die Tendenz ab, den Übergang in das Gymnasium als Folge mangelnder Information und Beratung der Eltern (z. B. Fortfall der Grundschulgutachten in

---

vierung der Empfehlung der Grundschule für den Übergang auf die Oberstufe. Darstellung einer Form schulpsychologischer Beratung in Berlin-Wedding, in: DHS 31 (1978) 465–470.

Nordrhein-Westfalen) über Gebühr auszuweiten und das Gymnasium auf diese Weise zu einer Sonderform der Gesamtschule umzuwandeln. Damit droht einerseits die Gefahr der Auszehrung der anderen Schulformen. Zum anderen wird dem Gymnasium die Möglichkeit genommen, den Unterricht sachlich und didaktisch-methodisch so zu akzentuieren, wie es die Bildungsaufgabe des Gymnasiums mit dem Ziel der Hochschulreife erfordert. Im Gymnasium sitzen dann viele Schüler, die den Hauptschul- oder Realschulabschluß anstreben. Das Gymnasium führt aber nicht zum Hauptschul- bzw. Realschulabschluß; dieser Aufgabe werden jene Schulen von ihrem didaktisch-methodischen Ansatz her besser gerecht.

Schulformübergreifende Fachlehrerkonferenzen besonders für die Fächer Deutsch, Mathematik und Englisch sollten vornehmlich Fragen des Lehrplans und fachdidaktische Probleme beraten. Hierbei stellen sich u. a. folgende Aufgaben: Information über Lehrziele und Inhalte verschiedener Klassenstufen; Informationen über Lehrbücher; Beratung und Vergleich fachspezifischer Kriterien der Leistungsbewertung. Zur Verbesserung der pädagogischen Arbeit in den Klassen aller Schulformen lassen sich noch weitere Aufgaben benennen: Beobachtung und gegenseitige Information über den Werdegang von Schülern, die in oder am Ende der Klassen 5 und 6 bzw. 8 und 9 die Schulform wechseln; Entwicklung eines Katalogs von gemeinsamen Grundanforderungen unter Berücksichtigung der schulformspezifischen Profile; Erfahrungsaustausch über die schulformspezifische Akzentuierung der einzelnen Fächer; Beratungen für Angleichungen und unterschiedliche Akzentuierungen der Leistungsbewertung.

Für den Übergang von der Hauptschule und Realschule in die Oberstufe des Gymnasiums sowie für den Übergang von allgemeinbildenden Schulen in das berufliche Schulwesen ist die Beratung der Eltern und Schüler in den Klassen 9 und 10 zu intensivieren. Des weiteren ist das Gespräch zwischen den Lehrern und die gegenseitige Information der Lehrer der verschiedenen Schulformen in den Klassen 9, 10 und 11 sowie den entsprechenden Klassen im beruflichen Schulwesen sicherzustellen. In diesem Zusammenhang kommt der Zusammenarbeit der Schulen mit kommunalen Einrichtungen der Berufsberatung, der Schullaufbahnberatung und des Schulpsychologischen Dienstes besondere Bedeutung zu. Schließlich sollte im Hinblick auf die effektivere Nutzung spezieller schulischer Einrichtungen die Zusammenarbeit von Schulen auf kommunaler Ebene verstärkt praktiziert werden. Zu denken ist an eine gemeinsame Nutzung

- von Lehrer- und Schülerbibliotheken,
- von Lese- und Arbeitsräumen,
- von Medienräumen und Mediotheken,
- von Spezialapparaturen.

Die Zusammenarbeit von Schulen verschiedener oder gleicher Schulformen auf kommunaler Ebene kann sich nur unter folgenden Bedingungen entwickeln: die Konferenztätigkeit und Beratungstätigkeit der Lehrer, die durch diese Maßnahmen nötig wird, muß als Teil der Arbeitszeit verstanden werden. Weiterführende pädagogische Aufgaben können nur bei Entlastung im Bereich der Unterrichtsstunden erfüllt werden. In allen Fällen, die über pädagogische Initiativen hinaus schulorganisatorische Fragen berühren, ist die Mitwirkung und Mitbestimmung von Lehrern, Schülern und Eltern auf der Ebene des Schulträgers zu garantieren. Der Schulträger muß bei allen Initiativen die Zustimmung der Gesamtkonferenzen bzw. der Lehrerkonferenz einholen und den schulinternen organisatorischen Problemen (z. B. Stundenplangestaltung, Unterrichtsverteilung) Rechnung tragen. Bei der Zusammenarbeit von Schulen verschiedener Schulformen ist weiterhin noch folgendes zu berücksichtigen: die Systeme und Initiativen müssen überschaubar bleiben und die Sozialisationsprozesse bei den Schülern dürfen nicht gestört, sondern müssen gefördert werden.
Diese Vorschläge zur Zusammenarbeit der Schulen machen deutlich, welche Möglichkeiten innerhalb des gegliederten Schulwesens gegeben sind. Die Kultusverwaltungen und die Schulverwaltungen der Kommunen bzw. sonstiger Schulträger

sollten die Zusammenarbeit zwischen den Schulen entsprechend fördern. Zusammenarbeit von Schulen darf aber nicht verstanden werden als Weg zu einem anderen strukturverändernden Schulkonzept, wie es die Orientierungsstufe, die Gesamtschule und die Kollegstufe darstellen.

2.5 FRAGEN DER SCHULREFORM UND DER SCHULORGANISATION

2.51 Gegenwärtige Tendenzen

Seit Anfang der 60er Jahre wird in Anlehnung an ausländische Vorbilder die bildungspolitische Diskussion, aber auch die erziehungswissenschaftliche, schultheoretische und gesellschaftskritische Analyse des bestehenden Schulwesens bestimmt von der Forderung nach neuen Organisationsmodellen[1]. Die neuen horizontal ausgerichteten Schulorganisationsmodelle sind dadurch gekennzeichnet, daß sie eine größere organisatorische Flexibilität verbunden mit einer stärkeren

1 Zur Charakteristik vertikal und horizontal ausgerichteter Systeme *H. Scheuerl,* Die Gliederung des deutschen Schulwesens. Analytische Darstellung und Gesichtspunkte zu seiner weiteren Entwicklung (Gutachten und Studien der Bildungskommission Band 2), Stuttgart 1968 – *S. B. Robinsohn/H. Thomas,* Differenzierung im Sekundarschulwesen. Vorschläge zur Struktur der weiterführenden Schulen im Licht internationaler Erfahrungen (Gutachten und Studien der Bildungskommission Band 3), Stuttgart 1968

inneren Differenzierung aufweisen sollen[2]. In diesem Zusammenhang werden eine Reihe von Modellen diskutiert: die schulformunabhängige Orientierungsstufe, die additive und kooperative Gesamtschule, die integrierte Gesamtschule, die Kollegstufe[3].

Allen vorgenannten Schulorganisationsmodellen ist gemeinsam, daß mit ihnen versucht wird, strenge Zweckbindungen der einzelnen Schulformen wie auch deren organisatorische Binnenstruktur zu verändern. Dies geschieht meistens unter Gesichtspunkten, die sowohl gesellschaftspolitisch als auch sozialwissenschaftlich und lerntheoretisch orientiert sind und deren pädagogische Berechtigung teils unbestritten ist. Hier sind u. a. zu nennen:

- Abmilderung der schulischen Selektionsprozesse in ihrer Bedeutung für den späteren Sozialstatus durch Hinausschieben endgültiger Schullaufbahnentscheidungen,
- Verstärkung der sozialen Integration durch Aufhebung der institutionellen Eigenständigkeit der einzelnen Schulformen,
- Herstellung von Chancengleichheit durch Aufbau eines Gesamtschulsystems, in dem Leistungen nicht von den Abschlüssen und den darauf bezogenen institutionellen Besonderheiten einer jeden Schulform her gefordert werden, sondern als Ausdruck individueller Selbstbestimmung gelten,
- Aufhebung der strengen Fixierung von Schülerlaufbahnen auf bestimmte Schulformen hin (Durchlässigkeit),
- Gliederung des Schulwesens nach altersspezifischen Gesichtspunkten unter Zusammenfassung bestimmter Jahrgangsstufen in horizontal ausgerichteten Schulstufen[4].

---

2 Einen Überblick über dieses Schulorganisationsmodell gibt *H. Sienknecht,* Der Einheitsschulgedanke. Geschichtliche Entwicklung und gegenwärtige Problematik (Pädagogische Studien Band 16), Weinheim/Berlin 1968.

3 Sehr detailliert informiert *Aurin* 1978 38–176 und gibt Hinweise auf die mit dieser Entwicklung aufgetretenen Strukturprobleme 197–231.

4 Einen Überblick über die Entwicklung der Sekundarstufe I im Rah-

Die Kultusministerkonferenz hat auf ihrer 100. Plenarsitzung in Berlin am 5./6. März 1964 in einer richtungweisenden Erklärung die Möglichkeiten künftiger Lösungen angedeutet. Die wichtigsten Punkte der Erklärung lauten:

– Anhebung des gesamten Ausbildungsniveaus der Jugendlichen durch vermehrte und verbesserte Schulbildung aller Art,

– Erhöhung der Zahl zu gehobenen Abschlüssen verschiedenster Art geführten Jugendlichen,

– Ausbildung jedes einzelnen bis zum höchsten Maß seiner Leistungsfähigkeit,

– Angebot von Ausbildungsmöglichkeiten, die stärker auf die Befähigung der einzelnen eingestellt sind; Maßnahmen, die Schüler in diese ihnen gemäßen Bildungsgänge zu bringen (z. B. Beobachtungsstufe),

– Verstärkung der Durchlässigkeit unter allen bestehenden Schulen (z. B. horizontal, nicht vertikal gegliederte Schulorganisationen),

– Errichtung neuer, weiterführender Formen[5].

---

men der Stufenschule gibt der von *Keim* hg. Sammelband. Die Einleitung des Herausgebers wie auch die weiteren Beiträge nehmen die Befunde der Begabungsforschung und die Möglichkeiten ergänzender sozialpolitischer Maßnahmen nur soweit zur Kenntnis, wie sie Begründungen für die Gesamtschule geben. Beispielhaft für die Art der Argumentation ist folgende Bemerkung von *Keim*: „Zudem hat sich wieder einmal gezeigt, daß die bloße Ausschöpfung von sog. ‚Begabtenreserven' ... auch ohne wirkliche Strukturveränderungen des Schulsystems möglich war; nicht dagegen die Demokratisierung sowie die Anpassung des Schulsystems an individuelle Lernvoraussetzungen ... erst recht nicht die Erlernung der für das Zusammenleben in einer demokratischen und zugleich humanen Gesellschaft notwendigen Verhaltensweisen." (30) Hier werden Fragen politisch-moralischer Art auf spezifische Organisationsmodelle hin festgeschrieben. Solche Aussagen sind Setzungen, die zugleich wahr und falsch sein können. *W. Keim* (Hg.), Sekundarstufe I. Modelle. Probleme. Perspektiven, Königstein Ts. 1978

5 *Kultusministerkonferenz* (Hg.), Kulturpolitik der Länder 1963–1964, Bonn 1965 34

In Entsprechung zu diesen Reformvorgaben wurde das Schulwesen im Bereich der Hauptschule, der Realschule und des Gymnasiums systematisch ausgebaut. Die bildungsplanerische Zielsetzung war von der pädagogischen Überlegung bestimmt, größere mehrzügige Systeme in allen Schulformen zu errichten, um in jeder Schule die pädagogisch notwendigen Differenzierungsangebote bereitstellen zu können, die den Fähigkeiten, Neigungen und Interessen der Schüler entsprechen[6]. Des weiteren ist ein verzweigtes System von Übergangsmöglichkeiten zwischen den einzelnen Schulformen geschaffen bzw. verstärkt ausgebaut worden. Hier sind u. a. zu nennen: die Aufbauzüge für Realschulabsolventen, die Gymnasien mit fachgebundener Hochschulreife für Hauptschul- und Realschulabsolventen, die gymnasialen Zweige in bestimmten Fachrichtungen des beruflichen Schulwesens, die Anrechnung von Ausbildungsergebnissen an Höheren Fachschulen auf Studien an Wissenschaftlichen Hochschulen. Mit diesen Maßnahmen wurden die Zugangswege zum Hochschulstudium wesentlich verbreitert.

Die Jahre nach 1964 waren schließlich durch eine Reihe von inneren Reformmaßnahmen gekennzeichnet. Die Selbstbestimmung des Menschen und seine Befreiung von aller Fremdbe-

---

6 Für Nordrhein-Westfalen: *Kultusminister Nordrhein-Westfalen* (Hg.), Ausbau der Höheren Schule und der Realschule (Strukturförderung im Bildungswesen des Landes Nordrhein-Westfalen Heft 1), Ratingen 1965 – ders., Ausbau der Grundschule und der Hauptschule (Strukturförderung Heft 3), Ratingen 1966 – ders., Ausbau des Gymnasiums und der Realschule. Ein Zwischenbericht (Strukturförderung Heft 5), Ratingen 1967 – ders., Ausbau der Sonderschule (Strukturförderung Heft 10), Ratingen 1969 – ders., Schulentwicklungsplanung (Strukturförderung Heft 21), Köln 1973 – Für Hessen: *R. Geipel*, Sozialräumliche Strukturen des Bildungswesens. Studien zur Bildungsökonomie und zur Frage der gymnasialen Standorte in Hessen, Frankfurt 1965 – Für Bayern: *A. O. Schorb/M. Schmidbauer*, Bildungsbewegung und Raumstruktur. Eine Analyse der Übertritte in Realschulen und Gymnasien in Bayern 1963–1967 (Schriften des Staatsinstituts für Bildungsforschung und -planung, München), Stuttgart 1969

stimmung waren Grundlage vieler Reformimpulse, die auf die inhaltlichen Bedingungen von gesellschaftlichen Institutionen zielten. Im Bereich des Schulwesens zeigten sich diese Ansätze u. a. in der Überprüfung und Neufassung von Richtlinien, in der Ausweitung der Mitsprache- und Entscheidungsrechte in der Schule, in der Neugestaltung der gymnasialen Oberstufe, in der Auflösung der starren Unterrichtsorganisation. Ziel aller Maßnahmen war es, den Neigungen und Interessen der Schüler verstärkt gerecht zu werden und damit einer großen Zahl von Schülern die Chancen weiterführender Bildung zu eröffnen. Damit erwies sich, daß der Ausbau der Bildungswege zum Hochschulstudium im Rahmen des gegliederten Schulwesens möglich war. Die Beachtung aller vorgenannten Gesichtspunkte erforderte somit nicht eine Umstrukturierung des gegliederten Schulwesens. Es ließen sich diese Erwägungen und Reformimpulse im Bereich der Schulformen Hauptschule, Realschule und Gymnasium sogar weitgehend angemessener verwirklichen. Die im Verlauf dieser Arbeit vorgetragenen Überlegungen haben dies deutlich gemacht. Die in der Erklärung der Kultusminister geforderte Verstärkung der Durchlässigkeit zwischen den Schulformen durch den Ausbau der horizontal angelegten Stufenschule (Gesamtschule) erwies sich daher als nicht zwingend.

Zur Begründung der horizontalen Stufengliederung des gesamten Bildungswesens wurde darüber hinaus die Tatsache der altersspezifischen Gemeinsamkeiten und Bedürfnisse von Jugendlichen in bestimmten Altersstufen angeführt. Dieser Tatbestand ist zweifelsohne gegeben. Hierbei wird aber übersehen, daß die Altersstufen und die altersspezifischen Formen jugendlichen Verhaltens keine Schlüsselbegriffe darstellen, denen für die pädagogischen und didaktischen Aufgaben der Schule eine ausschließliche und letztlich bestimmende Bedeutung zukommt. Die Leistungsfähigkeit, die Leistungsbereitschaft, die Interessenvielfalt, die Lerngeschwindigkeit des jungen Menschen bedingen unterschiedliche Formen des schulischen Lernens. Diese Unterschiede sind u. a. auch auf altersspezifische Erscheinungsweisen des Jugendlichen bezogen. Aber innerhalb der altersspezifischen Erscheinungsformen gibt es eine Bandbreite individueller Unterschiede[7]. So ist z. B. die Fähigkeit der geistigen Durchdringung von Sachverhalten nicht nur eine Frage des Altersunterschiedes. Sie ist zunächst und vor allem in bezug auf die Gruppe der Gleichaltrigen ein Hinweis darauf, daß die Fähigkeiten, Neigungen und Interessen gleichaltriger Jugendlicher, d. h. ihre kognitiven Möglichkeiten unterschiedlich sind. So wiesen z. B. *Heckhausen/Wasna* nach, daß bei einem Vergleich imbiziller Kinder mit normalen Kindern hinsichtlich leistungsmotivischen Erlebens und Verhaltens nicht das Lebensalter, sondern das Intelligenzalter von Bedeutung ist. „Die Befunde unterstreichen, daß nicht ein ‚affektiver' oder ein körperlich-biologischer, sondern der kognitive Entwicklungsstand entscheidend ist für die Genese der Leistungsmotivation und deren Entwicklungsverlauf." (421)[8]. Die Gliederung des Schulwesens allein von altersspezifischen Merkmalen her ist vor allem im Blick auf normale Kinder ein zu grobes Raster, das den individuellen Bedingungen nicht gerecht wird. Daraus folgt, daß die Schule den Auftrag hat, die jeweils unterschiedlichen Ausdrucksformen einer Begabungsstruktur angemessen zu fördern. Unter pädagogisch-anthropologischen Aspekten hat die Organisation des Schulwesens in erster Linie den individuellen Möglichkeiten des Jugendlichen und der Ausprägung seiner Fähigkeiten zu entsprechen. Der Bildungsweg des jungen Menschen muß daher durch eine gewisse Zielstrebigkeit ausgezeichnet sein, um die Fähigkeiten, Neigungen und Interessen des einzelnen zu fördern. Die Hauptschule, die Realschule und das Gymnasium nehmen auf diese Gegebenheiten des Jugendlichen Bezug.

---

7 Dies verdeutlicht von vielen Ansätzen her *E. Spranger,* Psychologie des Jugendalters, Leipzig 1925[18].

8 *H. Heckausen/M. Wasna,* Erfolg und Mißerfolg im Leistungswetteifer des imbizillen Kindes, in: Psychologische Forschung 28 (1964/65) 391–421

Die Reformpläne der letzten Jahre (Strukturplan des Deutschen Bildungsrates, Bildungsbericht '70 der Bundesregierung, Bildungsgesamtplan der Bund-Länder-Kommission, Regelungen einzelner Länder), die auf eine Stufengliederung zielen, sind nicht allein von pädagogischen, sondern weitgehend von außerschulischen Gesichtspunkten bestimmt. Es stehen teils technokratische und damit verbunden politische Aspekte im Vordergrund dieser Reformbestrebungen. In der Sprache der Frankfurter Schule ausgedrückt, ist diese Reform der Bildungsorganisation zu einem großen Teil von einem technischen Erkenntnisinteresse gekennzeichnet[9]. Das Schulstufenprinzip eignet sich nämlich lediglich als ein organisationstechnisch-klassifikatorisches Hilfsmittel, um die Schülerjahrgänge in bestimmte Einheiten zu gliedern: Schulstufe der Schüler zwischen 6 und 10, 11 und 16, 17 und 19 Jahren. Es eignet sich nicht zur Abgrenzung und Ausprägung schulischer Institutionen mit einem spezifischen Bildungsauftrag. Der Befürwortung des Stufenprinzips liegen deshalb vielfach auch keine pädagogischen Begründungen zugrunde. Es ist letztlich als ein strategisches Mittel zu sehen, das der politischen Durchsetzung der integrierten Stufenschule (Gesamtschule, Kollegstufe) als Regelschule dienen soll[10]. Der Bildungsgesamtplan der Bund-Länder-Kommission verwischt darüber hinaus vordergründig die schulorganisatorisch wichtige Differenzierung zwischen Schulform und Schulstufe, indem er als Gliederungsprinzip des Bildungswesens den Terminus Bereich einführt: Elementarbereich, Primarbereich, Sekundarbereich I und II. Der Terminus-Bereich ist aber nicht auf Institutionen ausgerichtet, sondern eine Räume und Flächen kennzeichnende Bestimmung und

---

9 *J. Habermas,* Technik und Wissenschaft als „Ideologie“, Frankfurt 1970⁴ 120–168

10 *B. Fluck,* Stufenschule – Mittel zur Demontage eines leistungsfähigen Bildungssystems, in: DHS 30 (1977) 138–144

deckt sich insofern in übertragenem Sinne mit der vorgenannten Stufung der Schülerjahrgänge[11].

Die Festschreibung einer horizontal integrativen Schulstufenorganisation über die Grundschule hinaus (Orientierungsstufe, Gesamtschule und Kollegstufe) stellt des weiteren vom Begriff der Chancengerechtigkeit her gesehen schulorganisatorisch eine Inkonsequenz dar. Die Gesamtschule ist nach diesen Plänen schul- und unterrichtsorganisatorisch vornehmlich auf den Gesichtspunkt der Durchlässigkeit ausgelegt. Die Forderung nach verstärkter Durchlässigkeit des gesamten Schulwesens ist jedoch nur unter der bestimmten Voraussetzung berechtigt, daß es in dem Kindergarten und der Grundschule eine individuell angemessene Grundbildungsförderung nicht gibt und daß in den weiterführenden Schulen Regelungen über die Erprobungsstufe nicht vorhanden sind. Der technokratische Ansatz dieser Reformpläne ist schließlich darin zu sehen, daß hier die Organisation des Schulwesens nicht von dem Bildungsweg des Schülers und dem erstrebten Bildungsziel her erfolgt. Statt dessen werden dem Schüler im Rahmen einer vereinheitlichten Organisationsstruktur Bildungsangebote vorgegeben, die partiell abrufbar sind, selbst aber in keinem in sich bündigen Zusammenhang stehen[12]. Der Schüler benötigt aber diesen Zusammenhang, weil in der individuellen Ausprägung, die seine kognitiven, affektiven und sozialen Fähigkeiten bestimmt, Leistungsfähigkeit, Lerntempo und Sachanspruch einander zugeordnet sind. Die Reformpläne der letzten Jahre sprechen lediglich in den Präambeln vom Recht des einzelnen auf Bildung. Sie geben diesen anthropologisch orientierten Ansatz aber selbst auf, indem sie mittels technokratischer Maßnahmen, die einzig

---

11 *H. Paul,* Deutsches Wörterbuch, Tübingen 1966^5 86

12 Diese Fragen greifen auf *W. Kuckartz,* Kritik der pädagogischen Technologie. Die Erziehung angesichts der Gefährdung des Menschen, Heilbrunn 1974 und *H. Rumpf,* Unterricht und Identität. Perspektiven für ein humanes Lernen, München 1976.

auf eine organisatorische Vereinheitlichung des Schulwesens zielen, dieses Recht beschneiden. Die Aufgaben der Erziehung und Bildung des Menschen und die pädagogischen Aufgaben der Schule treten zunehmend in den Hintergrund. Sie werden von einem Verständnis von Schule überdeckt, das lediglich den Erfordernissen der Sozialisation Rechnung trägt[13].

2.52 Schwierigkeiten im gegliederten Schulwesen

Nichtbeachtung der Nebenfolgen von Reformmaßnahmen

Die seit Beginn der 60er Jahre einsetzenden und vorwiegend politisch motivierten Reformbestrebungen haben in Verbindung mit den in den letzten Jahren vorgelegten Reformplänen dem Schulwesen insgesamt eine Fülle von Impulsen vermittelt und viele inhaltliche und organisatorische Änderungen bewirkt. Heute zeigt sich, daß nach diesen Zeiten eines intensiven Reformierens eine Phase der Ruhe und der Konsolidierung nötig ist. Damit wird nicht die Notwendigkeit von Reformmaßnahmen verneint. Es geht hierbei vielmehr um Ausmaß, Intensität und zeitliche Aufeinanderfolge von Reformen. Ähnliche Tendenzen zeigen sich in den Vereinigten Staaten, wobei offen bleiben muß, ob die dort eingeschlagenen Wege auf unser Land zu übertragen sind[1]. Insgesamt erscheint es aber notwendig, einer Reformstrategie der kleinen Schritte den Vorrang zu geben, bei der jede Reformmaßnahme in ihren Auswirkungen

---

13 *P. Kern/P. Runde,* Identität und Rolle. Soziologisch-pädagogische Reflexionen zum Bildungsprozeß, in: PR 31 (1977) 705–719 – *M. Heitger,* Das Bildungssystem im Spannungsfeld zwischen öffentlicher Erwartung und pädagogischem Auftrag, in: VjWP 55 (1979) 121–135

1 Hierzu der instruktive Bericht von *I. Richter,* Die unorganisierbare Bildungsreform. Innovations-, Legitimations- und Relevanzprobleme im amerikanischen Bildungswesen, München 1975

auf das Gesamtsystem analysiert wird[2]. Das schließt eine grundsätzliche Distanzierung von sogenannten „holistischen" Reformstrategien ein, die umfassende und grundsätzliche Änderungen an bestehenden Systemen bzw. die Schaffung von neuen Systemen vorsehen[3]. Bei diesen Reformen stellt sich bald heraus, daß mit der Lösung bestimmter Probleme eine ganze Reihe neuer Probleme auftreten, da eine Fülle von latenten Bedürfnissen, die im bisherigen System zufriedenstellend erfaßt wurden, nun nicht mehr angemessen berücksichtigt werden[4].
Für die Schule als einem sozialen System gelten diese Bedingungen in besonderer Weise. Die Schule unterliegt weitgehend nicht zweckrationalen Bestimmungen, die für formale Organisationen wie Betriebe und Verwaltungen maßgeblich sind. Vorrangig hat es die Schule mit Unterricht zu tun. Der Unterricht ist jedoch ein komplexes Kommunikations- und Interaktionsgeschehen, das Schüler, Lehrer und Eltern angesichts bestimmter sachlicher Anforderungen zusammenführt. Der symbolische Interaktionismus hat die vielfältigen Verflechtungen, die in diesen Prozessen angelegt sind, aufgezeigt und ihre Rückwirkungen auf den einzelnen deutlich gemacht. Alle schulischen Reformmaßnahmen müssen auf die Infrastruktur des Unterrichts und die darin eingeschlossenen latenten Bedürfnisse Rücksicht nehmen[5]. Umfassende und radikale Reformmaßnah-

---

2 *P. Wild,* Wende in der Bildungspolitik? Zur Fortschreibung des Bildungsgesamtplans, in: Wirtschaftsdienst des HWWA-Instituts für Wirtschaftsforschung Hamburg IV (1979) 179–184

3 *K. R. Popper,* Das Elend des Historismus (1968), Tübingen 1971[3] – Weiterhin grundsätzlich *Popper* 1970

4 Einen Einblick in die neu entstandenen Problemlagen vermittelt der Tagungsbericht des Bildungspolitischen Gesprächs hg. v. *Stifterverband für die Deutsche Wissenschaft,* Zwang zur Bildungspolitik – Mut zur Bildungspolitik. Dokumentation eines bildungspolitischen Gesprächs (Materialien zur Bildungspolitik 5), Essen 1979.

5 Vgl. die Darstellung dieser Zusammenhänge bei *P. Watzlawick/J. H. Weakland/R. Fisch,* Lösungen. Zur Theorie und Praxis menschlichen Wandels, Bern 1974 zusammen mit kritischen Bemerkungen und dem

men helfen hier nicht weiter. Planungsansätze, die „einem meist absolut gesetzten Prinzip“ folgen, werden den komplexen Bedingungen des Schulwesens nicht gerecht[6]. Hier zeigt sich darüber hinaus ein grundsätzlich unterschiedlicher Ansatz des Verständnisses von Reform, der zugleich universalgeschichtlich von Bedeutung ist. Reform im Sinne der reformatio *Luthers* zielt auf die Wiederherstellung überkommener Strukturen. Es geht um die Verbesserung der Bedingungen, damit der ursprüngliche Auftrag voll zur Geltung kommt[7]. Davon unterschieden ist ein sozialistisches Reformverständnis, das utopisch-apokalyptisch und letztlich revolutionär geprägt ist und auf eine weitgehende Umstrukturierung überkommener Inhalte und Formen sowie der gegebenen Bedingungen ausgerichtet ist. Ein solches Reformverständnis und die ihm entsprechenden Maßnahmen führen angesichts der realen Gegebenheiten dazu, daß am Ende der Reform der Problemdruck und die Problemfülle mit allen nachteiligen Folgen größer sind als vor der Reform[8].

---

ironisierenden Zitat von *Macchiavelli:* „Tust du Gutes, tu es langsam; tust du Böses, tu es auf einmal“. 184

6 *Kaiser* hat vier Bezugspunkte (der Lernende, die umgebenden Teilsysteme, die Organisation, politische Fragestellungen) herausgestellt, die bei Planungsvorgaben im Blick auf die Komplexität der Bedingungen zu berücksichtigen sind. *A. Kaiser,* Kritik der Bildungsplanung. Reduktionistische Tendenzen und Theoreme bei bildungsplanerischen Ansätzen, in: *Derbolav* 1977 295–308 – Hinsichtlich der Realitätsblindheit radikaler Reformmaßnahmen vgl. die kritischen Bemerkungen bei *Durkheim* 1972 103 f. „Wir wissen heute, wie gespenstisch und auch wie gefährlich solcher Enthusiasmus von Bilderstürmern ist.“ (104)

7 *W. Maurer,* Artikel: Reformation, in: Die Religion in Geschichte und Gegenwart. Handwörterbuch für Theologie und Religionswissenschaft, Tübingen 1961³ 5, 858–873

8 *F. H. Tenbruck,* Zur Kritik der planenden Vernunft, Freiburg 1972 17–55 – *K. Hübner* u. a., Die politische Herausforderung der Wissenschaft. Gegen eine ideologisch verplante Forschung, Hamburg 1976 – Für den Bereich des Bildungswesens s. die abgewogene Kritik bei *A. Flitner* 1977.

Dieser Tatbestand läßt sich auch von systemtheoretischen Überlegungen her verdeutlichen. Für den Aufbau des Bildungswesens und den Zusammenhang des Schul- und Hochschulwesens gibt es in systemtheoretischer Hinsicht zwei Möglichkeiten. Das *eine Modell* geht von einem selektiven Schulwesen aus, das bestimmte Berechtigungen erteilt. Dieses Schulwesen ist in der Regel nach Schulformen gegliedert und vertikal ausgerichtet. Darauf baut ein weitgehend liberalisiertes Hochschulsystem auf, das ein in aller Regel freies und wenig reglementiertes Studium erlaubt. Eine unabdingbare Voraussetzung dieses Modells besteht darin, daß in der Gesellschaft ein differenziertes Berechtigungssystem vorhanden ist, auf das die einzelnen Abschlüsse im Schul- und Hochschulbereich und die damit gegebenen Berechtigungen bezogen sind[9]. Das *andere Modell* geht von einem weitgehend liberalisierten Schulwesen aus, das in der Regel horizontal ausgerichtet ist und auf den einzelnen Schulstufen integrative Schulsysteme ausweist, in denen schulische Selektionsprozesse möglichst lange hinausgeschoben werden. Das anschließende Hochschulsystem ist weitgehend hochselektiv, wobei der Grad der Selektion in den aufeinander folgenden Stufen des Hochschulbereichs zunimmt. Zu diesem Modell gehört als unabdingbare Voraussetzung, daß in der Gesellschaft ein ausgeprägt differenziertes Berechtigungssystem nicht vorhanden ist. Lediglich die Abschlüsse auf der obersten Hochschulebene führen zu ausgewählten und hohen

9 *G. Grüner,* Wechselbeziehungen zwischen Bildungssystem und Beschäftigungssystem (Bundesarbeitsgemeinschaft Schule/Wirtschaft 8/9), Köln 1978 7–21 – Für eine Entkopplung von Bildungs- und Beschäftigungssystem, wobei offen bleibt, inwieweit dies möglich ist, argumentieren *K. E. Nipkow,* Rollenkonflikte und Identitätskrisen des Lehrers in der Schule von heute, und *W. E. Spies,* Bildung – Qualifikation – Berechtigung – Anspruch. Identität und Differenz, in: DDS 70 (1978) 3–17 und 18–25. – Einen Überblick über die verschiedenen Ansätze im Bereich der Bildungsökonomie gibt der Sammelband von *M. Tohidipur* (Hg.), Politische Ökonomie des Bildungswesens, Weinheim/ Basel 1974.

beruflichen Positionen. Die übrigen Abschlüsse im Schul- und Hochschulbereich schließen bestimmte Berechtigungen in der Regel nicht ein. In idealtypischer Hinsicht steht das eine Modell für das Bildungswesen in der Bundesrepublik Deutschland und das andere Modell für das Bildungswesen in den Vereinigten Staaten.

Die Reformmaßnahmen der letzten Jahre haben in der Bundesrepublik nun dazu geführt, daß die weitgehend liberalisierte Schulstruktur der Vereinigten Staaten und die liberalen Elemente des deutschen Hochschulwesens zusammengebunden worden sind. Dies ist in systemtheoretischer Hinsicht jedoch ein wenig schlüssiges Verfahren. Für diese Zusammenbindung sind daher hauptsächlich sozialpolitische, nicht aber systemtheoretische Gründe maßgeblich gewesen. Die Nebenfolgen dieser systemwidrigen Reformmaßnahmen zeigen sich nun in aller Deutlichkeit[10]. Die Überfüllung der Hochschulen hat die Bedingungen einer anspruchsvollen Wissenschaftskultur weitgehend aufgehoben. Das Schulwesen weist erhebliche Disproportionen vor allem im Gymnasialbereich auf. Das Gymnasium wird verstärkt von Schülern besucht, die in der Hauptschule und der Realschule besser gefördert würden. Die Oberstufe der Gymnasien hat zum Teil universitäre Arbeitsformen übernommen, während die Hochschulen immer mehr gezwungen sind, auf das Niveau schulischer Veranstaltungen herabzusteigen.

Darüber hinaus ist im Berechtigungswesen keine Anpassung an die neue Situation erfolgt. Hier zeigen sich vor allem schwer-

---

10 *U. Lohmar/G. E. Ortner/M. Bayer* (Hg.), Die deutsche Hochschule zwischen Numerus clausus und Akademikerarbeitslosigkeit. Der doppelte Flaschenhals, Hannover 1975 – Ferner die differenziert abwägende Analyse der gesamten Situation bei *U. Teichler/D. Hartung/R. Nuthmann,* Hochschulexpansion und Bedarf der Gesellschaft. Wissenschaftliche Erklärungsansätze, bildungspolitische Konzeptionen und internationale Entwicklungstendenzen. Studie im Auftrag des Internationalen Arbeitsamtes, Genf, mit Unterstützung des Max-Planck-Instituts für Bildungsforschung, Berlin, m. e. Einführung z. Thema v. *H. Becker,* Stuttgart 1976

wiegende Unterschiede zu den Gegebenheiten in den Vereinigten Staaten. Anstelle unseres differenzierten Berechtigungswesens finden sich dort ausgeprägte Konkurrenzbedingungen in der Berufs- und Arbeitswelt. Hinzu kommt, daß weitreichende sozial- und arbeitsrechtliche Absicherungen (u. a. Krankheits- und Kündigungsschutz) fehlen. Es werden dort somit Selektionsverfahren, die in der Schule ausgeklammert sind, in die berufliche Tätigkeit verlagert[11]. Bei der Umgestaltung des Bildungswesens in der Bundesrepublik sind die notwendigen systemtheoretischen Konsequenzen nicht gezogen worden. Es ist in der Tat zu fragen, ob die ausgeprägten Selektionsmechanismen, die das Beschäftigungssystem in den Vereinigten Staaten kennzeichnen, erstrebenswert sind. Hält man den hohen Stand der sozial- und arbeitsrechtlichen Absicherungen (soziales Netz) in der Bundesrepublik für politisch richtig, dann ist dies durch entsprechende Maßnahmen abzusichern. Abschlüsse im Schul- und Hochschulbereich müssen daher auf den verschiedenen Abschlußebenen jeweils angemessenen hohen Standards genügen, wenn erworbene Berechtigungen bestimmte Ansprüche und damit gesetzte soziale Absicherungen (z. B. Laufbahnbestimmungen, Einstellungsvorschriften) einschließen sollen. Daraus folgt, daß gerade angesichts des hohen Maßes an sozialer Sicherung ein selektives Bildungssystem und ein entsprechendes Berechtigungssystem notwendig sind. Hier zeigen sich nun die Disparitäten in voller Stärke. So ist das

11 So hat das Oberste Gericht der USA in einem Urteil aus dem Jahre 1971 die Berücksichtigung von Zertifikaten bei der Auswahl von Bewerbern um bestimmte berufliche Tätigkeiten als eine Gefährdung des Prinzips der beruflichen Chancengleichheit angesehen und damit das Prinzip der „lebenslangen Konkurrenz" im Beruf betont. Darauf verweisen *Teichler/Hartung/Nuthmann* 1976 73. – *S. Huff,* Credentialing by Tests or by Degrees: Title VII of the Civil Rights Act and Griggs v. Duke Power Company, in: Harvard Educational Review 44 (1974) 246–269

Berechtigungswesen nach wie vor auf die strukturellen Bedingungen eines Bildungswesens ausgerichtet, das es in dieser Form nicht mehr gibt[12]. Die Folge ist, daß erworbene Berechtigungen nicht die entsprechenden sachlichen Qualifikationen einschließen und daß Ansprüche bestehen, die nicht durch entsprechende Leistungen sachlich gerechtfertigt werden. Auf diese Weise erfolgt eine Entkopplung des Bildungs- und Beschäftigungssystems, die von den jeweiligen systemtheoretischen Voraussetzungen her für die USA konsequent, für die Bundesrepublik aber unangemessen ist. Der Problemdruck der

---

12 Diese Nebenfolgen analysiert *Titze* ausgehend von einem Interpretationsmuster, das in der gegenwärtigen Gesellschaft spätkapitalistische Strukturmerkmale vorherrschen sieht. Die Schlußfolgerungen (390 ff.) geben neben vokalen Gesten keine praktikablen Lösungen an. *H. Titze,* Erziehung, Selektion und Berechtigung, in: DDS 67 (1975) 378–392 – In ähnlicher Weise argumentieren *C. Offe,* Bildungssystem, Beschäftigungssystem und Bildungspolitik – Ansätze zu einer gesamtgesellschaftlichen Funktionsbestimmung des Bildungswesens, und *M. Baethge,* Die Integration von Berufsbildung und Allgemeinbildung als Forschungskonzept für die Berufsbildungsforschung, in: *Roth/Friedrich* 1975 1, 217–252 und 256–302. Beide Autoren sehen den Grund der Schwierigkeiten in dem nach marxistischer Sicht unaufhebbaren Grundwiderspruch der kapitalistischen Gesellschaft, der zu immer neuen Krisen führt. Der lediglich postulative Zuschnitt dieses Interpretationsansatzes, der über die differenzierten Bedingungen unserer gesellschaftlichen Wirklichkeit und ihrer institutionellen Verfassung wenig aussagt, ist im Blick auf den in diesen Interpretationsmustern verwendeten Krisenbegriff kritisch analysiert worden von *Th. Sarrazin/F. Spreer/M. Tietzel,* Krise und Planung in marxistischer Sicht: Das Beispiel Habermas, in: *G. Lührs/Th. Sarrazin/F. Spreer/M. Tietzel,* Kritischer Rationalismus und Sozialdemokratie m. e. Vorwort v. H. Schmidt (Internationale Bibliothek Band 79), Berlin/Bonn-Bad Godesberg 1975[2] 213–243. Es geht weniger um realitäts- und sachbezogene Analysen der gesellschaftlichen Gegebenheiten als vielmehr um die dogmatische Absicherung marxistischer Erklärungsansätze gegen kritische Rückfragen („. . .durch geschickte Neuformulierung die Krisentheorie so dicht abzuschotten, daß auch nicht mehr der leiseste Windhauch der Wirklichkeit Unordnung in das feine Spinngewebe der Theorie bringen kann". 214).

nicht bedachten Nebenwirkungen von Reformmaßnahmen ist daher am Ende größer als vorher[13].

Angesichts dieser Gegebenheiten erweist sich, daß es sachlich angemessener gewesen wäre, auf dem Wege kleiner Reformschritte Änderungen einzuleiten, denen zunächst eine genaue wissenschaftliche Analyse der gegebenen Situation, verbunden mit dem Aufweis bestehender Schwierigkeiten wie auch der zu erwartenden Folgeerscheinungen, hätte vorausgehen sollen[14]. Die Analyse von Folgewirkungen der eingeleiteten Reformmaßnahmen ist jedoch weitgehend unterblieben. Dies hat dazu geführt, daß sich im gegliederten Schulwesen eine Reihe von Schwierigkeiten abzeichnen, die nicht Ausdruck von strukturellen Mängeln des gegliederten Schulwesens sind. Sie sind vielmehr das Ergebnis einer Fülle von punktuellen und politisch motivierten Eingriffen in die Schulstruktur und die schulischen Arbeitsbedingungen.

---

13 Beispielhaft dafür, wie diese Konsequenzen nicht zur Kenntnis genommen werden, ist die Argumentation von *L. v. Friedeburg,* Bilanz der Bildungspolitik, in: ZfP 24 (1978) 207–220 und *H. Blankertz,* Handlungsrelevanz pädagogischer Theorie. Selbstkritik und Perspektive der Erziehungswissenschaft am Ausgang der Bildungsreform, in: ZfP 24 (1978) 171–182. – Im Gegensatz dazu die kritische Analyse der bisherigen Reformansätze bei *H. v. Recum,* Bildungsökonomie im Wandel. Umrisse einer Ortsbestimmung und Plädoyer für mehr bildungspolitische Rationalität, Braunschweig 1978 – Ferner *B. Wellmann*/*O.* Frhr. v. *Weitershausen,* Ideologie und Bildungspolitik (Walter-Raymond-Stiftung Kleine Reihe Heft 18), Köln 1979

14 *V. Krumm,* Die Rolle der Erziehungswissenschaft bei der Reform von Schule und Unterricht, in: Jahrbuch der Universität Düsseldorf 1972/73, Düsseldorf 1975 251–265 – *S. J. Fitzsimmons*/*R. Wildemann*/*K. J.Avrow* (Hg.), Zukunftsorientierte Planung und die Forschung für die 80er Jahre. Deutsche und amerikanische Erfahrungen im Bereich der Erziehungs-, Wohnungs-, Beschäftigungs-, Gesundheits-, Energie- und Umweltpolitik, Königstein Ts. 1978 – *H. Stachowiak* (Hg.), Werte, Ziele und Methoden der Bildungsplanung. Ein Diskussionsbeitrag jenseits von Utopie und Ad-hoc-Pragmatismus. Eine Veröffentlichung aus dem Forschungs- und Entwicklungszentrum für objektivierte Lehr- und Lernverfahren (FEoLL), Paderborn 1977

Abbau des Eigenprofils der Schulformen

Im folgenden sollen einige dieser Schwierigkeiten aufgezeigt werden. In diesen Zusammenhang gehört zunächst die in den letzten Jahren von den Kultusministerien verstärkt ausgehende Tendenz, die Stundentafeln und Unterrichtsfächer zwischen den einzelnen Schulformen weitgehend anzugleichen. Hierdurch verlieren die Schulformen nicht allein ihr Eigenprofil, das in dem Bildungsanspruch des Schülers begründet ist. Die Schulen verlieren vor allem die Möglichkeit, ihren pädagogischen Gestaltungsspielraum im Blick auf die besonderen Bedürfnisse ihrer Schüler sachgemäß auszufüllen. In den vergangenen Jahren ist des weiteren von seiten der Kultusverwaltungen besonders der Hauptschule, aber auch der Realschule ein falscher Dienst erwiesen worden, indem man die Bildungsinhalte und Anforderungen in diesen Schulen verstärkt an denen des Gymnasiums orientierte. Damit verlor die Hauptschule die Möglichkeit, ihre Schüler gezielt durch ein entsprechendes schulisches Angebot und darauf abgestimmte Anforderungen auf Qualifikationen vorzubereiten, die sich stärker an einer beruflichen Weiterbildung orientierten und der Begabungsstruktur der Schüler gerecht wurden[15]. Eine solche Aus-

---

15 Diese Notwendigkeit ist umfangreich dokumentiert: S. u. a. *A. Roth*, Idee und Gestalt der Hauptschule, Ratingen 1966 – *H. Gausmann*, Die Sprache des Kindes im Volksschulalter. Untersuchungen über die Entwicklung seiner Begriffswelt, Hannover 1966 – *Kultusminister Nordrhein-Westfalen* 1968 – *Lehrer* 1967: Arbeitslehre – Standpunkte und Meinungen. Bericht über eine Tagung in Bad Harzburg des Gesamtverbandes Niedersächsischer Lehrer vom 2.–4. 1. 1967, Hannover 1967 – *U.-J. Kledzik* (Hg.) Entwurf einer Hauptschule. Eine Analyse der Erfahrungen, Probleme und Möglichkeiten unter besonderer Berücksichtigung eines 10. Pflichtschuljahres in Berlin, Hannover 1967 – *K. Stratmann*, Hauptschule und Arbeitslehre. Analyse der Diskussion um ein schulpädagogisches Projekt. Gutachten im Auftrage der VW-Stiftung, Ratingen 1968 – *U.-J. Kledzik* (Hg.), Arbeitslehre als Fach. Ansatz zu seiner Verwirklichung, Hannover 1972 – *H. Meya*, Die Berufswahlvor-

richtung der Hauptschule auf die berufliche Weiterbildung verbaut dem leistungsfähigen Hauptschüler nicht die Chance, über Einrichtungen des beruflichen Schulwesens in den Hochschulbereich einzutreten[16]. Die Realschule gerät in Gefahr, ihren Bildungsabschluß nicht in erster Linie als Grundlage für ein breites Spektrum höherer beruflicher Qualifikationen zu sehen, die teils über das berufliche Schulwesen erreicht werden können.

Als Folge dieser Tendenzen und verstärkt durch die bildungspolitische Diskussion der letzten Jahre ist eine Disproportion im Schulwesen eingetreten[17]. Der Ruf nach mehr Abiturienten als Folge einer einseitig proklamierten Bildungkatastrophe und

---

bereitung im Rahmen der Arbeitslehre, Hannover 1972 – *H. Möller* (Hg.), Die Hauptschule. Aufgabe und Probleme (Erziehungswissenschaftliche Reihe Band 11), Frankfurt 1972 – *H. Gröschel/H.-J. Ipfling/A. Kriegelstein*, Hauptschule – heute. Pädagogisch-psychologische Probleme. Lehr- und Lernbereiche (Schulpädagogische Aspekte), München 1976 – *J.-G. Klink*, Die doppelte Benachteiligung von Hauptschülern durch unser Schulsystem und seine Zensuren, in: DDS 70 (1978) 656–665 – *P. Struck*, Die Theorie vom Absterben der Hauptschule, in: WPB 29 (1977) 209–213

16 Dies bestätigt *Sommer* aufgrund einer Befragung von ca. 1000 Volksschulabsolventen und zeigt auf, daß von der Volksschule her Aufstiegsmöglichkeiten in mittlere und höhere berufliche Positionen gegeben sind. *W. Sommer*, Schulleistung und Berufserfolg. Ergebnisse einer soziologischen Untersuchung über den weiteren Bildungs- und Berufsweg gutbegabter Volksschulabsolventen, Stuttgart 1973. Dies ist jedoch nur möglich, wenn das Unterrichtsangebot der Hauptschule entsprechend ausgerichtet ist. – Auf die zunehmende Bedeutung der beruflichen Weiterqualifikation für das Lebensschicksal unter gleichzeitiger Abnahme der Herkunftseinflüsse verweist *R. Geißler*, Bildung und Sozialchancen. Hypothesen zur Statuszuordnung durch das Bildungssystem, in: KZSS 30 (1978) 468–487.

17 Eine breit dokumentierte kritische Darstellung dieses Tatbestandes gibt *J. Hitpass*, Schulreform, Schülerauslese und Hochschulzulassung. Zur Gewissenserforschung der deutschen Bildungspolitik, Stuttgart 1977. – Ferner *H. Bath*, Schulreformkritik als Ergebnis der Schulreform, in: DHS 31 (1978) 369–377

einer falsch akzentuierten Bildungswerbung[18] in Verbindung mit einer schleichenden Diffamierung der Hauptschule als einer Institution minderer Schulausbildung hat folgendes bewirkt: das Gymnasium ist überfüllt, die Realschule entwickelt sich zu einer verkappten Hauptschule, und die Hauptschule schließlich wird zur sogenannten „Restschule“ mit einem Übermaß an unterrichtlichen und erzieherischen Problemen[19]. In diesem Zusammenhang ist von aufschließender Bedeutung, daß die Hauptschule, die immerhin 1977 im Verhältnis zur Realschule und Gymnasium von ca. 48% der Jugendlichen besucht wurde, als „Restschule“ abqualifiziert wird[20]. Diese Formulierung, die von Bildungspolitikern und Pädagogen häufig benutzt wird, die sich selbst als fortschrittlich einstufen, ist Ausdruck eines Bildungshochmuts, der seine Kriterien in einem Verständnis von Bildung hat, das mit *Humboldt* wenig, wohl aber mit dem

---

18 *G. Picht,* Die deutsche Bildungskatastrophe. Analyse und Dokumentation, *Olten* 1964 – *H.-G. Rolff/G. Sanné* (Hg.), Sicherheit und Aufstieg. Materialien zum Berliner Modell der Bildungswerbung (Schriftenreihe Arbeit und Leben Heft 1–2), Düsseldorf 1967

19 Auf diese Entwicklung verweisen: *J. Hitpass,* Zwischenbilanz der Bildungsreform, Bottrop 1973 – *J.-G. Klink,* Klasse H 7e. Aufzeichnungen aus dem Schulalltag, Heilbrunn 1974 – *F. Niehl,* Chancengleichheit ohne Chance? Stuttgart 1975 – *G. Priesemann,* Erziehungsbegriff und Schulreform, in: DHS 29 (1976) 14–19 – *W. E. Spies,* Bildungsplanung in der Bundesrepublik Deutschland. Entwicklung, Probleme, Neuansätze, Kastellaun 1976 – *Stifterverband für die Deutsche Wissenschaft* (Hg.), Schülerberg und Ausbildung. Analysen und Maßnahmen, Stuttgart 1976 – *A. Hegelheimer/M. Zöller,* Wider die kranke Reform. Ordnungspolitik für Bildungswesen und Arbeitsmarkt, Zürich 1977 – Die Beiträge des Sammelbandes hg. von der *Landeszentrale für politische Bildung des Landes Nordrhein-Westfalen,* Erziehungsnotstand? Sozialisation und Erziehung in Konsens und Dissens, Dokumentation eines bildungspolitischen Gesprächs (Bildungspolitische Initiativen), Köln 1976

20 Im Jahre 1977 besuchten 2 517 800 (47,86%) Schüler die Hauptschule, 1 288 300 (24,49%) Schüler die Realschule und 1 454 900 (27,65%) Schüler die Klassen 5–10 des Gymnasiums. *Bundesminister für Bildung und Wissenschaft* (Hg.), Grund- und Strukturdaten 1978, Bonn 1978 26

elitären Bildungsanspruch des Bürgertums des 19. Jahrhunderts und seinem Klassenverständnis viel gemeinsam hat. Will man diesen negativen Entwicklungen begegnen, ist es notwendig, die eigene Profilierung einer jeden Schulform wieder stärker in den Blick zu nehmen[21].

Schulstreß und Verlust der erzieherischen Atmosphäre

Der Schulstreß verweist auf einen weiteren Bereich von Schwierigkeiten, der von Eltern und Ärzten immer wieder aufgegriffen wird. Von der Grundschule bis zum Hochschulabschluß wird der Bildungsweg des jungen Menschen vom Streß begleitet. Der Streß ist jedoch nicht eine systembedingte Begleiterscheinung des gegliederten Schulwesens. Der Streß ist vielmehr die Konsequenz einer Bildungspolitik, die darauf zielte, Bildung in den Rang eines Konsumgutes zu erheben. Wenn der Anspruch auf eine angemessene Bildungsförderung auch ein soziales Grundrecht ist, so ist damit nicht gesagt, daß Bildung ein Konsumgut ist, das beliebig und unter Verzicht auf eigene Vorleistungen eingefordert werden kann. Solange in einer Gesellschaft höhere Positionen nicht unbeschränkt zur Verfügung stehen (Knappheit der Ressourcen), sind Auswahlkriterien unumgänglich. In einem sozialen Rechtsstaat ist es bei der Auswahl der benötigten Eliten nicht möglich, auf Selektionsmechanismen früherer Zeiten zurückzugreifen (geburtsständische Vorrechte, Ämterkauf, Dotationsverfahren u. ä.). Es bleibt einzig der Weg über die Bildung des einzelnen. Chancenausgleich und Chancengerechtigkeit sind in diesem Zusammenhang die beiden entscheidenden Kriterien, die gewährleisten, daß jeder einzelne nach Maßgabe seiner Fähigkeiten und seines

21 Ein Beispiel für die Hauptschule gibt *H. Bielefeldt,* Und was nützt das alles dem Schüler...? in WPB 31 (1979) 171–177. – *H. Gudjons,* Hauptschüler unter sich. Erfahrungen in der außerschulischen Betreuung von Hauptschülern, in: WPB 31 (1979) 26–31

Einsatzes gefördert wird. Bildung ist unter diesen Voraussetzungen kein Konsumgut.
Viele bildungspolitische Maßnahmen der letzten Jahre haben jedoch den vorauf erörterten Zusammenhang ignoriert[22]. Im Bereich des Schulwesens sind alle jene Regelungen weitgehend abgebaut worden, die auf Leistungsanspruch und Leistungsfeststellung zielten (z. B. Einschränkung der Zensurengebung in der Grundschule, Fortfall der Aufnahmeprüfungen nach der Grundschule, Liberalisierung der Versetzungsbestimmungen, Abbau der Fremdsprachen, Beschneidung der schriftlichen Leistungsprüfungen, Ausweitung des Quorums mangelhafter Leistungen bei Klassenarbeiten, Ausweitung des Hochschulzuganges durch Ausbau sogenannter integrierter Studiengänge, Abbau der verpflichtenden allgemeinbildenden Fächer im Abitur). Angesichts der Knappheit von Studienplätzen, die selbst wiederum Ausdruck des begrenzten Vorhandenseins höherer Positionen und damit der Knappheit von Ressourcen überhaupt ist, wird das Punktsystem zum letzten Auswahlkriterium für den Hochschulzugang. Dies schlägt nun auf das Schulwesen selbst zurück. Da die formellen Auswahlkriterien weitgehend abgebaut sind, setzt nun der Mechanismus informeller Auswahlkriterien ein. Es sind dies indirekte Formen der Leistungsforderung und Leistungsüberprüfung. Hierzu dienen private Unterrichtshilfen, indirekte Leistungsbewertungen, zusätzlich eingebrachte und in Lehrplänen nicht ausgewiesene Leistungen u. a. m. Auf diese Weise wird unterschwellig zugleich ein sozialer Selektionsmechanismus neu eingeführt, der paradoxerweise gerade die Jugendlichen aus den unteren Sozialschichten trifft, die durch die bildungspolitischen Maßnahmen der letzten Jahre zu weiterführender Bildung ermutigt werden sollten. Insgesamt zeigt sich, daß der Zufall zum Auswahlkriterium wird, nicht aber die langfristig entwickelte Leistungsfähigkeit des einzel-

---

22 Insbesondere im Blick auf den Verlust der erzieherischen Qualität *H. Maier,* Zwischenrufe zur Bildungspolitik, Osnabrück 1973²

nen, die sich in ausgewiesenen schulischen Bildungswegen und angesichts des Anspruchs des Bildungsangebotes in den einzelnen Schulformen erwiesen hat.
Die voraus dargelegte Situation im Schulwesen bewirkt zugleich eine Veränderung des Schulklimas. In die Schule werden alle negativen Erscheinungsformen einer Konkurrenzgesellschaft verlagert. Die Schule entbehrt damit weitgehend einer erzieherischen Atmosphäre. Das Lernen in der Schule verliert seine zweckfreie Ausrichtung, die auf die Selbstbildung und Selbstbestimmung zielt. Statt dessen erfolgt eine Verrechnung schulischer Leistungen und ein kalkulierendes Wählen von Fächern im Blick auf günstige Notendurchschnitte. Am Ende der schulischen Bildungsarbeit entscheidet die Höhe der erreichten Punktzahl über das weitere Studienschicksal, in die noch Änderungen aufgrund eines Malus-Bonus-Systems einkalkuliert werden müssen. Angesichts dieser Tatsache ist es verständlich, daß die verwaltungsrechtliche Überprüfung dieser Entscheidungen von seiten der Betroffenen gefordert wird. Eine zunehmende Verrechtlichung der schulischen Unterrichtsgestaltung ist die Folge[23]. Es liegt dann in der Konsequenz einer solchen Entwicklung, daß die Unterrichtsinhalte stärker normiert werden (Normenbücher). Die Ablösung der überkommenen Lehrpläne durch Fachcurricula entspricht diesen Ansätzen. Mit der Festschreibung von Lernzielen und deren Umsetzung in Lernsequenzen, denen bestimmte Sachbereiche zugeordnet werden, löst sich der Gesamtzusammenhang eines Faches in Analogie zu einem Baukastensystem in isolierte Einzelfakten auf. Auf dem Wege einer solchen Parzellierung des Unterrichtszusammenhanges soll zugleich eine Objektivierung der Leistungsbewertung im Rahmen vorgegebener Punktwertskalen erreicht werden. Dies alles wird unter dem Stichwort eines

23 *W. Boppel/U. Kollenberg*, Bildung zwischen Politik und Recht. Zur Rolle von Gerichtsentscheidungen in der Bildungspolitik (Beiträge zur Gesellschafts- und Bildungspolitik 24), Köln 1978

wissenschaftsorientierten Lernens als eine neue Qualität des Unterrichtens ausgegeben und bis in die Grundschule hineingetragen. In Wirklichkeit bewirkt diese technokratische Ausrichtung der Bildungsarbeit eine geistige und zugleich emotionale Verarmung der schulischen Atmosphäre, über die Schüler, Lehrer und Eltern gleichermaßen klagen. Die Schule verliert ihre Freiräume, die Muße, Gelassenheit und Verweilen im Umgang mit den Unterrichtsgegenständen erlauben und damit ein Eingehen auf die Bedingungen des einzelnen Schülers wie auch die besondere Situation einer Schülergruppe erst möglich machen. Die erzieherischen Möglichkeiten der Schule als einem sozialen System sind entscheidend an diese Vorgaben gebunden[24].
Vor diesem Hintergrund ist die Frage der Wissenschaftsorientiertheit des Unterrichts zu bedenken. Hierbei kommt es darauf an, deutlich zu machen, daß nicht in allen Unterrichtsfächern dem sachlichen und erzieherischen Auftrag dieser Fächer entsprochen wird, wenn diese allein unter dem Gesichtspunkt der Wissenschaftsorientiertheit didaktisch aufbereitet werden[25]. Auch diese Fächer haben einen eigenen Erziehungs- und Bildungswert. Der Verlust der erzieherischen Qualität von Schule hat heute zu einem nicht geringen Teil darin seinen Grund, daß der an sich berechtigte Ansatz der Wissenschaftsorientierung zu undifferenziert in allen Fächern im Vordergrund steht. Fehlende Anschaulichkeit, die Zunahme fachspezifischer Formulierungen, der Abbau sprachlicher Ausdrucksfähigkeit, die Ein-

---

24 Auf diesen Zusammenhang verweisen: *R. Affemann,* Lernziel Leben. Der Mensch als Maß der Schule, Stuttgart 1976 – *K. Aurin,* Leistung in einer humanen Schule – Pädagogische Voraussetzungen und Funktionen, in: Lehren und Lernen 3 (1977) 11, 18–36 – *R. Voß,* Der Schüler in einer personorientierten Schule. Humane Relevanz als Problem pädagogischer Praxis, Heilbrunn 1978 – *M. Heitger,* Die Gefährdung des Bildungsauftrags unserer Schulen durch ihre Überforderung, in: DHS 32 (1979) 154–160

25 Auf diesen Tatbestand verweist *A. Reble,* Zum Prinzip des wissenschaftsorientierten Unterrichts, in: PR 33 (1979) 65–79.

schränkung unmittelbarer Erfahrungsmöglichkeiten, die Beschneidung praktischer Handlungsvollzüge sind u. a. die Folge einer zunehmenden intellektuellen Übersetzung der Lehrpläne. Hierdurch werden bei vielen Schülern Möglichkeiten abgeschnitten, sich in differenzierte Zusammenhänge einzuarbeiten und auf diesem Wege zu vertieften Einsichten zu gelangen. Im Zusammenhang mit einer immer weiter ausufernden Differenzierung der schulischen Fachgebiete führt dies dazu, daß der Unterricht als eine Summation von Einzelfakten erfahren wird. Es fehlt die Einbindung aller Einzelbereiche in einen Gesamtzusammenhang. Die einzelnen Schulfächer können hierzu von ihren spezifischen fachlichen Voraussetzungen her einen Beitrag leisten. Dabei gilt es, auf vielfältig differenzierte Arbeitsformen und auf spezifische Wege der Erkenntnisgewinnung sowie auf individuell angemessene Weisen der geistigen und sachlichen Ansprache des Jugendlichen zurückzugreifen. Aber auch die äußeren Bedingungen der Schule müssen den Schüler ansprechen. Hier ist bei der Gestaltung der Klassenräume, Schulgebäude und Schulhöfe darauf zu sehen, daß sie ein Gefühl der Geborgenheit vermitteln und zugleich die Welt vergegenwärtigen, in der der junge Mensch zum einen lebt und die ihm zum anderen im schulischen Unterricht nahe gebracht wird. Schule und Unterricht müssen so gesehen durch ein hohes Maß an Anschaulichkeit bestimmt sein[26]. Dies ist alles notwendig, wenn der junge Mensch zu einer persönlichen Sicht der Welt geführt werden soll, die in Einsichten und Erkenntnissen gründet und von Verantwortung geprägt ist.

Curriculumtheorie als Ausdruck technokratischer und ideologischer Reformabsichten

Die Curriculumtheorie und die mit dieser Theorie gesetzten Rahmendaten für die Unterrichtsgestaltung haben das Unter-

---

26 *A. Friede*, Anschaulichkeit im Biologieunterricht, in: WPB 29 (1977) 279–282

richtsgeschehen in der Schule ebenfalls weitgehend verändert. Der Grund hierfür ist darin zu suchen, daß der Curriculumtheorie letztlich ein technokratisches Erkenntnisinteresse, nicht aber eine pädagogische Zielsetzung zugrundeliegt. Die Ableitung der Unterrichtsinhalte erfolgt von Qualifikationsmerkmalen und Verwendungssituationen her. Qualifikationen werden in diesem Ableitungsverfahren als Setzungen vorgegeben und im Rahmen der Erarbeitung bestimmter, darauf bezogener Inhalte überprüft. Fertigkeiten (z. B. Autofahren) sind so festzustellen. Auch in der Schule geht es u. a. um die Aneignung von Fertigkeiten, die gelernt werden müssen und entsprechend überprüft werden können. Problematisch ist jedoch die Ausweitung dieses Ansatzes auf alle Unterrichtsgegenstände. Für die Erarbeitung z. B. geschichtlicher, kultureller, musischer und naturwissenschaftlicher Fakten und Zusammenhänge ist dieser Ansatz unzureichend. In bildungstheoretischer Sicht sind hier Qualifikationen nicht Daten, die von außen an die Sache herangetragen und festgelegt werden. Qualifikationen erwachsen hier aus der Sache selbst und der Beschäftigung mit ihr. Sie sind eingebunden in den jeweils anstehenden Sachzusammenhang. Von da her sind Qualifikationen äußerst differenziert und zugleich immer höchst konkret. Die Qualifikations- und Interpretationsraster der Curriculumtheorie sind jedoch abstrakte und weithin verallgemeinerte Vorgaben. Es lassen sich aber literarische Texte oder geschichtliche Ereignisse nicht allein von globalen Rastern wie Gegenwartsbezug, soziale Bedingungen, psychische Konstellationen, Spiegelung gesellschaftlicher Verhältnisse, Interessengebundenheit, emanzipatorisches Bewußtsein ableiten.

Für den Unterricht der deutschen Sprache hat man Strukturgitter entwickelt, bei denen Medien der Definition des Lebens (technische, praktische und emanzipatorische Erkenntnisinteressen) mit Medien der Reproduktion des Lebens (Kognition, Sprache, diskursives Verständnis) verbunden werden. Oder die politischen Dimensionen der Gesellschaftslehre werden in einem Strukturgitter festgeschrieben, in dem Arbeit, Sprache

und Herrschaft als Medien der Vergesellschaftung in technischer, praktischer und emanzipatorischer Hinsicht näher bestimmt werden[27]. Als ein weiteres Beispiel für diese Art abstrakter Vorgaben sei auf *Menck* verwiesen, der im Blick auf die didaktische Analyse von Unterricht u. a. folgende Voraussetzungen nennt: „Die im Unterricht behandelte Sache, das Thema, ist ein Ausschnitt aus der gesellschaftlich produzierten Wirklichkeit. Diese Wirklichkeit ist im Unterricht in symbolischer (zumeist sprachlicher) Form vermittelt.“ Hier ist zu fragen, wie die Fülle der Aspekte, die in den einzelnen Unterrichtsfächern von den Sprachen über die Mathematik, Natur- und Gesellschaftswissenschaften bis hin zu den Künsten Gegenstand des Unterrichtes sind, von einem so konzipierten Raster her als sie selbst angemessen vergegenwärtigt werden sollen (z. B. die „Mondnacht“ von *Eichendorff,* mathematische Modelle, naturwissenschaftliche Gesetze, der „Ludus tonalis“ von *Hindemith*)[28].
Wenn Unterrichtsfächer und ihre Inhalte nur noch von so gearteten soziologischen oder sonstigen abstrakten Vorgaben her strukturiert werden, verlieren sie die Möglichkeit, gerade die Erfahrungen und Einsichten zu vermitteln, die in den Sachen selbst angelegt sind. Zum einen wird die Fülle der Erscheinungen reduziert auf die Fakten, die sich mit diesen Rastern erfassen lassen und sie bestätigen. Zum anderen werden die Erscheinungen aus ihren jeweils konkreten und vielschichtigen Bezügen herausgerissen und zu abstrakten Einzelfakten. Es geht

27 *Kultusminister Nordrhein-Westfalen* 1972 158–195 – Ferner die Kritik des „Didaktischen Strukturgitters“ bei *K. Schmitz,* Unsinn mit Struktur. Polemische Anmerkungen zum „didaktischen Strukturgitter“ von *G. Thoma,* in: NS 16 (1976) 431–439 – *E. Umbach,* Das Didaktische Strukturgitter für den Politischen Unterricht auf dem Prüfstand. Anspruch und Ergebnisse einer curricularen Methode, in: WPB 29 (1977) 189–195
28 *P. Menck,* Sinn und Struktur. Das „Didaktische Strukturgitter“ und die Unterrichtsplanung, in: NS 17 (1977) 367–375

alles das verloren, was die Gegenstände als sie selbst und was sie im Rahmen ihres geschichtlichen oder sachlichen Kontextes auszeichnet. Das Erfassen dieser Zusammenhänge ist aber in bildungstheoretischer Hinsicht eine unabdingbare Voraussetzung, sofern Erkenntnisse gewonnen werden sollen, die ein breites Spektrum an Einsichten und Erfahrungen grundlegen[29]. Nur so kann beim einzelnen ein Verständnis von sich und der Welt aufgebaut werden, das zu Urteilsfähigkeit und Verantwortungsbewußtsein führt[30]. Der junge Mensch erwartet diese Begegnung mit der Fülle der Wirklichkeit in den einzelnen Unterrichtsfächern, nicht aber die Ausrichtung auf bestimmte Interpretationsmuster, die sich in Strukturgittern und Rastern niederschlagen. Die Begegnung mit der Wirklichkeit weckt Interesse und Neugier, während umgekehrt die Ausrichtung auf diese Vorgaben und die damit gegebene Beschneidung von Erfahrungsmöglichkeiten zu Langeweile und Desinteresse führt. Daß dies nicht immer geschieht, ist in vielen Fällen das Verdienst der Lehrer, die sich angesichts der auf sie einstürzenden Ergebnisse der Curriculumtheorie ein gehöriges Maß an pädagogischer Vernunft bewahrt haben.

---

29 Auf die Vielfalt dieser Bezüge, die im Unterricht gegenwärtig sind, verweisen *W. Spies/W. Habel/M. Heitzer/H. Hottenbacher*, Morphologische Didaktik oder: Wie man das paradoxe Geschäft des Erziehens und Unterrichtens in der Schule erträglich hält, Hannover u. a. 1979.

30 Vgl. hierzu die Rehabilitierung der grundlegenden Bildungsinhalte bei *H. v. Hentig* und die Ablehnung einer technokratischen Ausrichtung von Schule, „die am Funktionsmodell der industriell produzierenden und verwaltenden Gesellschaft orientiert ist" und „die für uns lebensentscheidende Aufgabe der Schulen verfehlen muß: die Erfahrung von der Machbarkeit, Veränderbarkeit, Kritisierbarkeit und Zerstörbarkeit der Welt zu geben – von Alternativen und Gegenwalten –, bevor man sich auf sie eingelassen hat, wie sie ist. Dies scheint mir der gute Sinn der großen alten Unterrichtsgegenstände gewesen zu sein; sie sollten den Menschen aus den Fesseln der geläufigen Erfahrung . . . befreien: die Religion, indem sie ihn sein endliches Leben unter dem Gesichts-

Die Ausrichtung und Auswahl der Unterrichtsgegenstände auf bestimmte Verwendungssituationen hin reduziert ebenfalls die Erkenntnis- und Erfahrungsmöglichkeiten des Jugendlichen. Für die Verwendungssituationen werden Lernzielkataloge aufgestellt, die auf bestimmte Qualifikationen, die teils verhaltensorientiert sind, Bezug nehmen[31]. Mittels Lernzielkontrollen wird dann überprüft, ob die vorgegebenen Lernziele erreicht sind. Der technokratische Ansatz ist nun darin zu sehen, daß in methodischer Hinsicht Überprüfungsverfahren, die sich in der Berufsausbildung bewährt haben, in den Bereich der allgemeinen Bildung übertragen werden, wo es um den Aufbau personaler Strukturen geht. Berufliche Verwendungssituationen sind in der Tat weithin exakt zu umschreiben und die dazu notwendigen Qualifikationen eindeutig festzulegen. Dieser Ansatz ist aber nicht beliebig übertragbar. Vor allem versagt er in dem Bereich, wo es darum geht, auf dem Wege der Bildung den jungen Menschen zu personaler Identität und sozialer Kompetenz zu führen[32]. Für diese allgemeine Zielsetzung lassen sich nicht eindeutig umrissene Verwendungssituationen aufzeigen. Sie schließt ein solches Vorgehen von ihrem Ansatz her aus. Eine Festschreibung auf eine bestimmte bzw. auf einen Umkreis ähnlich gelagerter Verwendungssituationen bedeutet

---

punkt der Ewigkeit betrachten läßt; die Geschichte, indem sie es in Wandel und Wiederkehr relativiert; die Literatur und fremde Sprachen, indem sie andere Lebensfiguren und andere Sicht- und Denkweisen vorführen; die Biologie, indem sie uns in den Lebenszusammenhang der Natur zurückversetzt; Technik und Naturwissenschaft, indem sie unsere naive Wahrnehmung aufbrechen und unsere ‚inneren' Ordnungen und Kategorien durch Entäußerung erkennen lassen; die Mathematik, indem sie die Axiomatik allen Denkens veranschaulicht; die Kunst, indem sie die Phantasie gegen die Wirklichkeit mobilisiert. . ." *Hentig* 1971 10 – Ferner *Rumpf* 1976 29–112

31 Zur Frage verhaltensorientierter Lernziele s. die kritischen Hinweise von *H. Vester,* Zur Formulierung von Verhaltenszielen. Theorie und Praxis in den USA: Tendenzen, Fragen, Widerstände, in: ZfP 21 (1975) 867–888.

32 *Th. Ballauff,* Antithesen zur Lerntheorie, in: PR 32 (1978) 308–316

somit eine Festlegung menschlichen Denkens, Handelns und Entscheidens. Damit werden Alternativen von Entscheidungen und Möglichkeiten verantwortlichen Handelns, die in anthropologischer Hinsicht Ausdruck der Freiheit des Menschen sind, über Gebühr eingeschränkt[33]. Die Ableitung von Grob- und Feinzielen aus Verwendungssituationen und die Zuordnung der entsprechenden Unterrichtssequenzen wie auch der umgekehrte Weg der Herstellung dieses Zusammenhanges ausgehend von den Unterrichtsinhalten, stößt verstärkt auf erhebliche sachliche und methodische Schwierigkeiten[34]. Der Versuch von geschlossenen Curriculaentwürfen zu sogenannten offenen Curriculaentwürfen überzugehen, macht diese Schwierigkeiten offenbar, ohne jedoch eine weiterführende Lösung zu bringen. Die Problematik all dieser Ansätze ist nicht durch Modifikationen aufzuheben, sie liegt vielmehr in den grundsätzlichen Vorentscheidungen, die diese Ansätze tragen[35].

---

33 Vgl. hierzu die kritische Analyse der vorgenannten Ansätze der Curriculumtheorie bei *C. Menze,* Überlegungen zur Anwendungsmöglichkeit der Entscheidungslogik auf die Curriculum-Konstruktion, in: Neue Folge der Ergänzungshefte zur VjWP Heft 12 (1970) 5–30.

34 Einen umfassenden Problemaufriß der curriculumtheoretischen Diskussion, verbunden mit einem Aufweis der offenen Fragestellungen, gibt *T. Rülcker,* Bildung, Gesellschaft, Wissenschaft. Eine Einführung in die Grundbegriffe, Perspektiven und Grenzen der deutschen Curriculumdiskussion, Heidelberg 1976. – Wichtige Impulse für die deutsche Curriculumentwicklung, vor allem im Blick auf verwendungsbezogene und verhaltensorientierte Fragestellungen gab *S. B. Robinsohn,* Bildungsreform als Revision des Curriculums (Aktuelle Pädagogik), Neuwied/Berlin 1967.

35 Um der Klarheit willen sei darauf verwiesen, daß die kritischen Bemerkungen zur Lernzielbestimmung sich nicht auf die heute vielfach geübte Praxis von Lernzielfestlegungen beziehen. Hierbei geht es darum, für den Unterricht ein größeres Maß an didaktisch-methodischer Strukturierung sicherzustellen. Dies ist im Interesse der Schüler und der anstehenden unterrichtsfachlichen Erfordernisse nur zu begrüßen. *König* hat darauf aufmerksam gemacht, zugleich aber die negativen Konsequenzen übersetzter curriculumtheoretischer Ansätze ver-

Die Curriculumtheorie mit ihren Konsequenzen für die Unterrichtsgestaltung im allgemeinbildenden Schulwesen stellt im Grunde ein Stück Kulturrevolution dar. Es ist das Abgehen vom Prinzip des Fächerkanons, der als solcher in der abendländischen Tradition wurzelt und in seiner jeweiligen geschichtlichen Ausformung Ausdruck eines an Werten und Normen orientierten Verständnisses des Menschen und seiner Bildung war. In den traditionellen Fachbereichen (Muttersprache, Fremdsprachen, Mathematik, Naturwissenschaften, Geschichte und Gesellschaft, musische Fächer) treten in anthropologischer Hinsicht Grundstrukturen hervor, die das Verhältnis des Menschen zu sich und seiner Welt thematisieren[36]. Die abendländische Kultur und ihre Fortführung bis in die Gegenwart hinein ist weitgehend eine Schulkultur. Damit ist gesagt, daß es eine Welt von Bildern, Symbolen, Inhalten und Überzeugungen gibt, die vielen Menschen gemeinsam ist und auf dem Weg über die Schule vermittelt wird. Diese Gemeinsamkeit sichert ein hohes Maß an Übereinstimmung und Einverständnis untereinander. Die Welt gemeinsamer Bilder und Inhalte erlaubt somit Verständigungsprozesse und stellt dem einzelnen zugleich Identifikationsmöglichkeiten bereit, die für ihn Orientierungshilfen sind. Der einzelne benötigt für sich und sein Handeln solche Maßstäbe. Die Fülle der Aspekte, die damit angesprochen ist, läßt sich nicht auf abstrakte Interpretationsraster sowie auf einen Katalog von Verwendungssituationen mit Einschluß entsprechender Qualifikationen reduzieren. Die Curriculumtheorie ist deshalb ein Stück Kulturrevolution, weil sie diese Bilder-

---

deutlicht, die zu einem Verlust des Erzieherischen in der Schule führen. Es gilt darauf zu achten, daß mit der Übernahme dieser Intentionen der Curriculumkonstruktion nicht zugleich die Problematik des Ansatzes mit übernommen wird; denn die Probleme stecken bereits in den Instrumenten. *E. König,* Stimmen die Lehrpläne jetzt? in: *v. d. Lieth* 1978 55–63

36 *K. Westphalen,* Bildung und Erziehung im Curriculum der modernen Schule, in: *Staatsinstitut für Schulpädagogik* (Hg.), Plädoyer für Erziehung, Donauwörth 1975 57–75

welt und die durch sie vergegenwärtigten Gemeinsamkeiten nachhaltig einschränkt und verändert. Der einzelne verliert auf diese Weise die Basis eines breiten Verständnishorizontes und wird auf eng umrissene, vorgegebene Verhaltensmuster festgelegt. Anstelle personaler Bezüge treten vornehmlich funktionale Gesichtspunkte in den Vordergrund.
Die Breite menschlicher Lernmöglichkeiten wird darüber hinaus noch eingeschränkt, wenn in der Curriculumkonstruktion eine einzige wissenschaftstheoretische Richtung, nämlich der Behaviorismus, verbindlich ist. Die Folge ist, daß die Lernorganisation nur noch als von außen kommender Anreiz für erwünschte Reaktionen verstanden wird. Es wird lediglich nur ein an die jeweilig vorgegebene Umwelt angepaßtes, d. h. adaptives Verhalten gelernt. Spontaneität und personbezogene Handlungskompetenz erscheinen als unerwünschte Störungen. Um dies zu vermeiden, sollten demgegenüber Curricula stärker auf das Prinzip des Lebensbezuges und der unmittelbaren Lebenserfahrung gegründet sein. Dies bedeutet für den Unterricht, daß er sich von lebensnahen Lernsituationen, vom handelnden Umgang mit den Dingen und von aktivierenden Unterrichtsformen her versteht. Auf diese Weise wird er von Einengungen und Starrheit frei und fördert Selbständigkeit, Aktivität und Spontaneität. In curriculumtheoretischen Ansätzen dieser Art schlägt sich ein Verständnis von Unterricht nieder, wie es in der Reformpädagogik und in der geisteswissenschaftlichen Pädagogik entwickelt worden ist. Diese Ansätze sind in der gegenwärtigen curriculumtheoretischen Diskussion zugunsten behavioristischer und soziologisch orientierter Modelle über Gebühr vernachlässigt worden[37]. Eine Korrektur, bei der alle

---

37 Einen breit gefächerten Überblick über die verschiedenen wissenschafts- und systemtheoretischen Ansätze im Bereich der Curriculumtheorie gibt *K. Frey*. Der hohe Abstraktionsgrad dieser Theorieansätze wie auch die weitgehende Formalisierung und Instrumentalisierung der Lernprozesse machen deutlich, daß der Unterricht weniger von seinen erzieherischen Möglichkeiten her begriffen und statt dessen stärker als

vorgenannten Ansätze entsprechend berücksichtigt werden, ist dringend geboten.
Die vorauf genannten behavioristisch und soziologisch ausgerichteten Ansätze der Curriculumtheorie und die ihnen zugeordneten Lernzielbestimmungen setzen in der Regel einen Lehrer voraus, für den sich Unterricht weitgehend in dem oberflächlichen Konstatieren von abstrakten Leerformeln allgemeiner Art und deren Umsetzung in entsprechende Sachbereiche erschöpft. Der erzieherische Auftrag verlangt jedoch eine konkrete und lebendige Aufarbeitung der Fragestellungen, die in den Unterrichtsfächern in anthropologischer Hinsicht für den jungen Menschen wichtig sind. Hierbei geht es nicht um globale und damit abstrakte Vorgaben. Es kommt vielmehr darauf an, die vorgegebene geistig-seelische Situation des jungen Menschen und die in den Fachbereichen sowie den einzelnen Gegenständen angelegten Sachansprüche und Orientierungsmaßstäbe miteinander zu vermitteln[38]. Dies verlangt vom Lehrer, daß er nicht allein über erfahrungswissenschaftliche Kenntnisse und gesellschaftskritische Maßstäbe verfügt, sondern zugleich von ethischen Überzeugungen sowie von anthropologischen und philosophischen Einsichten her seinen Unterricht gestaltet[39].

---

ein durchrationalisierter und weithin objektivierbarer Prozeß verstanden wird. *K. Frey,* Theorien des Curriculums, Weinheim/Basel/Berlin 1971 – *H. Wetterling,* Die Schule als Lernfabrik, Zürich 1978

38 *G. Wehle,* Person und Sache, in: *Speck* 1966/67 2, 116–130

39 *W. Flitner,* Rückschau auf die Pädagogik in futurischer Absicht, in: ZfP 22 (1976) 1–8 – *Brezinka* hat versucht, die erfahrungswissenschaftlich erfaßbaren Bereiche des Erziehungsgeschehens (Erziehungswissenschaft) und die anthropologisch und philosophisch orientierten Aspekte des erzieherischen Handelns (Philosophie der Erziehung, Praktische Pädagogik) voneinander abzuheben. Für die Erziehungswissenschaft führt dies in wissenschaftstheoretischer Hinsicht zu einer sachlich differenzierten Strukturierung des Gegenstandsbereiches. Es ist jedoch zu fragen, ob diese Aufteilung dann noch weiterführende Aspekte eröffnet, wenn sie Ausschließlichkeit beansprucht. Die Erziehungswissenschaft, auch wenn sie sich als empirische Sozialwissenschaft ver-

Auf diese Weise wird der junge Mensch zu einem angemessenen Verständnis von sich und seiner Welt geführt. Nichts anderes ist unter Bildung in anthropologischer Sicht zu verstehen. Dies ist zugleich der Auftrag der allgemeinbildenden Schulen. In dem Maße wie dieser Auftrag zugunsten einer einseitigen Ausrichtung auf curriculumtheoretische Fragestellungen in den letzten Jahren zurückgedrängt worden ist, haben die öffentlichen Schulen zugleich an erzieherischer Wirksamkeit im Sinne einer umfassenden Menschenbildung verloren.

Äußere Unzulänglichkeiten
(Erlaßpraxis, Schulbau, Stundenplangestaltung)

Die Erlaßpraxis der Kultusbehörden ist ein weiterer Ansatzpunkt, der zunehmend zu einer Verunsicherung von Schülern, Lehrern und Eltern führt. Zu diesem Bereich zählen neben der Erlaßflut die Einführung neuer Unterrichtsgegenstände und -verfahren (z. B. Mengenlehre, kommunikative Didaktik, projektorientierte Unterrichtseinheiten, neue Unterrichtsfächer, fächerübergreifende Sammelfächer u. a. m.) sowie neue Richtlinien und die ständige Flut neuer Unterrichtswerke. Hierbei geht es nicht darum, notwendige Entwicklungen, die sich aus dem Fortgang der Bezugswissenschaften ergeben, zu diskreditieren. Der Grund der Schwierigkeiten liegt vielmehr darin, daß diese neuen Fragestellungen vorgegeben werden, obwohl über ihre politischen und wissenschaftstheoretischen Voraussetzungen noch kein hinlänglicher Konsens besteht. Schüler, Lehrer

---

steht, wird anthropologische und philosophische Fragestellungen nicht ausblenden können, sofern sie dem Lehrer helfen soll, das Unterrichtsgeschehen zu reflektieren. *W. Brezinka,* Von der Pädagogik zur Erziehungswissenschaft. Eine Einführung in die Metatheorie der Erziehung, Weinheim/Berlin/Basel 1971. Auf den hier angesprochenen Zusammenhang hat bereits verwiesen *M. J. Langeveld,* Theoretische und empirische Forschung in der Erziehungswissenschaft, in: ZfP 10 (1964) 373–391.

und Eltern werden mit Gegebenheiten konfrontiert, deren Voraussetzungen sie nicht nachvollziehen können[40].
Auf einen Komplex äußerer Gegebenheiten muß fernerhin verwiesen werden. In den vergangenen Jahren war bei Schulbauvorhaben der Trend zu großen und umfassenden Schulkomplexen vorherrschend. Aus Kostengründen errichtete man große Schulzentren. Bei der Einrichtung von Gesamtschulen waren diese Großeinheiten von der Sache her notwendig. Inzwischen zeigt sich aber, daß diese großen Einheiten für die erzieherische Atmosphäre einer Schule nicht zuträglich sind. Hinzu kommen noch Eigenheiten der Baugestaltung (z. B. unübersichtliche Verkehrsflächen) und des Baumaterials (z. B. Vorherrschen von Beton), die bewirken, daß die bauliche Substanz dieser Schulen beim Schüler wenig Vertrautheit und Geborgenheit beim Leben in seiner Schule aufkommen lassen. Die Massierung großer Schülerzahlen in diesen Einheiten kommt noch hinzu und erschwert dem einzelnen Schüler die Identifikation mit seiner Schule. Der hohe Reparaturanfall infolge mutwilliger Zerstörungen durch die Schüler ist neben anderem Ausdruck dieses fehlenden Bezuges. Zur Stärkung der erzieherischen Möglichkeiten der Schule zeichnet sich inzwischen der Trend ab, kleinere und überschaubare Schuleinheiten bei Neubauprojekten zu bevorzugen und vor allem die innere Gliederung und Organisation der Schulen und Klassen stärker auf schülernahe Gestaltungs- und Gesellungsformen auszurichten[41].

---

40 Hierzu die breite Darlegung der differenzierten Bedingungen, die bei der Erstellung von Schulbüchern gesehen werden müssen, in dem Sammelband von *G. Stein* (Hg.), Schulbuch-Schelte als Politikum und Herausforderung wissenschaftlicher Schulbucharbeit. Analysen und Ansichten zur Auseinandersetzung mit Schulbüchern in Wissenschaft, pädagogischer Praxis und politischem Alltag, Stuttgart 1979

41 Einen Aufriß über die Fragen der Größe einer Schule gibt *P. A. Döring* (Hg.), Große Schulen – oder kleine Schulen? Zur Dimensionierung von Bildungseinrichtungen (Erfahrung in Wissenschaft und Praxis 27), München/Zürich 1977.

Die Zusammenlegung kleinerer Schulen zu großen Schuleinheiten diente u. a. auch dem Ziel, größere Schülergruppen bestimmter Jahrgangsstufen unter altersspezifischen Gesichtspunkten zusammenzufassen. Die Unterrichtsgestaltung und die Abfolge der Fächer im Tagesablauf eines Stundenplans nehmen jedoch auf altersspezifische Fragen kaum Rücksicht. Dies ist aber nötig und auch für die Unterrichtsorganisation innerhalb der einzelnen Schulformen wichtig. So werden z. B. Hauptfächer oftmals aneinandergereiht oder in die letzten Stunden eines Schulvormittags gelegt. Eine „Ökologie" der Unterrichtsorganisation sollte darauf sehen, daß die Fächerabfolge den altersspezifisch bedingten Möglichkeiten der Schüler entspricht. Die einzelnen Fächergruppen (Muttersprache, Fremdsprachen, Naturwissenschaft, Gesellschaftswissenschaft, musische und sportliche Fächer) sprechen in unterschiedlicher Weise die Arbeitsmöglichkeiten des jungen Menschen in den jeweiligen Altersstufen sowie in den einzelnen Tagesabschnitten an. Die Abfolge dieser Fächer bei der Festlegung der Unterrichtsstunden muß darauf Bezug nehmen. Dies unterbleibt jedoch weitgehend[42]. Der Aufbau des Stundenplans folgt weitgehend äußeren Gesichtspunkten (Lehrerpräsenz, Raumverteilung u. a. m.). Demgegenüber zeigt der Stundenplan der Waldorfschulen, wie die Fächerabfolge pädagogisch sinnvoll gestaltet werden kann[43]. Eine Organisation der Unterrichtsfächer unter dem Gesichtspunkt der Praktikabilität und der günstigen Ausnutzung von Fachräumen ist jedoch ein technokratischer, aber kein pädagogischer Aspekt. Überforderung, Schulstreß, Unlust und Schulangst sind oftmals die Konsequenzen

---

42 *K. Hartung,* Kinderärztliche Überlegungen zur Schulkindsituation, in: WPB 30 (1978) 45–48 – *J. Meinhardt,* Medizin und Pädagogik. Gesammelte Aufsätze zur Aufgabe des Arztes in der Schule (Erziehung und Wirklichkeit 3), Düsseldorf 1978

43 Beispiele hierfür bei *Rist/Schneider* 1977 und *Lindenberg* 1978

einer solchen apädagogischen Unterrichtsorganisation[44]. Es kommt somit darauf an, kleinere und überschaubare Schuleinheiten im Bereich der einzelnen Schulformen zu schaffen und diese personell und sächlich (z. B. ausreichendes Angebot an Fachräumen) entsprechend auszubauen. Dies kann dazu führen, daß Fachräume für eine oder mehrere Stunden unbenutzt sind, weil nicht die optimale Nutzung der Schulanlage vorherrschender Gesichtspunkt ist, sondern eine pädagogisch ausgerichtete Organisation des Unterrichts, die auf die geistigen, psychischen und körperlichen Bedingungen der schulischen Einsatzfähigkeit des jungen Menschen im Sinne seiner bestmöglichen Förderung Rücksicht nimmt. Dies ist aber in den klar gegliederten und überschaubaren Schulformen eher möglich als in Gesamtschulen, weil hier die Systemzwänge nicht gegeben sind, die bei der Massierung großer Schülerzahlen sich zwangsläufig einstellen.

Insgesamt zeigt sich, daß in den letzten Jahren das Schulklima im Blick auf den pädagogischen Auftrag der Schule und die erzieherischen Möglichkeiten des Unterrichts erhebliche Einbußen erlitten hat. Die vorgenannten Aspekte sollten einige allgemeine Tendenzen aufweisen, die durch eine Fülle von Einzelfakten aus dem Alltag der Schule weiter konkretisiert werden können[45]. Dem gegliederten Schulwesen erwachsen in dieser Situation viele Schwierigkeiten. Doch sind diese Schwierigkeiten vornehmlich nicht im System des gegliederten Schulwesens selbst angelegt. Sie sind weitgehend von außen aufgrund politischer Vorentscheidungen an das gegliederte Schulwesen herangetragen worden. Eine Änderung dieses Zustandes ist vom Boden des gegliederten Schulwesens her nicht zu erwarten. Soll dies geschehen, muß bei der politischen Öffentlichkeit und

---

44 Weiterführende Hinweise bei *H. v. Hentig,* Was ist eine humane Schule? München/Wien 1976

45 *J. Hardmann,* Reformierte Schule – Schulkranke Kinder? (Erziehung und Wirklichkeit 2), Düsseldorf 1977

den politisch Verantwortlichen die Einsicht wachsen, daß die Schule in erster Linie eine Stätte der Menschenbildung ist, die den Weg des jungen Menschen zu sich selbst und in die Gesellschaft hinein vorbereiten soll.

2.53 Probleme integrativer Systeme

Überorganisation und mangelnde soziale Kontakte

Mit der integrierten Orientierungsstufe wird die schulformübergreifende, integrativ ausgerichtete Bildungsarbeit der Grundschule in den Bereich der weiterführenden Schulen ausgeweitet[1]. Die hierfür vorgetragenen Gründe, die in der Form bildungspolitischer Willenserklärung bei *Ziegenspeck* zusammengetragen sind, überzeugen nicht und haben sich nach erfahrungswissenschaftlicher Untersuchung entsprechender Versuche als wenig stichhaltig erwiesen[2]. Bei einem Intersystemvergleich zwischen der Orientierungsstufe und der herkömmlichen Beobachtungsstufe an den weiterführenden Schulen stellte *Charlton* in der Orientierungsstufe gegenüber der Beobachtungsstufe eine geringere Übereinstimmung des Lehrerurteils mit den Grundschulempfehlungen fest, während in allen Schulen die Bildungsempfehlungen nach der 6. Klasse weitgehend

---

1 *H. Haenisch/J. Ziegenspeck*, Die Orientierungsstufe. Schulentwicklung zwischen Differenzierung und Integration, Weinheim/Basel 1977
2 *J. Ziegenspeck* (Hg.), Bestandsaufnahme: Orientierungsstufe, Texte zu einer aktuellen Problematik, Braunschweig 1975 – Dagegen *G. Stark*, Bringen Leistungskurse „Chancengleichheit"? Eine empirische Querschnittuntersuchung mit Hilfe von lernzielübergreifenden Tests am Ende der Förderstufen 1970 an hessischen Gesamtschulen (Informationen zum Projekt Leistungsmessung in Gesamtschulen des DIPF Heft 3), Frankfurt 1971 – *K. Hornich/W. Sehringer*, Pro und Contra Orientierungsstufe, in: Informationsschrift zur Lehrerfort- und weiterbildung. Pädagogische Hochschule Heidelberg, Studiengruppe Lehrer-Dozenten 1974/7 S. 14–22 u. 41–49 – *J. Wendeler*, Schulsystem, Schulleistungen und Schülerauslese. Eine Vergleichsuntersuchung zwischen Förder-

den Leistungen entsprachen[3]. Die breit angelegte Dokumentation über die Orientierungsstufe in Rheinland-Pfalz bestätigt, daß die Bildungsempfehlung nach der Orientierungsstufe zu 75% mit dem Grundschulgutachten übereinstimmt. Die Orientierungsstufe stellt so gesehen keine überragende Verbesserung des Übergangsverfahrens in die weiterführenden Schulen dar. Die Verbesserung der Grundschulempfehlungen und ein Ausbau der pädagogischen Hilfen in den Beobachtungsstufen der weiterführenden Schulen in Verbindung mit sozialen Hilfen führen ebenso zu verläßlichen Aussagen über den weiteren Bildungsweg, ohne daß eine aufwendige Veränderung der Schulstruktur notwendig ist[4]. Des weiteren wird der Schüler nach der Grundschule mit dem Eintritt in die integrierte Orientierungsstufe einerseits relativ früh einem Wechsel der Lerngruppen ausgesetzt und andererseits erfolgt nach der integrativen Orientierungsstufe ein weiterer Schulwechsel. Darüber hinaus hat die Einweisung in die Fachleistungskurse in den Fächern Englisch und Mathematik zur Folge, daß der Bildungsweg zu einer Addition von Fachkurszuweisungen verkürzt wird

---

stufe und dem traditionell gegliederten Schulsystem (Untersuchungen zum in- und ausländischen Schulwesen Band 11), Weinheim/Basel 1974 – *W. Sehringer,* Die Ergebnisse der modernen Begabungsforschung und die Probleme der Orientierungsstufe, in: *Peterßen* 1975 118–140

3 *M. Charlton/B. Zimmermann/G. Engels,* Förderung und Auslese in der Hamburger Orientierungsstufe, in: ZfEP 4 (1978) 305–318

4 *K. Eckes/H. Haenisch* u. a., Schulversuch gemeinsame Orientierungsstufe. Abschlußbericht des wissenschaftlichen Begleitteams (Schulversuche und Bildungsforschung. Berichte und Materialien 27), Mainz 1979 – Die Untersuchung von *Neumann/Ziegenspeck* weist eine gewisse Verbesserung der Übergangsquoten zur Realschule und zum Gymnasium auf. Doch machen die Einzelheiten deutlich, daß dies bei entsprechenden pädagogischen Maßnahmen, wie sie oben angedeutet worden sind, auch im gegliederten Schulwesen möglich ist. Die Verf. halten dessen ungeachtet die Gesamtschule für die einzig konsequente Fortführung der Orientierungsstufe. *H. Neumann/J. Ziegenspeck,* Fördern und Verteilen oder: Was leistet die Orientierungsstufe? Übergänge zu den weiterführenden Schulen vor und nach der Einführung der schulformunabhängigen Orientierungsstufe, Heilbrunn 1979

und an erzieherischer Geschlossenheit und Einheit verliert. Infolge dieses Schul- und Bezugsgruppenwechsels kann gerade jenes hinlänglich notwendige Maß an Kontinuität in den sozialen Beziehungen nicht erreicht werden, das für den individuellen Bildungsprozeß so entscheidend ist. Vor diesem Hintergrund zeigen sich die Probleme integrativer Stufenschulsysteme im Bereich der Jahrgangsstufen nach der Grundschule[5].
Integrative Systeme unterliegen besonders der Gefahr der Überorganisation. Dies folgt aus der Notwendigkeit, daß in den integrativen Schulsystemen allein auf der Basis großer Schülerzahlen den unterschiedlichen Leistungsfähigkeiten, Neigungen und Interessen entsprochen werden kann. Die Paradoxie liegt nun darin, daß diese Systeme groß sein müssen, um vieles anbieten zu können, daß zugleich aber mit der Größe die Systemzwänge sich verschärfen. Die Schule droht in Organisation zu ersticken[6]. Erfahrungen mit der reformierten Oberstufe des Gymnasiums in Nordrhein-Westfalen, aber auch die Berichte über integrierte Gesamtschulen berechtigen zu der Annahme, daß die Auflösung von konstanten sozialen Bezugsgruppen zugleich die Zerstörung von Infrastrukturen zur Folge hat, die für die schulischen Kommunikations- und Interaktionsprozesse sowie für die anthropologischen Dimensionen personaler Bildung unabdingbar sind[7]. Während für die gym-

---

5 *Nöth* hat die Argumente für und gegen die Gesamtschule zusammengefaßt. Die Befunde der Begabungstheorie und die Möglichkeiten ergänzender sozialer Hilfen werden weitgehend nur in der Weise gewichtet, wie sie der Rechtfertigung der Gesamtschule dienen. *W. Nöth,* Pro und kontra Gesamtschule. Eine Zwischenbilanz (Brennpunkte der Bildungspolitik 2), Stuttgart 1979

6 Einen Hinweis auf die Nachteile zweckrationaler Organisationsmechanismen, die auch im pädagogischen System anzutreffen sind, geben *M. Hoffmann/T. Rülcker,* Lehren und Lernen an Gesamtschulen in Bildungszentren, in: ZfP 23 (1977) 501–517.

7 *K. Schittko,* Vorschläge für eine innere Differenzierung in der Gesamtschule, in: DDS 67 (1975) 280–287 – *Stuckmann* 1975 – *Philologen-Verband* 1976 – *P. Kassner,* Schulerfahrungen Berliner Gesamtschüler, in: ZfP 23 (1977) 535–541

nasiale Oberstufe die Auflösung des Klassenverbandes in einem gewissen Maße notwendig und curricular begründbar erscheint, ist sie für die Hauptschule, Realschule sowie die Unter- und Mittelstufe des Gymnasiums nicht vertretbar, weil der junge Mensch in diesem Alter vordringlich menschliche und soziale Orientierungshilfen braucht und die konstante soziale Bezugsgruppe diese Hilfen bietet[8].

Die Schwierigkeiten integrativer Systeme sind weniger in den politischen Setzungen zu sehen, die von außen herangetragen werden. Sie sind vielmehr in erster Linie systembedingt[9]. Unter dem Aspekt der formalen Gleichheit werden zunächst alle Schüler einer bestimmten Altersstufe zusammengeführt. Im konkreten Vollzug von Schule treten dann die individuellen Unterschiede hervor. Diese Unterschiede stoßen jedoch auf eine organisatorische Beschaffenheit von Schule, die den individuellen Möglichkeiten des einzelnen nur unzureichend gerecht wird. Die individuellen Ansprüche einerseits und die organisatorischen Zwänge des Systems andererseits lassen sich nur partiell vermitteln. Letztlich kommt in diesem Prozeß das Individuum zu kurz. Es findet nicht das ihm gemäße Lernklima. Die Passung der Lerninhalte und Lernanforderungen auf die jeweiligen Fähigkeiten, Neigungen und Interessen erfolgt nur unzureichend. Die Möglichkeiten sozialer Interaktion werden erschwert. Der einzelne Schüler muß zunächst einmal versuchen, im Rahmen eines großen Systems, das für ihn in seiner

---

8 Grundlegend für die sprach- und handlungstheoretischen Zusammenhänge *Habermas/Luhmann* 1971 101–141 – *Priesemann* 1971 – *Apel* 1973

9 *Stubenrauch* räumt jedoch auch den politischen Randbedingungen einen großen Einfluß auf die Schwierigkeiten ein; dies gilt aber nur, wenn man seinen gesellschaftlichen Vorgaben folgt. *H. Stubenrauch,* Die Gesamtschule im Widerspruch des Systems. Zur Erziehungstheorie der integrierten Gesamtschule, München 1971 – *J. Schiller,* Zehn Jahre Gesamtschule. Theorie und Wirklichkeit, in: DHS 29 (1976) 138–150 – *M. Bussigel/K.-J. Tillmann,* Wie kooperativ sind kooperative Schulen? Ein empirischer Bericht über die Praxis der „schulformbezogenen Gesamtschulen“ in Hessen, in: Gesamtschule (1976) 6, 15–19

Gesamtheit unüberschaubar ist, Bezüge zu Schülern herzustellen, die seinem Erfahrungshorizont und seinem Interessenspektrum entsprechen. Dies ist aber in den meisten Fällen nur im Absehen von anderen Gruppen möglich. Hierdurch entstehen zusätzliche Kommunikationsschwierigkeiten. Der Prozeß der Selbstfindung und Selbstbestimmung des einzelnen Schülers wird dadurch erschwert. Die Schule hat aber den Auftrag, hierzu einen Beitrag zu leisten.

Erschwerung der schulischen Sozialisation und Verstärkung der sozialen Auslese

Inzwischen liegen Untersuchungsergebnisse vor, welche die Differenzierungsproblematik integrativer Schulsysteme (Orientierungsstufe, Gesamtschule) aufzeigen[10]. Die Auflösung des Klassenverbandes und die Aufteilung der Schüler in ständig wechselnde Leistungsgruppen, die für integrative Systeme zwingend sind, erschweren erheblich die geistig-seelische Entwicklung des jungen Menschen. Klinisch-psychologische Erfahrungen machen deutlich, daß Schüler – und das gilt vor allem für die Schüler der Klassen 5 und 6 – die Zugehörigkeit zu einer festen Gruppe benötigen. Die Auflösung des Klassenverbandes birgt die Gefahr, daß Leistungsversagen und Verwahrlosungserscheinungen sich einstellen[11]. Dies deckt sich wiederum mit Untersuchungen, welche die Wichtigkeit des Schul-

---

10 *L. Krecker/W. Nöth/U. Völker,* Schulversuch staatlich integrierte Gesamtschule Kaiserslautern-Süd. Bericht über die erste Phase des Schulversuchs in Kaiserslautern und seine wissenschaftliche Begleitung (Schulversuche und Bildungsforschung. Berichte und Materialien Heft 15), Mainz 1977

11 *K. Hartung,* Pädiatrische Probleme zur Gesamt- und Ganztagsschule, in: Deutsches Ärzteblatt 70 (1973) 3536–3538 – ders., Sozialpädiatrische Thesen zur Ganztagsschule, in: Der Kinderarzt 6 (1975) 397–404 – Von gesellschaftskritischen Ansätzen her *G. Dommermuth,* Eltern und Schüler in der Gesamtschule. Bericht aus der Praxis, Frankfurt 1974

erfolges für das seelische Befinden des Schülers betonen. Schlechte Leistungen verringern das Interesse, als Folge davon ergibt sich eine Herabsetzung der Motivation. Dies wiederum beeinträchtigt das Ausmaß und die Intensität des Lernens und das Anspruchsniveau. Fehlende Lernerfahrungen aber führen zu Kenntnismängeln und wirken sich negativ auf die Entwicklung der Fähigkeiten aus[12]. So ergibt sich insgesamt ein fataler Kreislauf, dem der Schüler ausgeliefert ist. Für die schwachen Schüler führen daher leistungsheterogene Gruppen zu einer starken geistig-seelischen und physischen Belastung. Mangelndes Selbstvertrauen und geringe Selbsteinschätzung sind bei den schwächeren Schülern die Folge dieser Erfahrungen. Der leistungsschwächere Schüler leidet somit verstärkt unter den Rahmenbedingungen von Schule (Schul- und Klassenklima, Lehrerwechsel, wechselnde Gruppenzusammensetzungen in den einzelnen Fächern, Einweisung in untere Kursgruppen) mit der Folge, daß Formen sozialer Deprivation auftreten[13].

Die Sozialisation des jungen Menschen unterliegt in integrativen Systemen erheblichen Belastungen und Verzögerungen. Mit Hilfe von Soziogrammen ist aufgewiesen, daß es in leistungsheterogenen Gruppen fast keine Freundschaften über die Kurse hinaus gibt. Die Sozialisationseffekte, die man von dem Unterricht in integrativen Systemen, d. h. von der Zusammenfassung

---

12 Auf diesen Tatbestand verweisen u. a. *J. B. Carroll,* Lernerfolg für alle, in: WPB 24 (1972) 7–12 – *Bloom* 1973 – *Weinert* 1977 765–793 – *Gaedike* 1975 – *M. Wasna,* Motivation, Intelligenz und Lernerfolg, München 1976[2].

13 *G. Klein,* Persönlichkeitsentwicklung in der Schule. Eine pädagogische Untersuchung deutscher Nachkriegskinder, Heidelberg 1965 – *Kemmler* 1975 65–69 – *H. Fend/W. Knörzer/W. Nagl/W. Specht/R. Väth-Szusdziara,* Sozialisationseffekte der Schule. Soziologie der Schule II, Weinheim/Basel 1976 435–460 – *H. Borchers* Differenzierung und Leistungsmessung innerhalb der Grundmodellphase des Gesamtschulversuches NW. Tagung der Sektion Gesamtschule/Kollegschule, in: Bildung aktuell (1978) 10, 263–270 – Ausgehend von den Erfahrungen der Schulpraxis *I. Böer,* Zur Situation der tendenziellen Hauptschüler an integrierten Gesamtschulen, in: Die Realschule 87 (1979) 24–28

aller Schüler einer Jahrgangsstufe unabhängig von ihrer Begabungsstruktur, ihrer Leistungsfähigkeit und ihrem sozialen Herkommen erhoffte, haben sich nicht in dem Maße eingestellt, wie dies zunächst von den Zielsetzungen der Gesamtschule her erwartet worden war[14]. Es entwickeln sich im Gegenteil in den undifferenzierten Jahrgangsstufen Subkulturen, die auf Abgrenzung, nicht aber auf soziale Integration hin angelegt sind[15]. Wo jedoch erstrebte Sozialisationseffekte sich einstellten, waren sie so gering, daß die Frage zu stellen ist, ob sich der Aufwand lohnt, dafür das gesamte Schulsystem auf eine integrierte Schulstruktur umzustellen[16]. Längsschnittuntersuchungen haben des weiteren die eindeutige Zuordnung der Sozialschichten zu den Schulleistungen aufgewiesen. Schüler der Oberschicht bis hin zur oberen Unterschicht (Facharbeiter, Handwerker) finden sich in den mittleren und oberen Leistungsgruppen[17]. Die untere Unterschicht hebt sich eindeutig

---

14 *G. Bühlow/W. Clemens/G. Müller/U. Preuss-Lausitz/H.-J. Weißbach,* Integration und Selektion in der Gesamtschule. Soziale Erfahrungen von Gesamtschülern. Eine empirische Untersuchung an Berliner Gesamtschulen Teil II (Veröffentlichung des Pädagogischen Zentrums Berlin), Weinheim/Basel 1977

15 *G. Ries,* Sozialpsychologische Untersuchungen zur Problematik des differenzierten Mittelbaus, in: Psychologische Beiträge 7 (1962) 326–352 – *Schwarzer* 1974 – Für die Orientierungsstufe *U. U. Herrmann,* Soziale Integration und Leistungsdifferenzierung. Eine Untersuchung zur Sozialstruktur in der Orientierungsstufe, Weinheim/Basel 1975 – Im Bereich der Comprehensive School *Thomas* 1975 104–108 – Mit einigen Modifikationen *M. Charlton/R. Marx/ H. Rudolph/B. Sievers,* Empirische Untersuchungen zur sozialen Integration in der Orientierungsstufe, in: ZfEP 1 (1977) 4, 47–68

16 *F. K. Bedall/M. Schafhausen/H. Zimmermann,* Soziales Wahlverhalten in Schulklassen von Gesamtschülern – Eine soziometrische Längsschnittstudie, in: ZfEP 2 (1978) 89–100 – *K.-O. Bauer/M. Bussigel/H. Pardon/H.-G. Rolff,* Sozialisationsbedingungen und soziale Auslese im Sekundarbereich (AFS Werkheft 10), Dortmund 1979 4–31

17 *J. Ford,* Social Class and the Comprehensive School, London 1969 – *Stark* 1971 – *K. Langner/H. Vorkauf,* Soziale Koedukation in der Förderstufe. Hoffnung und Realität. Ergebnisse sozialpsychologischer

davon ab. Die Schüler dieser Schicht befinden sich in der Regel in den unteren schulischen Leistungsgruppen. Hieran ändert auch nichts die Einführung einer flexiblen bzw. didaktischen Differenzierung anstelle einer äußeren Fachleistungsdifferenzierung nach Kursgruppen[18]. Integrative Systeme verstärken die soziale Auslese und erschweren somit die Entfaltung einer eigenen individuell geprägten Begabungs-, Leistungs- und Motivationsstruktur beim Schüler[19]. Eine Reihe der in diesem Abschnitt aufgezeigten Schwierigkeiten sind im Rahmen einer Untersuchung an hessischen Gesamtschulen bestätigt worden (Bankbildung, Schulangst, soziale Selbsteinschätzung, Wahrnehmung des Schulklimas). Die Untersuchung greift auf ent-

---

Untersuchungen (Untersuchungen zum in- und ausländischen Schulwesen 7). Weinheim 1970 – *K. Hurrelmann,* Unterrichtsorganisation und schulische Sozialisation. Eine empirische Untersuchung zur Rolle der „Leistungsdifferenzierung" im schulischen Selektionsprozeß, Weinheim 1971 – *M. Bernhardt/A. Böttiger/H. D. van Holst/J. Kaczenski/K. G. Weigelt,* Soziales Lernen in der Gesamtschule. Eine empirische Studie, München 1974 – *Kemmler* 1976 239–243

18 *W. Dittmar,* Flexible Differenzierung dem FEGA-System nicht überlegen. Eine Untersuchung zum flexiblen Differenzierungsmodell einer niedersächsischen Gesamtschule, in: DHS 27 (1974) 296–298 – Zur Fachleistungsdifferenzierung insgesamt *H. D. Haller,* Differenzierung als Problem und Aufgabe der Unterrichtsorganisation, in: DDS 62 (1970) 71–89 – *W.-P. Teschner,* Was leisten Leistungskurse? Eine theoretische und empirische Bestandsaufnahme zum Unterricht in Fachleistungskursen unter Verwendung von Daten aus der Walter-Gropius-Schule (Gesamtschule) in Berlin, Stuttgart 1971 – Kritisch dazu *J. Schlömerkemper,* Gesamtschule im Wettbewerb. Zu W.-P. Teschner – Was leisten Leistungskurse? in: DDS 63 (1971) 628–642

19 *J. Hitpass,* Differenzierung und Durchlässigkeit, in: *Nickel/Langhorst* 1973 248–259 – *M. Wasna,* Probleme der Gesamtschule – Aufgaben praxisbezogener psychologischer Forschung, in: *Nickel/Langhorst* 1973 274–283 – *W. Flößner,* Sozialschicht und Lerngruppe in der Gesamtschule. Vergleichende Untersuchungen von Sozialschicht- und Lerngruppenzugehörigkeit am Beispiel von Schülerlaufbahnen an der Walter-Gropius-Schule Berlin, Schwalbach 1974 – Dazu kritisch *J. Schlömerkemper,* Chancengleichheit durch Statistik? Zur sozialen Selektivität der Leistungsdifferenzierung, in: DDS 68 (1976) 391–401 –

sprechende Vorarbeiten zurück und konkretisiert die Ergebnisse dieser Arbeiten. Es zeigt sich, daß auch in Gesamtschulen die Leistungsdifferenzierung „die Zuweisung einer bestimmten sozialen Stellung innerhalb der sozialen Organisation der Schule zur Folge" hat (47). Umgekehrt erfahren Schüler der Gesamtschule mit einem niedrigen und mittleren Leistungsstatus die Konkurrenz leistungsfähiger Mitschüler viel ausgeprägter als Realschüler und Hauptschüler in ihren Schulformen. Damit wird deutlich, daß die Gesamtschule nicht in der Lage ist, eines ihrer vornehmsten Ziele, die Einübung in soziales Lernen, zu verwirklichen[20].

Strukturelles Dilemma: Leistungsdifferenzierung und soziale Integration als gegenläufige Prinzipien

Die Problematik der Gesamtschule hat schließlich strukturtheoretisch darin ihren Grund, daß versucht wird, zwei weitge-

---

H. Ebel, Ideologie und Realität schulischer Sozialisation in Klasse 5 und 6, in: *Realschullehrerverband Nordrhein-Westfalen* 1975 48–58 – *E. Gurgsdies,* Schulreform und Chancengleichheit. Ergebnisse der schwedischen Gesamtschulreform (Internationale Bibliothek Band 81), Berlin/Bonn-Bad Godesberg 1975 93–228 – *Fend u. a.* 1976 283–434 – *H. G. Rolff,* Innere oder äußere Differenzierung? in: *Ziegenspeck* 1975 200–213 – Ferner dokumentiert *Keim* ausgehend von einer postulativen Setzung der Vorteile der Gesamtschule die Entwicklung dieser Schule in der Bundesrepublik. *W. Keim* (Hg.), Gesamtschule. Bilanz ihrer Praxis, Hamburg 1973 – Alle in diesem Abschnitt angesprochenen Fragen sind aufgegriffen worden von *O. A. Schorb* (Hg.), Schulversuche mit Gesamtschulen in Bayern. Ergebnisse der wissenschaftlichen Begleitung 1971–1976 (Schriftenreihe des Staatsinstituts für Bildungsforschung und Bildungsplanung München), Stuttgart 1977 – Vgl. hierzu die kritischen Bemerkungen von *H. Haenisch,* Die bayerische Gesamtschulstudie – Eine kritische Analyse der ersten drei Untersuchungsteile, in: Gesamtschulinformation 11/12 (1978/79) Heft 4/1 117–137.

20 *Bauer/Bussigel/Pardon/Rolff* 1979 32–52 – Die schulbezogene subjektive Befindlichkeit ist in Gesamtschulen bei Haupt- und Realschülern nicht so positiv wie bei diesen Schülern im gegliederten Schulwesen. Hier zeigen diese Schüler eine weitaus bessere subjektive Einschät-

hend gegenläufige Aspekte möglichst zur Deckung zu bringen: die Leistungsdifferenzierung und die soziale Integration. Die Forderung nach mehr Chancengleichheit für alle stellt in diesem Rahmen die Klammer dar, die beide Aspekte zusammenbindet. Alle Schüler sollen möglichst lange zusammenbleiben, und ihre Option für einen bestimmten Bildungsweg soll möglichst weit hinausgeschoben werden (soziale Integration), damit jeder Schüler seine Fähigkeiten entwickeln kann (Individualisierung) und die Chancen möglichst lange offen gehalten werden, zu einem späteren Zeitpunkt in einen weiterführenden Bildungsweg einzutreten (Leistungsdifferenzierung). Die Widersprüchlichkeit ist nun darin zu sehen, daß die Forderung nach sozialer Integration eine politisch-moralische Kategorie ist, während der Aspekt der Leistungsdifferenzierung auf Fragen der Begabungsstruktur und den damit verbundenen organisatorischen Regelungen Bezug nimmt.
Soziale Integration und damit zusammenhängend soziales Lernen sind aufgrund ihrer kategorialen Ausrichtung jedem Unterricht verpflichtend aufgegeben. Die Atmosphäre des Unterrichtes beim gemeinsamen Bemühen von Schülern und Lehrern um die anstehenden sachlichen Anforderungen ist hier die entscheidende Voraussetzung. Vor allem ist der Lehrer in jedem Fachunterricht aufs neue gefordert, den Unterricht so zu gestalten, daß die Art und Weise des Miteinandersprechens und -handelns soziales Lernen ermöglicht. Daraus folgt, daß soziale Integration und soziales Lernen nicht selbst zum Gegenstand eines bestimmten Unterrichtsfaches oder zum Maßstab für die Organisation von Schule und Unterricht werden können. Die individuellen Voraussetzungen der Schüler und die Bedingungen ihrer je spezifischen Umwelt verlangen differenzierte organisatorische Angebote verbunden mit den entsprechenden fachlichen und inhaltlichen Ausrichtungen. Die Forderung nach

---

zung. *R. Schwarzer,* Bezugsgruppeneffekte in schulischen Umwelten, in: ZfEP 3 (1979) 153–166 – Weitere Literatur hierzu bei Eiselt 1979

sozialer Integration und nach Formen sozialen Lernens stellen hierfür keine sachentsprechenden Kriterien bereit[21]. Wenn dieser Anspruch dennoch erhoben wird, folgt er oft ideologischen Vorgaben.
Für die Schule stellt sich vielmehr die Frage, wie ihre organisatorische Beschaffenheit sein muß, um den Aufgaben der Leistungsdifferenzierung zu genügen. Das gegliederte Schulwesen bietet die Gewähr, auf dem Wege differenzierter organisatorischer Regelungen eine begabungsgerechte Leistungsdifferenzierung sicherzustellen und den Aufgaben des sozialen Lernens zu entsprechen. Dabei werden zugleich anthropologische und politische Fragestellungen, die in der Forderung nach sozialer Integration eingeschlossen sind, mit berücksichtigt. Zusätzliche sozialpolitische Maßnahmen bieten hier weitere Hilfen. Auf diese Möglichkeiten ist in dieser Schrift an vielen Stellen hingewiesen worden[22]. Die Gesamtschule versucht demgegenüber, die politisch-moralische Verpflichtung der sozialen Integration in eine bestimmte Organisationsstruktur einzubinden und im Rahmen dieser organisatorischen Vorgaben die Aufgaben der Leistungsdifferenzierung wahrzunehmen. In der strukturellen Beschaffenheit der Gesamtschule stoßen somit zwei Aspekte aufeinander, für die unterschiedliche Begründungszusammenhänge bestehen. Die Gesamtschule gerät strukturtheoretisch in ein Dilemma.
Dieses Dilemma wird bereits sprachlich in den Begründungsversuchen deutlich. Hier beherrscht eine eigentümliche Ambivalenz die sprachlichen Formulierungen. Es wird die Ausrichtung auf Abschlüsse abgelehnt, zugleich aber werden profilbezogene Abschlüsse gefordert. Wahlentscheidungen sollen allein den Interessen und Neigungen folgen, nicht aber von Abschlußaspirationen her erfolgen. Kurse sollen einerseits der Bildung von Schwerpunkten dienen, andererseits aber Durchlässigkeit und Individualisierung ermöglichen und schließlich den Aufbau

21 *Heckhausen/Roelofsen* 1959/1962 392 f.
22 Vgl. im einzelnen hierzu die Ziffern 1.21 und 1.22.

relativ stabiler Lerngruppen nicht unterbinden. „Der Zwang, drei wertunterschiedliche Abschlüsse am Ende des 10. Schuljahrs zu geben“ soll aufgehoben werden und statt dessen „ein gleichwertiger, nach Profilen gruppierter Sekundarabschluß I angestrebt“ werden[23]. Es stellt sich hier die Frage nach der Logik solcher Äußerungen. Die Positionen, die hier gegenübergestellt werden, sind zum einen überhaupt keine Gegensätze, sondern lediglich Umschreibungen und Umformulierungen. Zum anderen lassen sich die genannten Zielsetzungen, sofern sie ernst gemeint sind, nur erreichen, wenn differenzierte Leistungsanforderungen gegeben sind. Des weiteren wird an anderer Stelle gesagt, daß integrierte Gesamtschulen „einen zeitlich relativ ausgedehnten (Frei-) Raum für egalisierende Leistungs-, profilierende Wahldifferenzierung sowie Soziales Lernen begünstigende Gruppierungsformen schaffen“ (121)[24]. Die sprach- und sachlogische Bedeutung der Adjektiva „egalisierend“ und „profilierend“ im Kontext der Begriffe Leistungs- und Wahldifferenzierung ist jedoch nicht erkennbar. Offensichtlich ist demgegenüber, daß eine Differenzierung des Unterrichts in Richtung vielfältiger Leistungsangebote die organisatorische Zusammenführung aller Schüler unter dem Aspekt der sozialen Integration unterläuft, während umgekehrt die organisatorische Zusammenfassung aller Schüler einer Jahrgangsstufe im Unterricht den Aspekt der Leistungsdifferenzierung vernachlässigt. Dieses Dilemma wird inzwischen immer deutlicher gesehen und zugunsten der sozialen Integration zu lösen versucht. Maßnahmen zur Leistungsdifferenzierung werden als

---

23 *Gemeinnützige Gesellschaft Gesamtschule* (Hg.), Bundeskongreß v. 31. 5.–2. 6. 1973. Arbeitspapiere, Materialien, Resolutionen, o. O./o. J. (1973) 41 ff. – *Deutscher Bildungsrat* (Hg.), Zur Neuordnung der Sekundarstufe II. Konzept für eine Verbindung von allgemeinem und beruflichem Lernen, Bonn 1974 77 ff.

24 *W. Keim,* Schulische Differenzierung. Eine systematische Einführung, Köln 1977 116–123

zweitrangig angesehen, weil „das Prinzip des Leistungsvergleichs und damit der Konkurrenzorientierung“ (121) der sozialen Integration entgegensteht.
Mit dieser unterschiedlichen Gewichtung der beiden Aspekte (Leistungsdifferenzierung – soziale Integration) zieht die Gesamtschule die einzig mögliche Konsequenz aus dem Dilemma, in dem sie sich von ihrer organisatorischen Beschaffenheit her befindet. Die Aufgabe, die sich die Gesamtschule gesetzt hat, ist ihr nicht gelungen[25]. In einigen Ländern, in denen integrative Systeme ausnahmslos gegeben sind, hat man bereits die entsprechenden Konsequenzen gezogen. So sind es in westlichen Ländern eine Vielzahl privater und teils öffentlicher Schulen, in denen begabte junge Menschen die entsprechende schulische Förderung finden. Die Ostblockländer haben neben dem regulären integrativ ausgerichteten Schulsystem ein zweites hochselektives System eingerichtet. Für die Ausbildung z. B. des wissenschaftlichen, wirtschaftlichen und künstlerischen Nachwuchses sowie der politischen Führungskader aus den Reihen der Machteliten sind Spezialschulen geschaffen worden, die sicherstellen, daß die entsprechenden Begabungen frühzeitig und intensiv gefördert werden[26]. In diesen Maßnahmen schlägt sich die Erkenntnis nieder, daß hochkomplexe Gesell-

---

25 Als „gesamtschulimmanente Widersprüche“ nennt *Rolff* „– den Widerspruch zwischen Chancengleichheitsversprechen und Auslesezwang, – den Widerspruch zwischen einer notwendigen Erziehung zur Solidarität und dem Konkurrenzprinzip, und – den Widerspruch zwischen innerschulischen und außerschulischen Sozialisationserfahrungen“, in: Gesamtschule 5 (1973) 3, 4.

26 *K.-D. Mende,* Schulreform und Gesellschaft in der Deutschen Demokratischen Republik 1945–1965. Die Reform der Differenzierung in der Mittelstufe des Bildungswesens als Problem der Schulpolitik, *D. Glowka,* Schulreform und Gesellschaft in der Sowjetunion 1958–1968. Die Differenzierung der allgemeinbildenden Schule als Problem der sowjetischen Bildungspolitik, und *H. Thomas*, Schulreform und Gesellschaft in England und Wales 1944–1970. Sekundarerziehung für alle: Vom Konzept der selektiven Sekundarstufe zur Entwicklung der Com-

schaftssysteme ohne eine genügend große Zahl von umfassend ausgebildeten jungen Menschen nicht auskommen. Die Frage ist dann, wie diese Eliten ausgebildet werden sollen. Dies kann in wenigen exklusiven privaten oder staatlichen Eliteschulen geschehen, während für den großen Teil der Jugendlichen ein integratives System offensteht. Die Ausbildung dieser Eliten ist aber auch im gegliederten Schulwesen möglich. Allen Jugendlichen wird hierbei die Chance gegeben, den für sie jeweils besten Bildungsweg zu wählen. Um dies sicherzustellen, steht ein breit gefächertes differenziertes Bildungswesen allen Jugendlichen offen. Es wird somit vielen Jugendlichen die Möglichkeit zu höherer und weiterführender Bildung eröffnet, ohne daß ein Großteil der Jugendlichen sich mit weitgehend begrenzten und wenig differenzierten Bildungsangeboten in integrativen Systemen zufrieden geben muß. Diese Lösung, die das gegliederte Schulwesen bietet, ist daher insgesamt gesehen sozialer und von ihrem politischen Ansatz her zugleich auch demokratischer.
Die Entwicklung des gegliederten Schulwesens in den letzten Jahren hat eine größere Chancengleichheit im Sinne einer Verbesserung der Ausgangschancen bewirkt. Es hat damit auf seine Weise seinen Beitrag zu einem größeren sozialen Ausgleich in unserer Gesellschaft geleistet. Die Verbesserung des Unterrichtes in der Grundschule hat des weiteren zu einer Verbesserung der Prognose über den weiteren schulischen Bildungsweg des einzelnen geführt. Hinzu kommt der Ausbau der Übergangsmöglichkeiten nach den Klassen 6 und 10. Damit wird sichergestellt, daß der eingeschlagene Bildungsweg nicht in einer Sackgasse endet. Die Einführung eines qualifizierten Abschlusses nach der Klasse 10 in der Hauptschule und der Abschluß der

---

prehensive School, in: *S. B. Robinsohn* (Hg.), Schulreform im gesellschaftlichen Prozeß. Ein interkultureller Vergleich Band I: Bundesrepublik Deutschland, Deutsche Demokratische Republik, Sowjetunion (Texte und Dokumente zur Bildungsforschung), Stuttgart 1970 2/49 und 51 und 3/22–26 sowie ders., Band II: England und Wales, Frankreich, Österreich, Schweden, Stuttgart 1975 104–107

Realschule bieten die Möglichkeit, den Bildungsweg in der Oberstufe des Gymnasiums fortzusetzen. Daneben bestehen im beruflichen Schulwesen eine Reihe von Weiterbildungsmöglichkeiten, die bis zur Hochschulreife führen. Das gegliederte Schulwesen und das berufliche Schulwesen sind einander zugeordnet und ergänzen einander. Die Vielfalt der Angebote in beiden Systemen berücksichtigt die Belange des einzelnen und erlaubt eine begabungsgerechte und individuell angemessene Ausrichtung des jeweils eingeschlagenen Bildungsweges verbunden mit dem entsprechenden Leistungsanspruch. Die Gesamtschule sucht diesen Anforderungen ebenfalls gerecht zu werden. Der jüngst vorgelegte Bericht über die Gesamtschulen in Nordrhein-Westfalen zeigt, daß die Gesamtschule zur Zeit nicht in der Lage ist, diesen Anforderungen zu genügen[27].

2.54 Gesamtschule: keine Alternative zum gegliederten Schulwesen

Auslese oder Fördern: eine falsche Alternative

Die Vorteile der Gesamtschule werden oftmals darin gesehen, daß die Gesamtschule weniger Auslese betreibt und den Schülern mehr Förderung zukommen läßt. Zunächst ist hierzu anzu-

---

27 Auf den Bericht kann hier nicht mehr eingegangen werden; dies soll zu einem späteren Zeitpunkt geschehen. Hinsichtlich der Problematik der politischen Voreingenommenheit wissenschaftlicher Beratungsgremien vgl. die kritischen Bemerkungen von *K. Aurin,* Schulen im Härtetest. Es gibt keinen Beweis für die Überlegenheit der integrierten Gesamtschule, in: Die Deutsche Zeitung Nr. 48 v. 23. 11. 1979. – Vgl. ferner die kritisch abwägende Stellungnahme der Lehrer an Gesamtschulen zur Gesamtschulsituation in Nordrhein-Westfalen. – *Sektion Gesamtschule/Kollegschule,* Offene und leistungsfähige Gesamtschule. Grundsätze und Forderungen der Sektion Gesamtschule/Kollegschule zum Gesamtschulversuch NW, in: Bildung aktuell (1979) 12, 277–283

merken, daß mit der Gegenüberstellung von Auslesen und Fördern eine falsche Alternative aufgerichtet wird. Diese Alternative enthält unterschwellig eine grobe Unterstellung. Es wird der Öffentlichkeit suggeriert, daß die Bildungsarbeit in der Gesamtschule pädagogischen Zielsetzungen folgt, während das übrige Schulwesen in seiner Bildungsarbeit sich weitgehend von apädagogischen und außerschulischen Anforderungen bestimmen läßt. Eine Bestätigung dafür wird in der Tatsache gesehen, daß an Gesamtschulen die Schüler angstfrei lernen und die Eltern mehrheitlich der Arbeit in der Gesamtschule positiv gegenüberstehen. Diese Tatsache bedarf jedoch der Überprüfung. Inzwischen zeigen nämlich Untersuchungen, daß die Schulangst ein Phänomen ist, dessen Ursachen noch nicht voll abgeklärt sind. Eines ist aber offensichtlich, daß die Schulangst weniger von der Schulstruktur abhängt, als dies bisher angenommen worden ist. Die Alternative Gesamtschule = keine Schulangst und gegliedertes Schulwesen = Schulangst ist so nicht aufrecht zu erhalten. Dies zeigt die Auswertung der Angaben von über 1600 Schülern, die deutlich macht, daß das gesamte Lernumfeld einer Schule die Schulangst und Schulunlust entscheidend beeinflussen. Im Blick auf diese Gegebenheit unterscheiden sich Gesamtschulen und die Schulformen des gegliederten Schulwesens in keiner Weise[1].
Die vorgenannte Behauptung, nach der Gesamtschüler angstfreier lernen und die Eltern der Gesamtschule positiv gegenüberstehen, entbehrt des weiteren der logischen Stringenz. Die gesamte Argumentationsfigur stellt nämlich eine „sich selbst erfüllende Prophezeiung" dar[2]. Die Alternative Auslese oder

---

1 *R. Schwarzer/W. Royl,* Die Entwicklung der Leistungsängstlichkeit bei Gesamt- und Regelschülern, in: Psychologie in Erziehung und Unterricht 26 (1979) 259–266

2 *Merton* nennt solche Prophezeiungen ein falsches Handlungsbewußtsein. „The self-fulfilling prophecy is, in the beginning, a *false* definition of the situation evoking a new behavior which makes the originally false conception come *true*. The specious validity of the self-fulfilling prophecy perpetuates a reign of error. For the prophet will cite

Fördern gibt es in dieser Ausschließlichkeit in der schulischen Wirklichkeit nicht. Sie ist eine Setzung, die aufgestellt und behauptet wird. Diese Setzung dient dazu, die Begriffe Auslese und Leistungsdifferenzierung emotional negativ zu besetzen und damit zugleich eine Abneigung gegenüber dem gegliederten Schulwesen hervorzurufen, das angeblich auf dem Wege über die Leistungsdifferenzierung nur Auslese betreibt. Indem diese Alternative, die im Sinne *Mertons* eine falsche Definition der Situation darstellt, immer wieder aufs neue wiederholt wird, soll der Eindruck gefestigt werden, daß es in der schulischen Wirklichkeit diesen Gegensatz von Auslesen und Fördern gibt. Dieser gesamte Vorgang ist ein kennzeichnendes Beispiel dafür, wie Setzungen als Wirklichkeit ausgegeben werden, um auf diese Weise bestimmte Interessen durchzusetzen. Merton nennt dieses Vorgehen zu recht eine Perversität der sozialen Logik.

Schulisches Lernen ist von altersher an Leistungen gebunden. Das Fordern von Leistungen stellt zugleich auch eine Förderung der individuellen Fähigkeiten des Schülers und seiner Motivation dar[3]. Leistungen können gelingen und mißlingen. Dies gilt auch dann, wenn das Fordern von Leistungen in einer pädagogisch zu verantwortenden Weise geschieht[4]. Damit ist gesagt, daß dem Schüler alle Hilfen gegeben werden müssen, die

---

the actual course of events as proof that he was right from the very beginning ... Such are the perversities of social logic." *Merton* 1968 477

3 Als wichtige Gegebenheiten für die Entwicklung von Motivationen und damit zugleich auch für den Aufbau von Leistungen im frühen Lebensalter, die auch für die Schule von Bedeutung sind, nennt *Heckhausen* u. a. kognitive Funktionsreife, Selbständigkeit, dosierte Diskrepanzerlebnisse, erzieherische Maßnahmen, Identifikation mit Vorbildern. *H. Heckhausen,* Einflüsse der Erziehung auf die Motivationsgenese, in: *Th. Herrmann* (Hg.), Psychologie der Erziehungsstile, Göttingen 1972[3] 131–169

4 Hierzu die abwägende Darstellung des Leistungsgedankens bei *Furck,* wobei die von *Furck* kritisch gesehene Frage nach der Leistungsanforderung im Blick auf die weiterführenden Schulen jedoch ange-

ihn in den Stand setzen, sich der Herausforderung zu stellen, die in jeder Leistung eingeschlossen ist[5]. Die Alternative von Fördern und Auslese löst diesen in der Sache notwendigen und pädagogisch unaufhebbaren Zusammenhang jedoch auf. Auch die Gesamtschule hält diesen Anspruch nicht durch. Es zeigt sich nämlich in der Gesamtschule Schulangst in dem Maße, wie eine Fachleistungsdifferenzierung gegeben ist[6]. Dennoch findet sich diese Alternative von Fördern und Auslese als Argumentationsfigur in vielen Veröffentlichungen zur Gesamtschule. Stellvertretend hierfür möge das folgende Zitat stehen: „Die

---

sichts der in dieser Arbeit aufgezeigten Förderungsmaßnahmen nicht zwingend ist. *C.-L. Furck,* Das pädagogische Problem der Leistung in der Schule, Weinheim/Basel 1967[3] – Neuerdings ist *Höhne* den komplexen Zusammenhängen des Leistungsproblems nachgegangen und hat die Voraussetzungen, die Ansprüche und die positiven wie negativen Folgen des Leistungsanspruchs aufgezeigt und die Bedingungen deutlich gemacht, die zu diesen Folgen geführt haben. *E. Höhne,* Jugend und Leistung. Versuch einer Klärung, Stuttgart 1978 – Einen Überblick über die differenzierten Bedingungen, in die Leistungen eingelassen sind und diese freisetzen, geben: *E. Neuhaus,* Zum pädagogischen Leistungsbegriff, in: *Kanz* 1973 85–90 – *I. Lichtenstein-Rother* (Hg.), Schulleistung und Leistungsschule, Heilbrunn 1971 – Sinn und Unsinn des Leistungsprinzips. Ein Symposion, München 1975[3] – Ferner *H.-R. Laurien,* Schule und Leistungsprinzip. Die Schule in der industriellen Gesellschaft, in: Civitas 1972 43–60

5 *W. Wieczerkowski/R. Bastine/B. Fittkau/H. Nickel/R. Tausch/U. Tewes,* Verminderung von Schulangst und Neurotizismus bei Schülern durch positive Bekräftigungen von Lehrern im Schulunterricht, in: ZfEPP 1 (1969) 3–12 – Höchst aufschlußreiche Hinweise dazu, wie in der Klasse Motivationen und Leistungen angeregt werden können, gibt *R. de Charms,* Motivation in der Klasse (Lehrertraining und Unterrichtspraxis Band 4), München 1979. – Die positiven Wirkungen eines ansprechenden Schulklimas (Lehrerverhalten, Bezug der Schüler zum Lehrer und der Schüler untereinander) auf die Leistungen der Schüler einer Klasse bestätigt *H. Dreesmann,* Zusammenhänge zwischen Unterrichtsklima, kognitiven Prozessen bei Schülern und deren Leistungsverhalten, in: ZfEP 3 (1979) 121–133.

6 *K. E. Littich/A. Knapp,* Fachleistungsdifferenzierung und Schulangst – Ein Vergleich von homogenen Leistungskursen mit heterogenen Klassenverbänden, in: ZfEP 2 (1978) 2 – 16

der Differenzierung in Fachleistungskursen zugrunde liegenden Bewertungskriterien, insbesondere die Zensuren, entbehren hinreichender Objektivität, Reliabilität und Validität. Dadurch kommt es bei einer großen Anzahl von Schülern zu Fehldiagnosen. Die Fachleistungsdifferenzierung führt zu einer Überbetonung der Auslesefunktion der Schule und somit zur Vernachlässigung ihrer eigentlichen Aufgabe, den Schüler im Rahmen seiner individuellen Fähigkeiten zu erziehen und zu fördern."[7]
Unter Hinweis darauf, daß mangelndes Selbstvertrauen und Schulangst – also nichtkognitive Verhaltensmodi Folgen der Fachleistungsdifferenzierung sind, wird diese dann in Frage gestellt[8].

Statt dessen erscheint es sinnvoller, danach zu fragen, was im Rahmen der schulischen Unterweisung verbessert werden kann, um diese nichtkognitiven Folgen abzumildern. Zunächst ist zu prüfen, ob alle Schüler bestimmten Leistungsanforderungen genügen müssen oder ob nicht eine Differenzierung nach Leistungen auch im Blick auf den notwendigen Abbau von mangelndem Selbstvertrauen und Schulangst angemessener wäre. Zum anderen ist zu bedenken, ob nicht durch eine Reihe von zusätzlichen Hilfen (Silentien, Förderunterricht u. a. m.) die Schüler in die Lage versetzt werden können, die geforderten Leistungen zu erbringen[9]. Die Bemerkung, daß die Schule ihre

---

7 *Littich/Knapp* 1978 3

8 Die Schulangst ist ein höchst komplexes Phänomen, das individuelle, familiäre, schulische und gesellschaftliche Aspekte umfaßt. Es stellt eine sachlich unangemessene Verkürzung dar, das Problem der Schulangst einseitig bestimmten Schulorganisationsstrukturen (z. B. den Schulformen des gegliederten Schulwesens) zuzuordnen. Hierzu *B. Jacobs/P. Strittmacher,* Der schulängstliche Schüler. Eine empirische Untersuchung über mögliche Ursachen und Konsequenzen der Schulangst, München/Wien/Baltimore 1979

9 *Schwarzer* hat auf den Zusammenhang von Schulangst und Schulleistung hingewiesen und des weiteren Korrelationen zwischen Schulangst und niedrigen Intelligenzleistungen sowie zwischen Schulangst und niedrigem sozio-ökonomischen Status festgestellt. Daraus leitet er

Aufgabe darin habe, „den Schüler im Rahmen seiner individuellen Fähigkeiten zu erziehen und zu fördern", ist eine reine Leerformel. Wie soll Förderung anders geschehen als auf dem Wege, daß Leistungen gefordert werden. Viele junge Menschen sind dazu bereit. Außerhalb der Schule zeigt sich dies z. B. in vielfältigen sportlichen und musischen Aktivitäten. Bei den Regional-, Landes- und Bundeswettbewerben „Jugend musiziert" geht es auch darum, den jungen Menschen „im Rahmen seiner individuellen Fähigkeiten zu erziehen und zu fördern". Dies bedeutet aber konkret: erhöhter Einsatz, Disziplin und Leistungsbewußtsein. Es wäre eine fatale Fehlentscheidung, wenn die Erziehung zur Leistungsfähigkeit in unserer Gesellschaft allein der privaten Initiative oder den Aktivitäten von außerschulischen Institutionen und Vereinen überlassen würde. Hier hat die Schule eine wichtige Aufgabe gegenüber dem einzelnen und der Gesellschaft wahrzunehmen, die nicht unter dem Vorwand einer verschwommenen Humanisierung von Schule aufgegeben werden kann.

Aspekte der schulischen Leistungsbeurteilung

In allen hochentwickelten Gesellschaften herrscht das Leistungsprinzip. Dazu gibt es keine Alternative, sofern der Stand der kulturellen und gesellschaftlichen Entwicklung gehalten werden soll. Daraus folgt, daß die Schule leistungsbezogen und leistungsorientiert ist, ohne dabei die Leistung zu einem Selbstzweck oder zu einem Mittel der Disziplinierung zu verkürzen. Leistung muß immer motivierend sein. Dies ist aber nur mög-

---

die Notwendigkeit gezielter pädagogischer Hilfen ab, um Schulangst so weit wie möglich abzubauen. *R. Schwarzer,* Schulangst und Lernerfolg. Zur Diagnose und zur Bedeutung von Leistungsangst in der Schule (Studien zur Lehrforschung Band 12), Düsseldorf 1975 – Zu ähnlichen Ergebnissen kommt *U. Lißmann,* Schulleistung und Schulangst. Eine multivariate Untersuchung im 5. Schuljahr in Gesamtschulen (Theorie und Praxis der Schulpsychologie Band XIX), Weinheim/Basel 1976.

lich, wenn Leistungen durch Rückmeldungen und Bewertungen anerkannt und in ihrem jeweiligen Stellenwert dem Schüler verdeutlicht werden. Die gestellten Aufgaben müssen daher entsprechend strukturiert sein und den Schüler ansprechen. Nur so können Leistungen beim Schüler eine positive Selbsteinschätzung hervorrufen und ihn dazu führen, seine persönliche Situation zureichend zu erfassen[10]. Das Schulleben ist aber nicht von der Leistungsforderung allein bestimmt, sondern auch von sozialen und emotionalen Gegebenheiten des Zusammenlebens, die Vertrauen und Geborgenheit freisetzen. Vor diesem Hintergrund ist es möglich, auf Leistungsschwierigkeiten und -versagen nicht allein administrativ zu reagieren, sondern auf dem Wege persönlichen Ansprechens Hilfen zu geben. Die festen Sozialbezüge von Klassen und Gruppen erfüllen hier ausgleichende und fördernde Aufgaben, die sehr wichtig sind. Leistungen sind immer an Bedingungen geknüpft. Es sind dies zum einen die Voraussetzungen beim Schüler selbst, zum anderen die Anforderungen des Unterrichts und schließlich die fördernden und hemmenden Gegebenheiten der Umwelt des Schülers. Leistungen sind somit das Ergebnis eines vielschichtigen Prozesses, in den eine Reihe von Aspekten eingeschlossen sind. Hier sind u. a. zu nennen: die Auseinandersetzung und die Konfrontation mit Bewertungs- und Gütekriterien der Leistungsmessung; der Einsatz von Fähigkeiten und Anstrengungen und ihre wechselseitige Ergänzung; der Bezug auf den einzelnen (seine Situation, seine Einstellungen und seine künftigen Möglichkeiten), womit der instrumentelle Charakter der Leistung deutlich wird, d. h. sie ist nicht Selbstzweck; das Moment der Selbstbestätigung, das Freude und Trauer auslöst und dem einzelnen Aufschluß gibt über seine Möglichkeiten im Blick auf sich selbst, seine Mitmenschen und die gestellten Aufgaben; die Vermittlung der Einsicht, daß Leistung im Rah-

---

10 Auf diese Zusammenhänge verweist u. a. *G. Eigler,* Das Verhältnis von Lernen und Leistung als Forschungsproblem, in: *Roth/Friedrich* 1975 1, 58–97.

men der vorgenannten Aspekte eine moralische Qualität hat. Dies ist in etwa das Spektrum eines pädagogischen Leistungsbegriffs, der letztlich als theoretischer Bezugsrahmen auch die empirische Überprüfung schulischer Leistungen leiten sollte. An dem Anspruch dieses Bezugsrahmens sind die Verfahren der Datenerhebung und die Ergebnisse solcher Untersuchungen zu messen.

Die Inkonsequenz der oben zitierten Aussage von *Littich/Knapp* zeigt sich im ersten Teil des Zitats. Hier werden die Bewertungskriterien, die der Fachleistungsdifferenzierung zugrunde liegen, als unzureichend ausgegeben. Sie „entbehren hinreichender Objektivität, Reliabilität und Validität". Dies kann aber nur heißen, daß der Lehrer seine Bewertungsmaßstäbe mittels den Methoden der empirischen Sozialforschung absichern soll. Damit stellt sich jedoch die Frage nach den Vorstellungen von Schule, die hinter einer solchen Forderung stehen. Die Schule und der Unterricht sind keine Institute der empirischen Sozialforschung, sondern zunächst und vor allem Stätten der Erziehung und Bildung des jungen Menschen. Leistungsbewertungen, die im Rahmen von Schule vorgenommen werden, stellen keine Werte auf einer objektiv gültigen Meßlatte dar. Sie sind vielmehr Aussagen über den Leistungsstand des Schülers und somit als eine pädagogische Aussage zu verstehen, nicht aber als ein Datum der empirischen Sozialforschung[11]. Die Leistungsbewertung konkretisiert den Leistungsstand des Schülers in bezug auf seine eigene Leistungsfähigkeit, im Blick auf die allgemeine Leistungshöhe der Klasse und schließlich unter Berücksichtigung der allgemeinen Anforderungen des Faches, die im Lehrplan näher bestimmt sind. Es ist dies ein komplexer Zusammenhang, der auf vielfältige Kommunika-

---

11 Ein solcher Ansatz wird aufgezeigt bei *P. M. Roeder/K. Treumann*, Dimensionen der Schulleistung (Gutachten und Studien der Bildungskommission Band 21), Stuttgart 1974.

tions- und Interaktionsabläufe zurückgreift. Im Unterrichtsgeschehen werden die Grundlagen und die Kriterien teils erst einmal geschaffen, die für eine Leistungsbewertung von Gewicht sind[12]. Dieser Ablauf ist nicht in der Weise zu operationalisieren, und das heißt zugleich zu objektivieren, wie es in der empirischen Sozialforschung üblich ist[13]. Der Unterricht als ein Interaktionsprozeß entzieht sich weitgehend dem Zugriff solcher Verfahren, sofern er sich selbst nicht aufgeben will. Wenn dies gesagt wird, soll nicht einer pädagogischen Willkür das Wort geredet werden. Die nachfolgenden Hinweise machen dies deutlich. Zunächst einmal kommt es darauf an festzuhalten, daß im Blick auf die Unterrichtswirklichkeit jeglicher Methodenmonismus fehl am Platze ist. In wissenschaftstheoretischer Hinsicht ist mit dem Faktum Unterricht ein Zusammenhang gegeben, der gesehen werden muß. *Watzlawick* hat die hier anstehende Fragestellung als eine „Wirklichkeit erster Ordnung" und eine „Wirklichkeit zweiter Ordnung" beschrie-

---

12 Dieser Tatbestand erklärt z. B. die Unterschiede in der Aufsatzbewertung, auf die vor Jahren *Ulshöfer* hingewiesen hat. *R. Ulshöfer,* Wie beurteilen Sie diesen Reifeprüfungsaufsatz? in: Der Deutschunterricht 1 (1948/49) 6,95–98 und ders., Zur Beurteilung von Reifeprüfungsaufsätzen. Auswertungen eines gemeinsamen Versuchs, in: ebd. 1 (1948/49) 8, 84–102. Diese Ergebnisse haben in den folgenden Jahren und bis in die Gegenwart hinein immer wieder Argumenten Vorschub geleistet, nach denen eine Vergleichbarkeit nur auf dem Wege einer durchgehenden Festlegung von objektivierten Lernzielbestimmungen möglich ist. *Ulshöfer* hat diese Konsequenz abgelehnt. Bereits 1949 hat er Kriterien für den „Wertmaßstab im Oberstufenunterricht" aufgestellt (ebd. 1 [1948/49] 5, 18–24) und später darauf verwiesen, daß es durchaus Möglichkeiten gibt, ein zureichendes Maß an Vergleichbarkeit sicherzustellen; ders., Welcher Grad von Objektivität läßt sich bei der Beurteilung von deutschen Aufsätzen erreichen? Mitteilung statistischer Unterlagen, in: ebd. 15 (1963) 5, 104–108

13 Von einem Versuch, exakte Leistungsvergleiche zu ermitteln, berichtet *U. Schindler,* Leistungsdifferenzierung in Orientierungsstufen: Wie unterschiedlich sind Mathematikleistungen in verschiedenen Kursen und Schulen wirklich? in: ZfEP 3 (1979) 29–47.

ben, um damit die Komplexität von Wirklichkeit zu erfassen. „Wir wollen also jene Wirklichkeitsaspekte, die sich auf den Konsensus der Wahrnehmung und vor allem auf experimentelle und daher verifizierbare Nachweise beziehen, der *Wirklichkeit erster Ordnung* zuteilen. Im Bereich dieser Wirklichkeit ist aber nichts darüber ausgesagt, was diese Tatsachen *bedeuten* oder welchen *Wert* (im weitesten Sinne des Wortes) sie haben ... Wie gesagt, verlieren wir diesen Unterschied nur zu leicht aus den Augen oder sind uns des Bestehens dieser zwei verschiedenen Wirklichkeiten überhaupt nicht bewußt."[14] Das Unterrichtsgeschehen in jeder Klasse ist eine „Wirklichkeit zweiter Ordnung", die partiell durch exakte Verfahren erfaßt werden kann. Die Rahmenbedingungen, in welche die so erfaßten Fakten eingelassen sind, entziehen sich jedoch diesem Zugriff. Die Krise der Schule und ihr Verlust an erzieherischer Qualität ist weitgehend darin begründet, daß an den Unterricht zunehmend Intentionen und Anforderungen herangetragen werden, die die Gegebenheiten und die Atmosphäre dieser „Wirklichkeit zweiter Ordnung" zu wenig in Rechnung setzen[15].

Für die Wirklichkeit des Unterrichts folgt daraus, daß die pädagogische und fachliche Kompetenz des Lehrers die Gewähr dafür sind, daß im Unterrichtsgeschehen angesichts der sachlichen Anforderungen jeder Schüler die Förderung erfährt, die

---

14 „Zum Beispiel: Die Wirklichkeit erster Ordnung des Goldes, das heißt seine physischen Eigenschaften, ist vollkommen bekannt und jederzeit verifizierbar. Die Bedeutung, die das Gold aber seit Urzeiten im menschlichen Leben spielt, vor allem die Tatsache, daß ihm zweimal täglich in einem Büro der Londoner City ein bestimmter Wert (also ein ganz spezifischer Wirklichkeitsaspekt) zugeschrieben wird und daß diese Wertzuschreibung viele andere Aspekte unserer Wirklichkeit weitgehend bestimmt, hat mit seinen physischen Eigenschaften sehr wenig, wenn überhaupt etwas zu tun." *Watzlawick* 1978 143 f.

15 Eine Kritik dieser Zusammenhänge findet sich bei *W. Baßler/F. J. E. Becker/B. Becker-Jákli/G.-H. Neumann,* Intelligenzbegriff und Schülerbewertung, Düsseldorf 1978.

seinen Fähigkeiten und Neigungen entspricht[16]. Aufgabe der fachwissenschaftlichen, fachdidaktischen und erziehungswissenschaftlichen Ausbildung des Lehrers in der 1. und 2. Phase ist es, den angehenden Lehrer in diesen Gesamtzusammenhang von Unterricht einzuführen und ihm die Maßstäbe für seine Arbeit zu vermitteln. Auf diese Weise wird sichergestellt, daß im Unterricht ein hinlängliches Maß an Objektivität hinsichtlich der Anforderungen und Bewertungen möglich wird. In Fachkonferenzen und sonstigen Formen der kollegialen Zusammenarbeit werden Erfahrungen, Einsichten, Informationen und Anregungen über den Unterricht in einer Klasse ausgetauscht. Dieser Austausch dient auf seine Weise der Objektivierung des Unterrichtsgeschehens: er ermöglicht Vergleiche, führt zu Analogien, setzt Maßstäbe und gibt Kriterien. Dies alles erlaubt Formen der Leistungsbewertung, die das Leistungsbild des Schülers im Sinne einer nachzeichnenden Charakterisierung hinlänglich vergegenwärtigen. Vor diesem Hintergrund ist die Praxis der Zensurengebung zu sehen. *Tent* hat die vielfältigen Aspekte aufgezeigt, die in die Notengebung des Lehrers eingehen. Unbeschadet der Notwendigkeit weiterer Verbesserungen der Notengebungspraxis wird von den Befunden her aber auch die Angemessenheit des Urteils aufgezeigt[17]. In diesem Rahmen

---

16 *Fend* hat diesen Gesamtzusammenhang unter der Leitfrage nach dem Schulklima untersucht. Hier wird das vielschichtige Gefüge deutlich, von dem das Schulklima abhängt. Weiterführende Schlußfolgerungen sind aber nur bedingt möglich. Die Fragevorgaben wie auch die Beurteilungskriterien über die Schulformen sind sehr allgemein gehalten und geben lediglich die dem Untersuchungsansatz entsprechenden Fakten wieder. Die „Wirklichkeit zweiter Ordnung" *(Watzlawick)* wird nur unzureichend erfaßt. *H. Fend,* Schulklima: Soziale Einflußprozesse in der Schule. Soziologie der Schule III, 1, Weinheim/Basel 1977

17 *L. Tent/W. Fingerhut/H.-P. Langfeldt,* Quellen des Lehrerurteils. Untersuchungen zur Aufklärung der Varianz von Schulnoten, Weinheim/Basel 1976 – *K. Wolf,* Die Gerechtigkeit des Erziehers, München 1962

haben auch Testverfahren ihren Ort[18]. Des weiteren ist die Ergänzung der Leistungsnoten durch Gutachten, wie dies in Waldorfschulen üblich ist, eine pädagogisch sinnvolle Möglichkeit, die Leistungsbewertung stärker auf die individuellen Gegebenheiten zu beziehen. „Erst aus der sinnvollen Kombination objektiver und subjektiver Methoden ergibt sich ein angemessenes Prüfungs- und Beurteilungsverfahren. Die Erfahrungen haben gezeigt, daß der Einsatz von Tests dazu führt, daß Lernziele besser durchdacht und formuliert werden, daß das Lehrerurteil durch die Auseinandersetzung mit einem Korrektiv fundierter und rationaler wird und daß die Fehlerquellen jedes Verfahrens klarer gesehen werden und damit eine kritisch reflektierende Haltung die vorwissenschaftliche naive Praxis der Beurteilungsverfahren ablöst."[19]

Die Inkonsequenz der Argumentation der oben zitierten Stelle liegt nun im folgenden: Einerseits wird eine angstfreie Schule gefordert, die allein fördert, aber keine Leistungsauslese

---

18 So betont *Krumm*, daß eine größere Objektivierung der Bewertungen durch den Einbezug standardisierter Schulleistungstests und informeller Tests erreicht werden kann. Die Untersuchung bezieht sich auf schriftliche Arbeiten im Fach Wirtschaftslehre; eine Übertragung auf andere Schulfächer ist unter Berücksichtigung der jeweiligen fachlichen Bedingungen durchaus möglich. *V. Krumm*, Der Aussagewert von Leistungen in Klassenarbeiten, in: Wirtschaft und Erziehung 22 (1970) 214–224

19 *K. Ingenkamp*, Möglichkeiten und Grenzen des Lehrerurteils und des Schultests, in: *Roth* 1969 425 zum gesamten 407–4311 – *Ingenkamp* hat diese Überlegungen weitergeführt und die Vielschichtigkeit der Aspekte aufgezeigt, in die die Zensurengebung eingelassen ist. *K. Ingenkamp*, Zur Problematik der Zensurengebung, in: DDS 62 (1970) 438–456 sowie der von ihm herausgegebene Sammelband, Die Fragwürdigkeit der Zensurengebung. Texte und Untersuchungsberichte, Weinheim/Basel 1977. – Ferner die Aufarbeitung der Problematik der Zensuren- und Zeugnisgebung und die dort z. B. 179–183 gegebenen weiterführenden Hinweise bei *Ziegenspeck*, wobei die gesellschaftskritischen Vorbehalte gegen die Leistungsgesellschaft vom Untersuchungsansatz her nicht zwingend sind. *Ziegenspeck* 1973.

betreibt. Andererseits soll sich die Feststellung von Leistungen in der Schule an den Maßstäben der empirischen Sozialforschung orientieren. Beides ist aber nicht miteinander zu vereinbaren. Letztlich führt diese Art der Argumentation zu einer radikalen Verunsicherung der Arbeit in der Schule. Damit ist weder den Schülern noch den Lehrern gedient. Das Erbringen von Leistungen ist ohne intensiven Einsatz und auch ohne Ausrichtung auf ein Ziel nicht möglich. Dies bewirkt Spannung, weil es darum geht, inwieweit das Ziel erreicht wird. Man kann diesen Zusammenhang durch Einführung der Begriffe Angst und Auslese in seinem pädagogischen Gehalt diskreditieren, indem man das Bild einer sogenannten angstfreien Schule entwirft. Auf diese Weise wird beim jungen Menschen die Erwartung geweckt, daß es nicht darauf ankomme, Leistungen zu erbringen. Die Schule wird dann zu einem Freiraum stilisiert, in welchem unter den Aspekten von Gefälligkeit und Beliebigkeit Unterrichtsgegenstände ausgesucht und dargeboten werden. Dieser Ansatz ist im Grunde apädagogisch und letztlich inhuman, weil dem jungen Menschen die Chance genommen wird, sich in sachentsprechender Weise auf seine künftigen Lebensbedingungen einzustellen[20]. Das Einbringen von Leistungen ist eine Verpflichtung, die dem Menschen als Person aufgegeben ist. Erst auf der Basis erbrachter Leistungen ist es möglich, soziale Hilfen und öffentliche Dienstleistungen bereitzustellen, die allen zugute kommen[21]. Die im Abschnitt über die Chancengleichheit vorgetragenen Überlegungen haben

---

20 *Lichtenberg* hat diesen Zusammenhang in der für ihn kennzeichnenden Prägnanz bereits vor rund 200 Jahren aufgezeigt: „Man muß die Kinder in einen Korb sperren, aber ihnen den Korb so angenehm machen als möglich; das heißt, wer ein großer Violinspieler werden soll, muß täglich acht Stunden geigen, von der Zeit an, da er eine Geige halten kann, usw. Das ist der Korb, aus dem er nicht darf; allein darin muß ihm alles sehr erleichtert werden." *Lichtenberg* 1944 323

21 *K. Sontheimer,* Leistungsdruck und Leistungsglück, in: Fortschrittliche Betriebsführung 26 (1977) 11–13 – Ferner *H. Schoeck,* Ist Leistung unanständig? Zürich 1978[6]

zugleich deutlich gemacht, daß der junge Mensch zunächst in den Stand versetzt werden muß, Leistungen sachgerecht erbringen zu können und daß ein Einfordern von Leistungen nicht zu einem schichtenspezifischen Selektionsmechanismus zu entarten braucht.

Mangelnde Differenzierungsmöglichkeiten in der Gesamtschule

Begabungsförderung ist auch eine Frage der Differenzierung schulischer Angebote, um den Interessen, Fähigkeiten und Kenntnissen des einzelnen zu entsprechen. Das Begabungs- und Interessenspektrum der Schüler einer Jahrgangsstufe ist weit gestreut. In den Klassen 7 bis 9 der Hauptschule, der Realschule und des Gymnasiums gibt es zur Zeit eine Reihe von Differenzierungsmöglichkeiten, u. a. im Bereich der Sprach-, Sozial- und Naturwissenschaften. Will die Gesamtschule ein breit gestreutes Angebot bereithalten, ist sie gezwungen, eine größere Zahl von Schülern auf jeder Jahrgangsstufe zusammenzufassen. Eine Schülerzahl von 150 Schülern pro Jahrgangsstufe reicht hierzu aber kaum aus, wenn den Differenzierungsangeboten der Hauptschule, der Realschule und des Gymnasiums in etwa entsprochen werden soll. Setzt man für die drei Schulformen insgesamt 9 Differenzierungsgruppen pro Jahrgangsstufe an, die sich auf fachspezifische und leistungsspezifische Differenzierungen beziehen können, so führt dies bei der Gesamtschule zu Gruppengrößen (ca. 16 Schüler), die pädagogisch für alle Schulformen nur zu begrüßen sind. Einschränkend muß jedoch gesagt werden, daß eine solche Gruppengröße in den Schulformen Hauptschule, Realschule und Gymnasium zu mehr als 3 Differenzierungsgruppen führen würde. Damit wird deutlich, daß die Differenzierungsmöglichkeiten und die pädagogischen Förderungsmöglichkeiten im gegliederten Schulwesen erheblich größer sind als in der Gesamtschule, wenn man von einer Schülerzahl von 150 Schülern pro Jahrgangsstufe in der Gesamtschule und in den einzelnen Schulformen ausgeht.
Mit 150 Schülern pro Jahrgangsstufe ist zugleich auch die

Obergrenze gesetzt, da Schulen von über 1000 Schülern pädagogisch nicht erstrebenswert sind. Die hier vorgetragenen Überlegungen gehen davon aus, daß jeder Schüler ein gleiches Recht auf bestmögliche Förderung hat, sei es nun in einer Gesamtschule oder im gegliederten Schulwesen. Läßt sich jedoch eine Gruppengröße von ca. 16 Schülern aus personellen, organisatorischen und finanziellen Gründen nicht durchhalten, verschieben sich die Rahmenbedingungen wiederum zu ungunsten der Gesamtschule. Eine Gruppengröße von ca. 25 Schülern erlaubt der Gesamtschule lediglich ein Differenzierungsangebot von 6 Gruppen pro Jahrgangsstufe mit 150 Schülern, wobei das gesamte Begabungs- und Interessenspektrum von der Hauptschule bis zum Gymnasium umfaßt werden muß. In den Schulformen Hauptschule, Realschule und Gymnasium ist im Rahmen des dort vorgefundenen Begabungs- und Interessenspektrums mit je 6 Gruppen pro Jahrgangsstufe mit 150 Schülern ein erheblich differenzierteres Angebot zu machen, das zugleich eine spezifischere Begabungsförderung erlaubt. Dies gilt auch für den Fall, daß die Schülerzahlen pro Jahrgangsstufe niedriger sind. Es zeigen sich somit von der strukturellen Verfassung der Gesamtschule her Probleme, die hinsichtlich einer bestmöglichen individuellen Begabungsförderung nicht unerheblich sind.

Problematik wissenschaftlicher Untersuchungsansätze über die Gesamtschule

Zur Zeit werden in der öffentlichen Diskussion der Gesamtschule Vorteile zugesprochen, die überhaupt nicht organisationsspezifisch sind, sondern für alle Schulen gelten. In diesem Zusammenhang ist vor allem auf die Einrichtung von Gesamtschulen als Ganztagsschulen zu verweisen. Die Ganztagsschule ist aber im gegliederten Schulwesen ebenso möglich; es gibt Hauptschulen, Realschulen und Gymnasien als Ganztagsschulen. Wenn darüber hinaus die Gesamtschule in der Form der Ganztagsschule als eine sogenannte angstfreie Schule ausgegeben wird, dann stellt dies eine subtile Form der Irreführung dar. Ganztagsschulen sind besonders dazu angetan, in pädagogischer Hinsicht ein förderliches Klima zu schaffen, indem durch eine verstärkte Betreuung den Schülern Hilfen zuteil werden, die auch einen Abbau schulischer Angst bewirken[22]. Dies ist ein Vorteil der Ganztagsschulen, nicht aber ein organisationsspezifischer Vorteil der Gesamtschule. Dies wird bestätigt durch empirische Befunde, die an Gymnasien mit Halb- und Ganztagsbetrieb gewonnen worden sind.[23]

Einige Untersuchungsansätze in Arbeiten über die Gesamtschule bedürfen des weiteren einer kritischen Würdigung. Von *Krecker* liegt eine Untersuchung vor, in der Eltern der Gesamtschule Kaiserslautern befragt worden sind. Die Befragung verdeutlicht zunächst einmal das Maß der Zustimmung. Die in der Befragung hervorgehobenen Vorteile (z. B. Ganztagsschule, Diagnosebogen anstelle von Zeugnisnoten) sind jedoch wie-

---

22 Vgl. die umfassende Darstellung des Schulversuchs mit Ganztagsschulen in Rheinland-Pfalz. Die Untersuchung zeigt auf, daß die Ganztagsschule im Bereich von Leistungs- und Sozialisationsdefiziten, die in allen Schichten auftreten, kompensatorisch wirken und vor allem den Schülern reichhaltigere Erfahrungen und Anregungen vermitteln kann. Zugleich sind aber auch die Probleme genannt worden (totale pädagogische Vereinnahmung, Einschränkung der individuellen Freizeitgestaltung, Zusammensetzung des Lehrerkollegiums, Beratung der Eltern), die sich mit der Ganztagsschule stellen. *H.-J. Ipfling/U. Lorenz,* Schulversuche mit Ganztagsschulen. Bericht der Projektgruppe zur Begleitung der Schulversuche mit Ganztagsschulen in Rheinland-Pfalz 1971–1977 (Schulversuche und Bildungsforschung. Berichte und Materialien 28), Mainz 1979

23 *R. Langeheine,* Schulische Sozialisation und Schulangst: Ganztags- vs. Halbtagsschule, in: ZfEP 2 (1978) 17–35 – Auch der Wegfall der Hausaufgaben gehört in diesen Rahmen. *R. W. Keck,* Hausaufgaben empirisch untersucht. Ergebnisse aus dem Schulversuch Ganztagsschule (Schulversuche und Schulreform. Berichte, Analysen, Ergebnisse 16), Hannover 1978

derum nicht gesamtschulspezifisch, sondern auch im gegliederten Schulwesen möglich. Dies macht vor allem die Zusammenstellung angeblicher gesamtschulspezifischer Vorteile deutlich. Hier zeigt sich, daß auf seiten der Eltern generell alle Gegebenheiten, die zu einem guten und für alle Schüler förderlichen Schulklima beitragen, als Vorteile von Gesamtschulen verstanden werden. Diese Gegebenheiten sind aber für jede Schule, gleich welcher organisatorischen Verfassung, erstrebenswert und sind im gegliederten Schulwesen teils bereits seit langem selbstverständlich. Hierzu zählen: „Die Leistungsfestlegung durch Tests; der Wegfall der Hausaufgaben und die Integration von Übung und Wiederholung in den Unterricht; der Freiraum für didaktisch-pädagogische Lernversuche; die Möglichkeit, ein Musikinstrument zu erlernen; das Angebot der zweiten Fremdsprache als Wahlfach; die Versuche in Biologie und Physik; die Ergänzung des Unterrichts durch Freizeit und Spiel; die Erlaubnis für die Eltern, am Unterricht teilzunehmen; die Kontinuität des Einsatzes der Fachlehrer über ein Schuljahr hinaus; das Vermeiden politisch einseitiger Beeinflussung der Schüler; das Erlernen sozialer Verhaltensweisen; der internationale Schüleraustausch; die Schullandheimaufenthalte; der Idealismus des jungen Lehrerkollegiums.“ Diese Vorzüge geben somit zur Begründung der Gesamtschule nichts her[24].

---

24 *Krecker* 1977 – Gleiches gilt von der Untersuchung von *Achinger* über Einstellungen der Eltern zur Gesamtschule Garbsen. Die Schule hat sich als „vornehmliches Ziel die Förderung von Arbeiterkindern“ (13) gesetzt. Von den allgemeinen Zielen der Gesamtschule heißt es weiter: „Eine solche Schule muß ein Raum sein, der 1. die Selbstverwirklichung jedes einzelnen im Rahmen der gesellschaftlichen Entwicklung vorzubereiten hat; 2.die Emanzipation unterprivilegierter Schichten in die Wege leitet; 3. die ‚optimale Organisation des Lernprozesses‘ (Roth) für jeden einzelnen Schüler zu erreichen trachtet; 4. gesellschaftliche und individuelle Konflikte thematisiert; 5. repressive Erziehungsmethoden nicht zuläßt; 6. die Eltern in den Erziehungspro-

Die Fragen zur Leistungsdifferenzierung und zu den Leistungsanforderungen sind in diesen Untersuchungen des weiteren zu allgemein gehalten, so daß sie kaum weiterreichende Rückschlüsse zulassen; es werden die Beurteilungskriterien der Eltern nicht differenziert. Hier zeigt sich die Problematik allgemeiner Fragevorgaben. Die unterrichtsfachlichen und fachdidaktischen Aspekte treten nicht hervor. Dies ist aber notwendig, sofern nicht lediglich allgemeine Stimmungslagen erfaßt werden sollen. Die Komplexität des Unterrichtsgeschehens wird durch solche Frageansätze nicht angemessen wiedergegeben, so daß weiterführende Schlußfolgerungen in bezug auf die Vorteile bzw. Nachteile gegliederter oder integrativer Schulsysteme nicht möglich sind[25]. Dies gilt vor allem auch für Untersuchungen, die lediglich einige Fächer und deren Leistungsnoten (oft z. B. Mathematik, Englisch und Deutsch) miteinander vergleichen. Hierbei wird das eigene Profil eines Faches im Rahmen der jeweiligen Schulform zu wenig in den Vergleichsansatz einbezogen[26]. Es entsteht somit der Eindruck, daß

---

zeß mit einschließt; 7. wissenschaftliche Arbeit ermöglicht, damit Reformen auf empirischen Grundlagen fußen; 8. als Freizeitraum für alle Mitglieder der Schule und alle gesellschaftlichen Kräfte offen ist." (50) Auch diese Zielsetzungen sind nicht gesamtschulspezifisch. Vor allem gilt dies für die positiven Einstellungen der Eltern. Diese beziehen sich auf spezifische Charakteristika (Ganztagsschule, keine Hausaufgaben, Einbeziehung des Freizeitbereichs, geringe Differenzierung, Förderung der Gruppenarbeit), die teils auch im gegliederten Schulwesen zu finden sind (112). Schließlich gibt der Fragenkatalog (131 ff.) keine gesamtschulspezifischen Aufschlüsse. *K. Feldmann/G. Achinger*, Einstellungen der Eltern zur Gesamtschule. Bericht über eine Befragung an der Integrierten Gesamtschule Garbsen (Schulversuche und Schulreform. Berichte, Analysen, Ergebnisse 4), Hannover 1974

25 Der von *Krecker* vorgelegte Bericht ist hinsichtlich der Schlußfolgerungen sehr viel behutsamer; s. *Krecker/Nöth/Völker* 1977.

26 *H. Fend/W. Knörzer/W. Nagl/W. Specht/R. Väth-Szusdziara*, Gesamtschule und dreigliedriges Schulsystem – eine Vergleichsstudie über Chancengleichheit und Durchlässigkeit (Gutachten und Studien der Bildungskommission Band 55), Stuttgart 1976 (a) – *R. H. Weiss*, Modell-

Unterricht ein Prozeßgeschehen ist, bei dem auf dem Wege über die Operationalisierung von Lernzielen ein Höchstmaß an Vergleichbarkeit zu erreichen ist. Die Präsentation des Unterrichts selbst ist jedoch ein differenzierter Vorgang, der selbst wiederum auf den Schüler und seine Lernmöglichkeiten nicht ohne Einfluß ist. Als Bedingungen des Unterrichts sind u. a. von Bedeutung: der inhaltliche Zuschnitt eines Sachgegenstandes, die Formen der Themenstellung, die Auswahl der Unterrichtsmaterialien und der Medien, die situativen und stimmungshaften Gegebenheiten zwischen Lehrer und Schüler sowie zwischen Schülern selbst (Formen der Sympathie und Antipathie; emotionale Zustände; gemeinsame Interessen; Engagement für individuelle Interessen und allgemeine Verpflichtungen) bis hin zu Fragen des Arbeitsstils des Lehrers (z. B. anregende Lernhilfen; Weckung der Lernbereitschaft; Fähigkeit, zu vermitteln und Leistungen angemessen zu fordern)[27].
Das Zusammenspiel von Lehrern, Schülern und Eltern in Verbindung mit dem jeweiligen Sachanspruch ist deshalb nicht auf eine Zweck-Mittel-Relation zu reduzieren, bei der es um die Ermittlung vorgegebener Lernzielbestimmungen geht. Wenn der Unterricht ein „erziehender Unterricht" sein soll, dann reichen starre Rollenfixierungen der Beteiligten und eine

---

schulen im Vergleich. Schulleistungsvergleich zwischen Modell- und Regelschulen Baden-Württembergs (Institut für Bildungsplanung und Studieninformation. Berichte und Materialien B-75/73), Stuttgart 1975

27 So hat *Schwarzer* nachgewiesen, daß das Befinden eines Schülers in der Schule nicht so sehr von der Schulleistung abhängt, wie oft angenommen wird. Die Situation des Schülers hängt in viel stärkerem Maße von dem Klima ab, das den Schulalltag bestimmt. Hier kommen mehrere Faktoren zusammen wie u. a. Leistungsdruck, Konkurrenzbedingungen, Art und Weise der Unterrichtsführung, Anonymität im schulischen Umgang. Diese Gegebenheiten sind darüber hinaus nicht schulformspezifisch, sondern gelten für alle Schulen. *R. Schwarzer,* Schüler ohne Selbstvertrauen. Zur typologischen Analyse des subjektiven Befindens in der Schule, in: ZfP 25 (1979) 181–189

Reduktion ihrer Handlungsprozeduren auf abstrakte Lernzielbestimmungen nicht aus. In den Unterricht gehen auch Lernzielbestimmungen ein. Diese bilden aber keinen Selbstzweck, sondern sind in „Rollen-Identitäten“ und damit in das Zusammenspiel von Schüler, Lehrer und Sache eingebunden. Der Symbolische Interaktionismus hat diese für den Unterricht wichtigen Zusammenhänge deutlich gemacht[28]. Jede der oben genannten Unterrichtsbedingungen beeinflußt in vielfältiger Weise das Unterrichtsgeschehen und das Ergebnis des Unterrichts. Dieses Kommunikations- und Interaktionsgefüge muß angemessen erfaßt werden[29]. Dazu bedarf es hochkomplexer empirischer Methoden. Arbeiten, die solchen Ansprüchen genügen, liegen bislang noch nicht vor. Die wissenschaftlichen Untersuchungen zur Gesamtschule und zum Vergleich der Gesamtschule mit dem gegliederten Schulwesen sind schließlich in ihrer Qualität äußerst unterschiedlich. So werden z. B. höhere Bildungsaspirationen in Gesamtschulen als Vorteil der Gesamtschule ausgegeben mit der Maßgabe, daß sich nach der generellen Einführung der Gesamtschule die Zahl der Abiturienten erhöhen würde. Hierbei bleibt offen, ob damit auch zugleich der Leistungsstand wissenschaftspropädeutisch ausgerichteter Bildungswege erreicht ist. Diese Frage zielt auf die Inhalte und das Abschlußniveau und ist durch Bildungsaspirationen nicht zu beantworten[30]. Einen Überblick über die Unter-

---

28 *D. H. Hargreaves,* Interaktion und Erziehung. Pädagogische Aspekte zu zwischenmenschlichen Beziehungen, Wien/Köln/Graz 1976

29 Vgl. hierzu die Untersuchung von *H. Haenisch,* Möglichkeiten und Grenzen von Schulleistungsuntersuchungen als Intersystemvergleich, in: *B. Gebauer* (Hg.), Schulversuch Gesamtschule auf dem Weg zur Entscheidung (Studien zur politischen Bildung Band 1), Stuttgart 1978 195–224.

30 So bei *Fend* u. a. 1976 (a) 119–148 – Vgl. die korrigierenden Hinweise von *G. Bühlow,* Schulabschlüsse der Gesamtschule auf dem Prüfstand. Abschlußwünsche und Abschlußerwartungen von Gesamt-

suchungsansätze im Bereich der Gesamtschule wie auch zum Systemvergleich mit dem gegliederten Schulwesen verbunden mit einer kritischen Würdigung der Ansätze geben *Kaplan/Schorb*[31].

Mangelnde Vergleichbarkeit zwischen Gesamtschule und gegliedertem Schulwesen

Die Gesamtschule wird in Zukunft in dem Maße an Glaubwürdigkeit gewinnen, wie sich ihre Befürworter dazu bereitfinden, für die Gesamtschule die gleichen Bedingungen zu akzeptieren, unter denen das gegliederte Schulwesen zur Zeit arbeiten muß.

---

schülern und von ihren Eltern im Vergleich zu den faktisch erreichten Abschlüssen am Ende der Sekundarstufe I, in: WPB 30 (1978) 446–453.

31 *K. Kaplan/A. O. Schorb,* Gesamtschule im Intersystemvergleich (hekt. Manuskript), 1979 – Ein Beispiel für eine vulgärmarxistisch orientierte ideologische Überfrachtung ist die Untersuchung von *Schefer-Vietor.* Hier werden am Beispiel einer Gesamtschule bei Schülern und Eltern Bewußtseinslagen freigelegt, um sie in ein marxistisches Interpretationsmuster einzubringen. Viele Einzelaspekte der Arbeit lassen Schlußfolgerungen zu, die auch im gegliederten Schulwesen möglich sind (Ganztagsschule, außerschulische Fördermaßnahmen, zusätzliche schulische Angebote). Die Frage nach der notwendigen Leistungsdifferenzierung wird einseitig ideologisch beantwortet. Es interessiert letztlich nur die Übereinstimmung mit marxistischen Interpretationsvorgaben (darauf sind die Fragen abgestellt), nicht aber der Gewinn an personalen Werten. Daß die Bereicherung, die der einzelne findet, in den Kontext der eigenen Lebenswelt eingebracht werden muß, ist eine moralische Verpflichtung des einzelnen, die weder eingefordert werden kann noch im Blick auf sozio-ökonomische Randbedingungen relativiert werden darf. Hier zeigt sich eine grundlegende Differenz zwischen personal-anthropologischen und marxistischen Ansätzen dieser Art. *G. Schefer/Vietor,* Arbeiterkinder an der Gesamtschule, Frankfurt/New York 1978 – Auf die Problematik erziehungswissenschaftlicher Forschungsansätze und -ergebnisse sowohl hinsichtlich der Bestätigung als auch in bezug auf die Kritik bildungspolitischer Reformmaßnahmen verweist *K. Ingenkamp,* Wie frei ist die erziehungswissenschaftliche Forschung in der Bundesrepublik, in: NS 17 (1977) 26–39.

Hier sind u. a. zu nennen: die Schüler-Lehrer-Relation, der Einsatz von Schulpsychologen und Schullaufbahnberatern, die Bereitstellung gleicher Etatansätze pro Schüler, die Hinzuziehung von Schulärzten, die Einrichtung des Ganztagsschulbetriebes. Erst wenn diese Voraussetzungen gegeben sind, lassen sich Vergleiche mit dem gegliederten Schulwesen in sachlich angemessener Weise durchführen.
Die bereits bestehenden Gesamtschulen bilden schließlich in zweierlei Hinsicht für Vergleiche mit dem gegliederten Schulwesen keine sachlich angemessene Grundlage[32]. Zum einen ist die personelle und sächliche Ausstattung besser. Zum anderen werden die bislang laufenden Schulversuche zur Gesamtschule von einer Lehrerschaft getragen, die sich weitgehend freiwillig für diese Versuche zur Verfügung gestellt hat. Diese Lehrer identifizieren sich in besonderem Maße mit den Zielsetzungen der Gesamtschule. In ausgeprägter Weise gilt dies für bereits bestehende Gesamtschulen wie z. B. die Waldorfschulen, die kirchlichen Gesamtschulen und die Schulen, die in der Nachfolge der Landerziehungsbewegung stehen[33]. Hier wird das pädagogische Engagement getragen von ausgeprägt weltanschaulichen und religiösen Überzeugungen, die als solche in einem staatlichen Schulwesen (öffentliche Trägerschaft) der Lehrer-, Schüler- und Elternschaft nicht verpflichtend auferlegt werden können. Diese Schulen verstehen sich deshalb zu Recht als Angebotsschulen in freier Trägerschaft[34]. Für die

---

32 Weitere Hinweise, die insbesondere forschungsmethodischer Art sind, gibt *Haenisch* 1978. – Auf die mangelnde Vergleichbarkeit wird ebenfalls in der Gesamtschul-Information 11/12 (1978/79) Heft 4/1 110–116 verwiesen.

33 *Arbeitsgemeinschaft Freier Schulen* (Hg.), Freie Schule. Gesellschaftliche Funktion des Freien Schulwesens in der Bundesrepublik Deutschland. Begründung und Darstellung, Stuttgart 1971

34 *A. Regenbrecht/J. Dickow* (Hg.), Friedensschule. Programm einer Gesamtschule. Rahmenrichtlinien, Forschungsprogramm und Pla-

Schulversuche mit der Gesamtschule im Bereich des öffentlichen Schulwesens gelten diese weltanschaulichen und religiösen Vorgaben nicht. Die Lehrer an diesen Schulen bringen jedoch ein hohes Maß an pädagogischem und sozialem Engagement in diese Versuche mit ein. Damit ist es zum Teil möglich, die pädagogischen und sozialen Probleme zu meistern, die sich hier stellen. Diese Probleme haben größtenteils ihren Grund darin, daß in den Gesamtschulen sich ein breit gefächertes Begabungs- und Neigungsspektrum findet, das von der Hauptschule bis zum Gymnasium reicht. An den Waldorfschulen und kirchlichen Gesamtschulen werden diese Probleme vom Boden der tragenden gemeinsamen weltanschaulichen und religiösen Vorentscheidungen her aufgefangen und weithin gelöst. Darin liegt ihre große erzieherische Qualität.

Die Anerkennung dieses Tatbestandes darf jedoch nicht dazu führen, die strukturelle Andersartigkeit dieser Schulen zu verkennen. Die Einführung der Gesamtschule als eine öffentliche Regelschule muß mit anderen Bedingungen rechnen. Die Gesamtschule muß dann mit einer Lehrerschaft arbeiten, wie sie zur Zeit in den Schulformen des gegliederten Schulwesens anzutreffen ist. Es ist dies eine Lehrerschaft, die ihren Beruf als einen Arbeitsauftrag versteht. Das pädagogische Engagement dieser Lehrer ist nur in bestimmten Grenzen verpflichtend zu machen. Hier sind u. a. zu nennen: eine partielle Identifikation mit der Schule, die Doppelbelastung von Beruf und Familie bei Lehrerinnen, die stärkere fachliche Ausrichtung, die nebenberuflichen Interessen. Diese Hinweise sind nicht als eine Abqualifizierung dieser Lehrergruppen zu verstehen; auch diese Lehrer werden bei der Unterrichtsarbeit ihrem pädagogischen Auftrag gerecht. Es geht hierbei einzig um die Frage der Belastbarkeit, und diese ist nicht durch amtliche Erlasse in beliebiger Höhe anzuordnen. Darauf muß jedoch an dieser Stelle verwie-

---

nungsbericht (Schriftenreihe der Friedensschule. Entwürfe – Materialien – Berichte zu einem Gesamtschulversuch), München 1970 sen werden. Bei vielen Reformvorhaben der letzten Jahre sind nämlich die möglichen Nebenfolgen von Reformansätzen im Sinne der latenten Bedürfnisse nicht genügend berücksichtigt worden. Eine generelle Einführung der Gesamtschule setzt voraus, daß alle vorhandenen Lehrer in der Gesamtschule eingesetzt werden. Diese Lehrer werden die anstehenden sozialen und pädagogischen Probleme, die sich in der Gesamtschule mit ihrem breiten Begabungs- und Neigungsspektrum zeigen, vom Boden ihres bisherigen Berufsverständnisses her angehen.

Das gegliederte Schulwesen mit seiner Differenzierung der Bildungswege erfaßt die jeweils unterschiedlichen Begabungsstrukturen und reduziert damit den Problemdruck im Sinne jener latenten Bedingungen, wie sie die empirische Sozialforschung kennt[35]. Dies stellt zugleich für den Lehrer eine Erleichterung der Unterrichtsarbeit dar. In der Gesamtschule entfallen diese institutionellen Differenzierungen und damit die latenten Bedingungen des Unterrichts. Die Probleme eines weit gefächerten Begabungsspektrums treten nun als solche hervor. Der Lehrer steht somit vor Unterrichtsbedingungen, denen er bisher nicht begegnet ist und die eine Änderung seines bisherigen Arbeitseinsatzes von ihm erwarten. Dazu kann er jedoch nicht gezwungen werden, zumal er im gegliederten Schulwesen bisher in der Lage war, den unterrichtlichen Anforderungen zu genügen. Damit ist dem Schüler der Gesamtschule aber nicht geholfen, d. h. der Problemdruck wird größer und die pädagogischen und sozialen Zielsetzungen der Gesamtschule stellen sich nicht bzw. nur sehr bedingt ein.

Angesichts dieser Gegebenheiten scheint es im Interesse der Schüler sinnvoller, die Gesamtschule neben den Schulformen des gegliederten Schulwesens als Angebotsschule da einzurichten, wo sich genügend Schüler und Eltern finden und die Schulen des gegliederten Schulwesens auch bei rückläufigen Schü-

35 Vgl. hierzu die Hinweise in Ziffer 2.52.

lerzahlen in ihrem Bestand nicht gefährdet werden. Auf diese Weise ist sichergestellt, daß auf der Basis gleicher sächlicher Ausstattung beide Schulsysteme bestmöglich arbeiten können und die Lehrer sich für die Schulorganisation entscheiden, der sie sich von ihrem Berufsverständnis her verbunden fühlen. Hierdurch wird den jungen Menschen und ihren Eltern zugleich die Möglichkeit eingeräumt, das Schulsystem zu wählen, das ihren Erwartungen, Fähigkeiten und besonderen Interessenlagen am besten entspricht. Es gibt in der Tat Persönlichkeitsstrukturen, die in integrativen Systemen besser gefördert werden können. Die Schüler, die Waldorfschulen besuchen, mögen hierfür beispielhaft sein. An den Waldorfschulen werden pädagogische und organisatorische Zielsetzungen der Gesamtschule verwirklicht. Die Waldorfschulen sind Schulen besonderer pädagogischer Prägung und begründen ihr Selbstverständnis von der Anthroposophie *Rudolf Steiners* her. Unbeschadet dieser pädagogischen Sonderstellung verstehen sich die Waldorfschulen im Kontext des gegliederten Schulwesens. Es ist möglich, an den Waldorfschulen die Abschlüsse zu erreichen, die im gegliederten Schulwesen gegeben sind. So gibt es z. B. in Nordrhein-Westfalen eine gesonderte Erlaßregelung, nach der das Abitur an Waldorfschulen abgelegt werden kann. Die Waldorfschulen können als ein Modellfall verstanden werden, der auch für die Gesamtschulen richtungweisend ist. Aufgabe der Gesamtschule ist es dann, ausgehend von ihren pädagogischen und organisatorischen Zielsetzungen in der Unterrichtsarbeit die für die Hauptschule, die Realschule und das Gymnasium kennzeichnenden spezifischen Profile zu entwickeln. Die Gesamtschule und das gegliederte Schulwesen sind dann keine ausschließenden Gegensätze. Sie stellen vielmehr den Versuch dar, auf verschiedenen Wegen unterschiedlichen Ansprüchen zu entsprechen, vergleichbare Leistungen zu fördern und gleiche Ziele (Abschlüsse) zu erreichen[36].

---

36 Auf diesen Tatbestand macht *Schultze* aufmerksam, indem er dar-

Abzulehnen ist jedoch eine politische Setzung, die für alle Schüler ein integratives Schulsystem verbindlich machen will[37]. Diese Ablehnung ist deshalb notwendig, weil berechtigte pädagogische Fragen, auf die die Gesamtschule eine Antwort zu geben versucht, verdeckt werden. Einer verbindlichen Einführung der Gesamtschule und der Kollegstufe liegen jedoch vornehmlich gesellschaftspolitische Vorentscheidungen zugrunde[38]. Durch bildungspolitische Maßnahmen, die letztlich auf eine organisatorische Vereinheitlichung im Schulwesen zielen, soll sichergestellt werden, daß anstelle individueller Bildungsentscheidungen, die sich in der Wahl einer Schulform niederschlagen, gesamtgesellschaftlich verordnete administrative Bildungszuweisungen treten[39]. In diesem Zusammenhang

---

auf hinweist, daß die Begabtenförderung von einer Fülle von Faktoren abhängt und nicht ausschließlich das Ergebnis bestimmter Schulstrukturen ist, so daß übertriebene Erwartungen an die Gesamtschule nicht gerechtfertigt sind. *W. Schultze,* Die Begabtenförderung in ihrer Abhängigkeit vom Schulaufbau. Eine internationale Umschau, in: Pädagogica Europea Band III (1967) 25–43

37 *A. Alder,* Möglichkeiten und Probleme der Gesamtschule, in: *Gebauer* 1978 265–308 – *K. Aurin* , Entwicklungsstand und schulpädagogische Probleme der Gesamtschule (a), in: Gebauer 1978 309–326

38 *F. Naschold,* Schulreform als Gesellschaftskonflikt, Frankfurt 1974 – *J. Raschert,* Gesamtschule: ein gesellschaftliches Experiment. Möglichkeiten einer rationalen Begründung bildungspolitischer Entscheidungen durch Schulversuche (Veröffentlichungen des Max-Planck-Instituts für Bildungsforschung), Stuttgart 1974; *Raschert* macht vor allem die Schwierigkeiten deutlich, die einer wissenschaftlichen Überprüfung der Gesamtschulversuche entgegenstehen und die vor allem in den strukturellen Bedingungen der Gesamtschule ihren Grund haben.

39 Daß die Eltern nicht bereit sind, diese Bildungszuweisungen anzuerkennen, beweist die Situation im Kreisgebiet Hanau-Land, in dem Gesamtschulen flächendeckend eingerichtet worden sind. Nach dem Stand vom 1. 8. 1978 sind lt. Unterlagen der Kreisverwaltung nach dem 4. Schuljahr von 2124 Schülern 535 (21,1%) und nach dem 6. Schuljahr von 1720 Schülern 327 (19%) auf weiterführende Schulformen außerhalb des Landkreises übergegangen.

werden dann im Stile schlechter Polemik die bestehenden Schulformen Hauptschule, Realschule und Gymnasium als Relikte überholter Gesellschaftsstrukturen abqualifiziert, und es wird unterstellt, daß mittels dieser Schulformen gesellschaftliche Privilegien der Ober- und Mittelschichten gegenüber den Unterschichten heute noch erhalten bleiben sollen. *Dahrendorf* hat schließlich die Problematik einer undifferenzierten Verwendung der Begriffe Chancengleichheit im Blick auf die Gesamtschule von verschiedenen Ansätzen her erläutert. „Gleiche Bildungschancen sind ein Grundrecht der modernen Gesellschaft. Um sie herzustellen, werden Gesamtschulen geschaffen. Diese bedeuten aber, daß eben jene differenzierten Möglichkeiten beseitigt werden, die allen eröffnet werden sollten . . . Gesamtschulen werden geschaffen, nicht um eine größere Vielfalt von Chancen zu bieten, sondern um die Gleichheit aller zu organisieren . . . Im Bildungswesen bedeutet dies den Übergang von der Chancengleichheit zur Gleichheit des Resultats der Bildungsbemühung . . . . die Ausweitung gleicher Bürgerrechte [schafft] einen Zustand, unter dem diese Rechte viel von ihrer Bedeutung einbüßen: sie bieten Wahlmöglichkeiten, denen keine realen Wahlentscheidungen mehr entsprechen, sie versprechen differentielle Lebenschancen, die es nicht mehr gibt."[40]

Folgt man jedoch dem hier vorgetragenen anthropologischen und gesellschaftlichen Vorverständnis sowie dem aufgewiesenen Zusammenhang von Leistungsfähigkeit, Lerntempo und Sachstruktur, dann geht es in den einzelnen Schulformen um die Abstimmung des Bildungsangebotes mit gewissen Teilbereichen des Spektrums individueller Begabungsprofile und Bildungsansprüche. In diesem Zusammenhang erfüllen die einzelnen Schulformen von ihrem Institutionencharakter her eine bestimmte Funktion. Bildungsinstitutionen haben in einer Gesellschaft, die sich von liberalen und sozialen Prämissen her

---

40 *R.Dahrendorf*, Lebenschancen. Anläufe zur sozialen und politischen Theorie, Frankfurt 1979 163 u. 174 ff.

versteht, u. a. darin ihren Auftrag, dem einzelnen gegenüber der Gesellschaft und ihren Ansprüchen Freiräume zu sichern. In diesen Freiräumen kommen Haltungen und Entscheidungen des Menschen zum Tragen, die sein Selbstverständnis, das Wissen um seine eigenen Möglichkeiten und Aufgaben sowie die Verantwortung für seine Geschichte und seine Zukunft betreffen und die nicht allein von den Erfordernissen der Gesellschaft her beantwortet werden können. Auch Institutionen unterliegen dem geschichtlichen Wandel; doch ist dies ein evolutionärer Prozeß, der die Aufgaben und Verpflichtungen, denen die Institutionen unterstehen, nicht aus dem Blick verlieren darf[41].

41 *M. Weber,* Die „Objektivität" sozialwissenschaftlicher und sozialpolitischer Erkenntnis (1904), in: Gesammelte Aufsätze zur Wissenschaftslehre hg. v. *J. Winkelmann,* Tübingen 1973[4] 146–214 – ders., Soziologische Grundbegriffe (1921), in: Gesammelte Aufsätze zur Wissenschaftslehre a. a. O. 541–581 – *H. Schelsky* (Hg.), Zur Theorie der Institution (Interdisziplinäre Studien Band 1), Düsseldorf 1970 – *W. Schluchter,* Aspekte bürokratischer Herrschaft. Studien zur Interpretation der fortschreitenden Industriegesellschaft, München 1972

3. Aufgabe des Gymnasiums

3.1 BEITRAG DES GYMNASIUMS ZUR VERBESSERUNG DER BILDUNGSCHANCEN

Mit dem Beginn der 60er Jahre wurde für den Bereich des Bildungswesens immer deutlicher, daß sich zwischen dem Verfassungsgebot der Gleichheit der Bildungschancen und den tatsächlichen Gegebenheiten eine deutliche Diskrepanz abzeichnete[1]. Das Schlagwort von der „deutschen Bildungskatastrophe“ hatte diese Diskrepanz, wenn auch teils plakativ, dennoch in der Sache begründet, der Öffentlichkeit bewußt gemacht. Diese Bildungskatastrophe bestand neben anderem vornehmlich in der Tatsache, daß in der Bundesrepublik im internationalen Vergleich der Anteil eines Jahrgangs, der zum Abitur geführt wurde, sehr bescheiden war. Hinzu kamen im weiteren Verlauf der Diskussion noch sozialpolitische Argumente. So wies die Schichtenzugehörigkeit der Abiturienten einen überproportional hohen Anteil an Kindern aus der Oberschicht und Teilen der Mittelschicht auf. Weitergehende Analysen zeigten, daß vor allem Bevölkerungsgruppen mit bestimmten Gruppenmerkmalen teils von den weiterführenden Bildungswegen ausgeschlossen waren. Zu diesen Gruppen zählten die Arbeiter, die Mädchen, Teile der Landbevölkerung und die Katholiken[2]. Durch eine Reihe äußerer und innerer Reform-

---

1 Beispielhaft hierfür *R. Dahrendorf,* Bildung ist Bürgerrecht. Plädoyer für eine aktive Bildungspolitik, Hamburg 1965

2 Vgl. die bereits in Ziffer 1.2 genannte Literatur; die Benachteiligung bestimmter Bevölkerungsschichten galt auch im Bereich der Hochbegabtenförderung; s. *W. Pöhler.* Auslese und Förderung. Das Auswahlsystem und die Zweitstudienförderung der Stiftung Volkswagenwerk. Ergebnisse einer soziologischen Begleituntersuchung der Forschungsstelle des Sozialwissenschaftlichen Instituts der Technischen Hochschule Hannover, Göttingen 1968 58–96.

maßnahmen ist in den folgenden Jahren versucht worden, die Bildungschancen aller jungen Menschen zu verbessern.
Heute zeigen sich im Blick auf das Gymnasium die Auswirkungen dieser vorgenannten Reformimpulse und der ihnen zugeordneten Maßnahmen. Zu diesem Zweck werden im folgenden die Jahre 1958 und 1977 miteinander verglichen. Das Jahr 1958 wird als Basisdatum gewählt, weil es den ersten umfassenden Plänen zur Reform des gesamten Bildungswesens vorausgeht. Es sind dies der 1959 erschienene „Rahmenplan zur Umgestaltung und Vereinheitlichung des allgemeinbildenden öffentlichen Schulwesens“ des Deutschen Ausschusses für das Erziehungs- und Bildungswesen und der „Plan zur Neugestaltung des deutschen Bildungswesens“, sogenannter „Bremer Plan“, der Arbeitsgemeinschaft deutscher Lehrerverbände (AGDL) aus dem Jahre 1960. Für das Land Nordrhein-Westfalen, das aufgrund seiner Bevölkerungsgröße und Bevölkerungsstruktur für die Bundesrepublik repräsentativ ist, ergeben sich bei einem Vergleich der Jahre 1958 und 1977 folgende Zahlenwerte[3]:

– Wohnbevölkerung von 10 bis unter 19 Jahren
  1 924 818   2 541 909   + 617 091   132,06   (1958 = 100)
– Wohnbevölkerung von 18 bis unter 21 Jahren
  860 042   783 441   – 76 601   91,09
– Zahl der Gymnasien
  471   642   + 171   136,31
– Zahl der hauptamtlichen und hauptberuflichen Lehrer am Gymnasium
  12 447   28 441   + 15 994   228,50
– Schüler am Gymnasium
  229 784   596 102   + 366 318   259,42
– Relativer Schulbesuch des Gymnasiums (von 100 Jugendlichen der Wohnbevölkerung von 10 bis unter 19 Jahren besuchen im Durchschnitt . . . Jugendliche das Gymnasium)
  11,3   23,5   + 12,2   207,96

---

3 Die Zahlen stellten das Kultusministerium Nordrhein-Westfalen und das Landesamt für Statistik und Datenverarbeitung zur Verfügung.

– Zahl der Abiturienten

12 042	49 113	+	37 071	407,85

– Abiturientenquote (i. v. H. eines Durchschnittsjahrganges der Wohnbevölkerung von 18 bis unter 21 Jahren)

4,2	15,6	+	11,4	371,43

Der Vergleich der absoluten Zahlen wie auch der Vergleichswerte auf der Basis des Jahres 1958 (= 100) machen deutlich, daß das Gymnasium seinen Aufgaben gegenüber der Gesellschaft gerecht geworden ist. Ein Vergleich der Zahlenreihen über die einzelnen Jahre hinweg würde zeigen, daß von 1958 an im Schnitt ein kontinuierlicher Anstieg zu verzeichnen ist. Einschränkend muß jedoch darauf verwiesen werden, daß der Anstieg in allen vorgenannten Bereichen nicht im gleichen Maße erfolgt ist. Der Anstieg der Schülerzahlen im Gymnasium und der Abiturientenzahlen liegt überproportional zu dem der Schulen und der vergleichbaren Wohnbevölkerung. Die Zunahme der Schüler- und Abiturientenzahlen, vor allem im Verhältnis zu der gleichaltrigen Wohnbevölkerung von 10 bis unter 21 Jahren, ist somit in erster Linie das Ergebnis eines gezielten pädagogischen Einsatzes der Lehrer am Gymnasium.
Neben dieser quantitativen Ausweitung des gymnasialen Bildungsweges stehen eine Reihe von flankierenden pädagogischen Maßnahmen, die nicht zuletzt diese quantitative Ausweitung entscheidend gefördert haben. Es sind dies Maßnahmen, die das breite Spektrum des gesamten Unterrichts umfassen. Hierzu zählen u. a.:

– Absprachen zwischen den Ländern zur Vereinheitlichung der Fächerabfolge,

– Modernisierung der Lehrbücher in allen Fächern, und zwar unter inhaltlichen und didaktisch-methodischen Gesichtspunkten,

– Aufnahme der modernen Medien in die Unterrichtsplanung und Unterrichtsgestaltung,

– Einführung neuer Fächer, die den Erfordernissen der Gesellschaft, aber auch den Neigungen und Interessen der Schüler entsprechen,
– Verstärkung der Möglichkeiten individueller Profilbildung am Ende der Mittelstufe und in der Oberstufe des Gymnasiums,
– Verbesserung der Übergangsmöglichkeiten in das Gymnasium, um den individuellen Entwicklungsbedingungen des Schülers besser gerecht zu werden,
– Einbau von größeren Entscheidungsspielräumen in die Versetzungsbestimmungen, um individuellen Gegebenheiten der Schüler besser entsprechen zu können,
– Verstärkte Hereinnahme der Schüleraktivitäten in die Unterrichtsgestaltung,
– Einleitung von institutionellen und curricularen Reformen auf der Ebene einzelner Schulen, die eine Pilotfunktion für das gesamte Schulwesen haben,
– Ausbau von Partnerschaften mit ausländischen Schulen sowie des Schüleraustausches mit dem Ausland, um dem deutschen Gymnasium eine größere Internationalität zu sichern.

Zugleich hat sich das Gymnasium für alle Gesellschaftsschichten geöffnet. So setzte sich z. B. die soziale Herkunft der Schüler an den Gymnasien in 12 Landkreisen Bayerns im Jahre 1968 wie folgt zusammen: Unterschicht und untere Mittelschicht 64,8% der Schüler, obere Mittelschicht und Oberschicht 35,2% der Schüler[4]. Es zeigte sich aber auch, daß in verschiedenen

4 Die Aufschlüsselung auf die einzelnen Berufsgruppen ist in diesem Zusammenhang höchst aufschlußreich (1. Gruppe: ungelernte Arbeiter 1,6, angelernte Arbeiter 4,1, Facharbeiter in Industrie und Handwerk 8,2, qualifizierte Angestellte 10,4, Beamte des einfachen und mittleren Dienstes 11,2, kleinere Selbständige z. B. Handwerker 10,1, kleinere Landwirte unter 7,5 ha 1,0, mittlere Landwirte 7,5 bis 30 ha 5,1. 2. Gruppe: leitende Angestellte 10,1, Beamte des höheren Dienstes 6,3, mittlere Selbständige z. B. Großhändler 6,4, führende Selbständige z. B. Unternehmer 3,8, große Landwirte über 30 ha 1,1, freie intellektuelle Berufe 7,6. *R. Ritter,* Schulsystem und Sozialstruktur. Eine Erhebung in 12 bayerischen Landkreisen (Studien und Materialien des Staatsinstituts für Bildungsforschung und Bildungsplanung Folge 3), München 1971

Regionen der 12 Landkreise eine geringere Bildungsdichte erreicht worden ist. Des weiteren befanden sich an 34 niedersächsischen Gymnasien (fast 22% aller Gymnasien in Niedersachsen) 11 503 (38,6%) Schüler aus der unteren Mittelschicht und 6919 (23,3%) Schüler aus der oberen und unteren Unterschicht. Dies bedeutet, daß ca. 62% aller Schüler an diesen Gymnasien den sog. unteren Bevölkerungsschichten angehörten; der Rest gehörte der Oberschicht und oberen Mittelschicht (4439 = 14,9%) und der mittleren Mittelschicht (6914 = 23,2%) an[5]. Die soziale Zusammensetzung der Schülerschaft an den Gymnasien in Gelsenkirchen ergab, daß 50,9% der Schüler aus Familien kamen, in denen der Vater einen Volksschulabschluß hat, 20% der Schüler hatten Väter mit einem Real- oder Fachschulabschluß und 16% der Schüler kamen aus Familien, in denen die Väter das Abitur oder einen Fachhochschul- bzw. Universitätsabschluß hatten. Hier zeigt sich, daß der Standort einer Schule für die soziale Zusammensetzung entscheidend ist und das Gymnasium nicht eine Selektion der Sozialschichten betreibt. In Gelsenkirchen hatten nach der Volkszählung von 1970 insgesamt 83,9% der männlichen Wohnbevölkerung einen Volksschulabschluß. Eine Untersuchung von *Sieronski/Ziegenspeck* ergab ferner, daß von 314 Kindern der Klassen 5 und 6 der Gymnasien aus 4 Regionen Niedersachsens 26% der Väter den unteren drei Berufsgruppen (Nichterwerbstätige, Un/Angelernte Arbeiter, Gelernte Arbeiter u. a.) angehörten, 78% der Väter keinen Real- oder Gymnasialabschluß und 52% der Väter

5 *Höhere Schule,* Das Gymnasium ist seiner sozialen Aufgabe gewachsen. Erhebung zur sozialen Zusammensetzung der Schülerschaft der niedersächsischen Gymnasien, in: DHS 28 (1975) 84–87 – Die vorgenannte Untersuchung ist von *Henke* u. a. kritisch analysiert worden (u. a. Erhebungsverfahren, Anteil der Unterschicht an der Gesamtbevölkerung). Es wird zugestanden, daß „die absolute Zahl der Unterschichtkinder im Gymnasium erheblich gestiegen“ ist. Dieser Tatbestand wird im Verlauf der Ausführungen relativiert, da offensichtlich die soziale Öffnung des Gymnasiums aufgrund ideologischer Fixierungen nicht wahr sein darf. *H. Henke/J. v. Maydell/W.-D. Scholz/A. Wolter,* Ist das Gymnasium seiner sozialen Aufgabe gewachsen? Kritische Anmerkungen zu einer Untersuchung der sozialen Herkunft von Oberschülern, in: DDS 68 (1976) 517–524

kein Fach- bzw. Hochschulstudium absolviert hatten[6]. Diese Zahlen zeigen, in welch starkem Maße das Gymnasium die Schule der Aufstiegsgesellschaft ist. Für die Oberstufe des Gymnasiums zeichnen sich ähnliche Entwicklungen ab. Von 3861 Schülern der Klasse 12 und 13 an nordrhein-westfälischen Gymnasien (Repräsentativauswahl im Jahre 1976) hatten 27,3% der Schüler Väter, die eine manuelle Tätigkeit erlernt hatten, während 28,8% der Schüler Akademiker, leitende Angestellte und Freiberufliche als Väter hatten[7].

Die soziale Zusammensetzung der Schülerschaft des Gymnasiums spiegelt somit das breite Spektrum jener sozialen Schichten, die insgesamt dem neuen Mittelstand zugerechnet werden können. Vor allem zeigt sich, daß die Beratung über die Bildungsmöglichkeiten im Gymnasium aufstiegsbewußte Eltern aus allen Sozialschichten veranlaßt hat, ihre Kinder auf das Gymnasium zu schicken. Das Gymnasium ist nicht mehr eine Standesschule im Sinne der Klassengesellschaft des 19. Jahrhunderts, sondern die Schule der modernen Aufstiegsgesellschaft. Wenn heute das Gymnasium aber dennoch so gesehen wird, dann ist dies Ausdruck einer unrealistischen Betrachtungsweise, die die Entwicklung der letzten Jahrzehnte nicht zur Kenntnis nehmen will. Das Gymnasium wird heute von breiten Gesellschaftsschichten getragen und bejaht[8]. Dies hat

---

6 *Bundesminister für Bildung und Wissenschaft* (Hg.), Soziale Indikatoren zum Thema „Teilnahme an weiterführenden Bildungsgängen im Schulbereich". Eine im Auftrag des Bundesministers für Bildung und Wissenschaft von Battelle durchgeführte Pilotstudie, o. O./o. J. (1975) hekt. Manuskript 21 – *C. Sieronski/J. Ziegenspeck*, Schicht und Schulart. Erkenntnisse im Forschungszusammenhang, in: ZfP 23 (1977) 581–601

7 Ergebnisse einer unveröffentlichten Forschungsarbeit zur Problematik der neugestalteten Oberstufe von *A. Mock*, zitiert nach *Hitpass* 1977 45.

8 Damit hat das Gymnasium eine Erwartung erfüllt, die *Friedrich Paulsen, der große Kenner und kritische Freund des Gymnasiums*, gegen Ende des 19. Jahrhunderts ausgesprochen hat: „Wenn der alte spezifische Unterschied der Gelehrtenschule fällt, wenn sich ihr Unterricht mehr und mehr bloß als eine Fortsetzung und Steigerung des Unterrichts der allgemeinen Schule darstellt, . . . so würde ich in alle-

nicht zuletzt das erfolgreiche Volksbegehren gegen die Kooperative Schule in Nordrhein-Westfalen deutlich gemacht[9].

In den letzten Jahren ist ein erhebliches Quantum an innerer Reform im Gymnasium geleistet worden. Zugegebenermaßen erfüllt diese kontinuierliche und sachbezogene Reformarbeit nicht die Bedingungen spektakulärer Ereignisse. Diese Reformmaßnahmen in Verbindung mit der vorgenannten quantitativen Ausweitung des gymnasialen Bildungsweges machen aber deutlich, daß das Gymnasium des Jahres 1979 in vieler Hinsicht nicht mehr dem Gymnasium des Jahres 1958 vergleichbar ist. Von seinem Selbstverständnis her ist das Gymnasium auf dem Wege einer kontinuierlichen sachbezogenen Arbeit seiner Aufgabe in dieser Gesellschaft gerecht geworden und hat seinen Beitrag zur Verbesserung der Bildungschancen geleistet[10].

---

dem erfreuliche Fortschritte zu einer wahren Demokratie sehen, die zugleich die wahre Aristokratie ist: das Gymnasium nicht als die Schule der ‚gebildeten und besitzenden Klassen', sondern die Schule für die Talente aus allen Bevölkerungsschichten." *F. Paulsen,* Geschichte des gelehrten Unterrichts auf den deutschen Schulen und Universitäten vom Ausgang des Mittelalters bis zur Gegenwart 2 Bde. (1885), Leipzig 1919/21[3] 2, 685

9 *W. Köhler,* Annahme verweigert. Das Volksbegehren gegen die Kooperative Schule in Nordrhein-Westfalen, Düsseldorf 1978

10 Stellvertretend sei hier auf die Themen der Gemener Kongresse des Philologen-Verbandes Nordrhein-Westfalen verwiesen: Fachimmanente staatsbürgerliche Bildung und Erziehung (1963); Fächerverbindende Gehalte und Arbeitsformen (1964); Probleme des Übergangs und der Begabungsförderung an weiterführenden Schulen (1964); Universität und Studienseminar. Fragen und Wege der Lehrerbildung (1965); Die gymnasiale Oberstufe. Grundfragen – Aufgaben – Möglichkeiten (1966); Kooperation als Bildungsauftrag. Fragen der Koedukation, Geschlechtserziehung, Gruppenarbeit (1967); Der Zukunft dienen. Konflikte, Versuche, Richtungen (1968); Kybernetik und programmierte Bildung (1969); Begaben – Lernen – Leisten (1970); Bildungsreform als Lehrplanreform. Bildungsziele – Lehrinhalte – Lernzielbestimmung (1971); Sozialisation und Erziehung. Leben, Lernen, Lehren in der Demokratischen Gesellschaft (1972); Reform der gymnasialen Oberstufe. Rahmenbedingungen – Strukturentwicklung – Bestandsanalyse (1972); Neugestaltung der Bildungsgänge im Sekundarbereich I – Probleme der Individualisierung, Differenzierung und Integration

3.2 WISSENSCHAFTSPROPÄDEUTIK ALS AUFGABE DES GYMNASIUMS

Wissenschaftspropädeutik: Verbindung von Allgemeinbildung und Studienvorbereitung

Das Gymnasium hat einen Bildungsschwerpunkt, der die Eigenständigkeit dieser Schulform ausmacht: die Hinführung zur Hochschulreife und damit zum Studium an Wissenschaftlichen Hochschulen. Das Bildungsangebot und die Bildungsarbeit sind von dieser Zielsetzung her geprägt, sie sind auf wissenschaftspropädeutische Fragestellungen hin ausgelegt. Der Anspruch, der mit dieser Aufgabe gesetzt ist, sowie Umfang und Maßstab der gymnasialen Bildungsaufgabe sind nur angemessen zu würdigen, wenn zugleich die Intentionen der Preußischen Reformepoche des 19. Jahrhunderts vergegenwärtigt werden. Die Reform des Gymnasiums unter *Humboldt* stand in einem engen sachlichen Bezug zur Reform der Universität. Der Aufhebung der alten Artistenfakultät, deren Funktion die Vorbereitung der eigentlichen Fakultätsstudien (Theologie, Jurisprudenz, Medizin) war und die somit im Rahmen der Universität wissenschaftspropädeutische Aufgaben erfüllte, entsprach die Neuorientierung der Bildungsarbeit des Gymnasiums, das diese wissenschaftspropädeutische Aufgabe übernahm.

Das Gymnasium hat somit eine berufsvorbereitende Funktion im Blick auf die speziellen Anforderungen, die das wissenschaftliche Studium verlangt. Dieser letztgenannte Gesichtspunkt wird in der Diskussion heute zumeist übergangen. Man

(1974); Abitur und Hochschulzugang. Numerus clausus – geplante Bildungskatastrophe? (1975); Lehrerberuf – Lehrer im Beruf (1976); Gymnasium in der Reform (1977); Grundfragen didaktischen Handelns im allgemeinbildenden Schulwesen (1978); Was kann, was soll in der Schule geleistet werden? (1979)

spricht von den allgemeinbildenden Gehalten gymnasialer Bildungsarbeit bzw. von dem sogenannten „Gymnasialen", nicht aber von den berufsvorbereitenden Aufgaben. Die Bestimmung der gymnasialen Bildungsaufgabe erfolgte bei *Humboldt* in Rückbindung an die Erfordernisse wissenschaftlichen Arbeitens und im Blick auf die Struktur der Wissenschaft selbst. Die Situation der Wissenschaft war bereits für *Humboldt* durch die Tendenz ständig um sich greifender Ausdifferenzierung gekennzeichnet. Angesichts dieser Situation ist es die Aufgabe des Gymnasiums, über das Bildungsangebot selbst und die Art und Weise, wie dieses Bildungsangebot präsentiert wird, auf wissenschaftspropädeutisch ausgerichtete Formen des Arbeitens hinzuführen.

Diese Aufgaben sind darüber hinaus eingelassen in einen größeren Rahmen, der von pädagogisch-anthropologischen Fragestellungen her bestimmt ist. Hierbei geht es um Formen des menschlichen Selbstverständnisses. *Humboldt* spricht in diesem Zusammenhang von der Universalität, der Totalität und der Individualität. *Universalität* meint hier die Teilhabe des Menschen an den vielfältigen Erscheinungsformen der ihn umgebenden Welt und das Eingelassensein in deren vielfache Handlungs- und Entscheidungsabläufe. Unter Welt versteht *Humboldt* die Gegenwart und die Vergangenheit, die der Mensch vorfindet. Diese umfaßt die staatliche Ordnung, die gesellschaftlichen Gegebenheiten, die geschichtliche Überlieferung und die politischen Aufgaben des Tages. *Totalität* zielt auf die Fähigkeiten und Möglichkeiten des Menschen, die er mit allen Menschen gemeinsam hat, mit dem Ziel der Ausbildung und der umfassenden Darstellung dieser Möglichkeiten in der Einheit der Person. Dies ist nötig, um den Menschen in die Lage zu versetzen, im Sinne der vorgenannten Universalität in den vielfältigen Bereichen der Welt tätig zu werden. *Individualität* kennzeichnet schließlich den Verweis des Menschen auf sich selbst. Hier geht es um die Ausprägung des einzelnen als Person, um seine Selbstbildung und die Entfaltung seines je eigenen Vermögens. Das Zusammenspiel dieser pädagogisch-anthropo-

logischen Elemente kennzeichnet nach *Humboldt* den Bildungsprozeß. Dies begreift er als Menschenbildung[1].
Im Begriff der Wissenschaftspropädeutik werden die beiden Ansätze gymnasialer Bildungsarbeit (Allgemeinbildung und Berufsvorbereitung) zur Deckung gebracht. Die Formel vom „Lernen des Lernens" macht dies deutlich. Im Königsberger Schulplan von 1809 heißt es dazu: „Der Zweck des Schulunterrichts ist die Übung der Fähigkeiten, und die Erwerbung der Kenntnisse, ohne welche wissenschaftliche Einsicht und Kunstfertigkeit unmöglich ist. Beide sollen durch ihn vorbereitet; der junge Mensch in Stand gesetzt werden, den Stoff, an welchen sich alles eigne Schaffen immer anschließen muß, theils schon jetzt wirklich zu sammeln, theils künftig nach Gefallen sammeln zu können, und die intellectuell-mechanischen Kräfte auszubilden. Er ist also auf doppelte Weise, einmal mit dem Lernen selbst, dann mit dem Lernen des Lernens beschäftigt."[2]
Das „Lernen des Lernens" ist die bestimmende Kategorie. Es wird hiermit ein Vorgang bezeichnet, bei dem das Lernen, das zunächst ja immer auf eine Sache bezogen ist, sich auf sich selbst bezieht. Es geht somit nicht allein darum, einen Gegenstand kennen zu lernen, die bestimmenden Sachstrukturen verstehen zu lernen und schließlich mit der so gewonnenen Erkenntnis arbeiten zu können und diese auf andere Sachbereiche und Situationen zu übertragen.

Die Rückbindung der Erkenntnisprozesse auf sich selbst führt über die gegebenen Sachstrukturen hinaus. Es findet eine Umkehr des Denkens statt, die den Menschen auf sich selbst zurückwirft. Er muß seine eigene Situation überdenken, die Konsequenzen seines Denkens und Handelns im Blick auf den

---

1 *E. Spranger,* Wilhelm von Humboldt und die Humanitätsidee, Berlin 1909 insbesondere 1–36 und 492–500
2 *W. v. Humboldt,* Königsberger Schulplan (1809), in: Werke hg. v. *A. Flitner* u. *K. Giel* 6 Bde., Darmstadt 1960 ff. 4,169 f.

Mitmenschen und die Gesellschaft in seine Überlegungen einbeziehen und schließlich den ihm anvertrauten Sachen und Aufgaben gerecht werden. Die Umkehr des Denkens meint, so gesehen, nichts anderes als Selbstbesinnung und Zwiesprache mit sich selbst. Hierbei geht es nicht darum, sich selbst als ein Kunstwerk sui generis zu stilisieren. Dies war in der Tat eine falsche Konsequenz des *Humboldtschen* Bildungsgedankens. Statt dessen geht es um Erfahrungen und Einsichten, die zu Verantwortungsfähigkeit und Verantwortungsbereitschaft führen, die den Blick öffnen für die Konsequenzen des Denkens und Handelns, die dem einzelnen die Besonderheit und Unverwechselbarkeit seiner je eigenen Lebensmöglichkeiten bewußt machen und ihn damit zu einem angemessenen Verständnis seiner selbst führen. Die Aufgabe des Gymnasiums, wie sie *Humboldt* versteht, ist daher nicht allein von ihrem zeitbedingten Ansatz her zu sehen. In diese Aufgaben sind im Blick auf die Bildung des Menschen und seine Vorbereitung auf wissenschaftliche Studien zugleich Perspektiven enthalten, die über den zeitbedingten Ansatz hinausgehen und gültig sind. Dies gilt jedoch nur unter der Voraussetzung, daß Bildung nicht als Sozialisation mißverstanden wird und daß in der Vorbereitung auf wissenschaftliche Studien nicht eine früh einsetzende fachspezifische Zurichtung auf bestimmte Verwendungssituationen gesehen wird.

Das „Lernen des Lernens" ist deshalb nicht allein eine lehrplantechnische und unterrichtsdidaktische Kategorie. Mit dem „Lernen des Lernens" ergeben sich in wissenschaftspropädeutischer Hinsicht entscheidende Vorgaben für wissenschaftliche Studien und zugleich treten grundlegende pädagogisch-anthropologische Fragestellungen hervor. Dieser vielschichtige Zusammenhang muß gesehen werden, wenn von der Wissenschaftspropädeutik als Aufgabe des Gymnasiums gesprochen wird. In der Bildungsarbeit des Gymnasiums wird der Vorgang des Lernens im Sinne wissenschaftlichen Erkennens vergegenwärtigt. Das Lernen selbst wird in eine Meta-Ebene hineingehoben. Dies ist ein Reflexionsvorgang, der die Bedingungen des

Lernens selbst hervortreten läßt. Hier sind u. a. zu nennen: Strukturierungsaspekte, Analogiebedingungen, Abgrenzungskriterien, Summationsverfahren. Wissenschaftspropädeutik meint in diesem Zusammenhang, daß der junge Mensch über die Fähigkeit verfügt, in dieser Meta-Ebene zu reflektieren. Damit ist er in der Lage, seinen Erkenntnisprozeß nicht allein auf die Gegenstände selbst zu richten, sondern zugleich den Gesamtzusammenhang zu reflektieren, in dem die einzelnen Gegenstände stehen. Auf diese Weise kommt dem Denken über die Gegenstände eine Ordnungsfunktion zu, die das Allgemeine in den Gegenständen festhält. Dies ist eine entscheidende Bedingung von Wissenschaft selbst und zugleich eine Voraussetzung für wissenschaftliches Arbeiten.

Gymnasium als Schule der modernen Wissenschaften

Mit dem Gymnasium ist erstmals in der Bildungsgeschichte eine Schule geschaffen worden, die sich in ihrer Unterrichtsarbeit von den Wissenschaften her versteht. Die Vorbereitung auf wissenschaftliche Studien erfolgt an Gegenständen, die selbst wieder durch die Wissenschaften bestimmt sind. Hierbei geht es nicht um wissenschaftliches Arbeiten. Dies ist Aufgabe der Universitäten. Statt dessen kommt es darauf an, die Voraussetzungen für wissenschaftliches Arbeiten bereitzustellen. Dazu bedarf es eines Unterrichts, der im Zuschnitt des fachlichen Angebotes, in der Methodik des Arbeitens und in der Systematik der leitenden Fragestellungen von den Wissenschaften her geprägt ist. In der Konfrontation mit diesen Ansprüchen werden beim Schüler Formen des Erkennens, des Reflektierens und des Argumentierens grundgelegt, die für das spätere Studium unabdingbar sind. Wissenschaftspropädeutik als Aufgabe des Gymnasiums heißt somit nicht, daß der Schüler auf eine spezielle Wissenschaft vorbereitet wird. Dies ist die Fehlinterpretation in den Empfehlungen des Deutschen Bildungsrates zur Neuordnung der Sekundarstufe II, die zugleich eine Verkennung der Intentionen *Humboldts* einschließt[3]. Mit dieser Spezialisierung wird der anthropologische und zugleich politische Ansatz von *Humboldts* Reformkonzept aufgegeben. *Humboldt* kam es zunächst darauf an, den Menschen zu bilden. In der Bildungsarbeit soll der Mensch eine Breite an Erfahrungen und eine Fülle von Einsichten gewinnen, die über unmittelbare Verwertungsinteressen hinausgehen, ohne dabei deren Nützlichkeit in späteren beruflichen Arbeitsfeldern zu verleugnen. In der Phase der schulischen Bildung ist jedoch der erste Gesichtspunkt der entscheidende. Hier geht es um die Grundlegung differenzierter Einsichten, die Festigung eines an Maßstäben orientierten Selbstbewußtseins und den Aufbau personaler Strukturen des Denkens und Handelns. In diesen allgemeinbildenden Rahmen ist zugleich die Vorbereitung auf wissenschaftliche Studien mit eingelassen. Beide Aspekte müssen im Unterricht des Gymnasiums zusammen gesehen werden; sie sind nicht voneinander zu trennen[4]. Wissenschaftspropädeutik umfaßt somit Methodenreflexion, Theorieverständnis, Sacheinsicht und wertbezogene Handlungskompetenz. In den Gegenständen des Unterrichtes im Gymnasium wird der Zusammenhang aller dieser Aspekte sichergestellt. Von daher ist es konsequent, daß in den Unterrichtsgegenständen des Gymnasiums nur jene Wissenschaften präsentiert werden, denen für die Bildung des Menschen eine zentrale Bedeutung zukommt. Es sind

3 *Deutscher Bildungsrat* 1974

4 Vgl. hierzu die Herausarbeitung und Problematisierung dieses Zusammenhanges bei *H. v. Hentig,* Universität und Höhere Schule (Wissenschaftstheorie, Wissenschaftspolitik, Wissenschaftsgeschichte Band 2), Gütersloh 1967. Die Schrift liefert die konzeptionelle Grundlage für die Laborschule und das Oberstufenkolleg an der Universität Bielefeld. Die bildungstheoretischen Aussagen sind jedoch auch für die Bildungsarbeit in den überkommenen Formen des Gymnasiums von Bedeutung.

dies die Bildungswissenschaften, auf die im 1. Teil hingewiesen worden ist[5].

An dieser Stelle zeigt sich die zukunftweisende Bedeutung des Reformansatzes von *Humboldt*. Das Bildungskonzept des *Humboldt*schen Gymnasiums bot die Möglichkeit, die im ausgehenden 18. und im 19. Jahrhundert aufkommenden modernen Wissenschaften zugleich als Bildungswissenschaften zu verstehen. Es sind dies die Natur-, Geistes- und Sozialwissenschaften. Bis in die Gegenwart hinein sind diese Wissenschaften für die Unterrichtsgegenstände des Gymnasiums die wichtigen Bezugswissenschaften. Das Gymnasium *Humboldts* als Schule der wissenschaftlichen Grundbildung hat somit über die Zeiten hinweg im Rahmen der Bedingungen der modernen Gesellschaft als einer Wissenschaftskultur die Frage nach der Bildung des Menschen als eine anthropologische und politische Aufgabe gegenwärtig gehalten. Es ist dabei nicht in ein pädagogisches Arkadien ausgewichen. Das Gymnasium hat sich vielmehr der Herausforderung gestellt, die in den modernen Wissenschaften angelegt war, indem es vom Boden dieser Wissenschaften her die substantiellen Fragen nach dem Menschen und seiner Welt in der Unterrichtsarbeit zum Gegenstand erhob[6]. Damit sollte, soweit dies in der Macht einer Schule überhaupt steht, verhindert werden, daß der Mensch vorbehaltlos in die von den neuzeitlichen Wissenschaften geprägten Strukturen der modernen Welt und ihrer Zwänge aufging. Indem das Gymnasium seinen Unterricht an den Wissenschaften orientiert, führt es einerseits den jungen Menschen zu personaler Identität und sozialer Kompetenz und sichert andererseits durch die wissenschaftspropädeutische Ausrichtung des Unterrichts dessen Studierfähigkeit.

---

5 Vgl. hierzu Ziffer 1.12.

6 *K. Müller,* Vom Sinn der höheren Schule. Drei Vorträge (Schriften des Deutschen Philologenverbandes), Frankfurt/Bonn 1951 und ders. (Hg.), Gymnasiale Bildung. Texte zur Geschichte und Theorie seit Wilhelm von Humboldt, Heidelberg 1968

Daran wird deutlich, daß dem Gymnasium gerade vom Boden der modernen Gesellschaft her eine unverwechselbare und unverzichtbare Aufgabe gestellt ist. Das Gymnasium ist daher eine Schule, derer die moderne Gesellschaft bedarf, um jetzt und in Zukunft den Aufgaben gewachsen zu sein, die auf diese Gesellschaft zukommen[7].
In der Systemtheorie von *Luhmann* wird die Formel *Humboldts* vom „Lernen des Lernens" aufgegriffen. *Luhmann* geht in seiner Theorie sozialer Systeme davon aus, daß die moderne Gesellschaft als ein hochkomplexes System zu begreifen ist, das selbst wiederum eine Menge hochkomplexer Subsysteme einschließt. Der Mensch ist nicht in der Lage, alle Einzelfakten eines solchen Systems jederzeit gegenwärtig zu haben und mit ihnen umgehen zu können. Andererseits ist er aber gezwungen, ständig zu handeln. Strukturen, wie die des „Lernen des Lernens" – *Luhmann* spricht in diesem Zusammenhang von „reflexiven Mechanismen"[8] – dienen u. a. dazu, Komplexität zu reduzieren und damit den Menschen handlungsfähig zu machen. Nur so kann sich Sinn unter den Bedingungen des sozialen Systems zeigen[9]. Wichtig ist aber in diesem Zusammenhang, daß die bei der Reduktion von Komplexität nicht ergriffenen Möglichkeiten nicht aufgehoben bzw. zerstört werden, sondern im Gesamtzusammenhang des sozialen Systems als Möglichkeiten für andere künftige Handlungsprozesse bestehen bleiben. „Reflexive Mechanismen", d. h. die Rückbezogenheit von Vorgängen auf sich selbst, dienen somit der Problemlösung. Sie vermitteln Kategorien zur Strukturierung von Wirklichkeit und sichern damit zugleich die Komplexität sozialer Systeme, ohne die moderne Gesellschaften und ihre Subsysteme nicht lebens-

---

7 *Geissler* 1978

8 *N. Luhmann,* Soziologische Aufklärung. Aufsätze zur Theorie sozialer Systeme Band 1, Opladen 1972[3] 92–112

9 *N. Luhmann,* Sinn als Grundbegriff der Soziologie, in: *Habermas/ Luhmann* 1971 25–100

fähig sind[10]. Dies gilt auch für das umfangreiche Subsystem, das die Wissenschaft darstellt. Das Studium an Wissenschaftlichen Hochschulen und das Eindringen in deren hochdifferenzierte Wissenschaftskultur setzt die Fähigkeit voraus, Komplexität zu reduzieren. Wissenschaftspropädeutik besagt unter diesen Gegebenheiten nicht, daß die vielfältigen Aspekte der Wissenschaftstheorie Gegenstand der gymnasialen Bildungsarbeit sind. Die Einführung in diese Zusammenhänge ist Aufgabe der Fachdisziplinen an den Wissenschaftlichen Hochschulen, die diese Einführung von ihren jeweiligen Methoden- und Forschungsansätzen her leisten. Die wissenschaftspropädeutische Aufgabe des Gymnasiums ist demgegenüber darin zu sehen, daß die allgemeinen Voraussetzungen geschaffen werden, auf die die spezifischen wissenschaftstheoretischen Fragestellungen aufbauen können.

Der Hinweis auf die Systemtheorie *Luhmanns* ist nicht dahingehend zu verstehen, daß damit eine Funktionalisierung der Bildungsarbeit gemeint ist. Das „Lernen des Lernens", verstanden als „reflexiver Mechanismus", ist im Kontext der Formulierung *Humboldts* zu sehen, bei der es nicht um funktionale Aspekte, sondern um grundlegende Fragen der Bildung des Menschen geht[11]. So reicht es deshalb auch nicht aus, eine Unterrichtsorganisation aufzubauen, bei der Bildungsgegenstände verschiedener Art, die beliebig im Sinne eines Baukastensystems abgerufen werden können, punktuell aneinandergereiht werden. Dies bedeutet eine Reduktion von Bildungsinhalten auf funktional auswechselbare und beliebig aufzugreifende Einzelfakten. Hier bedarf es vielmehr eines Bildungspro-

10 Für den Gesamtzusammenhang: *N. Luhmann,* Legitimation durch Verfahren (Soziologische Texte Band 66), Neuwied 1969 – ders. 1972 – ders., Zweckbegriff und Systemrationalität. Über die Funktion von Zwecken in sozialen Systemen, Frankfurt 1973

11 *J. Reitinger,* Zehn Thesen zur Erneuerung der gymnasialen Bildungsidee. Reform ohne Substanz: Die große Herausforderung an das Gymnasium von heute, in: DHS 30 (1977) 491–495

zesses, der durch ein hohes Maß an Kontinuität hinsichtlich der Unterrichtsgegenstände wie auch der Art ihrer Präsentation ausgezeichnet ist[12]. „Selbständigkeit, ‚Selbstand' ist die verdeutschte Wiedergabe des lateinischen ‚Substanz'. Substanz wiederum bezeichnet, in der Nachfolge aristotelischer Tradition, etwas, das in sich selber steht; das nicht nur sein Sein, sondern seinen Sinn und seinen Wert in sich selber hat; dies in Abhebung zu allem Akzidentellen, das sich immer nur unter Verweis auf einen Träger definieren läßt, deshalb hinsichtlich Wert und Sinn abhängig bleibt. Substanz besonderer Art ist die Person ... Diese Selbständigkeit der Person ist ein Produkt von Bildung, Bildung mithin zentrale anthropologische Kategorie."[13]

Die moderne Gesellschaft wird in allen ihren Bereichen von den Wissenschaften geprägt. Dies hat Konsequenzen für die Schule. Aus der Fülle der wissenschaftlichen Disziplinen heben sich die drei großen Bereiche der Natur-, Geistes- und Sozialwissenschaften heraus. „In allen Schulen müssen alle drei Wissenschaftsbereiche in der rechten Proportion und Relation repräsentiert und angeboten werden"(12).[14] Daraus folgt, daß in der Hauptschule, der Realschule und dem Gymnasium diese Wissenschaftsbereiche hinsichtlich der sachlichen und fachlichen Darbietung wie auch der didaktischen und methodischen Aufbereitung im Sinne einer „rechten Proportion und Relation" unterschiedlich in Erscheinung treten. Gerade die Anerkennung der Bedeutung der Wissenschaften für die Bildung aller jungen Menschen schließt die Notwendigkeit einer differenzierten Vermittlung ein. Die wissenschaftspropädeutische Ausrichtung des Unterrichts im Gymnasium nimmt darauf Bezug, weil

---

12 *H. Holzapfel,* Gymnasium – Schule der wissenschaftlichen Grundbildung, in: DHS 31 (1978) 264–269 – *G. Eckerle,* Zur Geschichte wissenschaftlicher Grundbildung, in: NS 17 (1977) 434–449

13 *Geissler* 1978 24f.

14 *H. Roth,* Stimmen die deutschen Lehrpläne noch? in: ders., Revolution der Schule? Die Lernprozesse ändern, Hannover 1969 (a) 5–14

es ja nicht allein darum geht, die Bedeutung der Wissenschaften in den vielfältigen Lebens- und Arbeitsbereichen der modernen Welt sichtbar zu machen, sondern darüber hinaus die Voraussetzungen für das Studium der Wissenschaften und den sachgerechten Umgang mit den Wissenschaften zugrunde zu legen. Dies sind zwei Aspekte, die nicht verkürzt und deren Unterschiedlichkeit nicht verwischt werden dürfen.[15]
Die Reformkonzepte des Deutschen Bildungsrates (Strukturplan für das Bildungswesen) und der Bund-Länder-Kommission (Bildungsgesamtplan) nehmen von den vorgenannten Bedingungen gymnasialer Bildungsarbeit und den beiden Aspekten von Wissenschaft in der Schule nur am Rande Notiz. Das Schulstufenkonzept der Reformpläne stellt lediglich ein Organisationsschema für eine altersmäßige Stufung von Schülerjahrgängen dar. Es ist dies kein pädagogisches Konzept, das die unterrichtsfachlichen und didaktisch-methodischen Anforderungen im Blick auf unterschiedliche Begabungsformen und Leistungsmöglichkeiten strukturiert und differenziert sowie den wissenschaftspropädeutischen Aufgaben der gymnasialen Bildungsarbeit gerecht wird. Die Gliederung des Schulwesens nach Schulstufen zerschlägt die institutionelle Einheit des Gymnasiums und damit die didaktische Ausrichtung und die fachliche Kontinuität der Unterrichtsarbeit von der Unterstufe bis zur Oberstufe des Gymnasiums.
Die Ausführungen dieses Abschnittes haben deutlich gemacht, daß die Bildungsarbeit im Gymnasium von ihrer wissenschafts-

---

15 Dies geschieht weitgehend bei *Kutscha,* wobei offen bleiben soll, ob die Abwertung von Aussagen der Gymnasialpädagogik (z. B. *W. Flitners*) zu Leerformeln nicht selbst eine solche darstellt. Solche Verkürzungen der Argumentation erfolgen meistens dann, wenn man in einem philosophischen Sinne nicht mehr weiß, wovon man spricht. Dies gilt für viele kritische Aussagen über das Gymnasium. *G. Kutscha,* Wissenschaftliche Grundbildung – ein ungelöstes Problem in Praxis und Theorie der gymnasialen Oberstufe, in: PR 32 (1978) 452–479

propädeutischen Zielsetzung her einem hohen Anspruch unterliegt. Dieser Anspruch wird auch nicht durch die Forderung eingeschränkt, daß allen Jugendlichen eine verlängerte und verbesserte Bildung zuteil werden soll. Die Anerkennung dieser Forderung schließt vielmehr die Konsequenz ein, im Gymnasium um so anspruchsvoller zu arbeiten. Die verbesserte schulische Förderung aller ist gerade die Gewähr dafür, daß allein die jungen Menschen das Gymnasium besuchen, die fähig und bereit sind, sich dem anspruchsvollen Angebot gymnasialer Bildungsarbeit zu stellen. Diesen jungen Menschen ist dann auf ihre Weise ein Stück Selbstverwirklichung gelungen, die in der gegenwärtigen pädagogischen Theorie für so wichtig gehalten wird. Sie haben einen Bildungsweg gefunden, der ihrem Begabungsprofil und ihrem persönlichen Lebensstil entspricht. Darüber hinaus benötigt die moderne Gesellschaft im Blick auf ihre vielfältigen Aufgabenbereiche in besonderer Weise gerade jene jungen Menschen, die durch einen solchen anspruchsvollen Bildungsweg geprägt worden sind. Auch die moderne demokratische Gesellschaft kann auf Eliten nicht verzichten.

3.3 UMRISSE EINER GYMNASIALDIDAKTIK

Die Frage nach den Umrissen einer Gymnasialdidaktik stellt sich aufgrund der vorgenannten Aufgaben des Gymnasiums. Allgemeindidaktische Konzeptionen orientieren sich weitgehend an wissenschaftstheoretischen bzw. gesellschaftstheoretischen Modellen und beziehen sich auf das Schulwesen insgesamt[1]. Andererseits beschäftigen sich fachdidaktische Vorga-

---

1 Einen Überblick über die einzelnen didaktischen Positionen bietet *H. Blankertz,* Theorien und Modelle der Didaktik (Grundfragen der Erziehungswissenschaft Band 6), München 1969 (a). – Höchst instruktiv und umfassend weiterführend ist der Überblick von *K. Reich,* Theorien der Allgemeinen Didaktik. Zu den Grundlinien didaktischer Wissen-

ben fast ausschließlich mit den Schulfächern[2]. Schließlich wird neuerdings versucht, im Blick auf die Gliederung des Schulwesens nach Schulstufen entsprechende didaktische Überlegungen anzustellen. Im folgenden sollen nun einige Gesichtspunkte aufgezeigt werden, die für die Gymnasialdidaktik von Bedeutung sind. Die Überlegungen sind als Ausgangspunkt für weitere Erörterungen zu verstehen, die an anderer Stelle und zu einem späteren Zeitpunkt vorgelegt werden.

Kriterien für gymnasialdidaktische Entscheidungen

Von der Motivationsforschung her ist die Wichtigkeit des angemessenen Zugangs zu den Lerngegenständen hinlänglich verdeutlicht worden[3]. Hierzu sind die Leistungsbereitschaft, die altersgemäße Verfassung, der sachbezogene Anreiz im Blick auf bestimmte fachspezifische Aufgabenstellungen und der Grad

---

schaftsentwicklung in der Bundesrepublik Deutschland und in der Deutschen Demokratischen Republik, Stuttgart 1977. – Aus der Sicht der Schulpraxis gibt eine Einführung *K. Schmitz,* Allgemeine Didaktik. Eine Einführung, Stuttgart 1977. – *W. Klafki,* Zur Entwicklung einer kritisch-konstruktiven Didaktik, in: DDS 69 (1977) 703–715

2 *J. Timmermann,* Fachdidaktik in Forschung und Lehre, Hannover 1972

3 Zur Motivationstheorie im allgemeinen vgl. *B. Weiner,* Theorien der Motivation, Stuttgart 1976 und ders. (Hg.), Die Wirkung von Erfolg und Mißerfolg auf die Leistung (Abhandlungen zur Pädagogischen Psychologie. Neue Folge Band 5), Bern/Stuttgart 1975 – Das Heft 1 der ZfP 25 (1979) ist thematisch der Kritik des Motivationsbegriffs gewidmet. In einer Reihe von Beiträgen wird der Begriff des Interesses herausgearbeitet, wobei die Einbindung in den gesellschaftlichen Rahmen im Vordergrund steht. Zu wenig wird jedoch berücksichtigt, daß Motivation und Interesse auch auf die Möglichkeiten und Einsichten der Person selbst gerichtet sind und sich nicht vornehmlich von gesellschaftlichen Vorgaben und Zwängen her bestimmen.

der Schwierigkeit einer Aufgabe sowie die Chance, diese Aufgabe zu bewältigen, ganz entscheidende Bedingungen im Motivationsgefüge. In diesem Zusammenhang ist es angebracht, von der Lernausgangslage der Schüler zu sprechen. Sie ist jeweils unterschiedlich und stellt ein Bündel von Faktoren dar, die auf vielfältige individuelle Gegebenheiten zurückgehen. Hier sind u. a. zu nennen: Begabungsrichtung, Begabungshöhe, individuelle Neigungen, Lernfähigkeit, Lerngeschwindigkeit, Leistungsbereitschaft, Arbeitshaltung, Aufgeschlossenheit für geistige Erfahrungen und Erkenntnisse, Sinn für praktisches Umsetzen von Erkenntnissen. Vor diesem Hintergrund ergeben sich für die didaktische Reflexion im Blick auf das Unterrichtsangebot die jeweils spezifischen Vorgaben in den einzelnen Fächern. Diese Vorgaben finden im Unterrichtsangebot der Hauptschule, der Realschule, des Gymnasiums und des beruflichen Schulwesens entsprechend den Bildungsaufgaben dieser Schulformen unbeschadet der in ihnen für alle Schüler gemeinsamen allgemeinbildenden Gehalte jeweils unterschiedliche Ausformungen. *Geissler* spricht in diesem Zusammenhang von 5 didaktischen Grundvorgaben, die er folgendermaßen konkretisiert:

„1) Legitimation des Schulfachs in allgemeinbildender oder berufsbildender Hinsicht (Warum dieses Fach im Fächerkanon der Schule? Was sind seine globalen Bildungsziele?)
2) Richtziele im Fachcurriculum, deren Ableitung und Verbindlichkeit (Welche Teildisziplinen sollen behandelt werden und warum? Was erwartet man von der Beschäftigung mit den ausgewählten Teilgebieten?)
3) Inhalte, ihre Auswahl aus den Wissenschaften und ihre unterrichtsbezogene didaktische Analyse (Welche Inhalte? Warum diese? Welche Exemplarität kommt ihnen zu?)
4) Vermittlungsprobleme (Angemessene Unterrichtsmethoden, Fragen der Interessebildung, Fragen angemessener Leistungsmessungen u. ä.)
5) Stufenbezogenheit und Altersgemäßheit (Auf welcher Schulstufe – Altersstufe kann das Fach angesiedelt werden?

Muß es in allen Schulformen angeboten werden? Wenn ja, unter welchen eventuell dann notwendigen Transformationen?)"[4]

Die spezifischen Kriterien gymnasialer Bildungsarbeit und die damit gegebenen didaktischen Fragestellungen zielen darauf, die Aspekte der Wissenschaftspropädeutik, des „Lernen des Lernens" und der Allgemeinbildung in ihrer strukturellen Verflochtenheit zu erfassen. Unter gymnasialdidaktischen Aspekten ist daher die Frage nach den Gegenständen gymnasialer Bildung aufgrund der voraufgegangenen Erörterungen über die Bildungsaufgabe des Gymnasiums dahingehend zu präzisieren, daß nur solche Gegenstände im Kanon gymnasialer Bildung vertreten sein können, an denen das „Lernen des Lernens" exemplarisch verdeutlicht werden kann. Die Gegenstände gymnasialer Bildung sind dadurch ausgezeichnet, daß ihnen einerseits ein hoher Grad an Vermittlungs- und Transfermöglichkeiten und andererseits ein hohes Maß an Welthaltigkeit zukommt. Will man diesen Tatbestand in überkommene Formeln fassen, muß man sagen: Diese Gegenstände haben einen hohen allgemeinbildenden Wert.

Der Begriff Allgemeinbildung umschreibt in diesem Zusammenhang in anthropologischem Verstande eine Verfassung des Menschen, in der er Sprache und Welt gefunden hat. Sprachfähigkeit und Welthaltigkeit sind die Bedingungen, die den Menschen in die Lage versetzen, ein angemessenes Verständnis von

---

4 *Geissler* 1977 100f. – Ferner grundlegend in diesem Zusammenhang *P. Heimann/G. Otto/W. Schulz,* Unterricht. Analyse und Planung, Hannover 1966[2] – *W. Klafki,* Studien zur Bildungstheorie und Didaktik, Weinheim 1964[3/4] – *P. Heimann,* Didaktik als Unterrichtswissenschaft, Stuttgart 1976 – Sowie die Fortführung und Diskussion dieser Ansätze und ihre Ausweitung in Richtung emanzipatorischer Erkenntnisinteressen bei *W. Klafki/G. Otto/W. Schulz,* Didaktik und Praxis, Weinheim/Basel 1977, *W. Klafki,* Probleme einer Neukonzeption der didaktischen Analyse (Schriftenreihe des Pädagogischen Instituts Düsseldorf Heft 34), Ratingen 1977 und *W. Schulz,* Zur Didaktik der Berliner Schule (ebd. Heft 36), Ratingen 1977

sich und seiner Welt zu gewinnen und entsprechend der so gewonnenen Einsichten zu handeln. Sprachfähigkeit meint nicht philologisches Regeln- und Vokabelwissen. Sprachfähigkeit ist vielmehr im Sinne einer elementaren Hermeneutik zu verstehen, d. h. der Fähigkeit, sich selbst und die Welt auf Sinn hin auszulegen und diesen anderen zu vermitteln[5]. Menschliche Gemeinschaft ist ohne diese Kommunikation nicht möglich. Dies gilt um so mehr, je stärker wissenschaftliche Erkenntnisse und technischer Fortschritt die gesellschaftlichen und politischen Gegebenheiten bestimmen. Die moderne Gesellschaft ist von ihrer strukturellen Verfassung her auf sprachliche Vermittlung angewiesen, wenn sie für den Menschen durchschaubar bleiben soll. Diese sprachliche Vermittlung ist zugleich immer an Welthaltigkeit gebunden. Hierbei geht es nicht um die Darbietung isolierter Einzelfakten. Es kommt vielmehr darauf an, die geschichtlich überkommene und gegenwärtig erfahrene Welt in ihren Bezügen deutlich werden zu lassen[6]. Es geschieht dies vornehmlich in jenen Bereichen, in denen Welt in spezifischer Weise repräsentiert wird. Es sind dies: die Sprachen, die Geschichte mit Einschluß gesellschaftlicher und wirtschaftli-

---

5 *C. Menze,* Sprechen, Denken, Bilden. Eine Erörterung zu Grundaspekten der Sprachtheorie Wilhelm von Humboldts, in: PR 32 (1978) 829–844 – *H. v. Hentig,* Die Fremdsprache als Anlaß für Menschenbildung, in: NS 19 (1979) 248–272 u. 410–422 – *M. Fuhrmann,* Der altsprachliche Unterricht zwischen Traditionspflege und Traditionsabbruch, in: PR 33 (1979) 275–288

6 Die anthropologischen Dimensionen der Sprache in ihrer Bedeutung für die Pädagogik erläutert *O. F. Bollnow,* Die Macht des Wortes. Sprachphilosophische Überlegungen aus pädagogischer Perspektive (neue pädagogische bemühungen 17/18), Essen 1964. – Ferner die grundlegenden sprachphilosophischen Reflexionen in der Aufsatzsammlung von *M. Heidegger,* Unterwegs zur Sprache, Pfullingen 1959[3] – Auf die Bedeutung der Sprache im Bildungsprozeß verweist *J. Derbolav,* Sprache und Bildung. Prolegomena zu einer allgemeinen Sprachdidaktik, in: ders., Frage und Anspruch. Pädagogische Studien und Analysen, Wuppertal/Ratingen/Düsseldorf 1970 236–288.

cher Bereiche, die Naturwissenschaften zusammen mit der Biologie und der Erdkunde, die Mathematik und schließlich Literatur und Künste. In allen diesen Bereichen spiegeln sich nicht allein die Tätigkeiten des Menschen. Wenn dies so wäre, müßte dieser Kanon um viele Gegenstände und damit Schulfächer erweitert werden. Wichtig ist demgegenüber, daß in diesen Bereichen dem Menschen in je spezifischer Weise Welt als Gestaltungs-, Handlungs- und Sinnzusammenhang erscheint[7].

In diesen Gegenständen ist eine Korrespondenz angelegt, die auf die in anthropologischen Voraussetzungen begründete Doppelnatur des Menschen (animal rationale et sociale) bezogen ist. Menschliche Selbstverwirklichung ist nur im Kontext von Welt möglich. Die spezifischen Fähigkeiten und Möglichkeiten des Menschen gründen in diesem Tatbestand: Der Mensch ist durch Sprache ausgezeichnet, er hat Geschichte, er ist ein soziales Wesen, er muß seinen Lebensraum und seine Daseinsmöglichkeiten durch Arbeit selbst herstellen sowie die Bedingungen dafür erst schaffen. Alle diese Dimensionen werden im Kanon der oben genannten Gegenstände in elementarer Weise vergegenwärtigt. Diese Gegenstände sind, so gesehen, in didaktischer Hinsicht Grunddisziplinen. Ihnen stehen Spezialdisziplinen gegenüber, die einen hohen Abstraktions- wie auch Ableitungsgrad aufweisen und auf höchst differenzierte Fragestellungen antworten. Hier sind die Wissenschaftsdisziplinen der Hochschulen aber auch die Spezialdisziplinen des beruflichen Schul-

---

7 *G. Ried,* Die Höhere Schule im kulturellen Kraftfeld. Gedanken und Grundsätze zur Schulreform (Wissen und Wirken. Pädagogische Schriftenreihe des Cassianeums. Zeitbuch Nr. 1/2), o. O./o. J. (Donauwörth 1949) – *Ulmer* (1972) spricht im Blick auf die Gegenstände der Allgemeinbildung von 9 Wissensaspekten: Natur, Mitmensch, Selbst, Göttliches, Kunst, Geschichte, Sprache und Zeichen, Sprachwerke und Kultur, Weltkultur (462), zum gesamten 389–469. – Vgl. ferner die Darlegung der grundsätzlichen Bezüge, in die didaktische Fragen eingelassen sind, bei *G. Michel,* Die Welt als Schule. Ratke, Comenius und die didaktische Bewegung (Das Bildungsproblem in der Geschichte des europäischen Erziehungsdenkens Band V), Hanover 1978.

wesens zu nennen. Vor diesem Hintergrund ist *Humboldts* Unterscheidung zwischen allgemeiner Bildung und spezieller Bildung zu verstehen, wobei letztere den Spezialschulen vorbehalten ist[8].

Die vorgenannten Bemerkungen gelten in entsprechender Weise für alle allgemeinbildenden Schulen (Hauptschule, Realschule, Gymnasium). Diese Ausweitung auf die anderen Schulformen soll deutlich machen, daß es zwischen den Schulformen einen Zusammenhang gibt, der vornehmlich in den Sachgegenständen, nicht aber in altersspezifischen Gemeinsamkeiten begründet ist. Die Unterrichtsarbeit am Gymnasium unterscheidet sich von der anderer Schulformen u. a. hinsichtlich der Methodenreflexion, der Ausweitung auf fachübergreifende Fragestellungen und der Intensität des Eindringens in fachspezifische Aspekte. Dies soll im folgenden noch einmal von *Humboldt* her verdeutlicht werden. In der bereits zitierten Textstelle aus dem Königsberger Schulplan von 1809, fährt *Humboldt,* nachdem er über das „Lernen des Lernens" reflektiert hat, folgendermaßen fort: „Aber alle seine Functionen sind nur relativ, immer einem Höheren untergeordnet, nur Sammeln, Vergleichen, Ordnen, Prüfen u. s. f. Das Absolute wird nur angeregt, wo es, wie es gar nicht fehlen kann, selbst in einem Subjecte zur Sprache kommt. Der Schulunterricht theilt sich in linguistischen, historischen und mathematischen; der Lehrer muß immer beobachten, bei welchem von diesen dreien der Schüler mit vorzüglicher Aufmerksamkeit verweilt, allein auch streng darauf sehen, daß der Kopf für alle drei zugleich gebildet werde. Denn die Schule soll eng verbinden, damit die Universität zu besserer Verfolgung des einzelnen ohne Schaden eilen könne. Der Schüler ist reif, wenn er so viel bei anderen gelernt hat, daß er nun für sich selbst zu lernen imstande ist . . . Eine Verschiedenheit der intellectuellen Richtung auf Sprachstudium, Mathematik und Erfahrungskenntnisse ist einmal unläugbar vorhanden, und es wäre ebenso wunderbar, nur Eine begünstigen, als, sie in verschiedene

8 *Humboldt* Werke 1960 4, 172

Anstalten verweisend, sie noch mehr spalten zu wollen. Bloß die letztere muß man nie dulden, ohne sie fest an eine der anderen zu knüpfen, da sie sonst nach und nach auch die Möglichkeit wahrer Wissenschaft in einem Kopfe zerstört."[9]

In diesen Bemerkungen *Humboldts* findet sich eine Beschreibung dessen, was in gymnasialdidaktischer Hinsicht für die Unterrichtsarbeit des Gymnasiums entscheidend ist. Dies bezieht sich zum einen auf die voraufgehend erörterten Gesichtspunkte der Sprachfähigkeit und Welthaltigkeit. Zum anderen werden Strukturmerkmale benannt, die im Sinne des „Lernen des Lernens" als eines reflexiven Mechanismus wissenschaftspropädeutisch von Bedeutung sind. Schließlich ist hervorzuheben, daß die Bildungsarbeit sich gleichermaßen auf die – modern gesprochen – drei großen Bereiche von Kultur, Natur und Gesellschaft erstrecken muß und einseitige Akzentuierungen möglichst vermeiden sollte. Die Bildungsarbeit ermöglicht auf diese Weise die zweckfreie Vertiefung in geistige Gehalte; sie dient damit der Bildung des Menschen als Person (Allgemeinbildung) und sichert schließlich die Studierfähigkeit des jungen Menschen.

Vorgaben für eine Gymnasialdidaktik

Die voraufgehenden Überlegungen haben gymnasialdidaktische Fragestellungen aufgewiesen und des weiteren die Bedeutung der allgemeinbildenden Fächer im Rahmen der Bildungsarbeit des Gymnasiums aufgezeigt. Damit sind noch nicht alle Fragen aufgeführt und behandelt, die für eine Gymnasialdidaktik wichtig sind. Im folgenden werden noch einige Vorgaben genannt, die im Rahmen einer umfassend konzipierten und entsprechend auszuarbeitenden Didaktik des Gymnasiums in Zusammenarbeit mit der Fachdidaktik berücksichtigt werden müssen. Hierzu zählen u. a.:

---

9 *Humboldt* Werke 1960 4, 170 u. 175

– Aufweis der Stellung eines Faches im Kanon allgemeinbildender Gehalte,
– Gliederungsmodalitäten des Unterrichts (z. B. Epochalprogramme, fächerübergreifende Unterrichtseinheiten),
– Aufzeigen des Altersbezuges der Inhalte,
– Verdeutlichung der Abstraktionsebenen auf den verschiedenen Altersstufen,
– Fragen der Fächerfolge sowie der Gewichtung der Fächer (z. B. Sprachenfolge, Abstimmung in den Naturwissenschaften),
– Aufweis des Stellenwertes spezieller Aspekte einzelner Fächer wie neuer Fächer im Rahmen der Bildungsarbeit des Gymnasiums (z. B. Hereinnahme neuer naturwissenschaftlicher Fragestellungen in den Unterricht), Integration von Spezialfächern (z. B. Informatik) in den Fächerkanon,
– Ausrichtung der Unterrichtsangebote in Entsprechung zu entwicklungs- und lernpsychologischen Gegebenheiten der Jugendlichen in den Klassen 5 bis 13,
– Darbietungsformen im Unterricht (z. B. Lehrervortrag, Schülerreferat, Schülerexperimente),
– Formen der Eigenarbeit der Schüler sowie der Mitarbeit im Unterricht,
– Bereitstellung von Verfahren der Vor- und Nachbereitung des Unterrichts auf seiten der Lehrer und der Schüler.

In gymnasialdidaktischer Hinsicht sind im Rahmen dieser Vorgaben für die Strukturierung des Unterrichtsangebotes folgende Zielsetzungen u. a. bestimmend:
– Vermittlung der Strukturzusammenhänge von Sachbereichen,
– Einblick in interdisziplinäre Zusammenhänge,
– Einübung in die Formen des Transfers von Sachbezügen in übergreifende Fragestellungen (Meta-Ebene),
– Hinführung zu theoriegeleitetem Erkennen und Handeln,
– Entwicklung von Formen differenzierter sprachlicher Artikulation,
– Einblick in Zusammenhänge der kulturellen, politischen und

gesellschaftlichen Überlieferung und deren gegenwärtige Ausformungen,

– Aufbau eines Kategoriensystems zur sachgemäßen Erfassung und Strukturierung vorgegebener Fakten und Daten,

– Entwicklung der Fähigkeit zur Kommunikation über und zur Vermittlung von komplexen Zusammenhängen[10].

Die vorauf genannten Zielsetzungen sind in allen Fächern bestimmende Kriterien für die Auswahl und die Darbietung der Unterrichtsstoffe. Es muß in jedem einzelnen Fall sichergestellt sein, daß im Unterrichtsgeschehen diese Zielsetzungen gegenwärtig sind. Dies bedeutet nicht, daß der Unterricht einseitig auf diese Zielsetzungen hin fixiert ist. Dies würde der Komplexität einer Unterrichtssituation mit ihren vielfältigen informellen Kommunikations- und Interaktionsweisen nicht gerecht. Dennoch sind diese Zielsetzungen in ihrer Gesamtheit für die Strukturierung des Fachunterrichts wie auch des fachübergreifenden Unterrichts bestimmend. Erst in der Kontinuität des Anspruchs, der mit diesen Zielsetzungen gegeben ist, durch die einzelnen Fächer hindurch können sich beim Schüler jene Dispositionen entfalten, die in Entsprechung zur Bildungsaufgabe des Gymnasiums stehen[11].

Für das Fach Deutsch soll im folgenden in einem ersten Anlauf verdeutlicht werden, in welcher Weise fachdidaktische Fragen eines gymnasialen Unterrichtsfaches von gymnasialdidaktischen Aspekten bestimmt sind. Die Schreiberziehung, das Schreiben von Aufsätzen und der Sprachgebrauch sind wichtige Bereiche im Unterricht des Gymnasiums. Entsprechend der wissenschaftspropädeutischen Zielsetzung des Gymnasiums ist

---

10 Einen Problemaufriß gymnasialdidaktischer Fragestellungen gibt *J. Grzesik,* Kritische Überlegungen zur Gymnasialdidaktik. Zum gegenwärtigen Stand der Bemühungen um eine allgemeine Didaktik des gymnasialen Unterrichts (Münsterische Beiträge zu pädagogischen Zeitfragen Heft 17), Münster 1968.

11 Hierzu die engagierte Analyse bei *J. Reitinger,* Zurück zu Wilhelm von Humboldt – oder was sonst? Vorüberlegungen zu einer inneren Reform des Gymnasiums (Schriftenreihe des Bayerischen Philologenverbandes), o. O./o. J. (München 1977)

der Adressaten- und Situationsbezug des Schülers nicht die einzige und damit zentrale Aufgabe des Deutschunterrichtes. Der Sachbezug und die erkenntnisleitenden Intentionen sind gleichermaßen wichtig und werden im Verlauf der Jahre immer wichtiger. Neben der kommunikativen Funktion tritt die kognitive Funktion zunehmend stärker hervor. Es werden somit Zug um Zug monologische Weisen des Schreibens wie die Abhandlung und Problemerörterung stärker betont, in denen die Darstellung und Reflexion über Sachverhalte im Vordergrund stehen. Hierzu zählt die schriftliche Interpretation pragmatischer und literarischer Texte, die Ausarbeitung von Referaten, das Entwerfen von Problemskizzen u. a. m. In eins damit sind der Grammatikunterricht und die Sprachbetrachtung zu sehen, die einen stärker reflexiven und systematischen Charakter haben und auf diese Weise zugleich auf Formen wissenschaftlichen und systematisierenden Denkens vorbereiten. Der Unterricht ist neben anderem vornehmlich darauf angelegt, Einblick in das System der Sprache zu vermitteln. Es geht dabei um die syntaktischen, semantischen und pragmatischen Dimensionen der Sprache mit dem Ziel, im Sinne wissenschaftspropädeutischer Grundbildung auf einen höchst differenzierten Gebrauch der Sprache in Wort und Schrift vorzubereiten.
Im Mittelpunkt des Deutschunterrichts am Gymnasium steht der Umgang mit Texten. Hier ist zunächst der große Anteil von Texten mit hohem literarischen Niveau, die zugleich ein großes Sinnpotential enthalten, zu erwähnen. Diese Texte entstammen allen Zeitepochen. Hierbei kommt es nicht auf eine chronologische Abfolge an. Dennoch wird darauf geachtet, daß die Literatur der Gegenwart und die vergangener Epochen angemessen vertreten ist. Dabei wird deutlich, daß die Literatur selbst ein geschichtliches Phänomen ist und ihre spezifische Entwicklung im Bereich der Gattungen und Formen, der ästhetischen Kriterien, der Aussageweisen und thematischen Fragestellungen hat. Geschichtlichkeit als eine Grundstruktur des menschlichen Wesens wird somit nicht allein von der allgemeinen Geschichte her erfahren und verdeutlicht. Im Bereich der Lyrik, Epik und Dramatik kommt es ferner darauf an, unter anderem die Struk-

turen des Aufbaus der literarischen Texte zu erfassen, die Aussageweisen und ihre sprachliche Form zu erkennen, die Dimensionen der Zeit sowohl in bezug auf den geschichtlichen Kontext als auch im Blick auf den im Text selbst sich abzeichnenden Zeitverlauf (z. B. Erzählzeit, erzählte Zeit) aufzuweisen. Ingesamt zielt der Umgang mit der Dichtung auf eine Verstärkung der Erlebnis-, Analyse- und Verstehensfähigkeit des Schülers. Er wird somit in die Lage versetzt, die Thematik des Textes, die sprachlichen und formalen Darstellungsmittel sowie die Gesamtstruktur und Aussage eines Textes in ihrem Zusammenspiel zu erfassen. Der Bezug der literarischen Texte zum persönlichen Lebensverständnis und Erfahrungshorizont des Schülers ist im Unterschied zu den anderen Schulformen nicht der einzige Gesichtspunkt. Darüber hinaus ist von Bedeutung, daß ein grundlegender Bestand an Begriffen der Textanalyse zusammen mit den ihnen entsprechenden methodischen Hilfen bereitgestellt wird, um den Zusammenhang von Textgestalt und Textaussage angemessen zu vergegenwärtigen. Damit wird zugleich die Fähigkeit entwickelt, die nicht explizit ausgesprochenen zentralen Gehalte eines literarischen Textes im eigenen Bemühen sich bewußt zu machen und zu verdeutlichen.

Einzelfragen der Gymnasialdidaktik

Die Konzeption der reformierten Oberstufe des Gymnasiums bedarf aus gymnasialdidaktischer Sicht einer kritischen Erwähnung. Notwendig scheint, daß die Oberstufe des Gymnasiums wieder ein größeres Maß an Stetigkeit und organisatorischer Überschaubarkeit erhält. Die Ausweitung des Fächerkanons auf spezialisierte und hochdifferenzierte Fächer, die Ablösung der durchgehenden Sach- und Inhaltsstrukturen der überkommenen Gymnasialfächer durch zeitlich und sachlich begrenzte Kurseinheiten, die Einschränkung der zentralen Bedeutung des Faches Deutsch angesichts seiner sprachanthropologischen Aufgaben und die Beschneidung des Unterrichtsangebotes in der Mathematik und den Fremdsprachen in der Klasse 13: dies alles führt zu einer Summierung von beziehungslos nebeneinander stehenden Einzelfakten, verbunden mit einem Übermaß an Organisation und Bürokratie[12]. Das entspricht einer Vorstellung, nach der Bildung die Aneinanderreihung von Einzeldaten im Stile eines Baukastensystems darstellt.

Den hier vorgetragenen Intentionen kommt demgegenüber der Vorschlag des Philologen-Verbandes Nordrhein-Westfalen zur Revision der gymnasialen Oberstufenreform stärker entgegen, da er vornehmlich auf die didaktische Problematik der Oberstufe ausgerichtet ist[13]. Diese ist darin zu sehen, daß es gelingt, das Unterrichtsangebot so zu gestalten, daß individuell geprägte Schwerpunktbildungen möglich sind, diese aber zugleich im Horizont allgemeinbildender Gehalte bleiben. Das Gymnasium ist pädagogisch und sachlich überfordert, wenn es versucht, die fachspezifische Differenzierung der Wissenschaftlichen Hochschulen berufsvorbereitend vorwegzunehmen. Des

---

12 *E. Stuckmann,* Die unvollendete Reform. Die Priorität der Organisationsfragen gefährdet den Erfolg der Oberstufenreform, in: DHS 28 (1975) 156–161 – *S. Reinhardt,* Soziologische Defizite der Reform der gymnasialen Oberstufe, in: NS 17 (1977) 133–148 – *W. Zimmermann,* Ungelöste curriculare Probleme in der reformierten Oberstufe des Gymnasiums, in: BuE 31 (1978) 536–551 – Einen Einblick in die vielschichtigen sachlichen und curricularen Zusammenhänge sowie die veränderten Unterrichtsbedingungen der Oberstufe gibt *E. Sebbel,* Konzept für die Realisierung der Oberstufenreform im Lande Nordrhein-Westfalen, in: dies. (Hg.), Die Reform der gymnasialen Oberstufe in Nordrhein-Westfalen, Hannover 1976 57–81.

13 *Philologen-Verband Nordrhein-Westfalen* (Hg.), Vorschlag eines Arbeitskreises des Geschäftsführenden Ausschusses zur Revision der gymnasialen Oberstufe, in: Bildung aktuell (1976) 5/6 161–167

weiteren nehmen diese Vorschläge in gymnasialdidaktischer Hinsicht auf die Einheit des Gymnasiums von der Unterstufe bis zur Oberstufe Bezug. Der Unterricht in der Oberstufe baut auf der sachlichen Arbeit und der methodischen Ausrichtung des Unterrichts der Unter- und Mittelstufe auf. Dieser Tatbestand muß in der Oberstufe didaktisch angemessen berücksichtigt werden. Für Real- und Hauptschüler, die erst auf der Oberstufe in das Gymnasium eintreten, ergeben sich andere Fragen, die in der Oberstufe eigens aufgearbeitet und in unterrichtsfachlicher wie auch didaktisch-methodischer Hinsicht entsprechend berücksichtigt werden müssen.
Die Bildungsarbeit im Gymnasium erlaubt des weiteren in gymnasialdidaktischer Hinsicht nur eine gewisse Spezialisierung und Individualisierung des Unterrichts, sofern die allgemeinbildenden Aspekte im Blick auf das Studium an Wissenschaftlichen Hochschulen nicht vernachlässigt werden sollen. Dies gilt auch für die Ausweitung des Fächerangebotes in der Oberstufe entsprechend der im Strukturplan angezielten späteren beruflichen Verwendung, die bei einer zu starken Ausprägung zu einer Verkürzung der wissenschaftspropädeutischen Zielsetzungen führen kann. Entsprechend den strukturellen Bedingungen wissenschaftlichen Arbeitens kann die Vorbereitung auf wissenschaftliche Studien, verstanden als Wissenschaftspropädeutik, nicht an speziellen Gegenständen geschehen, wie dies für die übrigen beruflichen Ausbildungen möglich ist. Unter wissenschaftspropädeutischem Aspekt müssen diese Gegenstände vielmehr einen hohen Grad an Allgemeinheit, an exemplarischer Modellhaftigkeit, an Theoretisierbarkeit, an formaler Strukturierung und Systematisierbarkeit haben. Es sind dies Elemente, die für alle Wissenschaftsdisziplinen verbindlich sind. Diese Bedingungen erfüllen die Muttersprache, die Fremdsprachen, die Mathematik, die Naturwissenschaften, die Geschichte und die Künste, die insgesamt somit im Grunde die konsequente Fortführung der Fächer des alten Triviums und Quadriviums bzw. deren Fortschreibung auf neue sachliche Anforderungen darstellen. Es kommt also darauf an, die Begriffe Wissenschaftspropädeutik, Lernen des Lernens und

Allgemeinbildung in ihrer strukturellen Verflochtenheit zu sehen, in der sowohl wissenschaftstheoretische wie bildungstheoretische Aspekte zur Deckung kommen.[14]

Die Ausweitung des Fächerangebotes im Gymnasium, wie sie in der Vereinbarung der Kultusminister angesprochen wird, bedarf vor dem Hintergrund der Entwicklung des Gymnasiums seit 1945 aus gymnasialdidaktischer Sicht einiger kritischer Anmerkungen. Bis in die 60er Jahre hinein zeichnete sich im Gymnasium die Tendenz ab, durch eine stärkere fachliche Schwerpunktbildung das Unterrichtsangebot zu differenzieren. Es geschah dies in der Weise, daß fachwissenschaftliche Fragestellungen im Rahmen bestimmter Fächer, die auf diese Fragestellungen ausgerichtet waren, besonderes Gewicht erhielten. Im Zuge dieser Entwicklung entstanden neue Typen des Gymnasiums (z. B. wirtschaftswissenschaftliche, sozialwissenschaftliche Gymnasien) neben den bisher üblichen altsprachlichen, neusprachlichen und mathematisch-naturwissenschaftlichen Gymnasien[15]. Mit dem Ausbau dieser Gymnasialtypen blieb aber sichergestellt, daß der überkommene allgemeinbildende Anspruch des Gymnasiums mit der Zielsetzung der Studierfähigkeit gewahrt wurde. Die seit jeher im Gymnasium gelehrten Fächer wurden in den neuen Gymnasialtypen angeboten. Zugleich aber öffneten sich diese neuen Gymnasien anderen Aufgabenfeldern und kamen damit den Neigungen und Interessen der jungen Menschen entgegen. Es erfolgte diese Öffnung in der Weise, daß die jeweiligen Schwerpunkte gleichsam Kristallisationskerne darstellten, denen einige Fächer in

---

14 *J. Derbolav,* Gymnasialer Bildungskanon und Oberstufenreform, in: ders. 1970 105–119

15 *L. Kiehn,* Das Wirtschaftsgymnasium. Seine geistigen Wurzeln und seine Bildungsaufgabe im Gefüge unseres höheren Schulwesens, in: Zeitschrift für Pädagogik 5. Beiheft: Einsichten und Impulse. Wilhelm Flitner zum 75. Geburtstag am 20. August 1964, Weinheim 1964 117–131

bestimmter Weise durch ihre inhaltliche und methodische Ausrichtung zugeordnet waren. Dies geschah im Rahmen gymnasialdidaktischer und bildungstheoretischer Vorstellungen, die das Gymnasium durchgehend bestimmt haben.
Der Schwerpunktbereich erlaubte ein intensiveres Eindringen in einen bestimmten Wissenschaftsbereich, indem die Inhalte, Methoden und Systematik dieses Bereiches von verschiedenen Ausgangspunkten her eigens vergegenwärtigt wurden. In Zusammenarbeit mit den übrigen allgemeinbildenden Fächern wurde so ein Verständnis von Welt aufgebaut und dieses um neue gegenwartsbezogene Aspekte erweitert. Diese Erweiterung erfolgte aber nicht im Stile einer beziehungslosen enzyklopädischen Ausuferung, sondern im Sinne einer exemplarischen Vertiefung. Mit dem Ausbau dieser Gymnasialtypen hat das Gymnasium deutlich gemacht, daß prinzipiell alle Wissenschafts- und Gegenstandsbereiche der modernen Welt in den Kanon der Gymnasialfächer aufgenommen werden können. Voraussetzung ist jedoch, daß sie nicht als isolierte Einzelfakten den Unterricht bestimmen, sondern daß sie sich unter gymnasialdidaktischen Aspekten in den Gesamtzusammenhang eines bestimmten Schwerpunktbereiches einordnen. Dieser Schwerpunktbereich ist von wissenschaftstheoretischen Vorgaben her in bestimmter Weise strukturiert. Die Inhalte, Methoden und Techniken in den Einzelfächern dieses Bereiches nehmen darauf Bezug. Es erfolgte somit eine Ausgestaltung des Bildungsangebotes und eine Ausrichtung der Bildungsarbeit in diesen Bereichen, die in Verbindung mit den Aspekten und der Arbeit in den übrigen Gymnasialfächern den wissenschaftspropädeutischen Aufgaben des Gymnasiums entsprachen und damit zugleich die allgemeine Studierfähigkeit sicherstellten[16].

---

16 *H. Scheuerl,* Die Einheit der Grundbildung und die Typen der höheren Schule, in: Zeitschrift für Pädagogik 1964 96–116

In den letzten Jahren ist diese Typendifferenzierung des Gymnasiums aufgehoben worden. Es hat eine sogenannte Enttypisierung des Gymnasiums stattgefunden. Die Paradoxie liegt nun darin, daß zu dem Zeitpunkt, an dem die Enttypisierung erreicht war, die Vereinbarung der Kultusminister in den Ziffern 6.1 und 6.2 wiederum typenspezifische Aspekte einbringt. Diese Ausweitung erfolgt unter der Maßgabe, das Spektrum individueller Alternativen durch ein breites Angebot von Wahlmöglichkeiten auszuweiten. Die Gymnasialtypen früherer Jahre entsprachen ebenfalls diesem Ansatz. Die Vereinbarung bringt so gesehen keine neuen Gesichtspunkte ein. Dennoch ist der Unterschied zu den früheren Regelungen erheblich. Die Ausweitung des Unterrichtsangebotes ist nicht in den Sachzusammenhang eines Kanons von Fächern eingebunden, die einen bestimmten Schwerpunktbereich kennzeichnen. Das Fächerangebot der Vereinbarung weist eine Fülle von alten und neuen Fächern auf, die als isolierte Einzelfächer nebeneinanderstehen und im Sinne eines Baukastensystems nahezu beliebig abgerufen werden können. Anstelle einer exemplarischen Vertiefung ist somit eine enzyklopädische Ausweitung getreten. Damit sind zugleich wichtige bildungstheoretische Aspekte aufgegeben worden, die die Bildungsarbeit des Gymnasiums bestimmen. Hinter der Vereinbarung steht ein Verständnis von Bildung, das als technokratisch zu bezeichnen ist, indem Bildung auf punktuelle Leistungsmerkmale reduziert wird, die über beliebig abrufbare Gegenstände erreicht und in einem Punktsystem verrechnet werden können.

Vorrang schulformspezifischer Didaktiken

In der Diskussion um die Gesamtschule wird der Zuschnitt der didaktischen Fragestellungen auf die Schulstufen hin als gegeben angesetzt. Diese Setzung ist deshalb so leicht möglich, weil die entsprechenden didaktischen Aussagen für die einzelnen Schulformen mit Einschluß der jeweiligen fachdidaktischen

Profilierungen weithin fehlen. Dieses Defizit ist aber nicht eine Folge davon, daß solche Aussagen nicht möglich sind. Die fraglose Geltung des gegliederten Schulwesens in den letzten Jahrzehnten hat vielmehr bewirkt, daß die schulformbezogene Bildungsarbeit in den einzelnen Unterrichtsfächern von Hauptschule, Realschule und Gymnasium als selbstverständlich angesehen wurde. Die Frage einer spezifischen schulformbezogenen Didaktik ist nur am Rande thematisiert worden. Sie war zumeist zusammen mit den fachdidaktischen Profilen der Unterrichtsfächer in den Richtlinien, Lehrplänen, Schulbüchern und didaktischen Analysen der einzelnen Schulformen indirekt mit angelegt. Mit dem Aufkommen der Gesamtschule stellt sich jedoch die Aufgabe, die entsprechenden schulformspezifischen didaktischen Fragestellungen und die darauf bezogenen fachdidaktischen Profile herauszuarbeiten. Es ist dies zugleich ein Beitrag, der zur Versachlichung der Diskussion um die Gesamtschule und das gegliederte Schulwesen dienen kann. Die Möglichkeiten und Grenzen beider Schulsysteme lassen sich angemessener verdeutlichen, wenn die Bedingungen, Formen und Ansprüche, denen didaktische Ausrichtungen zu genügen haben, im Hinblick auf die Hauptschule, die Realschule und das Gymnasium einerseits und die Gesamtschule und Kollegstufe andererseits hinlänglich verdeutlicht worden sind.

Bei der Gesamtschule werden die fachdidaktischen Fragestellungen der einzelnen Fächer nicht auf die Schulformen Hauptschule, Realschule und Gymnasium bezogen. Anstelle dessen treten die Jahrgangsstufen der 10–16jährigen Schüler (Sekundarstufe I) und der 17–19jährigen Schüler (Sekundarstufe II) in den Vordergrund. Leitender Gesichtspunkt ist dabei, daß es für bestimmte Jahrgangsstufen (Sekundarstufe I und II) altersspezifische Gemeinsamkeiten gibt. Diese Gegebenheiten dürfen und sollen nicht vernachlässigt werden. Es ist jedoch zu fragen, ob der Verschiedenheit der Begabungsstrukturen nicht in stärkerem Maße Rechnung getragen werden muß. Die Schulformen nehmen darauf Bezug. Für die Sekundarstufe II wird dies z. B.

im Blick auf studienbezogene Profilierungen im Bereich der Oberstufe des Gymnasiums und bestimmter Schulformen im beruflichen Schulwesen und auf berufsbezogene Profilierungen in den meisten Schulformen des beruflichen Schulwesens in besonderer Weise verdeutlicht.

Die Mängel stufendidaktischer wie auch darauf bezogener fachdidaktischer Ansätze sind darin zu sehen, daß einerseits die altersspezifischen Bedingungen der jungen Menschen und die generellen Merkmale dieser Altersgruppe über Gebühr die didaktischen Überlegungen bestimmen und daß andererseits die individuellen Möglichkeiten des jungen Menschen zu wenig in den Blickpunkt der didaktischen Überlegungen gerückt werden. Didaktische Fragestellungen müssen jedoch in umfassendere Fragestellungen eingelassen sein. Hierzu zählen neben den individuellen Fähigkeiten die differenzierten Bedingungen der Lebenswirklichkeit mit den unterschiedlichen Ansprüchen und Aufgaben, die der einzelne vorfindet und bewältigen muß, sowie die Objektivationen der Wissenschaftskultur und der technischen Zivilisation, die das politische, gesellschaftliche und berufliche Leben unserer Zeit bestimmen. Diesen hochkomplexen Zusammenhängen muß die Didaktik in ihren Überlegungen und Vorgaben sachgemäß Rechnung tragen[17]. So ist z. B. zu fragen, ob die fachdidaktischen Profilierungen für die einzelnen Schulstufen einseitig von den Fragestellungen des Gymnasiums her erfolgen sollen. Dies führt im Ansatz und in den Konsequenzen zu Verzerrungen, die den Ansprüchen des einzelnen Schülers nicht gerecht werden[18]. Es erweisen sich

17 Beispiele hierfür geben *H. Griesel,* Gibt es eine hauptschulspezifische Mathematik? Grundsätzliche Überlegungen und Beispiele, und *H. Maier,* Zu Inhalt und Methode des Mathematikunterrichtes in der Hauptschule, beide in: WPB 29 (1977) 147–150 und 168–171.

18 *D. Homberger/F. Wippich* (Hg.), Sprachkunde Sekundarstufe I 7. Schuljahr, Frankfurt 1977; dieses Sprachbuch ist hierfür beispielhaft, weil es überwiegend von gymnasialen Anforderungen her konzipiert ist.

deshalb globale und einseitig ausgerichtete Modelle als wenig hilfreich. Dies bezieht sich des weiteren auch auf die Festschreibung allgemeiner Lernzielkataloge und Qualifikationsmerkmale in den inzwischen zahlreich vorliegenden Entwürfen zur Curriculumtheorie, denen heute weitgehend die Unterrichtsarbeit in der Schule untergeordnet wird. Sie sind oftmals zu sehr altersspezifisch ausgerichtet.
Die Bildung des Menschen ist vornehmlich nicht das Ergebnis einer Summation isoliert nebeneinander stehender Lernziele und allgemeiner Qualifikationsmerkmale. Wenn Bildung verstanden wird als Ergebnis eines Entwicklungsganges, der den einzelnen in die Lage versetzt, ,,begründet Entscheidungen zu fällen, sachlich fundiert ja oder nein sagen zu können und eben dadurch jene Selbständigkeit zu erlangen, die die Person auszeichnet", dann müssen andere Gesichtspunkte die didaktischen Überlegungen leiten[19]. Kompetenz, die den Menschen als Person ausweist, kann der einzelne nur gewinnen, wenn er in einem kontinuierlich fortschreitenden Bildungsweg einem überschaubaren und klar gegliederten Kanon sachlicher Anforderungen begegnet, der seiner „Individuallage" gerecht wird. Dieser Kanon konkretisiert sich in den Unterrichtsfächern und in der Art und Weise, wie in diesen Fächern die Unterrichtsinhalte angeboten werden[20]. Dies bedeutet, daß der Bezug zum System der Wissenschaftsbereiche (Natur-, Geistes-, Sozialwissenschaften) und die Auswahl aus dem fachlichen Spektrum der einzelnen Wissenschaften, die theoretische Durchdringung der einzelnen Gegenstandsbereiche, der Praxisbezug, die Abstraktionshöhe, die Erfassung und Umsetzung der Sachstrukturen in den einzelnen fachspezifischen Themenbereichen sowie die Methodenreflexion in den einzelnen Fächern jeweils unter-

---

19 *E. E. Geissler,* Grundfragen didaktischen Handelns, in: Bildung aktuell (1978) 9, 213–217 (a) – insgesamt *Geissler* 1977 40–87
20 Vgl. hierzu die unter Ziffer 1.21 vorgelegten Befunde der Begabungsforschung und der Humangenetik.

schiedlich in Erscheinung treten. Die Hauptschule, die Realschule, das Gymnasium und das berufliche Schulwesen bilden den institutionellen Rahmen für die unterschiedliche Präsentation der Unterrichtsangebote sowie ihre spezifische didaktische Aufbereitung im Kanon der Unterrichtsfächer dieser Schulformen. Eine didaktische Ausrichtung des Unterrichts auf Schulstufen reicht hierfür nicht aus.

3.4 KONTINUITÄT DES GYMNASIALEN BILDUNGSWEGES

Die Überlegungen zur Aufgabe des Gymnasiums und zu den Gegenständen gymnasialer Bildungsarbeit bedürfen der ergänzenden Weiterführung in Richtung schulpädagogischer Fragestellungen, welche die Kontinuität des gymnasialen Bildungsweges verdeutlichen. Dieser Bildungsweg ist gekennzeichnet durch die langjährige Ausrichtung des Unterrichts von der Unterstufe über die Mittelstufe bis zur Oberstufe, die Kontinuität des Lernens bei relativer Konstanz der schulischen und außerschulischen Bedingungen, die weitgehend feststehenden Lerngruppen der Klassen bzw. Kurse, die damit gegebene Beständigkeit der sozialen Beziehungen und die Ausrichtung auf ein bestimmtes Ziel (Hochschulreife). Dies hat zur Folge, daß der Bildungsprozeß zugleich ein Weg des kontinuierlichen Reifens ist[1].

---

1 Die in diesem Abschnitt unter dem Gesichtspunkt der Kontinuität des gymnasialen Bildungsweges erörterten Fragen müssen zugleich im Rahmen der Befunde der Jugendpsychologie und der Pädagogischen Psychologie gesehen werden. Dieser Zusammenhang ist sehr umfassend und detailliert in den beiden von *Strunz* herausgegebenen Sammelbän-

Anspruch der Fächer des Gymnasiums mit dem Ziel der Freisetzung durch Bildung

Wissenschaftspropädeutisch ausgerichtete Bildungswege erstrecken sich im Schulwesen über einen größeren Zeitraum im Vergleich zu den anderen Bildungswegen. Der Grund dafür ist darin zu sehen, daß die Hinführung zu wissenschaftlichen Studien die Einübung einer ganzen Reihe von Formalfähigkeiten und den Aufbau kognitiver Strukturen einschließt, die nur in länger verlaufenden Unterrichtsgängen vermittelt werden können. Hierzu zählen sprachliches Differenzierungsvermögen im Zusammenhang ausgeprägter mutter- und fremdsprachlicher Fähigkeiten, Abstraktions- und Transferfähigkeiten aufgrund mathematisch-naturwissenschaftlicher und logischer Erkenntnisverfahren sowie Verständnis für die Funktionalität von Ordnungs- und Systematisierungsprozessen als Folge historischen und gesellschaftswissenschaftlichen Fachwissens. Alles dies ist Gegenstand des Unterrichts im Gymnasium, verstanden als Vorbereitung auf wissenschaftliche Studien.

In den Fächern des Gymnasiums und der Art ihrer Präsentation ist ein Sachanspruch beschlossen, der sicherstellt, daß diese kognitiven Strukturen kontinuierlich aufgebaut werden. Dies setzt voraus, daß dieser Sachanspruch über Jahre hinweg den Unterricht bestimmt. Die Arbeit in der Unter-, Mittel- und Oberstufe des Gymnasiums kann daher nicht gegeneinander abgeschottet werden; sie steht vielmehr in einem sachlichen Zusammenhang, der nicht beliebig unterbrochen werden kann,

---

den dargelegt worden. Beide Bände sind für die hier anstehenden Fragen wichtig. *K. Strunz* (Hg.), Pädagogische Psychologie für Höhere Schulen, München/Basel 1967[4] und ders. (Hg.), Pädagogisch-psychologische Praxis an Höheren Schulen. Förderung und Entstörung der geistigen und sittlichen Bildsamkeit unserer Zehn- bis Zwanzigjährigen. Mit zahlreichen Fallbeschreibungen, München/Basel 1963 wie dies bei der Gliederung des Bildungswesens nach Schulstufen der Fall ist, bei der altersspezifische Gesichtspunkte im Vordergrund stehen. Im Rahmen einer Untersuchung des Voraussagewertes der Zeugnisnoten im Gymnasium hat dies *Weingardt* bestätigt, als er „bei der Berechnung der *multiplen Korrelationen* zwischen den Noten in den einzelnen Unterrichtsfächern von 0 I und den Noten in den drei Fächern mit schriftlichen Arbeiten in VI" feststellte, „daß von den Noten dieser Fächergruppe in VI mit erheblicher Wahrscheinlichkeit auf die Noten in allen wissenschaftlichen Fächern in 0 I geschlossen werden kann"[2]. Der festumrissene Kanon gymnasialer Unterrichtsbereiche, der von der Unterstufe bis zur Mittelstufe reicht und nur in der Oberstufe gewisse Modifikationen enthält, stellt so gesehen eine curriculare Einheit dar. Der Anspruch dieser Fächer liegt in der Kontinuität des Fachunterrichtes, der über Jahre hinweg den Schüler herausfordert und damit zugleich fördert. Hierbei geht es weniger um eine irgendwie geartete Disziplinierung des Denkens und Handelns, obwohl diese auch nicht gering geachtet werden sollte; nur läßt sich diese auch mit beliebig anderen Gegenständen erreichen. Der Anspruch dieser Fächer ist in dem hohen Grad an Freisetzung und Verfremdung beschlossen, mit dem der Schüler konfrontiert wird[3]. Die Gegenstände und Themenbereiche all dieser Fächer verlangen

---

2 *E. Weingardt,* Korrelation und Voraussagewert der Zeugnisnoten bei Gymnasiasten (Erziehung und Psychologie Heft 31), München/Basel 1964 76 – Des weiteren hat *Maatz* bei der Untersuchung von 2200 Zeugnissen der Klassen 7–10 festgestellt, daß es hinsichtlich der Schulleistungen sogenannte Bankbildungen gibt. Dies zeigt sich z. B. im Bereich der sprachlichen und mathematischen Leistungen. Daran wird deutlich, daß Schüler in einer bestimmten Weise geistig strukturiert sind und die diesem Zuschnitt entsprechend geforderte Leistung erbringen können. *H. Maatz,* Leistungen in Sprachen und Mathematik auf der gymnasialen Oberstufe. Eine Untersuchung über mögliche Zusammenhänge anhand von Zeugniszensuren, in: DHS 28 (1975) 94–96

3. *Hegel* Werke 1961 3, 240 ff.

vom Schüler, sich ganz auf sie einzustellen: er muß sich teils von sich selbst distanzieren und damit relativieren.

In diesem Zusammenhang haben neben anderem die Fremdsprachen ihre besondere Aufgabe. Das Absehen von der Muttersprache bedeutet für den jungen Menschen, daß er die gewohnte sprachliche Orientierung in seiner Welt durch neue Formen des Erfassens und Verstehens von Zusammenhängen ergänzt. Mit der Fremdsprache lernt er, diese Welt anders zu sehen. Zugleich erfährt er andere Strukturen des Denkens und der sprachlichen Darstellung. Dies hat eine Ausweitung der eigenen Erlebnisfähigkeit und des Erfahrungshorizontes zur Folge. Mit dem Zugriff durch die Fremdsprache wird die Vielfalt und Differenziertheit von Lebensphänomenen verdeutlicht, die in ihrer Gesamtheit die eine Welt ausmachen, in der der Mensch lebt. Hierin ist vor allem der anthropologisch bedeutsame Aspekt des Fremdsprachenunterrichtes, wie ihn das Gymnasium versteht, zu sehen. In dem Zusammenspiel der Fremdsprachen mit den anderen Fächern wird ein Prozeß der Freisetzung und Verfremdung eingeleitet, der ein spezifisches Merkmal gymnasialer Bildungsarbeit ist[4].

In dem Prozeß der Freisetzung und Verfremdung ist zugleich die politische Komponente des Verständnisses von Bildung mit angelegt, die die Gestaltung des Unterrichts und die konkrete Arbeit im Gymnasium bestimmt. Autonomie, in der sich u. a. die Bildung des Menschen konkretisiert, kann die Person nur gewinnen, wenn der Mensch gelernt hat, sich aus gegebenen Verflechtungen und Verbindlichkeiten mit Gründen freizusetzen. Mit Gründen freisetzen heißt aber nicht, in die Unverbindlichkeit einer l'art pour l'art entfliehen. Es bedeutet vielmehr, aus der Position eines gegründeten Selbstverständnisses heraus Abstand zu gewinnen, um weitere Entwicklungen zu überschauen, neue Ansätze zu entdecken, andere Dimensionen ein-

4 *H. P. Bahrdt*, Die alten Sprachen im heutigen Gymnasium – Status-Symbol oder Bildungsgut? in: NS 19 (1979) 273–287; hier wird die Bedeutung der alten Sprachen im Blick auf unsere Zeit herausgestellt.

zubringen, Fehlentscheidungen zu erkennen und zu korrigieren. Die Fähigkeit, diese Freisetzung ständig neu zu leisten, ist nicht allein in den Erfordernissen der Gesellschaft begründet, denen die Schule entsprechen soll. Sie gründet vornehmlich in einem Selbstbewußtsein, das sich von kulturellen und politischen Gehalten und Normen her begreift, die selbst wiederum auf anthropologische Dimensionen ausgerichtet, nicht aber allein gesellschaftlichen Erfordernissen verpflichtet sind[5].

Die Kontinuität der Bildungsarbeit über Jahre hinweg stellt so gesehen für den jungen Menschen ein Angebot dar. Damit ist gesagt, daß der Unterricht im Gymnasium in den verschiedenen Altersstufen in jeweils differenzierter Weise zu geistiger Aktivität und zur Begegnung mit den Bildungsgütern anregt. Dieser Prozeß der Vergegenwärtigung ist jedoch nicht auf die Schule beschränkt. Wichtig ist vielmehr, daß diese Anregungen in das außerschulische Leben hineinwirken. Hierzu zählen u. a. die Freude am Lesen, die weiterführende Erarbeitung von Spezialliteratur, das Experimentieren im Bereich von Naturwissenschaft und Technik, die Aktivitäten in musischen und sportlichen Bereichen, die Übernahme politischer und sozialer Aufgaben. Mit dem Gymnasium besitzt die Gesellschaft eine Institution, die insbesondere für jene jungen Menschen offen ist, die für Anregungen und Einblicke aufgeschlossen sind. Es sind dies zugleich Menschen, die bereit sind, in den verschiedenen Altersstufen sich mit Problemen auseinanderzusetzen und sich den darin enthaltenen geistigen und moralischen Fragen zu stellen. Die Hinführung zu dieser Art geistigen Arbeitens verlangt eine

---

5 *W. Flitner* 1961 – *Lichtenstein* 1965 – *W. Flitner* 1965 – *H.-J. Heydorn,* Zum Bildungsproblem in der gegenwärtigen Situation, in: ders., Zum Bildungsbegriff der Gegenwart (Kritische Beiträge zur Bildungstheorie), Frankfurt 1967 5–63 – *W. Hofmann,* Universität, Ideologie, Gesellschaft. Beiträge zur Wissenschaftssoziologie, Frankfurt 1968 – *Priesemann* 1976 – *H. Giesecke,* Aufklärung und Subjektivität. Zur Kritik der gegenwärtigen Reformpädagogik, in: ders. (Hg.), Ist die bürgerliche Erziehung am Ende? München 1977 163–175

über Jahre hinwegreichende anspruchsvolle Begegnung mit Bildungsgütern, in denen diese Fragen Gegenstand sind. In der langjährigen Bildungsarbeit vollziehen sich somit Prozesse, die zugleich der formativen Phase der jugendlichen Entwicklung entsprechen. Das Wissen, das in diesen Jahren vermittelt wird, ist nicht vorrangig auf spätere Verwendungssituationen bezogen. Der Anspruch, der in diesen Fächern zum Tragen kommt, stellt in erster Linie eine Herausforderung an den Willen und die Fähigkeiten des einzelnen dar. Der einzelne erfährt dies alles in einem Freiraum, den die Gesellschaft mit dem Gymnasium als Institution für ihn bereithält. Der Bildungsweg durch das Gymnasium ist daher ein Weg, den nicht alle Jugendlichen gehen können. Die Verbesserung der Bildungschancen und viele sozialpolitische Maßnahmen der letzten Jahre haben bewirkt, daß dieser Weg nicht zugleich ein Instrument der sozialen Auslese ist. Mit der angemessenen Förderung aller jungen Menschen sind somit die Voraussetzungen geschaffen worden, die sicherstellen, daß auch in Zukunft im Rahmen der Arbeits- und Leistungsmöglichkeiten anderer Bevölkerungsgruppen die Eliten vorhanden sind, welche die Gesellschaft benötigt, um den stetig steigenden politischen und sozialen Verpflichtungen gerecht zu werden, die ihr aufgetragen sind[6].

Aufgaben des Gymnasiums als einer Jugendschule

Den anspruchsvollen Bedingungen gymnasialer Bildungsarbeit kann jedoch nur mit Erfolg entsprochen werden, wenn sich das Gymnasium, vor allem im Bereich der Unter- und Mittelstufe

---

6 „Man kann Massenbildung gutheißen, unter der Voraussetzung, daß sie von einer ebenso intensiven Bemühung um Elitenbildung begleitet ist ... Für keine Staatsform sind Eliten unentbehrlicher als für die Demokratie. Das Bewußtsein von diesem Sachverhalt scheint der deutschen Demokratie noch weitgehend zu fehlen.“ *E. R. Curtius*, Deutscher Geist in Gefahr, Stuttgart/Berlin 1932 76 f.

als eine Jugendschule versteht. In diesem Zusammenhang muß jedoch kritisch angemerkt werden, daß das Gymnasium in den letzten Jahren etwas von jener erzieherischen Atmosphäre verloren hat, die das Gymnasium auch als eine Jugendschule kennzeichnen sollte. Der Unterricht in der Unter- und Mittelstufe ist im Gefolge neuer curriculumtheoretischer Vorgaben zu sehr auf abstrakte Zielsetzungen hin orientiert worden. Lernzielbestimmungen und Unterrichtssequenzen nehmen oft zu wenig Bezug auf die geistig-seelische Verfassung des jungen Menschen in diesem Alter[7]. Es bleiben wenig Zeit und Muße für Freiräume, in denen der Sachanspruch des Unterrichts im Blick auf die geistig-seelische Situation des jungen Menschen relativiert wird[8]. Hier ist an Arbeitsgemeinschaften zu denken, in denen nicht allein spezielle Sachthemen des Gymnasialunterrichts im Vordergrund stehen. Es sollte verstärkt auch die Gelegenheit zu praktischen und handwerklichen Arbeitsmöglichkeiten angeboten werden (z. B. Fotozirkel, Funkgruppen, Radio- und TV-Bastelkurse, Kurse für Automotoren und Autoreparaturen). Ebenso wichtig sind Theater-, Spiel- und Musiziergruppen wie auch sportliche Trainingsgemeinschaften.

Alle diese Arbeitsgemeinschaften sind soweit möglich bereits in der Unterstufe, vor allem aber in der Mittelstufe anzubieten. Gerade in der Entwicklungsphase der 14- bis 16jährigen Schüler können diese Arbeitsgemeinschaften dem jungen Menschen sehr hilfreich sein. Das handwerkliche Herstellen von Dingen bereitet ihnen Freude. Das Erfolgserlebnis eines gelungenen Werkstückes motiviert auch zu Leistungen in den schulischen Unterrichtsfächern. Hier zeigen sich neue Aufgabenfelder und Arbeitsmöglichkeiten für den Schüler, denen die Schule verstärkt Beachtung schenken sollte. Die im folgenden zitierten kritischen Bemerkungen zum Unterrichtsstil und zur Gewichtung der Unterrichtsgegenstände im amerikanischen Schulwe-

---

7 *J. Flügge,* Rehabilitierung der Sinnlichkeit, in: ders. 1979 64–79

8 *W. Steffens,* Aspekte der körperlichen und seelischen Entwicklung Jugendlicher, in: DHS 30 (1977) 496–499 und 31 (1978) 460–464

sen gelten in etwa auch für die schulische Wirklichkeit in unserem Lande. „Unser nationales Problem ist die Tendenz, in zunehmendem Maß das alleinige Augenmerk auf die Förderung eines Leistungstyps gerichtet zu haben, der nicht nur praktisch auswertbar, sondern der auch noch meßbar und aktionsorientiert ist. Andere Arten menschlicher Leistung sind vorhanden, besonders jene, die Charakter und Innenleben, Phantasiewelt und menschliche Empfindungsfähigkeit betreffen. Sie könnten, wenn es erforderlich werden sollte, auch gemessen werden, um den derzeit alleinigen Nachdruck auf akademische Leistung wirksam zu bekämpfen. Auch sie brauchen Förderung. Man kann sie durch geringe Betonung der rein akademischen Seite der Ausbildung und durch die größere Betonung des einzigartigen Stils einzelner Bildungsstätten unterstützen, welche diese anderen menschlichen Qualitäten am nachhaltigsten beeinflussen."[9]

Das Angebot von Arbeitsgemeinschaften vorgenannter Art ist zugleich ein Beitrag zur Humanisierung der Schule im Sinne einer individuellen Förderung des Menschen. Der junge Mensch gewinnt auf diese Weise neue Erfahrungen über sich selbst. Er erkennt Fähigkeiten, Neigungen, Fertigkeiten und Interessen, die ihm zuvor nicht so bewußt waren und die ihn dazu ermuntern, eventuell einen Beruf anzustreben, der nicht auf dem Wege über das Abitur erreichbar ist. Für die Schulatmosphäre sind des weiteren diese Arbeitsgemeinschaften äußerst förderlich. Sie stärken die Kameradschaft und das Zusammengehörigkeitsgefühl zwischen den einzelnen Schülergruppen. Der Schüler erhält darüber hinaus im Bereich der Schule selbst die Möglichkeit, sich fachlichen Anforderungen, die nicht in die traditionellen Schulfächer eingebunden sind, zu stellen und sich ihnen gegenüber zu bewähren. Auf diese Weise erfährt der Schüler die Schule nicht allein aus dem Blickfeld von Schulfächern, Lernzielen, Klassenarbeiten und Zeugnisnoten. Schule

---

9 *McClelland* 1967 89

ist dann mehr als ein organisierter Lehr- und Lernbetrieb[10]. Sie ist zugleich für den Schüler ein Lebensraum, der dem einzelnen eine Fülle an Erkenntnissen und Erfahrungen eröffnet[11]. Die Schule führt auf diese Weise den jungen Menschen zur Kreativität, zum Einfallsreichtum und zur Freude an spielerischem und freiem Handeln und Gestalten. Die Entwicklung dieser Fähigkeit wird angesichts der zunehmenden Normierung vieler beruflicher, aber auch privater Bereiche immer dringlicher[12]. So gesehen ist die Schule ein geistig-kulturelles Zentrum, das vielfältige individuelle Gestaltungsmöglichkeiten bereithält. Die Arbeit in den vorgenannten Bereichen und die Bestätigung, die hier erfahren wird, führen letztlich zu einer stärkeren Aufgeschlossenheit gegenüber den Aufgaben und Ansprüchen des Unterrichts in den einzelnen traditionellen Schulfächern. Es werden Motivationen freigesetzt, die der Arbeit in den Unterrichtsfächern zugute kommen. Hier sollte das öffentliche Schulwesen und vor allem auch das Gymnasium in viel größerem Rahmen die Erfahrungen der Waldorfschule nutzen, die in ihrer Schul- und Unterrichtskonzeption alle vorgenannten Aspekte zusammenbindet.

Indem das Gymnasium in der Unter- und Mittelstufe bei der Gestaltung des Schullebens die Aufgaben einer Jugendschule berücksichtigt und sich auf die geistig-seelische Situation des

---

10. *I. Mies-Suermann,* Leistungsversagen bei Gymnasiasten, in: ZfP 23 (1977) 543–550

11 Damit ist nicht gesagt, daß die Schule den jungen Menschen total vereinnahmen soll. Es muß für den einzelnen Schüler immer die Möglichkeit gegeben sein, außerhalb der Schule einen Freiraum für die Wahrnehmung eigener Interessen und Aktivitäten zu haben.

12 *Opaschowski* fordert daher zu Recht die Entwicklung einer Freizeitpädagogik, *H. W. Opaschowski,* Freizeitpädagogik in der Schule. Aktives Lernen durch animative Didaktik, Heilbrunn 1977. – Vgl. ferner den Aufweis der vielen pädagogischen Möglichkeiten des Schullebens bei *K. H. Brokerhoff,* Cityschule, Gymnasium und technisierte Welt, Hannover 1964

jungen Menschen einstellt, wird zugleich im Rahmen des gegliederten Schulwesens den Intentionen der Stufenschule entsprochen, die ihre Bildungsarbeit vornehmlich auf die Gemeinsamkeiten und Bedürfnisse bestimmter Altersstufen und die ihnen entsprechenden altersspezifischen Formen jugendlichen Verhaltens abstellt. Es zeigt sich somit, daß die Gliederung nach Schulformen der Schulstufengliederung überlegen ist; denn es wird nicht allein auf die Ansprüche und Bedürfnisse bestimmter Altersstufen eingegangen, sondern es werden vor allem auch die spezifischen Begabungsstrukturen sachentsprechend gefördert. Das Eingehen auf die geistig-seelische Situation des jungen Menschen und in Verbindung damit die Entdeckung und Ausgestaltung von Freiräumen zielen nicht darauf, den Sachanspruch des Gymnasiums zu unterlaufen. Es geht vielmehr darum, die Bildungsbereitschaft des jungen Menschen zu stützen und zu fördern und damit das Gymnasium auch als eine Jugendschule zu strukturieren[13]. Dazu ist es aber notwendig, daß die geistig-seelische Situation des jungen Menschen ernst genommen und zugleich in den Sachanspruch des Gymnasiums hereingenommen wird[14]. Die Freiräume stellen so gesehen eine Herausforderung für den Lehrer als Erzieher dar. Hier hat er die Möglichkeit, vor dem Hintergrund seiner Fachkompetenz erzieherisch zu wirken und den jungen Menschen in der Konfrontation mit der Sache in den Prozeß der Freisetzung und Verfremdung hineinzunehmen, der für die Bildungsaufgabe des Gymnasiums im Sinne der Hinführung zur Wissenschaftspropädeutik kennzeichnend ist[15].

---

13 *U. Schmidt,* Aufgabe und Funktion der gymnasialen Mittelstufe, in: DHS 32 (1979) 64–72

14 *R. Affemann,* Möglichkeiten und Grenzen der Erziehung im Gymnasium, in: DHS 32 (1979) 148–153

15 *E. v. d. Lieth,* Der Erziehungsauftrag des Gymnasiums heute, in: DHS 31 (1978) 301–305 (a)

Altersgemäßheit und Zielsetzungen des Unterrichts in der Unter-, Mittel- und Oberstufe

Die pädagogischen Möglichkeiten des Gymnasiums, die ganz entscheidend in der Kontinuität des langjährigen Bildungsweges von der Unterstufe bis zur Oberstufe ihren Grund haben, sind vornehmlich darin zu sehen, daß dieser Prozeß der Freisetzung und Entfremdung in den einzelnen Altersstufen in unterschiedlicher Weise akzentuiert wird. Während es in der Unterstufe stärker die Elemente der unmittelbaren Anschauung und der kindlichen Erlebnisfähigkeit sind, treten in der Mittelstufe die Sachzusammenhänge der konkret erfahrenen und erfahrbaren Welt deutlicher hervor. Diese Ansätze sind jedoch nicht Selbstzweck. Sie dienen vielmehr dazu, den Erlebnis- und Erfahrungshorizont des Schülers in jene Bewußtseinsebenen auszuweiten, die seiner Begabungsstruktur entsprechen. Die Differenzierung des gymnasialen Bildungsweges in die Unter-, Mittel- und Oberstufe ist deshalb Ausdruck einer altersspezifischen Akzentuierung des gymnasialen Bildungsangebotes. Der Bildungsprozeß vollzieht sich in aufsteigenden konzentrischen Kreisen. Hierzu zählen die mehrfachen Durchgänge durch bestimmte Lernbereiche (z. B. in der Geschichte) oder der Rückgriff auf bestimmte Gegenstandsbereiche unter neuen sachlichen und methodischen Gesichtspunkten (z. B. in den Naturwissenschaften oder in der sprachlichen Analyse literarischer Texte). Auf jeder neuen Ebene wird ein höherer Grad an Differenzierung und theoretischer Durchdringung erreicht, der selbst wiederum bezogen ist auf die altersspezifischen Lernmöglichkeiten und Reflexionsstufen.

Dieser gymnasialpädagogisch wichtige Zusammenhang ist in den letzten Jahren zunehmend auseinandergerissen worden. Die reformierte Oberstufe hat hierzu den Ausschlag gegeben.

Die Differenzierung in Leistungskurs- und Grundkursfächer hat zur Folge, daß die Schüler in den Leistungsfächern exakt und ausgiebig arbeiten, während in den Grundkursfächern diese Arbeitshaltungen weniger ausgeprägt sind. Die Schwerpunkte des Arbeitens setzt der Schüler weitgehend nach eigenem Ermessen, wobei er sich verständlicherweise nach den für ihn günstigsten Punktwerten richtet. Das Gymnasium ist aber zugleich verpflichtet, einen hinlänglich breiten Kanon an Grundwissen zu vermitteln, damit die Studierfähigkeit gesichert ist. Dies führt nun dazu, daß vor allem in der Mittelstufe (hier besonders in den Klassen 9 und 10) der Schüler verpflichtet ist, in allen Fächern intensiv zu arbeiten, um eine hinlängliche Breite an Grundwissen zu erreichen. Die Mittelstufe übernimmt damit teils Aufgaben der Oberstufe, die für diese Vermittlung weitgehend ausfällt. Dies führt in vielen Fällen zu einer Überfrachtung des Lehrangebotes und zu einer Überforderung der Schüler, weil die Kontinuität eines Anspruches aufgegeben worden ist, der sich über die einzelnen Jahrgangsstufen hinweg unter Berücksichtigung der altersgemäßen Arbeitshaltungen und des jeweils spezifischen Grades der Belastbarkeit erstreckt. Die Unterrichtsgegenstände der Unter- und Mittelstufe sind vornehmlich von ihrem allgemeinbildenden Gehalt her als elementare Exempla zu sehen, in denen Inhalte und Formen des geistigen Arbeitens und Erkennens vergegenwärtigt werden und die auf der Oberstufe zu umfassenden Einsichten führen. Von der Unterstufe bis zur Oberstufe vollzieht sich ein Prozeß zunehmender Differenzierung des schulischen Arbeitens, der den Schüler dahin führt, ausgehend von einer elementaren und exemplarischen Vergegenwärtigung der einzelnen Fachbereiche zu vertiefter Einsicht in deren strukturelle Beschaffenheit sowie den Zusammenhang dieser Fachbereiche untereinander zu gelangen. Die wissenschaftspropädeutischen Aufgaben des Gymnasiums verlangen diese Form anspruchsvollen schulischen Arbeitens auf allen Stufen. Die Verkennung und Aufhebung dieses Zusammenhanges mit der Folge einer Überfrachtung des Mittelstufenunterrichtes führt daher zu Ungleichgewichten und schränkt die pädagogischen Möglichkeiten der Unter- und Mittelstufe des Gymnasiums als einer Jugendschule erheblich ein. Diese Schwierigkeiten haben ihren Grund aber nicht in der strukturellen Verfassung des Gymnasiums, sondern in Reformmaßnahmen, die dem Gymnasium von außen politisch vorgegeben worden sind.

Eine Korrektur der ungleichen Gewichtung der Sachanforderungen ist dringend geboten, damit der schulpädagogisch notwendigen Akzentuierung der Bildungsarbeit auf den einzelnen Stufen des Gymnasiums Rechnung getragen wird. Die gymnasiale Bildungsarbeit ist dadurch gekennzeichnet, daß in einem langjährigen und kontinuierlich sich vollziehenden Bildungsprozeß Erkenntnisverfahren, Reflexionsformen und Sachkenntnisse aufgebaut und in ihrer wechselseitigen Abhängigkeit deutlich gemacht werden. Dahinter steht ein Verständnis von Bildung, daß die einzelnen Erkenntnisschritte nicht als isolierte Fakten sieht, die beliebig zusammengestellt werden können. Unter anthropologischen Aspekten zielt der gymnasiale Bildungsweg auf die Ganzheit der Person, indem er die spezifischen Fähigkeiten, Neigungen und Interessen des einzelnen zu einer Einheit zusammenführt.
Die voraufgegangenen Erörterungen sind zugleich ein Ansatzpunkt, die Zielsetzungen aufzuzeigen, die der kontinuierlichen Bildungsarbeit des Gymnasiums zugrunde liegen. Es sind dies u. a.:
- die Vermittlung von Tradition und Fortschritt,
- die wissenschaftspropädeutische Ausrichtung auf die Bedingungen und Erfordernisse unserer Wissenschaftskultur,
- die Vorbereitung auf die spezifischen Anforderungen einer Familien-, Freizeit- und Konsumwelt,
- die Einführung in die Formen einer an geistig-kulturellen Inhalten orientierten Lebensführung (Muße als otium),
- die Hinführung zu politischer Entscheidungs- und Handlungskompetenz.

Für die Bildungsarbeit des Gymnasiums ergibt sich daraus: Die Ausrichtung und Strukturierung des Bildungsangebotes und die Organisation des Unterrichtes erfolgen von der Bildungsaufgabe (Allgemeinbildung und Wissenschaftspropädeutik) und vom Bildungsabschluß (Hochschulreife) her[16]. Das bedeutet im einzelnen:

- Ausrichtung auf bestimmte fachliche Inhalte,
- Kontinuität der fachlichen Anforderungen,
- Auswahl und Darbietung der Sachgegenstände unter Berücksichtigung des Zusammenhanges von Altersgemäßheit und individueller Voraussetzung,
- Einblick in die Strukturzusammenhänge von Gegenstandsbereichen,
- Einübung in die Verfahren des systematischen Vorgehens und des Gliederns von Erkenntnisprozessen,
- Entwicklung der Fähigkeit, auf verschiedenen Ebenen (Meta-Bereich) reflektieren und argumentieren zu können,
- Aufgreifen gleicher Sachbereiche unter Beachtung der verschiedenen Ebenen altersspezifischen Reflexions- und Differenzierungsvermögens in der Unter-, Mittel- und Oberstufe,
- Aufgeschlossenheit für geistige Erfahrungen und kreative Ansätze.

Mit diesen Anforderungen werden bestimmte Begabungsstrukturen mit ihren jeweiligen Profilierungen bei jenen Jugendlichen erfaßt, deren Denken, Handeln und Entscheiden vornehmlich von theoriegeleiteten Erkenntnisinteressen und Handlungsimpulsen her bestimmt ist. Die Erörterung zur Erbe-Umwelt-Verschränkung, zum Zusammenhang von Begabungsstruktur und individuellem Bildungsweg und zu den Bildungsintentionen des neuen Mittelstandes haben die Rahmenbedin-

---

16 *W. Flitner,* Hochschulreife und Gymnasium. Vom Sinn wissenschaftlicher Studien und von der Aufgabe der gymnasialen Oberstufe (Anthropologie und Erziehung Band 1), Heilberg 1959 – *H. Scheuerl,* Probleme der Hochschulreife. Bericht über die Verhandlungen zwischen Beauftragten der Ständigen Konferenz der Kultusminister und der Westdeutschen Rektorenkonferenz 1958–1960. „Tutzinger Gespräch I–III", Heidelberg 1962 – *K. Seidelmann,* Das Prinzip des „Übergreifens" in der gymnasialen Bildung, in: ZfP 9 (1963) 131–147

gungen verdeutlicht, von denen her die Fähigkeiten, Neigungen und Interessen dieser Jugendlichen ihre jeweils spezifische Ausprägung erfahren. Des weiteren haben die voraufgehenden Bemerkungen zum Sachanspruch der Fächer, zur Altersgemäßheit der Unterrichtsangebote in der Unter-, Mittel- und Oberstufe und zu den Aufgaben einer Jugendschule von verschiedenen Ansätzen her die Kontinuität des gymnasialen Bildungsweges mit seinem Anspruch und seinen Aufgaben herausgestellt. In diesem Rahmen ist es daher eine falsche Alternative, wenn nach einem Bildungskonzept der gymnasialen Mittelstufe gefragt wird. Dieses ist in der Tat nicht aufzuzeigen, weil die Mittelstufe des Gymnasiums keine eigenständige Schule oder Schulstufe ist. Fragestellungen dieser Art stellen den Versuch dar, für das Schulstufenkonzept nachträglich pädagogische und didaktische Begründungen zu liefern[17].

Zusammenhang von Bildungsaufgabe und institutioneller Verfassung

Die Entsprechung von Bildungsaufgabe und institutioneller Verfassung ist keine Zufälligkeit, die sich aufgrund irgendwelcher organisatorischer Gegebenheiten ergibt. Sie ist vielmehr Ausdruck jenes Tatbestandes, daß sich Inhalte ihre spezifische Form schaffen. Die Bildungsaufgabe des Gymnasiums konkretisiert sich in den Ansprüchen, die in der Institution „Gymnasium" gestellt werden. Im Zusammenhang mit Reformbestrebungen, die auf eine Aufhebung des Gymnasiums als eigenständige Schulform zielen, wird oftmals darauf verwiesen, daß lediglich auf die Schulform „Gymnasium", nicht aber auf das „Gymnasiale" als Bildungsaufgabe verzichtet werden soll. Das „Gymnasiale" ist bei diesen Überlegungen vielmehr Bestandteil

17 *H. Ritscher,* Die Mittelstufe des Gymnasiums – abseits der Reform? in: WPB 29 (1977) 247–251

des gesamten Bildungswesens. Hier liegt jedoch ein folgenschwerer Irrtum vor. Die Bildungsaufgabe des Gymnasiums schwebt nicht – pointiert gesagt – wie der hegelsche Weltgeist über dem Bildungswesen und kann nicht je nach Bedarf „beschworen" werden. Mit dieser Unverbindlichkeit der Bildungsaufgabe ist zugleich auch die Verfügbarkeit über das, was mit Bildung gemeint ist, ausgesprochen und damit dem Diktat gesellschaftlicher Erfordernisse ausgeliefert, gleich wie diese von bestimmten Interessen her definiert werden.

Das Gymnasium nimmt wie jede andere gesellschaftliche Institution an den Wandlungsprozessen teil, die als Herausforderungen der Gegenwart an diese Institution herangetragen werden. Die Ausweitung der Gymnasialtypen, die Entwicklung des gymnasialen Lehrplans und die Reform der Oberstufe in den letzten Jahrzehnten sind ein Beispiel dieses Wandels[18]. Für die Zukunft des Gymnasiums ist aber entscheidend, ob in allen Wandlungsprozessen der Institution die Bildungsaufgabe, wie sie oben skizziert wurde, durchgehalten wird. Die gegenwärtige institutionelle Verfassung des Gymnasiums bietet dafür die Möglichkeit. Es sind dies für die Schüler teils optimale Bedingungen des Lernens und Reifens. Wenn dem aber so ist, dann sollte das Bestreben der Gesellschaft dahin gehen, diese Lernbedingungen allen Jugendlichen in einer Weise anzubieten, die ihren spezifischen Fähigkeiten, Neigungen und Interessen entspricht. Hierbei werden die speziellen Rahmenbedingungen auf die jeweiligen Erfordernisse dieser Jugendlichen umgeschrieben werden müssen. Die oben vorgetragenen Bemerkungen über die eigenständige Bildungsaufgabe der Hauptschule und

---

18 So reichen z. B. die Versuche zur Neugestaltung der Oberstufe des Gymnasiums bis in die 50er Jahre zurück, *H. Fleckenstein,* Höhere Schulen auf neuen Wegen. Ein Bericht über neue Unterrichts- und Organisationsformen an Höheren Schulen in der Bundesrepublik, Frankfurt 1958. – Einen Überblick gibt *R. Ulshöfer,* Die Geschichte des Gymnasiums seit 1945. Dokumente und Kommentare (Neugestaltung des Bildungswesens), Heidelberg 1967. – Ferner die Hinweise in Ziffer 3.1

der Realschule nehmen darauf Bezug. Unverständlich wäre es daher, unter Berufung auf weniger optimale Lernbedingungen anderer Jugendlicher, die speziellen vorgenannten Möglichkeiten des Gymnasiums abzubauen[19]. Dies wäre mehr als eine schulorganisatorische Vereinheitlichung bzw. Vereinfachung. Es würde damit von der Gesellschaft zugleich das Angebot ausgeschlagen, welches das Gymnasium eben dieser Gesellschaft als Antwort auf die gegenwärtigen und künftigen Herausforderungen aus der Sicht seiner Geschichte und der Verpflichtung gegenüber seiner Bildungsaufgabe zu machen bereit ist.

3.5 AUFGABE UND STRUKTUR DES GYMNASIALEN BILDUNGSABSCHLUSSES (ABITUR)

Konsequenzen aus der Erhöhung der Abiturientenzahlen

Die Einführung der Reifeprüfung (Abitur) in Preußen um 1788 und den übrigen deutschen Ländern zu Beginn des 19. Jahrhunderts diente der Regelung des Zugangs zu den Hochschulen und der damit verbundenen Aufnahme wissenschaftlicher Studien[1]. Das Gymnasium bzw. vergleichbare Institutionen wie die Gelehrtenschüle, Akademien u. a. m. waren der Ort, an dem das

---

19 *H. Bauer,* Das Ende des deutschen Gymnasiums, Freiburg 1973 – In diesem Zusammenhang muß darauf verwiesen werden, daß seit 1960, dem Erscheinen der Monographie von *Blättner* über das Gymnasium, kaum noch umfassende Arbeiten über das Gymnasium erschienen sind. Das Gymnasium ist aus dem erziehungswissenschaftlichen und fachwissenschaftlichen Interessenspektrum ausgeblendet worden. *F. Blättner,* Das Gymnasium. Aufgaben der höheren Schule in Geschichte und Gegenwart, Heidelberg 1960

1 Das Curricular über die Reifeprüfung wurde 1812 neu geordnet und 1834 revidiert mit der Maßgabe, daß die Reifeprüfung die einzig gültige Zulassungsbedingung zum Universitätsstudium darstellte; *Huber* 1957 1, 108 u. 284.

Abitur erworben werden konnte. Im Laufe der Entwicklung hat sich zunächst die Zahl der Gymnasialtypen erweitert (z. B. Realgymnasium, Oberrealschule, Frauenoberschule), an denen das Abitur abgelegt werden konnte. Später wurden auch im beruflichen Schulwesen vergleichbare Möglichkeiten geschaffen. Insgesamt zeigt sich, daß an einer Vielzahl von Institutionen die Möglichkeit besteht, das Abitur zu erlangen. Mit der Verbreiterung der Zugangswege hat sich auch die Zahl der Abiturienten – vor allem in den beiden letzten Jahrzehnten – erheblich vergrößert. Diese Entwicklung ist zugleich Ausdruck bildungspolitischer und sozialpolitischer Zielsetzungen, die darauf angelegt waren, weiterführende Bildungsmöglichkeiten (d. h. Besuch des Gymnasiums und anschließendes Studium) für breitere Bevölkerungsschichten durchzusetzen. So hat sich an den Wissenschaftlichen Hochschulen der Anteil der Arbeiterkinder an der Zahl der Studienanfänger in Nordrhein-Westfalen von 7% in 1960 auf 17,5% im Wintersemester 1978/79 erhöht. Aufschlußreich sind hierbei die Zahlen im Ruhrgebiet. Von der Gesamtzahl der Studienanfänger an den Wissenschaftlichen Hochschulen des Ruhrgebietes entfielen auf die Gruppe der Angestellten 43,3% (auf Landesebene 39,9%), der Arbeiter 22,5% (17,5%), der Beamten 15,7% (19,6%) und der Selbständigen 15,4% (20,2%). Hier zeigt sich, daß der seit Anfang der 60er Jahre systematisch betriebene Ausbau der Wissenschaftlichen Hochschulen im Ruhrgebiet aufgrund des ortsnahen Bildungsangebotes zu einer erheblichen Verbesserung der Bildungschancen von Arbeiterkindern geführt hat[2].

Ziel der Einführung der Reifeprüfung im Jahr 1788 war es zunächst einmal, den Zustrom zur Universität einzugrenzen. Hierbei galt es insbesondere jene abzuhalten, die über die nötigen allgemeinen und sachlichen Voraussetzungen nicht verfügten (ausreichende Kenntnisse in den Fächern des Triviums und Quadriviums). Des weiteren war aber auch an diejenigen

2 Die Zahlen stellte der Minister für Wissenschaft und Forschung des Landes Nordrhein-Westfalen zur Verfügung.

gedacht, die zu jung waren, um akademische Studien erfolgreich aufzunehmen, und schließlich sollten diejenigen vom Studium ferngehalten werden, die die nötige sittliche und charakterliche Reife nicht hatten und damit den Herausforderungen des studentischen Lebens nicht gewachsen waren. Wenn auch die vorgenannten Absichten vielfältig umgangen worden sind, so ist doch festzuhalten, daß langfristig eine allgemeingültige Ordnung des Zugangs zu den Hochschulen erreicht worden ist. Im Laufe der Zeit hat sich ergeben, daß ca. 5% eines Altersjahrganges ein Hochschulstudium aufnahmen. Mit dieser Zugangsquote erwies sich das Hochschulstudium und der vorgelagerte Besuch des Gymnasiums als ein elitärer Bildungsweg. Die ca. 5% eines Altersjahrganges, die auf diese Weise gefördert wurden, stellten in etwa das Reservoir für die höheren wissenschaftlichen, technischen, wirtschaftlichen und sonstigen Kader dar, die die Gesellschaft benötigte. Ein Aufstieg von Kindern aus unteren Sozialschichten war jederzeit möglich und ist auch geschehen. Doch waren diese Aufstiege zahlenmäßig gering. Die Klassenzugehörigkeit des einzelnen entschied in vielen Fällen, ob weiterführende Bildungswege beschritten oder nicht beschritten werden konnten.

Die Öffnung der Zugangswege zum Hochschulstudium hat in den letzten Jahrzehnten dazu geführt, daß sich die Abiturientenzahlen absolut erhöht haben und der Weg zum Hochschulstudium den Charakter eines standespolitischen Privilegs weitgehend verloren hat. Waren es 1960 6% eines gemittelten Altersjahrganges der 19- bis unter 21jährigen, die ein Studium an einer Wissenschaftlichen Hochschule aufnahmen, so ist dieser Wert 1970 auf 11,2% angewachsen und erreichte im Jahre 1977 die Höhe von 11,8%. Im Bildungsgesamtplan der Bund-Länder-Kommission (1973 verabschiedet) wurde für 1980 der Wert von 14,0 bis 15,5% prognostiziert. Die Gesamtzahl der Studierenden an Wissenschaftlichen Hochschulen betrug 1960 ca. 238 400 Studierende, 1970 ca. 410 000 Studierende und 1977 ca. 676 400 Studierende. Für 1985 prognostizierte die Bund-Länder-Kommission 632 200 bis 696 200 Studierende. Im Jahre

1977 waren somit die Zielprojektionen der Bund-Länder-Kommission von 1985 bereits erreicht[3]. Eine Folge dieses Anstiegs der Zahl der Studierenden ist die zunehmende Verknappung der Studienplätze an den Hochschulen, die sich im Numerus clausus einer Reihe von Fächern niederschlägt.
Mit dem Anstieg der Zahl der Studierenden weit über die 10%-Grenze eines Altersjahrganges hinaus ändert sich zugleich auch der Bewertungsmaßstab akademischer Studien. Die soziale, berufliche und fachliche Sonderstellung, die in früheren Zeiten dem Hochschulabsolventen zukam, wird zunehmend abgebaut. Ebenfalls verändern sich Art und Umfang der akademischen Lehre; eine stärkere Verschulung greift um sich[4]. Nur so ist es den Hochschulen möglich, den Problemen einer Massenausbildung gerecht zu werden. Zugleich mehren sich die Klagen, daß die Studierenden nicht ausreichend genug vorbereitet ihre Studien antreten. Der Grund hierfür wird in Reformmaßnahmen auf der Oberstufe des Gymnasiums gesehen[5]. Vor allem wird gefordert, daß die Vorbereitung auf das Studium so breit angelegt sein muß, daß in einer größeren Zahl von Fächern das Studium aufgenommen werden kann. Dies ist nötig, da – als Folge des Numerus clausus – das gewünschte Fach nicht immer belegt werden kann. Der Kreis der Bewerber um einen Studienplatz an einer Wissenschaftlichen Hochschule wird neben den

---

3 *Bundesminister für Bildung und Wissenschaft* 1978 125 und 107 – *Bund-Länder-Kommission* 1973 2, 67 und 69 – Die Zahlen des Bundesministers schließen ausländische Studierende ein, die der Bund-Länder-Kommission nicht. Der Anteil der Ausländer beträgt ca. 6% der Studierenden (Bund-Länder-Kommission 2, 21 f.).

4 *W. Rüegg*, Hat die klassische Universität noch eine Zukunft? in: DUZ (1979) 7, 202–205 – Ferner die kritischen Hinweise bei *A. Morkel*, Die Universität auf dem Weg zur Fachhochschule? in: DUZ (1979) 17, 546–549

5 *Westdeutsche Rektorenkonferenz,* Thesen der 122. Konferenz vom 5. 7. 77 „Zur Weiterentwicklung der neugestalteten gymnasialen Oberstufe"

Abiturienten noch durch sogenannte Quereinsteiger erweitert. Es sind dies die Absolventen der Fachhochschulen, die nach Abschluß ihres dreijährigen Studienganges das Studium in ihrem Fach an der Universität fortsetzen bzw. ein neues Studienfach belegen.

Zusammenhang von Studienbefähigung und Studienberechtigung

Zur Lösung dieser Fragen hat man u. a. vorgeschlagen, die mit dem Abitur gegebene Kopplung von Studienbefähigung und Studienberechtigung aufzugeben und Hochschuleingangsprüfungen auf der Basis von Testverfahren und persönlichen Interviews einzuführen. Das Urteil des Bundesverfassungsgerichts vom 18. 7. 1972 hat angesichts der Diskrepanz zwischen der Zahl der Studienbewerber und der Zahl der Studienplätze einige grundsätzliche Leitlinien aufgestellt[6]. Danach ist der Staat gehalten, den Ausbau der Hochschulen entsprechend der Nachfrage nach Studienplätzen unter Berücksichtigung des erkennbaren Bedarfs voranzutreiben. Die Hochschulen werden verpflichtet, alle vorhandenen Kapazitäten erschöpfend zu nutzen. Schließlich werden die Kultusverwaltungen aufgefordert, einheitliche Maßstäbe aufzustellen, nach denen die Bewerber im Falle von Zulassungsbeschränkungen ausgewählt werden können. Die Normenbücher und das Punktsystem in der Oberstufe sind eine Antwort der Kultusverwaltung auf die Auflage des Bundesverfassungsgerichtes.

Überblickt man die Fülle der Probleme und die vorgeschlagenen Lösungsmöglichkeiten, die hier nur angedeutet und nicht vollständig genannt worden sind, so zeigt sich, daß in allen Überlegungen eine Reihe von Unwägbarkeiten enthalten sind. So ist zu fragen, ob es möglich ist, den zu erwartenden Bedarf

---

6 Zu diesem gesamten Fragenkomplex vgl. *H. Bahro/W. Becker/J. Hitpass*, Abschied vom Abitur? Hochschulzugang zwischen Numerus clausus und Massenbildung, Zürich 1974.

genau vorauszubestimmen. Weiterhin ist es zweifelhaft, ob eine Standardisierung der Schulleistungen in der Sache (Normenbücher) und in der Bewertung (Punktsystem) angesichts der äußerst unterschiedlichen Bedingungen an den einzelnen Schulen möglich ist. Ebenso scheint es höchst fragwürdig, im Blick auf spezielle Studienfächer, die Abiturnoten bestimmter Fächer verstärkt zu gewichten. Es stellt sich auch die Frage, inwieweit die Hochschulen personell und sächlich in der Lage sind, Hochschuleingangsprüfungen so durchzuführen, daß die Fähigkeiten und Kenntnisse des einzelnen zureichend erkannt werden. Dieser Fragenkatalog läßt sich beliebig fortsetzen. Insgesamt zeigt sich, daß der Übergang in die Universität mit einer Fülle von Problemen belastet ist, für die punktuelle Hilfen (z. B. Notzuschlag bei den Lehrverpflichtungen der Hochschullehrer, gezielter Ausbau in Engpaßbereichen) möglich sind. Durchgreifende Hilfe ist jedoch nur von langfristig angelegten Lösungen her zu erwarten. In diesem Zusammenhang ist es notwendig, sich die Struktur und Funktion des gymnasialen Bildungsabschlusses (Abitur) noch einmal zu vergegenwärtigen. Eine Rückbesinnung darauf kann helfen, mögliche Lösungsansätze aufzuzeigen.

Die Frage nach der Struktur des gymnasialen Bildungsabschlusses und seine Bedeutung für das Studium an der Universität muß vorweg losgelöst werden von jeglichen sozialpolitisch diskreditierenden Vorgaben. Die beiden letzten Jahrzehnte haben gezeigt, daß das Gymnasium von allen Schichten der Bevölkerung angenommen worden ist. Kein Weg kann hinter diesen Tatbestand heute zurückführen. Doch ist damit nicht gesagt, daß das Gymnasium seinen Bildungsanspruch, der sich im Laufe seiner Geschichte immer wieder neu ausgeprägt hat, aufgeben muß. Die Vorbereitung auf wissenschaftliche Studien und auf entsprechende berufliche Ausbildungswege erfolgt im Durchgang durch einen Kanon allgemeinbildender Gehalte. Unter wissenschaftspropädeutischen Gesichtspunkten kennzeichnet der Begriff Allgemeinbildung in bezug auf die spezifische gymnasiale Bildungsarbeit einen Bereich von Fähigkeiten und Kenntnissen, die den einzelnen in die Lage versetzen, sich auf die speziellen Bedingungen eines wissenschaftlichen Studiums einlassen zu können. Die von der Sache her notwendige Differenzierung und Spezialisierung in den jeweiligen Fachdisziplinen der Universität kann in den Lehrveranstaltungen der Universität nur dann zureichend angegangen werden, wenn die Studierenden von der Schule her auf die generellen Bedingungen wissenschaftlichen Arbeitens vorbereitet sind. Damit ist u. a. die Fähigkeit angesprochen:

- komplexe Zusammenhänge zu organisieren, zu strukturieren und angemessen zu artikulieren,
- Einzelfragen in übergreifende Zusammenhänge einzuordnen,
- sich geistigen Anforderungen zu stellen,
- theoretische Einsichten nachzuvollziehen,
- über einen langen Zeitraum sich intensiv in eine Sache einzuarbeiten,
- in mehreren Dimensionen und Bereichen zugleich reflektieren und argumentieren zu können,
- sich sprachlich angemessen und differenziert in Wort und Schrift zu äußern.

Der Unterricht in der Muttersprache, den Fremdsprachen, der Geschichte, der Mathematik und den Naturwissenschaften stellt Voraussetzungen bereit, die jene vorgenannten Fähigkeiten fördern[7]. Dies ist nur möglich, wenn diese Fächer für alle

---

7 *Deutscher Philologenverband* (Hg.), Die Oberstufe der Gymnasien als Übergang zur Hochschule, Stuttgart 1964 – *C.-H. Evers/J. Rau* (Hg.), Oberstufenreform und Gesamthochschule, Frankfurt 1970 – *H. v. Hentig,* Magier oder Magister? Über die Einheit der Wissenschaft im Verständigungsprozeß, Stuttgart 1972 – *Philologen-Verband Nordrhein-Westfalen* (Hg.), Reform der gymnasialen Oberstufe, Rahmenbedingungen – Strukturentwicklung – Bestandsanalyse 2 Bde. (25. Gemener Kongreß), Bottrop 1973 – *Philologen-Verband Nordrhein-Westfalen* (Hg.) 1976 – *G. Roellecke/P. Kickartz,* Entwurf eines Landesgesetzes über den Hochschulzugang (Recht und Staat in Geschichte und Gegenwart Heft 450/51), Tübingen 1976

Schüler verbindlich sind und auf einem sachentsprechenden Niveau unterrichtet werden. Im Blick auf das Studium haben diese Fächer eine bestimmte Auslesefunktion[8]. In dem Maße, wie dieser Anspruch durchgehalten wird, ist zugleich die Studierfähigkeit gegeben. Die Probleme der Hochschulen haben heute weitgehend darin ihren Grund, daß dieser Anspruch von sozialpolitischen Erwägungen her unterlaufen wird. Nach diesen Überlegungen erfüllt das Scheitern im Gymnasium den Tatbestand einer sozialen Diskriminierung. Es ist jedoch zu fragen, ob die sozialen Kosten, die durch eine Verlagerung dieser Auswahlkriterien in das spätere Lebensalter entstehen, nicht größer sind. Dabei werden nämlich Lebenspläne des einzelnen zerstört, weil Hoffnungen geweckt worden sind, die sich nicht erfüllen. Die gegenwärtige Situation zeigt, daß die Hochschulen einen Massenandrang bewältigen müssen, dem sie von ihrem Auftrag her sachgemäß nicht gerecht werden können. Zugleich hat der Kenntnis- und Leistungsstand in den wissenschaftspropädeutisch wichtigen allgemeinbildenden Fachbereichen zum Teil merklich nachgelassen. Die Folge ist ein Absinken des Niveaus der wissenschaftlichen Lehre. Angesichts dieser Gegebenheiten ist es in menschlicher und sozialer Hinsicht fairer, dem jungen Menschen in einem früheren Lebensalter durch die Schaffung von Übergangsmöglichkeiten aus dem Gymnasium in andere Ausbildungswege neue Alternativen der Berufswahl zu eröffnen.

Das Gymnasium kann langfristig seinen wissenschaftspropädeutischen Aufgaben nur entsprechen, wenn die politische Öffentlichkeit sich dazu bereit findet, die Bedingungen einer anspruchsvollen sachlichen Arbeit im Gymnasium sicherzustellen und unangemessene sozialpolitische Forderungen, die diesen Anspruch unterlaufen, in ihre Grenzen zu verweisen. Es sind in dieser Schrift verschiedentlich Hinweise darauf gegeben worden, daß mit dieser Forderung nicht eine soziale Abschottung des Gymnasiums gemeint ist und daß durch eine Reihe

---

8 *Schelsky* hat auf diesen Tatbestand bereits 1961 verwiesen, *Schelsky* 1961 74–92.

flankierender Maßnahmen in sozialpolitisch verantwortlicher Weise Chancengleichheit erreicht werden kann. Unter diesen Voraussetzungen ist es politisch zu verantworten, die Bildungsarbeit des Gymnasiums auf seine wissenschaftspropädeutischen Zielsetzungen hin zu strukturieren. Die Kontinuität der Sachansprüche in den vorgenannten Fächern bilden dann für das anschließende Studium die beste Voraussetzung. Unter gymnasialdidaktischem Aspekt sind diese Fächer deshalb in besonderer Weise geeignet, weil in ihnen nicht Fragestellungen fachimmanenter Spezialisierungen und Differenzierungen zum Tragen kommen. Diesen Fächern kommt im Rahmen des Unterrichts am Gymnasium ein hohes Maß an Exemplarität zu. In einem philosophischen Sinne haben sie daher den Charakter allgemeinbildender Fächer, weil sie Grundlagen bereitstellen für das Studium und das Arbeiten in den Spezialdisziplinen der Universität. Davon unberührt sind lediglich jene fachspezifischen Vorkenntnisse und Praktika, die vor Beginn des Studiums bzw. in den ersten Semestern nachgewiesen werden müssen (z. B. die alten Sprachen in der Theologie, Buchhaltungstechniken in Wirtschaftswissenschaften).
Mit diesen allgemeinen Studienvorgaben, für die das Abitur der Ausweis ist, eröffnet sich dem Studierenden die Möglichkeit, das Studienfach zu belegen, für das er Neigungen und Interesse hat. Der Abiturient verfügt somit über eine Mobilität, die es ihm erlaubt, sich sachgemäß auf die neuen Impulse des Studiums einzustellen. Hierbei zeigt sich nun, und dies liegt im Sinne des hier vertretenen Ansatzes, daß für die erfolgreiche Aufnahme und Beendigung eines Studiums nicht die Noten des Reifezeugnisses ausschlaggebend sind. Abiturnoten und Examensnoten korrelieren nicht signifikant[9]. Der Prognosewert des Abiturs hinsichtlich der Examensnote am Ende des Studiums ist nicht

9 *E. Weingardt,* Der Voraussagewert des Reifezeugnisses für wissenschaftliche Prüfungen, in: *Roth* 1969 433–447; die von *Weingardt* vorge-

sonderlich ausgeprägt. Dies bestätigt eine Untersuchung von *Ferber*, die aufzeigt, daß die Hochschulabsolventen mit einem Qualitätsexamen nur zu einem geringen Teil durch Hochbegabtenförderungswerke gefördert worden sind. Das liegt daran, wie *Ferber* annimmt, daß die Förderungswerke von einem bürgerlich-elitären und personalen Bildungsbegriff und die Hochschulen dagegen von einem gesellschaftsbezogenen funktionalen Bildungsbegriff ausgehen. Die Förderungswerke sollten daher die hochschuleigenen Auslesekriterien stärker beachten und deshalb den Aufnahmezeitpunkt für Bewerber um die Hochbegabtenförderung zunehmend in das Studium verlagern. Diese Konsequenz *Ferbers* widerspricht nicht den hier vorgetragenen Bemerkungen über die Studierfähigkeit. Die Studierfähigkeit wird hier in einem anthropologischen Sinne verstanden und ist daher personbezogen. Sie sagt etwas über die allgemeine Studierfähigkeit, nicht aber über die fachspezifischen Befähigungen aus, die sich erst in der Begegnung mit den entsprechenden fachlichen Anforderungen zeigen. Die Sachanforderungen des Fachstudiums setzen spezifische Leistungen

---

schlagenen schulreformatorischen Maßnahmen haben sich heute weitgehend als überholt erwiesen. – *Trost* hat bei einer Durchsicht vornehmlich amerikanischer Untersuchungen festgestellt, daß die Schulleistungen gewisse Rückschlüsse auf den Studienerfolg zulassen (105), eine merkliche Verbesserung der Vorhersage ist unter Einbeziehung entsprechender Tests möglich (111 ff.). *G. Trost*, Vorhersage des Studienerfolgs, Braunschweig 1975 – Ferner *U. Lissmann*, Gewichtung von Abiturnoten und Studienerfolg (Theorie und Praxis der Schulpsychologie Band XXI), Weinheim/Basel 1977 – *Orlik* hat versucht, die unterschiedliche Strenge der Zensurengebung, die einen Leistungsvergleich über die Fächer hinweg erschwert, durch die Konstruktion eines Reifezeugnisprofils auszugleichen. Dabei werden „standardisierte Zensurenvalenzen“ gefunden, die einen Leistungsvergleich erlauben, das Profil eines jeden Reifezeugnisses verdeutlichen und schließlich auch die Zuordnung der Profile zu bestimmten Studienrichtungen ermöglichen. *P. Orlik*, Kritische Untersuchungen zur Begabtenförderung (Psychologica universalis Band 11), Meisenheim am Glan 1967 und Fähigkeiten frei, die als solche in der Tat für die Förderungswerke Auswahlkriterien abgeben sollten[10].

Problematik der Verrechnung von Abiturnoten

Geht man nun, wie dies heute weitgehend geschieht, von den Abiturnoten als Ausgangsbasis für die Berechnung von Durchschnittsnoten aus, die dann als Kriterien für die Zuweisung von Studienplätzen in Numerus-clausus-Fächern dienen sollen, unterliegt man einem folgenschweren Irrtum. Man unterstellt nämlich, daß die Abiturnoten Meßwerte sind, die auf einer metrischen Skala aufgetragen werden können und damit objektiven Maßstäben entsprechen. Auf diese Weise werden an die Notengebung Gesichtspunkte herangetragen, denen im Alltag der Schule weitgehend nicht entsprochen werden kann.
Das Beurteilungsverfahren in der Schule ist eingelassen in ein differenziertes Gefüge von Bedingungen, die als solche nicht objektivierbar sind. Hierzu zählen u. a. die je besonderen Arbeitsweisen und Arbeitshaltungen des Schülers, das Arbeitsklima innerhalb einer bestimmten Schülergruppe, die Arbeitsformen des Lehrers und seine Fähigkeit, die Schüler anzusprechen, die besonderen Arbeitsbedingungen an einer Schule, der soziokulturelle Hintergrund, in den eine Schule eingelassen ist, und vieles andere mehr. Damit soll nicht einer Willkür und dem Zufall das Wort geredet werden. Es soll lediglich verdeutlicht werden, daß die hier vorliegenden Zusammenhänge sehr komplex sind und daß mit generalisierenden Notenskalen diese Komplexität nicht zureichend erfaßt werden kann. Wissenschaftstheoretisch bedeutet dies, daß die vorgenannten Bedin-

---

10 *C. v. Ferber/F. Gebhardt/W. Pöhler,* Begabtenförderung oder Elitebildung? Ergebnisse einer soziologischen Erhebung der Forschungsstelle des Sozialwissenschaftlichen Seminars der Technischen Universität Hannover über die Förderungsprogramme der Hochbegabtenförderungswerke. Göttingen 1970

gungen schulischer Arbeit vom Boden der empirischen Sozialforschung her nur sehr schwer mit angemessenen Forschungsverfahren zu erfassen (d. h. operationalisierbar) sind. Hier bedarf es sehr differenzierter Verfahren, deren Ergebnisse nur unter Angabe der jeweiligen Randbedingungen mit Vorbehalt zu verallgemeinern sind. Die Schule als ein soziales System, in das eine Fülle unterschiedlicher Gruppenbeziehungen eingelassen sind, die selbst wieder soziale Felder vielfacher Prägung darstellen, entzieht sich generalisierenden Vereinfachungen. Schule als eine pädagogische Institution benötigt aber diesen Freiraum, in dem sich die sozialen Beziehungen und eine diesen Beziehungen entsprechende Atmosphäre entfalten kann. In dem Maße, wie diese Gegebenheiten erfüllt sind, liegen zugleich die erzieherischen Möglichkeiten einer Schule als einer pädagogischen Institution beschlossen[11].

Der Weg des Schülers durch das Gymnasium bis hin zur Reifeprüfung ist somit nicht den Kriterien der Optimierung von Lernprozessen zu unterstellen. Die Arbeit im Gymnasium kann deshalb auch nicht von zweckrationalen Maßstäben her bestimmt werden, die für formale Organisationen (Behörden, Betriebe u. a. m.) angemessen sind. Der Weg durch das Gymnasium ist die kontinuierliche Auseinandersetzung mit einem Anspruch, der in den einzelnen Unterrichtsfächern in je verschiedener Art und Weise sachlich und didaktisch dem Schüler begegnet. Die Studierfähigkeit, die im Abitur bescheinigt wird, ist dann nicht abhängig von dem Wert der Durchschnittsnote aller Fächer. Sie ist vielmehr das Ergebnis eines kontinuierlichen Entwicklungsganges, der über Jahre hinweg den Schüler an bestimmte Formen des Arbeitens herangeführt, ihn für Weisen des Sammelns geistiger Erfahrungen aufgeschlossen und ihn mit dem Sachanspruch der einzelnen Fächer ständig konfrontiert hat. Dieser Herausforderung muß sich der Schüler

---

11 Vgl. hierzu die oben (262) angeführten Hinweise von *Watzlawick* (1978) zu den zwei Wirklichkeiten.

stellen; sie prägt ihn. Der Abschluß des gymnasialen Bildungsweges, das Abitur, ist die Bestätigung dafür, daß der Schüler diese Herausforderung angenommen und damit zugleich die Studierfähigkeit erworben hat.
Die Noten der Einzelfächer geben dem Schüler Aufschluß über den Stand seines Wissens und Könnens in den einzelnen Fächern. Diese Noten sind kein absoluter Wert, sondern stellen lediglich relative Orientierungshilfen für den Schüler dar. Eine Summation dieser Noten ergibt kein Maß für die Studierfähigkeit. Da die Studierfähigkeit keine Meßgröße ist, kennzeichnet sie statt dessen die geistige Prägung und die individuelle Ausformung eines jungen Menschen, die er in einem langjährigen Bildungsweg erfahren hat[12]. Das Notenspektrum der Einzelfächer ist dabei nicht der entscheidende Maßstab; dieses Spektrum kann von sehr guten bis zu ausreichenden Noten reichen. Die gegenwärtige Praxis, daß nur Schüler mit einem sehr guten Notendurchschnitt z. B. Medizin studieren können, stellt eine Verkehrung dessen dar, was mit Studierfähigkeit gemeint ist. Der erfolgreiche Abschluß des Medizinstudiums und die berufliche Tätigkeit unterliegen anderen Kriterien, die durch gute Abiturzeugnisnoten überhaupt nicht zureichend erfaßt werden. Es werden bei diesem Verfahren fachspezifisch ausgerichtete Motivationen, Neigungen und Interessen überhaupt nicht berücksichtigt. Sehr gute wie auch ausreichende Noten in einigen Fächern des Abiturs sind gleichermaßen Voraussetzungen

12 Auf den Zusammenhang von Schulleistung und Lebensleistung (Bewährung im Beruf) verweist *Rüdin* bei der Untersuchung der späteren beruflichen Stellung von ca. 400 Stipendiaten des Maximilianeums. *E. Rüdin,* Zur Soziologie der Angehörigen des Maximilianeums, in: *H. Gollwitzer* (Hg.), 100 Jahre Maximilianeum 1852–1952. Festschrift, München 1953 167–203 – Dies bestätigt ebenfalls anhand empirischer Daten eine frühere Arbeit von *Lottmann,* wobei die eingestreuten rassistischen Hinweise nicht zwingend sind. *W. Lottmann,* Schulleistung und Lebensleistung ehemaliger Gymnasialabiturienten, in: Zeitschrift für angewandte Psychologie 47 (1934) 173–291

für ein erfolgreiches Medizinstudium, sofern einerseits die fachspezifischen Befähigungen gegeben sind, die im Studium selbst erst in Erscheinung treten, und andererseits die allgemeine Studierfähigkeit vorhanden ist. Die hier vorgetragenen Bemerkungen über die Studierfähigkeit erklären jene oben genannten empirisch gesicherten Ergebnisse, nach denen nur ein geringer Zusammenhang zwischen Abiturnote und Examensnote besteht[13]. Wichtig ist demgegenüber, daß die Studierfähigkeit gegeben ist. Die Richtigkeit dieses Ansatzes ist ebenfalls durch empirische Untersuchungen erhärtet, nach denen nicht die Einzelnoten des Reifezeugnisses, sondern die Studierfähigkeit, die mit dem Bestehen des Abiturs bestätigt wird, für den Studienerfolg entscheidend ist[14]. Die Studierfähigkeit zeigt sich im Bereich schulischer Leistungen, die in einer bestimmten Bandbreite von sehr guten bis ausreichenden Noten liegen. Sie kann zusätzlich noch durch schriftliche Leistungen in standardisierten Tests und schließlich durch Interviews und Kolloquien, die auf Merkmale der Gesamtpersönlichkeit abgestimmt sind, abgesichert werden[15].

---

13 *D. Schmied,* Abiturnoten, Testverfahren und Prognose des Studienerfolgs (Blickpunkt Hochschuldidaktik 39), Hamburg 1976

14 Neben einem bestimmten Grund- und Allgemeinwissen sind es nach *Undeutsch* folgende Aspekte, die die Bildungsarbeit des Gymnasiums bestimmen sollen und für die Studierfähigkeit von Bedeutung sind: Begriffliche Klarheit, Strenge und Schärfe des schlußfolgernden Denkens, Abgewogenheit und Unbestechlichkeit des Urteils, Gründlichkeit des Durchdringens, Sauberkeit des methodischen Vorgehens, Selbständigkeit und geistige Reife, Verantwortlichkeit gegenüber der geistigen Tätigkeit und bei der Formulierung ihrer Ergebnisse. *U. Undeutsch,* Der überforderte Schüler. Notstände im Erziehungs- und Bildungswesen und deren Linderung (Das öffentliche pädagogische Gespräch 4/5), Essen 1958 13 – An empirischen Untersuchungen seien genannt: *J. Hitpass,* Das Studienschicksal des Immatrikulationsjahrgangs 1958 (Wissenschaftstheorie, Wissenschaftspolitik, Wissenschaftsgeschichte Band 8), Gütersloh 1967 – *J. Hitpass/A. Mock,* Die Validität der Reifeprüfung, in: DHS 21 (1968) 10–12 – *G. Trost/H. Bickel,* Studierfähigkeit und Studienerfolg, München 1979

15 *E. Laagland,* Evaluierung eines Auswahlverfahrens für die Ermitt-

Vor dem Hintergrund dieser grundsätzlichen Überlegungen zur Aufgabe und Struktur des gymnasialen Bildungsabschlusses zeigt sich die Problematik des Bewertungsverfahrens, das gegenwärtig in der Oberstufe des Gymnasiums angewandt wird. Das Punktsystem soll ein Höchstmaß an Gerechtigkeit und Gleichwertigkeit in der Notengebung sicherstellen. Die Paradoxie liegt nun darin, daß es statt dessen ein erhebliches Maß an Ungerechtigkeit erzeugt. Die Gleichwertigkeit ist nur eine vordergründige nominale Gleichheit. Das Verfahren verdeckt die von der Sache her gegebene Unvergleichbarkeit der Leistungen in den einzelnen Fächern wie auch zwischen den Fächern und zwischen den Schulen. Die Gründe hierfür sind oben genannt. Das Punktsystem erweckt die Illusion eines objektiv richtigen Meßverfahrens, für das jedoch alle Voraussetzungen fehlen, die in der empirischen Forschung hierfür unabdingbar sind. Die Folge ist, daß die Fächerwahl der Schüler nicht mehr von ihren Leistungen und Interessen her bestimmt wird. Statt dessen werden solche Fächer gewählt, in denen hohe Punktzahlen „leichter" zu erreichen sind, um auf diese Weise einen günstigen Notendurchschnitt auf dem Reifezeugnis zu erhalten.
Mit diesen Feststellungen soll nicht eine Ungleichgewichtigkeit der Fächer unterstellt werden. Es zeigt sich jedoch, daß Leistungskurse in den Sprachen (z. B. Französisch, Latein, Griechisch) und in den exakten Naturwissenschaften (z. B. Physik und Chemie) weniger belegt werden, weil sie als „schwer" gelten und daher weniger geeignet sind, hohe Punktzahlen zu erreichen[16]. Es sind dies aber gerade die Fachbereiche, in denen vornehmlich die Voraussetzungen für die Studierfähigkeit, wie

---

lung der Studierbefähigung. Nacherhebung zur Oberprimanerauswahl der Studienstiftung des Deutschen Volkes, München 1978

16 Auf die besondere Gewichtung der Sprache und Naturwissenschaften im Unterricht des Gymnasiums verweist *A. Mock*, Entwicklung, Korrelation und Faktorenanalyse der Zeugnisnoten von Oberschülern (Phil. Diss.), Köln 1964.

sie hier verstanden wird, grundgelegt werden[17]. Die Entscheidungspraxis der Schüler soll hier nicht kritisiert werden. Sie macht jedoch deutlich, daß mit diesem Bewertungssystem ein anderes Verständnis von Unterricht eingebracht wird. Es geht hierbei um die Konditionierung des einzelnen für bestimmte Verwendungssituationen, die in Form der Studienberechtigung von der Gesellschaft vergeben werden. Dies deckt sich wiederum mit einem Verständnis von Bildung, das als technokratisch zu bezeichnen ist, weil es von den Inhalten absieht und auf Qualifikationen und Lernzielbestimmungen ausgerichtet ist[18]. Der einzelne wird unter diesen Voraussetzungen in einen Legitimationszwang versetzt. Er wird daher bestrebt sein, die für ihn günstigsten Ausgangspositionen im Rahmen der gesellschaftlichen Zuteilungsprozeduren (hier der Zentralen Verteilungsstelle für Studienplätze ZVS) zu erlangen. Normierte Verfahrensregelungen verlangen vom einzelnen die Einpassung seiner individuellen Wünsche in vorgegebene Entscheidungsmuster. Bei einem solchen Vorgehen werden Fragen der Selbstbildung, der Betonung von Neigungsschwerpunkten, der individuellen Strukturierung des Bildungsangebotes zweitrangig[19]. Dies waren aber seit jeher pädagogische Zielsetzungen des Gymnasiums, insbesondere aber der Reform der Oberstufe, um damit ein größeres Maß an individueller Selbstbestimmung im Sinne von Chancengerechtigkeit für alle Schüler sicherzustellen.

Zusammenfassung

Es stellt sich die Frage, wie angesichts dieser Gegebenheiten ein

---

17 *G. Söhngen*, Gründe für die Abwahl der Fremdsprachen, in: DHS 32 (1979) 232–236

18 Vgl. hierzu die kritischen Anmerkungen zu dieser Wandlung des Bildungsverständnisses bei *Nicolin* 1978.

19 *A. Flitner* (Hg.), Der Numerus clausus und seine Folgen. Auswirkun-

für alle Beteiligten gangbarer Weg gefunden werden kann. Hierbei sind drei Gesichtspunkte von Bedeutung. *Zunächst* ist festzuhalten, daß es nicht darum gehen kann, die Offenheit des Gymnasiums für alle Schichten der Bevölkerung einzuschränken. Mit dieser Öffnung ist in den letzten beiden Jahrzehnten ein gesellschaftspolitisches Faktum geschaffen worden, das keinen Rückgang hinter diese Marke erlaubt. Durch flankierende sozialpolitische Maßnahmen ist sicherzustellen, daß jeder befähigte junge Mensch den gymnasialen Bildungsweg erfolgreich abschließen kann. Mit der Ausweitung der Abiturientenzahlen muß aber nicht notwendig ein Abbau der Studierfähigkeit verbunden sein. Beide Aspekte stehen nicht in einem ausschließenden Gegensatz zueinander. Den Gründen hierfür ist im 1. Teil von verschiedenen Ansätzen her nachgegangen worden.

Weiterhin ist anzustreben, daß das Abitur losgelöst von den Noten in den einzelnen Fächern wieder jene allgemeine Studierfähigkeit sicherstellt. Die oben vorgetragenen Überlegungen zur Studierfähigkeit als einer Qualifikation, die zum Studium in allen Fachdisziplinen der Universität berechtigt, sind in diesem Zusammenhang von zentraler Bedeutung. Damit ist gewährleistet, daß der einzelne sich für den Ausbildungsgang im universitären Bereich entscheiden kann, der seinen persönlichen Vorgaben und damit seinen Neigungen, Interessen und Fähigkeiten entspricht. Wenn dies möglich ist, wird zugleich den gesellschaftlichen Ansprüchen weitgehend entsprochen. Staat und Gesellschaft haben durchaus das Recht, vom einzelnen zu fordern, daß er seinen Beitrag zum Allgemeinwohl durch eine angemessene berufliche Tätigkeit leistet. Dies gilt insbesondere für das Hochschulstudium, das von der Allgemeinheit mit erheblichen finanziellen Mitteln getragen wird.

Schließlich ist die Beratung durch die Lehrer von Bedeutung. Die Betonung der allgemeinen Studierfähigkeit und die Ableh-

---

gen auf die Schule, die Schüler, die Bildungspolitik – Analysen und Gegenvorschläge, Stuttgart 1976 nung des Punktsystems in der Oberstufe setzen voraus, daß die Lehrer in verstärktem Maße vor allem in der Oberstufe Beratungsfunktionen wahrnehmen. Dies gilt insbesondere hinsichtlich der Studienabsichten des einzelnen Schülers. Die Lehrer bringen hierfür die besten Voraussetzungen mit. Die Zusammenarbeit mit einem Schüler über mehrere Jahre hinweg in einem oder mehreren Unterrichtsfächern gibt dem Lehrer die Möglichkeit, das Gesamtbild eines Schülers zu erkennen. Hierzu zählen das geistige Leistungsvermögen und die Leistungsbereitschaft, soziale Fähigkeiten sowie emotionale und affektive Verhaltensweisen. Aus alledem entsteht ein Bild des Schülers, das Aufschluß darüber gibt, welche besonderen Fähigkeiten und Möglichkeiten im Blick auf das Studium gegeben sind. Gegenüber dem Punktsystem wird auf diese Weise eine verläßliche Aussage über die allgemeine Studierfähigkeit möglich. Viele Lehrer sind in der Lage, aus der Sicht des Erziehers sachbezogene Aussagen zu machen. Daneben sollten in der Lehrerbildung diese Beratungsaufgaben, die für die erzieherische Atmosphäre einer Schule so wichtig sind, stärker berücksichtigt werden.

3.6 STELLUNG DER OBERSTUFE INNERHALB DES GYMNASIUMS

Vorschläge zur Reform der Oberstufe

Überlegungen zur Aufgabe und Struktur des gymnasialen Bildungsabschlusses stehen in einem sachlichen Bezug zu der Bildungsarbeit des Gymnasiums von der Unterstufe über die Mittelstufe bis hin zur Oberstufe[1]. Anspruch und Umfang der

1 Diesen Zusammenhang betont *P. Geldschläger*, Die Reform der gymnasialen Mittelstufe in Nordrhein-Westfalen, in: *Sebbel* 1976 43–56.

Reifeprüfung (Abitur) erwachsen aus der Kontinuität des gesamten Bildungsweges von der Klasse 5 bis 13. In diesen Rahmen ist auch die Unterrichtsarbeit in der Oberstufe eingelassen. Die Vereinbarung der Kultusminister zur Neugestaltung der gymnasialen Oberstufe in der Sekundarstufe II vom 7. 7. 1972 nimmt darauf Bezug. Aus der Formulierung der Vereinbarung geht aber auch zugleich hervor, daß der gymnasialdidaktisch notwendige Zusammenhang von Unter-, Mittel- und Oberstufe nicht mehr so eindeutig gesehen wird[2]. Die Vereinbarung liefert deshalb auch Reformabsichten eine Begründung, die darauf zielen, die Oberstufe des Gymasiums (als Teil der Sekundarstufe II) institutionell und organisatorisch von der Unter- und Mittelstufe des Gymnasiums (als Teil der Sekundarstufe I) abzutrennen und damit die Einheit des Gymnasiums aufzuheben. In den voraufgehenden Abschnitten ist von verschiedenen Ansätzen her die Notwendigkeit der Einheit des Gymnasiums erörtert worden. Im folgenden sollen nun einige Aspekte aufgezeichnet werden, die auf der Basis dieser Vorüberlegungen für die Arbeit in der Oberstufe im Blick auf die Aufgabe und die Struktur des gymnasialen Bildungsabschlusses wichtig sind. Dabei ergeben sich notwendige Korrekturen am Oberstufenmodell der Vereinbarung der Kultusminister. Die Korrekturen sind jedoch von der Sache her notwendig[3]. Sie decken sich teils mit den Vorschlägen der Westdeutschen Rektorenkonferenz vom 5. 7. 1977; sie nehmen aber auch Bezug auf

---

2 *K. Schmitz,* Zur Konzeption der Oberstufenreform, in: NS 17 (1977) 450–464 – *W. Flößner/A. Schmidt/H. Seeger,* Theorie: Oberstufe. Grundlagen, Bedeutung und Intentionen der neugestalteten gymnasialen Oberstufe in der Sekundarstufe II (Schule: Planung und Organisation), Braunschweig 1977 – *H. Kästner,* Zur Entstehung der Bonner Vereinbarung vom 7. 7. 1972, in: BuE 31 (1978) 496–515 – *H. Holzapfel,* Von der Saarbrücker Rahmenvereinbarung von 1960 zur Bonner Vereinbarung von 1972, in: *Sebbel* 1976 9–29

3 *E.-G. Kölbel,* Zur Reform der Neugestalteten Gymnasialen Oberstufe. Notizen aus der Erprobungsphase einer Versuchsschule, in: WPB 31 (1979) 109–112

Korrekturen, die die Kultusministerkonferenz mit den sog. Lübecker Beschlüssen vom 3. 6. 1977 selbst vorgenommen hat[4]. Die folgenden Überlegungen zur Gestaltung des Unterrichts in der Oberstufe des Gymnasiums entsprechen den leitenden anthropologischen, bildungstheoretischen und wissenschaftspropädeutischen Vorstellungen, die diese Schrift bestimmen. Für die Organisation des Unterrichts und den Anteil der Fächer ergeben sich folgende Konsequenzen:

1. Das in der Vereinbarung festgelegte Sprachlich-literarisch-künstlerische Aufgabenfeld wird in ein Sprachlich-literarisches Aufgabenfeld und ein Künstlerisches Aufgabenfeld aufgegliedert. Beide Aufgabenfelder unterliegen im Blick auf die Studierfähigkeit unterschiedlichen sachlichen Fragestellungen, die im Interesse der inhaltlichen Zielsetzungen beider Aufgabenfelder nicht miteinander verbunden werden sollten. Der Unterricht umfaßt folgende Aufgabenfelder mit den nachstehend genannten Fachbereichen:

Sprachlich-Literarisches Aufgabenfeld
(1) Deutsch
(2) Fremdsprachen (Englisch, Französisch, Latein, Griechisch, Russisch, Spanisch, Niederländisch usw.)

Künstlerisches Aufgabenfeld
(3) Künste (Musik, Kunst)

Gesellschaftswissenschaftliches Aufgabenfeld
(4) Geschichte, Erdkunde, Philosophie, Erziehungswissenschaft, Soziologie, Ökonomie

Mathematisch-naturwissenschaftliches Aufgabenfeld
(5) Mathematik

---

4 Die nachfolgenden Überlegungen decken sich weitgehend mit Vor-

(6) Naturwissenschaft (Physik, Chemie, Biologie, Hauswirtschaftswissenschaft)

Ohne Bindung an ein Aufgabenfeld
(7) Religionslehre
(8) Sport
Die Fächer Deutsch, Fremdsprachen, Mathematik werden mit 4 Wochenstunden und die übrigen Fächer mit 2 Wochenstunden unterrichtet.

2. Der Unterricht muß im Blick auf das Hochschulstudium wissenschaftspropädeutischen Anforderungen genügen. Dieser Anspruch setzt voraus, daß die Fächer der Oberstufe zumindest auf der Mittelstufe des Gymnasiums bereits unterrichtet worden sind. Damit wird zugleich die Kontinuität gymnasialer Bildungsarbeit von der Sache her unterstrichen und die stufenübergreifende Einheit des Gymnasiums vom schulischen Auftrag her bestätigt.

3. Seit den Tutzinger Gesprächen ist für die Oberstufe des Gymnasiums das Problem der Vertiefung des Unterrichts in einzelnen Fächern und der Ausweitung des Unterrichts auf neue Fächer Gegenstand vielfacher Überlegungen und Versuche. Die Möglichkeiten und Schwierigkeiten einer solchen vertikalen und horizontalen Gewichtung des Unterrichts sind gesehen worden.
Bis heute hat diese Frage jedoch keine befriedigende Antwort gefunden. Die Vereinbarung stellt einen weiteren Versuch dar, dieses Problem zu lösen. Auch dieser Vorschlag führt nicht weiter, weil die Möglichkeiten einer vertikalen und horizontalen Schwerpunktbildung zu sehr dem Zufall der Wahlentschei-

---

stellungen zur Oberstufenreform, die von der *Hanns-Seidel-Stiftung* (Hg.), Reform der Oberstufenreform – Wiedergewinnung der allgemeinen Bildung (Schriftenreihe Heft 14), München 1979 vorgelegt worden sind.

dung des Schülers überlassen werden. In struktureller Hinsicht kommt es darauf an, den Gesichtspunkt der vertikalen und horizontalen Schwerpunktbildung und die Erfordernisse bestimmter obligatorischer Vorgaben und fakultativer Wahlmöglichkeiten bestmöglich aufeinander abzustimmen. Dies soll im folgenden versucht werden.

– Der Pflichtbereich umfaßt die Fächer Deutsch, eine Fremdsprache und Mathematik mit je 4 Wochenstunden. Hinzu kommen je ein Fach aus dem Bereich der Künste, der Gesellschaftswissenschaften, der Naturwissenschaften sowie die Religionslehre und Sport mit je 2 Wochenstunden. Der Pflichtbereich weist somit 22 Wochenstunden auf.

– Der Wahlbereich umfaßt die Fremdsprachen, die Künste, die Gesellschaftswissenschaften und die Naturwissenschaften. Aus diesem Bereich müssen entweder drei Fächer mit je 2 Wochenstunden oder eine Fremdsprache mit 4 Wochenstunden und ein weiteres Fach mit 2 Wochenstunden gewählt werden. Der Wahlbereich weist somit 6 Wochenstunden auf.

– Das Leistungsfach kann aus allen vorgenannten 8 Fachbereichen gewählt werden und wird mit 6 Wochenstunden angeboten.

4. Für die Klassen 11 bis 13 ergeben sich folgende Regelungen:

– In 11,1 wählt jeder Schüler aus den oben genannten 8 Fachbereichen je ein Fach. Aus dem jeweiligen Angebot der Schule sind außerdem zwei bzw. drei weitere Fächer nach Wahl des Schülers verpflichtend zu belegen. Jedes Fach wird mit 2 bzw. 4 Wochenstunden angeboten (Grundkurs). Außerdem müssen nach Wahl des Schülers zwei Fremdsprachen oder zwei Naturwissenschaften belegt sein. Werden zwei Fremdsprachen gewählt, so ist zu überlegen, ob die Naturwissenschaft fächerübergreifend angeboten werden kann (d. h. anteilige Berücksichtigung von Physik, Chemie und Biologie). Darüber hinaus ist im Gesellschaftswissenschaftlichen Aufgabenfeld von allen Schülern im Pflichtbereich das Fach Geschichte zu belegen. Wenn ein Schüler als Folge seines bisherigen Bildungsweges erst beim Übergang von der Hauptschule oder der Realschule in die Oberstufe des Gymnasiums eine zweite Fremdsprache belegt, wird diese mit 6 Wochenstunden erteilt. Jeder Schüler hat somit insgesamt 28 Wochenstunden; die letztgenannten Schüler haben 30 Wochenstunden.

– Ab 11,2 sind aus dem Fächerangebot der Schule ein Leistungsfach mit 6 Wochenstunden (Leistungskurs) und 9 bzw. 10 Grundkursfächer bis 13,2 verpflichtend zu belegen. Die Bindungen für 11,1 hinsichtlich der Sprachen, Naturwissenschaften und Geschichte gelten auch für diese Klassen. Es besteht zu Beginn von 12,1 die Möglichkeit der Korrektur bei Irrtumswahl. Jeder Schüler hat somit insgesamt 30 bzw. 32 Wochenstunden. Über diese Pflichtstundenzahl hinaus stehen jedem Schüler noch 2 bzw. 4 Wochenstunden fakultativ zur Verfügung. Diese Stunden können dazu benutzt werden, eine weitere Fremdsprache oder zwei andere Fächer zu belegen.

5. Entgegen der Vereinbarung ist nur ein Leistungskurs vorgesehen. Der Leistungskurs mit seiner erhöhten Stundenzahl soll einen vertieften Einblick in einen wissenschaftlichen Sachzusammenhang vermitteln. Dies setzt einen intensiven und zeitlich aufwendigen Einsatz des Schülers voraus. Das Einarbeiten in die Fragestellungen eines Faches deckt zugleich eine Vielzahl von Verflechtungen zu anderen Fachbereichen auf. In grundlegender und zugleich exemplarischer Weise werden damit Einsichten in die strukturellen Gemeinsamkeiten moderner Fachwissenschaften gewonnen. Dies ist im Blick auf die Studierfähigkeit wissenschaftspropädeutisch von Bedeutung, weil hier über die fachwissenschaftlichen Bezüge hinaus erste Einblicke in wissenschaftstheoretische Zusammenhänge möglich werden. Dies ist ein hoher Anspruch, der an den Leistungskurs herangetragen wird. Einer solch aufwendigen und anspruchsvollen Arbeit kann ein Schüler nur in einem Fach genügen. Da dieses Fach zugleich ein Fach seiner Wahl ist, wird damit dem Gesichtspunkt der Vertiefung und individuellen Neigungsdifferenzierung auf bestmögliche Weise entsprochen. Mit der Streichung eines weiteren Leistungskurses wird darüber hinaus Zeit und Raum geschaffen für die Sicherung eines breiten Kanons

grundlegender Fächer, was insgesamt der Verbesserung der Studierfähigkeit dient.

6. Die Fächer Deutsch, eine Fremdsprache und Mathematik haben aufgrund ihrer Stundenzahl eine Sonderstellung. Sie bilden den Kern der obligatorischen Fächer. Diese Festlegung folgt bildungstheoretischen und wissenschaftspropädeutischen Gesichtspunkten. Für das Studium in allen Fachwissenschaften stellen diese Fächer grundlegende Voraussetzungen bereit. Es sind dies:
- die Fähigkeit des differenzierten Umgangs mit der Muttersprache in Wort und Schrift,
- das Beherrschen mathematischer Erkenntnis- und Formalisierungsverfahren,
- die Fähigkeit des souveränen Umgangs in einer Fremdsprache im Blick auf die fachwissenschaftliche Diskussion.

Des weiteren bieten diese Fächer und das Leistungsfach aufgrund ihrer breiteren inhaltlichen und methodischen Anlage die Möglichkeit, Gemeinsamkeiten zu anderen Fächern sichtbar und damit in wissenschaftstheoretischer Hinsicht den Zusammenhang von Wissenschaft sowie die Komplexität kultureller und geistiger Bezüge in den einzelnen Fach- und Lebensbereichen deutlich zu machen. Schließlich geben diese Fächer aufgrund ihrer Stundenzahl die Gelegenheit, Formen sachentsprechender methodischer Verfahren sowie angemessener mündlicher und schriftlicher Äußerungen zu üben. Dies geschieht zur Zeit zu wenig im Unterricht des Gymnasiums. Für die Techniken wissenschaftlichen Arbeitens sind dies aber unumgängliche Voraussetzungen. Alle vier Fächer stellen so gesehen in inhaltlicher und methodischer Hinsicht erhebliche Ansprüche und tragen damit in grundlegender Weise zur allgemeinen Studierfähigkeit bei.

Ebenso nehmen die Naturwissenschaften und die Geschichte eine Sonderstellung ein. Das fächerübergreifende Angebot der Naturwissenschaften in den Klassen 11 bis 13 (bei der Wahl von zwei Fremdsprachen) soll sicherstellen, daß durch die anteilige Berücksichtigung der Fächer Physik, Chemie und Biologie für alle Schüler eine hinlängliche naturwissenschaftliche Grundbildung gegeben ist. Die Sonderstellung des Faches Geschichte im Gesellschaftswissenschaftlichen Aufgabenfeld ergibt sich aus der Notwendigkeit einer grundlegenden geschichtlichen Bildung des jungen Menschen. Jede Gesellschaft bedarf der Vermittlung ihrer historischen und gegenwärtigen Bezüge. Dies leistet vornehmlich die Geschichte, in der unter nationalen und universalhistorischen Aspekten gleichermaßen die Vergangenheit und die Gegenwart in ihren historischen, kulturellen und sozialen Ausformungen vergegenwärtigt werden. Die anderen Fächer des Gesellschaftswissenschaftlichen Aufgabenfeldes können die Aufgaben des Faches Geschichte nicht übernehmen. Die eigenständigen Fragestellungen dieser Fächer sind vielmehr erst auf der Basis einer zureichenden geschichtlichen Bildung sachgemäß anzugehen.

Die hier vorgelegte Konzeption für die Arbeit in der Oberstufe des Gymnasiums mit insgesamt 30 bzw. 32 Wochenstunden von 11,1 bis 13,2 weist gegenüber der Vereinbarung der Kultusminister eine höhere Stundenzahl auf. Es scheint aber im Blick auf die Kapazitäten der Hochschulen sinnvoller, durch einen anspruchsvollen Unterricht im Gymnasium die Studierfähigkeit sicherzustellen. Dann kann an den Hochschulen zügig studiert werden, und es gehen nicht Semester mit Ergänzungsstudien und -prüfungen über Gegenstände (z. B. Fremdsprachen, Naturwissenschaften) verloren, die im Gymnasium bereits angeboten werden sollten. Die Intensivierung des Unterrichts in der Oberstufe des Gymnasiums wird somit zu einer Verkürzung der Studienzeiten führen und damit zu einer besseren Nutzung der Hochschulkapazitäten. Die hier vorgelegte Konzeption räumt dem Schüler ein zumutbares Maß an Freiheit für eigene Schwerpunktsetzungen ein. Jedoch ist diese Freiheit nicht der Beliebigkeit anheim gegeben, sondern sie ist bezogen auf die Fachbereiche und die dort angebotenen Fächer. Im Rahmen dieses Kanons sind die wissenschaftspropädeutisch grundlegenden Wissenschaften vertreten: die Geistes-, Natur- und Gesellschaftswissenschaften sowie die Künste. Das Konzept stellt gegenüber der Vereinbarung dahingehend eine Verbesserung dar, als hier mit 11,2 (bzw. bei Irrtumswahl mit 12,2) feste Wahlentscheidungen getroffen werden. Die Regularien der Abiturprüfung können in Entsprechung zu dieser Konzeption festgelegt werden. Dies soll hier nicht geschehen.

Abschließend ist festzuhalten: Mit dem hier vorgegebenen Konzept

- wird eine Verschränkung des Fächerangebotes erreicht,
- zugleich wird der berechtigten Forderung nach einer Individualisierung des Unterrichtsangebotes Rechnung getragen,
- des weiteren wird ein sachlich zureichend abgewogenes Verhältnis von Freiheit und Verbindlichkeit gewährt und
- schließlich sind die wissenschaftspropädeutisch notwendigen Grundanforderungen und die individuell gewünschten Spezialisierungen zu einem angemessenen Ausgleich gebracht.

Mit dieser Konzeption ist die Studierfähigkeit besser als bisher sichergestellt. Jeder Schüler hat verbindlich die Muttersprache, Fremdsprachen, die Geschichte, die Mathematik und die Naturwissenschaften zu belegen. Damit ist eine solide Vorbereitung auf alle Studienrichtungen an Wissenschaftlichen Hochschulen gewährleistet. Schwerpunkte, die der Schüler zusätzlich wählt, entsprechen seinen persönlichen Neigungen, Interessen und Fähigkeiten; sie stellen aber nicht eine Vorentscheidung für bestimmte Studienrichtungen dar.

Allgemeine und berufliche Angebote in der Oberstufe

Die in den Vorschlägen zur Reform der Oberstufe aufgewiesenen differenzierten und sachlich ausgewiesenen Bildungsangebote bieten zugleich die Möglichkeit, jene Wege zu berücksichtigen, die es erlauben, nach dem Abitur anspruchsvolle berufliche Ausbildungen aufzunehmen, die kein Hochschulstudium voraussetzen bzw. erst zu einem späteren Zeitpunkt nach Abschluß der Ausbildung und nachfolgender beruflicher Tätigkeit ein Hochschulstudium anschließen lassen. Der hohe Stand allgemeiner Kenntnisse, der mit der Studierfähigkeit erreicht ist, bildet die angemessene Voraussetzung für die berufliche Ausbildung (z. B. Banken, Wirtschaftsverwaltung, Behörden)[5]. Darüber hinaus ist zu überlegen, inwieweit berufsvorbereitende Unterrichtsveranstaltungen in den Unterricht des Gymnasiums hereingenommen werden können. In einer Befragung von Abiturienten und Ausbildern in nichtuniversitären Ausbildungswegen wurden neben der Erweiterung des Faches Sozialkunde die Bereiche Recht und Wirtschaft sowie die Aufnahme der Fächer Psychologie, Anthropologie, Soziologie und Philosophie genannt, um eine gegenwartsbezogene geistige Orientierung sicherzustellen. Die Untersuchung machte des weiteren deutlich, daß die Abiturienten zwar nicht direkt verwertbare Wissensbestände mitbringen, daß sie aber von ihrer gesamten geistigen Disposition her den Ausbildungsaufgaben gewachsen sind[6]. Damit ist gesagt, daß die Abiturienten von ihrer Vorbildung her ein hohes Maß an Disponibilität besitzen, das ihnen erlaubt, sich unverzüglich und souverän auf die Bedingungen

---

5 Einen Überblick über bereits bestehende Ausbildungsmöglichkeiten für Abiturienten geben *D. Barth/J. Nicklaus,* Abitur – und kein Studium Teil 1. Analyse und Vergleich ausgewählter Abiturientenausbildungen außerhalb der Hochschule (Gutachten und Studien der Bildungskommission Band 32), Stuttgart 1974 und Ch. Brinkmann/E. Czyborra/*V. Krumm/H. Werner,* Abitur – und kein Studium Teil 2. Materialien und Analysen zur Ausbildung und Beschäftigung von Abiturienten ohne Studium (Gutachten und Studien der Bildungskommission Band 45), Stuttgart 1975.

6 *W. Hoffmann,* Abiturienten in nichtakademischen Berufen. Eine Untersuchung der Beziehungen zwischen Gymnasialbildung und Berufsproblematik (Beiträge zur Soziologie des Bildungswesens Band 1), Heidelberg 1960 201–216 – Eine kritische Wertung des Einsatzes von Abiturienten in betriebliche Ausbildungsgänge geben *Nuber/Krings,* weil hier die Ausbildungs- und damit die Selektionsinteressen der Betriebe zu stark ins Spiel kommen, während dies bei der Schul- und Hochschulausbildung nicht der Fall ist. Diese Vorbehalte sind weitgehend ideologischer Natur und nicht zwingend. *Ch. Nuber/I. Krings,* Abiturienten ohne Studium. Möglichkeiten und Grenzen des beruflichen Einsatzes (Sozialwissenschaftliche Sonderreihe. Arbeiten des sozialwissenschaftlichen Instituts in München), Frankfurt 1973

der technologischen und strukturellen Wandlungsprozesse in den wirtschaftlichen und beruflichen Aufgabengebieten einzustellen[7]. Diese Möglichkeiten, die das Gymnasium von seiner Bildungsarbeit her bereitstellt, bedürfen jedoch der Ergänzung von seiten der Wirtschaft und der Verwaltung. Es müssen den Absolventen des Gymnasiums, die von ihrer Studienberechtigung keinen Gebrauch machen und statt dessen unmittelbar berufsbezogenen Interessen folgen, entsprechende Weiterbildungsmöglichkeiten außerhalb der Hochschulen in der Wirtschaft und Verwaltung angeboten werden, die weitreichende Aufstiegsmöglichkeiten in diesen Bereichen mit einschließen. Es liegt an den Verantwortlichen in Politik und Wirtschaft, diese Weiterbildungsangebote bereitzustellen[8].

Das Land Baden-Württemberg hat mit seinen Beruflichen Gymnasien bereits seit längerem Möglichkeiten aufgegriffen, berufsbezogene Fächer in den Fächerkanon des Gymnasiums aufzunehmen. Es sind dies Fächer aus folgenden Fachrichtungen: Agrarwissenschaft, Haushalts- und Ernährungswissenschaft, Technik- und Wirtschaftswissenschaft. Diese Schulen bieten vielfältige Abschlußmöglichkeiten. Zunächst ist in den Abschluß eines Beruflichen Gymnasiums die Grundbildung in einem Berufsfeld mit eingeschlossen. Darüber hinaus kann

---

7 *H. Holzapfel,* Das Gymnasium im Spannungsfeld zwischen Wissenschaftspropädeutik und Berufspropädeutik, in: PR 30 (1976) 623–640

8 Für den Bereich des Handwerks zeigen sich erste Auswirkungen. Während 1974 der Anteil der Abiturienten in handwerklichen Ausbildungsgängen bei ca. 0,2% lag, stieg dieser Anteil im Jahr 1977 auf 4% (197 f.). Als positive Merkmale der gymnasialen Vorbildung wird u. a. darauf verwiesen, daß die Abiturienten „in stärkerem Maße zum Denken in Zusammenhängen und zu höheren Lernleistungen befähigt sind . . . Weitere positive Aspekte der gymnasialen Vorbildung werden in größerer Befähigung zu logischem Denken, in Lernfähigkeit, Beurteilungsfähigkeit, Redegewandtheit, rascher Auffassungsgabe und in der Fähigkeit zu selbständigem Arbeiten gesehen“ (202). Dies sind die Ergebnisse einer empirischen Untersuchung von *M. Dembski,* Abiturienten im Handwerk (Berufsbildung im Handwerk Reihe A Heft 40), Köln 1978.

nach der Klasse 12 die Fachhochschulreife und nach der Klasse 13 bei entsprechenden Voraussetzungen die allgemeine Hochschulreife erworben werden. Der Absolvent des Beruflichen Gymnasiums hat ferner die Möglichkeit, unmittelbar eine Berufstätigkeit aufzunehmen oder in eine verkürzte berufliche Ausbildung im dualen System einzutreten. Das System der Beruflichen Gymnasien wird zur Zeit in Baden-Württemberg noch weiter ausgebaut. Für den hier anstehenden Zusammenhang ist von Bedeutung, daß gymnasiale und berufsbezogene Bildungsangebote zusammengebunden werden und den Absolventen ein breit gefächertes Spektrum weiterführender Ausbildungsmöglichkeiten offensteht, das spezifischen Neigungen und Interessen entgegenkommt. Es zeigt sich hier die große Anpassungsfähigkeit des Gymnasiums als Institution, ohne dabei die anspruchsvollen Bedingungen gymnasialer Bildungsarbeit aufzugeben[9].

Das sogenannte „Neusser Modell" kann hier ebenfalls neue Wege weisen[10]. So werden dort im Leistungskurs des Faches Chemie fachtheoretische Kenntnisse vermittelt, die neben den wissenschaftspropädeutischen Intentionen zugleich auch berufsbezogene Aspekte haben. Nach dem Abitur erfolgt eine intensive fachpraktische und berufsvorbereitende Ausbildung, die nach einem halben Jahr mit der Qualifikation eines Chemo-

9 Zur Frage der Beruflichen Gymnasien vgl. das Heft 9 der Zeitschrift Die Deutsche Berufs- und Fachschule 71 (1975) mit einer Reihe von Aufsätzen zur Frage der Beruflichen Gymnasien. – Ausgehend von der Waldorfpädagogik hat *Fucke* ein Modell der Integration allgemeiner und beruflicher Bildung vorgestellt. Hier werden Akzente gesetzt, die im Sinne *T. Wilhelms* eine neue Vermessung von Schule bewirken können. Es muß jedoch offen bleiben, inwieweit dieses Modell auf das gesamte Bildungswesen übertragbar ist. *E. Fucke,* Berufliche und allgemeine Bildung in der Sekundarstufe II. Ein Modell m. e. Beitrag v. *M. v. Mackensen*, Stuttgart 1976

10 *W. Schümchen,* Doppelqualifikation in der gymnasialen Oberstufe. Chemisch-technischer Assistent und allgemeine Hochschulreife, in: Die Deutsche Berufs- und Fachschule 71 (1975) 691–694.

technischen Assistenten abgeschlossen wird. Für andere naturwissenschaftliche Fächer, aber auch für die Sprachen lassen sich ähnliche Möglichkeiten finden. Wichtig ist hierbei, daß diese berufsvorbereitenden Maßnahmen im Rahmen der allgemeinen Zielsetzung des Unterrichts am Gymnasium erfolgen. Das Gymnasium übernimmt damit nicht spezielle Funktionen der Berufsvorbereitung, die nach wie vor Aufgabe des beruflichen Schulwesens bleibt. Schließlich muß auf die Versuche hingewiesen werden, die in Baden-Württemberg mit der Errichtung von Berufsakademien eingeleitet worden sind. Mit den Berufsakademien werden Abiturienten anspruchsvolle Ausbildungsmöglichkeiten außerhalb der Schule angeboten, die zugleich eine Hochschulqualität haben und spätere Aufbaustudien nicht ausschließen[11].

Die Vereinbarung der Kultusminister greift die vorgenannten Aspekte auf und betont in dem Abschnitt „Zielsetzung", daß das Modell offen ist für die Aufnahme berufsbezogener Fachrichtungen im Sinne der Empfehlungen der Bildungskommission des Deutschen Bildungsrates für die Sekundarstufe II. Der Abschnitt „Fächerangebote" (Ziffer 6.1 und 6.2) zählt für den Pflicht- und Wahlbereich Fächer auf, die nicht allein in ihrer wissenschaftspropädeutischen Bedeutung, sondern auch unter dem Gesichtspunkt der Berufsbezogenheit gesehen werden können (z. B. Wirtschaftslehre, Technologie, Statistik, Datenverarbeitung). Weiterführende Hinweise fehlen jedoch in der Vereinbarung. Strukturtheoretisch ist zunächst festzustellen, daß die Vereinbarung auf eine reformierte Oberstufe zielt, die institutionell Teil des Gymnasiums ist. Eine Integration von studien- und berufsbezogenen schulischen Ausbildungsgängen,

---

11 *Kultusminister Baden-Württemberg* (Hg.), Berufsakademie Baden-Württemberg. Eine Alternative zum Hochschulstudium (Bildung in neuer Sicht Nr. 36), Villingen 1978 und *J. Zabeck/B. Weibel/W. Müller*, Die Berufsakademie Baden-Württemberg. Abschlußbericht über die wissenschaftliche Begleitung des Modellversuchs, Mannheim 1978

wie sie die Kollegstufe NW mit allen ihren inhaltlichen und institutionellen Konsequenzen vorsieht, ist nicht der vorherrschende Gesichtspunkt, der die Vereinbarung der Kultusminister trägt. Unter Berufsbezogenheit ist somit auch nicht das ganze Spektrum beruflicher Qualifikationsebenen von der Facharbeiterausbildung bis zu speziellen Studienberechtigungen hin zu verstehen, wie dies für die Kollegstufe NW der Fall ist[12].

Interpretiert man daher den Begriff der Berufsbezogenheit von dem Zusammenhang der Vereinbarung her, dann besagt er lediglich, daß zu der relativ breiten allgemeinbildenden Qualifikationsebene, die mit dem Gymnasialabschluß gesetzt ist, eine allgemeine berufsbezogene Komponente hinzukommt, bzw. daß der formalbildende Ansatz des gymnasialen Fächerkanons auf spezifische berufsrelevante Gegenstandsbereiche ausgeweitet wird. Die Vereinbarung der Kultusminister gibt jedoch für diesen wichtigen Fragenkomplex keine weiteren Hinweise; die Andeutung einiger Spezialangebote (z. B. Datenverarbeitung) reicht nicht aus. Die Ausweitung des Bildungsangebotes kann jedoch keinesfalls eine Aufspaltung des Gymnasialabschlusses in eine studienbezogene und eine davon getrennte und unterschiedene berufsbezogene Profilierung einschließen. Eine solche Interpretation würde eine radikale Verkürzung der hier vorgetragenen Intention bedeuten. Aufgabe des Gymnasiums kann es nicht sein, spezielle berufliche Ausbildungsfunktionen zu übernehmen. Dies muß in der an das Gymnasium anschließenden berufspraktischen Ausbildung geschehen, die durch weiterführende fachtheoretische Ausbildungsangebote im beruflichen Schulwesen ergänzt wird. Weiterhin darf diese Ausweitung des gymnasialen Bildungsangebotes nicht dahin mißverstanden werden, daß das Gymnasium hiermit einen Beitrag zur Entlastung der überfüllten Hochschulen leisten sollte, indem den Abiturienten Ersatzqualifikationen für eine nicht

12 *Kultusminister Nordrhein-Westfalen* 1972

erteilte Studienzulassung gegeben werden. Der Numerus clausus ist die Konsequenz bildungspolitischer Entscheidungen der letzten Jahre, die auf eine Überbewertung der gymnasialen Bildung auf Kosten qualitativ anspruchsvoller beruflicher Bildungsmöglichkeiten zielten. Dies hat in der Folge zu erheblichen internen Organisationsproblemen im Bereich der Hochschule geführt. Die so entstandenen Schwierigkeiten können aber nicht zu Lasten der Bildungsaufgaben des Gymnasiums administrativ geregelt werden.

Das Gymnasium ist darüber hinaus personell und sachlich nicht in der Lage, die differenzierten Ausbildungsmodalitäten zu übernehmen, die im beruflichen Schulwesen vorhanden sind und dort der Sache nach ihren Ort haben. Statt dessen scheint es angemessener zu sein, die Kooperation zwischen dem Gymnasium und dem beruflichen Schulwesen dahingehend zu verstärken, daß nach der Mittelstufe des Gymnasiums verstärkt weiterführende Ausbildungsmöglichkeiten im beruflichen Schulwesen angeboten werden[13]. Die z. Zt. in der bildungspolitischen Diskussion übliche Argumentation ist falsch, nach der eine Entlastung der Hochschule erst dann möglich wird, wenn das Gymnasium einen berufsqualifizierenden Abschluß anbietet. Diese Argumentation verschleiert im Grunde das eigentliche Problem, in dem man das Interesse der Öffentlichkeit mit einem neuen Reformvorschlag vorläufig beruhigt und zugleich dem Gymnasium die Verpflichtung auferlegt, durch die Aufnahme eines neuen Abschlusses für eine Entlastung der Hochschulen Sorge zu tragen.

Der Kern des Problems liegt vielmehr in der zugleich quantitativen wie auch undifferenzierten Ausweitung der Abiturientenzahlen. Diese Ausweitung erfolgte nach der antiquierten bildungsbürgerlichen Devise, daß Abitur und allgemeine Menschenbildung identisch seien. Die berechtigte bildungspoliti-

---

13 G. *Rotermund*, Verdeckte Jugendarbeitslosigkeit. Ein Bericht aus einer Oberstufe des Gymnasiums, in: WPB 30 (1978) 12–15

sche Forderung nach einer verbesserten und verlängerten Grundbildung für alle Jugendlichen gilt in der Tat für die Bildungsarbeit in allen Schulformen bis zum Ende der Klasse 10. Dann aber müssen verstärkt die notwendigen Konkretisationen und Profilierungen im Blick auf den späteren Beruf einsetzen. Dabei wird auf die Voraussetzungen des vorausgegangenen schulischen Bildungsabschnittes zurückgegriffen werden müssen, um für den einzelnen die Kontinuität seines Bildungsweges sicherzustellen. Es scheint daher von der Sache her, wie auch aus der Sicht des individuellen Bildungsschicksales sinnvoller, das Gymnasium stärker als bisher auf seine wissenschaftspropädeutischen Aufgaben zu verpflichten. Wenn die Unterrichtsarbeit im Gymnasium von der Klasse 5 ab auf dieses Ziel ausgerichtet wird und die Aufgaben der basalen Bildungsförderung zusammen mit zusätzlichen sozialpolitischen Maßnahmen verstärkt aufgegriffen werden, ist sichergestellt, daß unabhängig von der sozialen Lage diejenigen Schüler die Hochschulreife erlangen, die fähig und bereit sind, sich den Anforderungen eines Studiums an Wissenschaftlichen Hochschulen zu stellen. Dies setzt jedoch voraus, daß auch alle anderen Wege zur Hochschulreife, hier vor allem über die Fachoberschule und Fachhochschule, an den Kriterien der Wissenschaftspropädeutik ausgerichtet werden. Nur so ist zu verhindern, daß die Bildungsaufgabe und der Sachanspruch des Gymnasiums unterlaufen und damit neue Ungerechtigkeiten im Bildungswesen festgeschrieben werden.

Übergänge zur Universität außerhalb des Gymnasiums

Die angezeigten wissenschaftstheoretischen und bildungstheoretischen Aufgaben des Gymnasiums gelten auch für jene Bildungswege, die über berufliche Qualifikationen zur Hochschulreife führen. Die berufliche Erfahrung und Ausbildung dienen hier als didaktische Ansatzpunkte für wissenschaftspropädeutische Fragestellungen. Die berufsspezifischen Aspekte einer Fachrichtung werden ausgeweitet in Richtung der leitenden wissenschaftlichen Zusammenhänge, die in der jeweiligen Fachrichtung zum Tragen kommen. Es setzt somit vom Speziellen her ein Abstraktions- und Systematisierungsprozeß ein, der die Strukturelemente der beteiligten Wissenschaftsdisziplinen deutlich machen soll. Dieser Weg vom Besonderen zum Allgemeinen bedarf aber, wenn der wissenschaftspropädeutische Charakter nicht verloren gehen soll, zugleich der Ergänzung von seiten jener allgemeinen Gegenstandsbereiche. Es findet somit in der Tat eine Integration berufs- und studienbezogener Bildungswege statt. Jedoch setzt diese Integration erst auf einer relativ hohen Abstraktionsebene der beruflichen Ausbildung ein und kann daher nicht als der reguläre Weg beruflicher Ausbildung bestimmt werden.

Die berufsbezogene Ausbildung mit einer studienbezogenen Zielsetzung muß durch die Kontinuität eines Anspruchs gekennzeichnet sein, der in den studienbezogenen Unterrichtsgegenständen sowohl des allgemeinbildenden wie des berufsbildenden Fächerkanons durchgehalten wird. Die wissenschaftspropädeutischen Aspekte treten in den Inhalten, Methoden und Techniken der jeweiligen Fachbereiche hervor und können nur in einer kontinuierlichen Arbeit vergegenwärtigt werden. Dies gilt vor allem für die jeweils berufsbezogenen Schwerpunktbereiche, die so gesehen einen spezifischen Kristallisationspunkt der Bildungsarbeit mit herausgehobenen Leistungsanforderungen darstellen.

Das Kollegstufenmodell in Nordrhein-Westfalen ist von seinen allgemeinen Zielsetzungen her nicht wissenschaftspropädeutisch orientiert[14]. Mit der Ausweitung auf eine generelle Integration studien- und berufsbezogener Bildungswege werden die spezifischen Möglichkeiten gymnasialpädagogischer und

---

14 *Kultusminister Nordrhein-Westfalen* (Hg.), Kollegstufe NW (Strukturförderung im Bildungswesen des Landes Nordrhein-Westfalen Heft 17), Ratingen 1972

berufspädagogischer Bildungsarbeit weitgehend aufgegeben; es findet eine Verwischung der beiden Bereiche statt. Beispielhaft hierfür sind auch die Empfehlungen des Deutschen Bildungsrates zur Neuordnung der Sekundarstufe II. Die Empfehlungen wie auch die im Anhang aufgeführten Gutachten machen deutlich, daß die spezifische Aufgabe des Gymnasiums überhaupt nicht gesehen wird. Statt dessen stehen sozialpolitische Aspekte (u. a. Ungleichheit der Bildungschancen, geringe Fortbildungsmöglichkeiten in der beruflichen Ausbildung) im Vordergrund, denen durch gezielte Maßnahmen entsprochen werden sollte. Diese Notwendigkeit schließt jedoch nicht die Konsequenz ein, daß die spezifische Bildungsarbeit und die eigenständige Bildungsaufgabe des Gymnasiums verkürzt werden müssen. Die Dimensionen der Wissenschaftspropädeutik treten bei diesen Empfehlungen und Gutachten überhaupt nicht in den Blick der Erörterung. Es erfolgt statt dessen eine frühe Spezialisierung und Ausrichtung auf bestimmte funktional festgelegte berufliche Ausbildungsinhalte, die bis in den Hochschulbereich hineingeführt werden[15].

Die undifferenzierte Vermengung allgemeiner und beruflicher Bildungsprofile hat zur Folge, daß einerseits die Studierfähigkeit nicht voll gesichert ist und in wissenschaftspropädeutischer Hinsicht die Einführung in die Bedingungen einer Wissenschaftskultur unzureichend erfolgt. Andererseits wird die berufliche Ausbildung von gymnasialdidaktischen Erwägungen zu stark überlagert, so daß für diejenigen, die einen Berufsabschluß anstreben, eine theoretische Überfrachtung des Unterrichts stattfindet und die notwendige fachtheoretische und fachpraktische Ausbildung zu kurz kommt. Es liegt dies strukturtheoretisch gesehen in der Inkonsequenz dieser Ansätze. Dies bestätigt *Kutscha,* der die wissenschaftspropädeutische Ausrichtung auch für berufsbildende Ausbildungswege emp-

---

15 *Deutscher Bildungsrat* 1974 51 und 87 sowie A 78 ff. und A 82–89

fiehlt. Diese Ausweitung wird damit begründet, daß alle persönlichen und beruflichen Lebensbereiche heute von den Wissenschaften bestimmt sind. Wenn dies auch nicht bestritten werden soll, so ist doch zu unterscheiden zwischen der Handhabung von Techniken und Instrumenten, die in der Wissenschaft entwickelt worden sind, und der Vorbereitung auf wissenschaftliche Studien[16]. Die vorauf genannten Möglichkeiten, über ausgewiesene berufliche Qualifikationen zur Hochschulreife zu gelangen, vermeiden diese Inkonsequenzen. Hier sei auf die Gymnasialklassen in der Höheren Handelsschule und die Beruflichen Gymnasien verwiesen[17]. Alle Reformmaßnahmen, die auf eine Integration berufs- und studienbezogener Bildungswege und zugleich auf eine generelle Studienberechtigung für das Studium an Fachhochschulen und wissenschaftlichen Hochschulen zielen, werden dem Anspruch wissenschaftlicher Studien nicht gerecht und installieren im Grunde nur, wenn auch unter anderen Bedingungen und Begründungen, die alte Artistenfakultät im Hochschulbereich[18].

---

16 *G. Kutscha,* Wissenschaftspropädeutik im Sekundarbereich II – Zur Begründung der Wissenschaftsorientiertheit allen Lernens, in: BuE 31 (1978) 552–559 – Ferner *A. Elsässer,* Die Integration von Allgemeinbildung und Berufsbildung im Sekundarbereich II. Materiale Chancengleichheit für alle durch eine neue Bildungsqualität? Stuttgart 1978

17 Im einzelnen hierzu *G. Grüner,* Facharbeiterschule und Berufliches Gymnasium – Vorschläge für eine Verknüpfung berufs- und studienbezogener Bildungsgänge, und *R. Berke,* Modelle und Begründung einer curricularen Verknüpfung von berufs- und studienbezogenen Bildungsgängen in der Sekundarstufe II (kaufmännische Fachrichtung) (Gutachten und Studien der Bildungskommission Band 29), Stuttgart 1974

18 *Menze* 1977 – *Tenorth* hat den Zusammenhang von Hochschulzugang und gymnasialer Oberstufe dargestellt, wie er sich seit 1945 ergeben hat. Die kritischen Vorbehalte gegenüber der Zusammenarbeit von Hochschule und Gymnasium erweisen sich angesichts der inzwischen eingetretenen Entwicklungen (Numerus clausus) als gegenstandslos. Dies gilt auch für die Forderung der Verbindung von allge-

3.7 ERFORDERNISSE GYMNASIALER LEHRERBILDUNG

Bedeutung der Wissenschaft für die gymnasiale Lehrerbildung und die Bildungsarbeit im Gymnasium

Die Ausbildung der Lehrer am Gymnasium blickt auf eine lange Tradition zurück. Die Anfänge liegen in der Zeit der preußischen Reform. Im Jahre 1810 wurde durch Erlaß die Ausbildung für das gymnasiale Lehramt geordnet. Das examen pro docendi facultate gilt den wissenschaftlichen Studien und das examen pro loco wird nach einer Vorbereitungszeit abgelegt. Prüfungsämter werden mit der Durchführung der Examen beauftragt und eingerichtet[1]. Der spezifische Ansatz dieser Erlaßregelung ist darin zu sehen, daß die Ausbildung in den für den Unterricht am Gymnasium kennzeichnenden Wissenschaften die entscheidende Voraussetzung ist. Nur derjenige ist befähigt und berechtigt, am Gymnasium zu unterrichten, der sich in den entsprechenden Wissenschaften durch umfassende Studien ausgewiesen hat. Mit dieser Bestimmung ist eine Festlegung getroffen worden, die – wenn auch in abgewandelter Form – bis heute die Ausbildung der Lehrer am Gymnasium nachhaltig prägt.

---

meinem und beruflichem Lernen, weil in einer unzureichenden Verkürzung gymnasialpädagogische und gymnasialdidaktische Fragen als Ausdruck standespolitischer Interessenlagen ausgegeben werden. *H.-E. Tenorth,* Hochschulzugang und gymnasiale Oberstufe in der Bildungspolitik von 1945–1973. Zur Genese und pädagogischen Kritik der „Gymnasialen Oberstufe in der Sekundarstufe II" (Würzburger Arbeiten zur Erziehungswissenschaft), Heilbrunn 1975

1 Vorausgegangen war die Einrichtung des Berliner Seminars für die Ausbildung der Lehrer an den Gelehrtenschulen durch *F. Gedike* im Jahr 1787. Vgl. *Huber* 1957 1, 135 und 285. – *W. Sacher,* Die zweite Phase in der Lehrerbildung. Ihre Entwicklung seit 1800 aufgezeigt am Beispiel Bayerns (Würzburger Arbeiten zur Erziehungswissenschft), Heilbrunn 1974

Dieser Tatbestand hat in den letzten Jahren häufig Anlaß zu kritischen Hinweisen gegeben. Man warf dem Lehrer am Gymnasium und damit auch seiner Ausbildung vor, daß er zu sehr fachwissenschaftlich orientiert sei und zu wenig die erzieherischen Aufgaben sehe, die in seiner beruflichen Tätigkeit auf ihn zukommen. Die Ausbildung der Lehrer am Gymnasium gehe auf diese wichtigen beruflichen Aspekte zu wenig ein. Im Gegenzug dazu wurde auf die Ausbildung der Lehrer an den Volksschulen (später Grund- und Hauptschulen) verwiesen. Die Ausbildung dieser Lehrer an den Pädagogischen Hochschulen berücksichtige diese Fragestellungen in viel stärkerem Maße. Es muß aber in diesem Zusammenhang auch darauf verwiesen werden, daß der Ausbildungspraxis an den Pädagogischen Hochschulen oftmals die mangelnde fachwissenschaftliche Ausrichtung kritisch entgegengehalten worden ist. Inzwischen zeichnen sich im Rahmen des Hochschulwesens Entwicklungen ab, die darauf zielen, die Universitäten und die Pädagogischen Hochschulen sachlich und institutionell stärker zusammenzuführen. Hierbei werden verschiedene Modelle diskutiert, auf die hier nicht weiter eingegangen werden soll. Wichtig ist aber, daß sich insgesamt eine stärkere Verwissenschaftlichung der Ausbildung aller Lehrer abzeichnet.
Vor diesem Hintergrund ist die Frage nach der Bedeutung und dem Auftrag der Wissenschaft im Rahmen gymnasialer Lehrerbildung noch einmal aufzugreifen. Die Betonung der wissenschaftlichen Ausbildungsinhalte in der gymnasialen Lehrerbildung folgt nicht vorwiegend fachwissenschaftlichen Spezialinteressen. In Entsprechung zu den Intentionen der Preußischen Unterrichtsreform unter *Humboldt* kommt der Wissenschaft eine bildende Funktion zu. Die Ausbildung in den Wissenschaften ist zugleich Hinführung zu grundlegenden Formen der Erkenntnis. In diesem Anspruch gegenüber den Wissenschaften zeigt sich ein die jeweilige Fachwissenschaft übergreifender Aspekt, der selbst wiederum in philosophischen Voraussetzungen wurzelt. Damit ist gesagt, daß in den Wissenschaften Fragen angelegt sind, die den Menschen als Person und seinen Bezug zur Welt betreffen. Der Ansatz dieses Wissenschaftsver-

ständnisses *Humboldts* hat sich nach dem Aufkommen der modernen Wissenschaften in bezug auf die Bildungswissenschaften durchgehalten. Universalität, Totalität und Individualität, die zugleich die zentralen Kategorien der Bildungstheorie *Humboldts* sind, gewinnt der Mensch auch im Umgang mit der Wissenschaft. Die bildende Funktion der Wissenschaft zeigt sich vor diesem Hintergrund in mehrfacher Weise. Das Einarbeiten in die Systematik und Methodik einer Wissenschaft vermittelt dem einzelnen eine Ordnung seiner Vorstellungswelt. Die Fähigkeit zu kritischer Reflexion anstehender wie auch neu auftretender Zusammenhänge wird gefördert. Die Diskussion fachimmanenter wie auch fachübergreifender Fragestellungen erfordert die Einübung in die Formen sachbezogener Kommunikation und angemessener Interaktion.

Die Philosophische Fakultät, wie sie *Humboldt* konzipierte, war in Deutschland zunächst der Ort, an dem ein solches Verständnis von Wissenschaft seine institutionelle und sachliche Ausprägung erhielt. Die institutionellen Bedingungen haben sich inzwischen verändert. Die Fragestellung ist jedoch auch heute noch aktuell. Hierbei geht es darum, die sachlich notwendigen spezifischen Differenzierungen in den Einzelwissenschaften, hinter die nicht zurückgegangen werden kann, einzubinden in fachübergreifende Fragestellungen, von denen her die Situation des einzelnen und die Bedingungen der Welt, in der er lebt, erhellt werden. Fachwissenschaftliche Einzelfakten erhalten von daher neue weiterführende Bedeutungen. Sie gehen ein in den Kontext anderer Fragestellungen und eröffnen dem einzelnen die Möglichkeit umfassender Vergleiche und Wertungen[2]. Auf diese Weise wird sichergestellt, daß der einzelne fähig wird, Entscheidungen sachlich angemessen zu fällen und begründet

---

2 Es sind dies Zusammenhänge, die in Ziffer 1.12 als Aspekte der Bildungswissenschaften näher erläutert worden sind.

ja und nein sagen zu können. Dies entspricht dem überkommenen Verständnis von Bildung[3].
Die Aspekte von Bildung, die in den Wissenschaften selbst angelegt sind, haben so gesehen eine zentrale Bedeutung im Rahmen der Ausbildung der künftigen Lehrer. Es leuchtet ein, daß diese Fragestellungen im Zusammenhang der fachwissenschaftlichen Ausbildung gerade für diejenigen Studierenden wichtig sind, deren Berufsziel die Erziehung und Bildung derjenigen jungen Menschen ist, die später selbst wiederum Studien aufnehmen wollen. Wissenschaftspropädeutik als Bildungsaufgabe des Gymnasiums ist nur zu leisten, wenn fundierte fachwissenschaftliche Voraussetzungen im Studium der Lehrer am Gymnasium grundgelegt worden sind. Von diesen fachwissenschaftlichen Voraussetzungen her sind in gymnasialdidaktischer Hinsicht überhaupt erst die Aspekte von Bildung, die in den Wissenschaften angelegt sind, sachgemäß zu verdeutlichen. In der Person des Lehrers wird dem Schüler des Gymnasiums vergegenwärtigt, wie fachwissenschaftliche Kompetenz und fachübergreifende Einsichten sich gegenseitig ergänzen und in der Person des Erziehers in Erscheinung treten. Dies ist ein hoher Anspruch, der nicht immer eingelöst wird. Dennoch muß gesagt werden, daß die geschichtliche Leistung des Gymnasiums zu einem nicht geringen Teil darin ihren Grund hat, daß die Bildungsarbeit des Gymnasiums überwiegend von Lehrern getragen worden ist und bis heute getragen wird, die diesem Anspruch weitgehend gerecht werden. Die fachwissenschaftliche Ausbildung ist somit nicht eine Farce, die dazu dient, standespolitischen Dünkel und besoldungsrechtliches Abstandsdenken zu rechtfertigen. Die Forderung einer sachlich anspruchsvollen fachwissenschaftlichen Ausbildung ist die

---

3 Kritisch hierzu *W. Kramp,* Fachwissenschaft und Menschenbildung, in: ZfP 9 (1963) 148–167 – Demgegenüber P. Mikat, Akademische Bildung und Fachliches Wissen, Köln/Opladen 1966

Konsequenz eines Anspruchs, der das Gymnasium von seiner wissenschaftspropädeutischen Aufgabe her kennzeichnet[4].

Das Gymnasium hat in seiner geschichtlichen Entwicklung für seine Schüler, die durch eine bestimmte Begabungsstruktur gekennzeichnet sind, einen Weg der Bildung und darin eingeschlossen Formen spezifischer Bildungsarbeit gefunden, die im Unterricht sachlich und pädagogisch in angemessener Weise den Primat der jeweiligen Bezugswissenschaften deutlich werden lassen. Das Gymnasium ist der Ort, an dem die notwendige Differenzierung der Wissenschaften in Fachdisziplinen angesichts der Aufgabe des Gymnasiums, eine Stätte der Menschenbildung zu sein, in den Unterrichtsgegenständen sachlich und didaktisch-methodisch zusammengeführt wird. Dies können jedoch nur Lehrer leisten, die im Durchgang durch eine fachwissenschaftlich ausgewiesene Ausbildung die bildenden Aspekte, die in den Wissenschaften selbst angelegt sind, in ihrem unterrichtlichen und erzieherischen Handeln deutlich werden lassen. Indem das Gymnasium von seinem personellen Zuschnitt her dies leistet, legt es bei seinen Schülern nicht allein die Voraussetzungen, ein fachwissenschaftliches Studium sachbezogen aufnehmen zu können. Darüber hinaus werden die Schüler dazu befähigt, in den jeweiligen fachwissenschaftlichen Fragestellungen fachübergreifende Aspekte zu entdecken. Mit der Ausweitung der fachlichen Fragestellungen auf diese Aspekte hin werden die Situation des einzelnen und die Bedingungen der politischen und gesellschaftlichen Wirklichkeit in den Reflexionsprozeß einbezogen. Dies ermöglicht Formen eines sachlich angemessenen, kritisch prüfenden und differenziert abwägenden Denkens und Handelns. Jeder einzelne, der dies als Person leistet, erfüllt in seiner Weise den Anspruch des

4 Vgl. hierzu Ziffer 3.2 und 3.3.

Gebildetseins. Die anderen Schulformen werden diesem Anspruch von anderen Voraussetzungen her und auf anderen Wegen in ihrer Weise gerecht. Die Anerkennung dieser je eigenen Wege rechtfertigt zugleich die wissenschaftspropädeutische Aufgabe des Gymnasiums.
Die Ausbildung der Lehrer am Gymnasium muß dieser Aufgabe entsprechen. Die fachwissenschaftliche und die damit zusammenhängende allgemeinwissenschaftliche Ausbildung bilden hierfür eine zentrale Voraussetzung. Die fachwissenschaftlichen Erkenntnisse werden ausgehend von allgemeinen gymnasialdidaktischen Vorgaben in fachdidaktische Fragestellungen umgesetzt. Dies ergibt sich aus der Notwendigkeit, daß die Bildungsarbeit des Gymnasiums sich jeweils im Unterricht der einzelnen Fächer konkretisiert. Dies geschieht zum einen in einem systematisch veranstalteten Unterrichtsprozeß, der durch Stundenplan, Fächerfolge, Fächergewichtung und Leistungsanforderungen näher bestimmt ist. Zum anderen konkretisiert sich der Unterricht in sachlich ausgewiesenen Fachinhalten, die den verschiedenen Wissenschaftsbereichen entnommen sind. Hierzu zählen die Naturwissenschaften, die Geisteswissenschaften und die Sozialwissenschaften, aber auch die Künste. Die Art und Weise der Präsentation dieser Fachinhalte ist selbst wiederum eine eigene wissenschaftstheoretisch wichtige Aufgabe, über die unter allgemein- und fachdidaktischen Gesichtspunkten reflektiert wird. In dieser didaktischen Reflexion geht es um den Grad der Systematisierung und der Differenzierung der unterrichtsfachlichen Gegenstandsbereiche im Blick auf die ihnen zugrunde liegenden fachwissenschaftlichen Voraussetzungen sowie die individuellen und altersbedingten Lernmöglichkeiten in den einzelnen Stufen des Gymnasiums. Didaktik ist so verstanden nicht eine Aufbereitungsinstanz von Handreichungen und Unterrichtsrezepten für den Lehrer. Unter wissenschaftstheoretischem Anspruch liegt die Aufgabe der Didaktik vielmehr in der Bereitstellung von Kategorien, die den Unterrichtsprozeß so strukturieren, daß anstelle einer kontur- und dimensionslosen Stoffhuberei das „Lernen des Lernens“ den Unterricht prägt.

Inhalte der erziehungswissenschaftlichen Ausbildung

Der Lehrer am Gymnasium ist zugleich auch Erzieher. Die bisherige Ausbildungspraxis hat die erziehungswissenschaftlichen Studienanteile zu sehr an den Rand gedrängt. Hier scheint eine sachentsprechende Ausgewogenheit zwischen den fachwissenschaftlichen sowie den fachdidaktischen und erziehungswissenschaftlichen Studienanteilen dringend geboten. Hinzu kommt, daß auch die Schülerschaft am Gymnasium an den Wandlungen unserer Jugendkultur teilgenommen hat. Diese jungen Menschen bedürfen anderer Formen der Ansprache und der erzieherischen Zuwendung. Vom Lehrer wird verstärkt die Einsicht in anthropologische, jugendpsychologische, sozialpsychologische und verwandte Fragestellungen verlangt. Darauf muß er eigens vorbereitet werden. Im Verlauf des Studiums wird der angehende Lehrer nicht allein dazu angeleitet, seine Fachwissenschaft später im Unterricht angemessen zu vertreten. Er muß darüber hinaus auch lernen, Verständnis für und Einsicht in die erzieherischen Fragen zu gewinnen, die sich im Umgang mit dem Schüler stellen. Dies setzt ein bestimmtes Maß an menschlicher Reife und wissenschaftlicher Kompetenz voraus, um als Erzieher tätig werden zu können[5].

In den ersten Phasen der Ausbildung an der Universität ist daher das Studium der Erziehungswissenschaft mit Einschluß benachbarter Disziplinen stärker als bisher zu betonen[6]. Mit diesen Überlegungen wird zugleich auf Entwicklungen geantwortet, die in den letzten Jahren im Blick auf die Ausbildung

---

5 Den Anspruch, der damit gesetzt ist und der den Auftrag und die Arbeit des Lehrers bestimmt – heute aber zunehmend in Vergessenheit gerät –, erläutert von verschiedenen Ansatzpunkten her *H. Hahne,* Als Lehrer heute, Düsseldorf 1963.

6 Hierzu der Tagungsbericht der Konferenz der Leiter Schweizerischer Lehrerbildungsanstalten, der dem Fach Pädagogik eine zentrale Stelle im Lehrerstudium einräumt. *H. Gehrig* (Hg.), Die pädagogischen Disziplinen in der Lehrerbildung. Pädagogik – Psychologie – Didaktik, Basel 1970

aller Lehrer deutlich hervorgetreten sind. Von zentraler Bedeutung hinsichtlich ihrer Konsequenzen für die Bildungs- und Studienreform sind hierbei die Überlegungen des Deutschen Bildungsrates im Abschnitt VI des Strukturplans. In diesem Abschnitt werden unter Ziffer 2.1 folgende Aufgaben des Lehrers unterschieden: Lehren – Erziehen – Beurteilen – Beraten – Innovieren[7]. Das Spektrum dieser Aufgaben macht deutlich, daß neben unterrichtsfachlichen Erfordernissen insbesondere die erzieherische Komponente von zentraler Bedeutung ist. Hinter diesem Aufgabenspektrum steht ein Verständnis von Unterricht, das Unterricht als ein komplexes Faktorenbündel sieht. Hierin sind eingeschlossen fachliche und didaktische Aspekte verbunden mit Fragestellungen der Begabungstheorie, der Sozialisation des Jugendlichen, der Jugendpsychologie u. a. m[8].

Die vorgenannten Gegebenheiten haben im Bereich der Studienreform zu ersten Konsequenzen geführt. Stellvertretend für die Richtung der Argumentation und der ihnen entsprechenden Reformmaßnahmen kann in diesem Zusammenhang auf die Arbeit der Studienreformkommission im Lande Nordrhein-Westfalen verwiesen werden. Die Studienreformkommission I – Schulisches Erziehungswesen – legte im Jahre 1977 „Empfehlungen zur Gestaltung des Erziehungswissenschaftlichen Studiums im Rahmen der Lehrerausbildung“ vor. Im Abschnitt 2 werden Problemfelder des erziehungswissenschaftlichen Studiums aufgezeigt, die für das Studium aller Lehrämter verbindlich sind. Es sind dies insgesamt fünf Problemfelder: Erziehung und Bildung, Lernen und Entwicklung, Voraussetzungen und

---

7 *Deutscher Bildungsrat* (Hg.), Strukturplan für das Bildungswesen, Bonn 1970 217–220

8 Hinsichtlich der innovativen Einflüsse der Ausbildungsinstitutionen und den damit gegebenen Auswirkungen des Studiums auf den künftigen Beruf des Lehrers s. *H. Müller*, Lehrer ausbilden: Für oder gegen Schule und Gesellschaft? Ein Beitrag zur wissenschaftlichen Vertiefung der Lehrerbildung, Basel 1970.

Folgen der Erziehung, Schule im Rahmen der Bildungsinstitutionen, Unterricht. Hier ist es erstmalig gelungen, das gesamte Aufgabenspektrum des erziehungswissenschaftlichen Studiums aufzuzeigen[9]. Diese Empfehlungen sind von exemplarischer Bedeutung. Aus diesem Grunde wird im folgenden der Abschnitt 2 der Empfehlungen vorgestellt: „Die fünf Problemfelder bilden den verbindlichen Rahmen des Erziehungswissenschaftlichen Studiums. Jedes Problemfeld muß in der Studienordnung in Teilgebiete ausdifferenziert werden. Die Anzahl der Teilgebiete sollte drei nicht unterschreiten und sieben nicht überschreiten. Diese Ausdifferenzierung, für die im folgenden ein Beispiel geboten wird, hat den Zweck:

– die einzelnen Problemfelder näher zu beschreiben,
– den Studierenden die Möglichkeit der Schwerpunktbildung für individuelle Studienplanung zu eröffnen,
– und die Zuordnung von Lehrveranstaltungen (im jeweiligen Studienplan) zu ermöglichen.

Um den Anforderungen der Prüfungsordnungen gerecht zu werden, ist es notwendig, die Lehrveranstaltungen den Teilgebieten zuzuordnen. Das heißt aber nicht, daß eine Lehrveranstaltung immer nur einem bestimmten Teilgebiet zugeordnet sein muß. Lehrveranstaltungen sollten auch der Interdependenz der Teilgebiete, der Problemfelder und der Aufgaben des Lehrers dadurch Rechnung tragen, daß sie verschiedenen Teilgebieten und Problemfeldern zugeordnet werden (z. B. Projekte).

Beispiel einer Ausdifferenzierung der Problemfelder in Teilgebiete.

Bei dem folgenden Beispiel ist zu beachten:

– Die Reihenfolge der Problemfelder (linke Spalte) bedeutet keine zeitliche Abfolge für das Studium.

---

9 *Studienreformkommission I* beim Minister für Wissenschaft und Forschung des Landes Nordrhein-Westfalen (Hg.), Empfehlungen zur Gestaltung des Erziehungswissenschaftlichen Studiums im Rahmen der Lehrerausbildung (Drucksache 78/126) Bochum 1978 64–66

– Die in der rechten Spalte vollzogene Ausdifferenzierung kann ersetzt, ergänzt und geändert werden. Einige der dort genannten Bereiche können auch anderen Problemfeldern zugeordnet werden.

Verbindliche Problemfelder	Beispiel einer Ausdifferenzierung
A. Grundlegungsprobleme: Erziehung und Bildung	– Erziehungs- und Bildungstheorien – Anthropologische und ethische Grundfragen – das erzieherische Verhältnis, Erziehungsstile und Erziehungsmittel – wissenschaftstheoretische und methodologische Grundfragen
B. Vermittlungsprobleme: Lernen und Entwicklung	– Entwicklungstheorien – Lerntheorien – das Lernen und seine Bedingungen
C. Gesellschaftliche Rahmenbedingungen: Voraussetzungen und Folgen der Erziehung	– Sozialisation – Interaktion – außerschulische Erziehung – berufliche Ausbildung
D. Institutionelle Ausprägungen: Die Schule im Rahmen der Bildungsinstitutionen	– Theorie der Schule – Probleme der Schulreform – Probleme der Berufsbildungsreform – Bildungspolitik – Bildungsökonomie – vergleichende Betrachtung der Bildungssysteme
E. Didaktische Organisation: Unterricht	– didaktische Modelle und Prinzipien – Analyse des Unterrichts – Curriculumtheorie und -planung

Grundsätzlich gilt für alle diese Problemfelder und ihre Ausdifferenzierung:
Ihre wissenschaftliche Behandlung macht erforderlich, daß verschiedene theoretische Ansätze, wie allgemein wissenschaftstheoretische und methodologische Aspekte (mit Einschluß der Statistik und Methoden empirischer Sozialforschung) ausreichende Darstellung finden. Bei der Vermittlung von Fachwissen ist die Handlungsrelevanz wissenschaftlicher Erkenntnisse zu berücksichtigen. Der zukünftige Lehrer soll auch fähig werden, neue Erkenntnisse seiner Fachgebiete sich wissenschaftlich so zu erarbeiten, daß er sein pädagogisches Handeln kritisch reflektierend daran ausrichtet."[10]

Komplexität der Lehrerrolle

Die Problemfelder stecken einen weiten Rahmen des erziehungswissenschaftlichen Studiums ab. Mit ihnen soll eine Professionalisierung des Lehrers erreicht werden, die den äußerst komplexen Bedingungen des Unterrichts, so wie er sich heute darstellt, gerecht wird. Dies gilt für den Unterricht in allen Schulformen[11]. Für das Gymnasium müssen diese erziehungswissenschaftlichen Fragestellungen in einem engen sachlichen Bezug zu den unterrichtsfachlichen und fachdidaktischen

---

10 *H. W. Nau/F. Schaumann* (Hg.), Erziehungswissenschaftliches Studium – Problemfelder und Orientierungen (Dortmunder Studien zur Philosophie, Psychologie, Soziologie und Erziehungswissenschaft Band 2), Rheinstetten 1978

11 Ausgehend von anthropologischen Fragestellungen erläutert dies *A. Zimmermann,* Lehrerausbildung im Spannungsfeld von Wissenschaft, Staat und Gesellschaft, in: DHS 32 (1979) 58–63. – Ansätze zu einer Theorie der Lehrerbildung hat *G. Wehle* vorgelegt und insbesondere drei Aspekte herausgestellt: Die Aufgaben des Lehrers als Person angesichts der Bedingungen von Unterricht (Schülersituation, Sachanforderungen). Die Stellung des Lehrers im Rahmen der Institution Schule. Der Lehrer als Experte für Bildungsfragen. *G. Wehle,* Artikel: Lehrer, Lehrerbildung, in: *Speck/Wehle* 1970 2, 27–31

Erfordernissen gesehen werden, die von den jeweiligen fachwissenschaftlichen Bezugsdisziplinen her gesetzt sind. Die anspruchsvolle Unterrichtsarbeit des Gymnasiums verlangt vom Lehrer ein großes Maß an Einsicht in die strukturellen Bedingungen des Unterrichts. Unterricht ist so gesehen nicht allein Wissensvermittlung, sondern damit zugleich auch „erziehender Unterricht". Der Lehrer muß das Geflecht der Beziehungen in der Schülergruppe erkennen und das soziale Umfeld und die Individuallage des einzelnen Schülers in seine Überlegungen einbeziehen. Er muß weiterhin in der Lage sein, lernpsychologische Erkenntnisse im Blick auf die Mitarbeit des Schülers sachgemäß anzuwenden und angemessene Formen der Leistungsbewertung zu finden. Hierzu zählen u. a. auch die Beobachtung der Wechselwirkung von Lehrer- und Schülerverhalten, die oftmals entscheidende Vorgaben für ein zuträgliches Arbeitsklima im Unterricht darstellen. Wichtig ist in diesem Zusammenhang, daß der Lehrer eine Sensibilität entwickelt für die Besonderheiten von Verhaltensauffälligkeiten sowie für die Zeichen von Lernschwierigkeiten bei Schülern. Das Eingehen auf diese individuellen Gegebenheiten des Schülers verlangt neben einem hohen Maß an pädagogischem Takt vor allem auch die Kenntnis psychologischer und soziologischer Zusammenhänge, um den Schüler und seine Eltern glaubwürdig und erfolgreich beraten und helfen zu können[12].
Gleichgewichtig neben diesen Fragen, die auf die Person des Schülers zielen, stehen die fachlichen Erfordernisse des Unterrichts. Der Lehrer muß in der Lage sein, von seinen fachwissenschaftlichen Voraussetzungen her die Anforderungen der Richtlinien und Lehrpläne entsprechend fachdidaktisch umzusetzen. Hierzu zählen des weiteren die Planung und Durchführung von

---

12 Auf die Möglichkeit und Gefahren, die im Verhalten des Lehrers in der Klasse eingeschlossen sind, verweist *A. M. Mood,* Do teachers make a difference? in: *Office of Education* 1970 1–24; auch andere Autoren dieses Berichtes greifen diese Fragestellung auf.

Unterrichtseinheiten verbunden mit einer didaktischen Reflexion der Unterrichtsarbeit, die Fragen des gezielten Einsatzes von Unterrichtsmedien und sonstiger Hilfen und schließlich die Formen kollegialer Zusammenarbeit und Absprache[13]. Eine äußerst anschauliche Zusammenfassung der vielfältigen beruflichen Bezüge des Lehrers bietet das folgende Schema von *Steltmann* in der Fassung von *Geissler,* das die Komplexität der

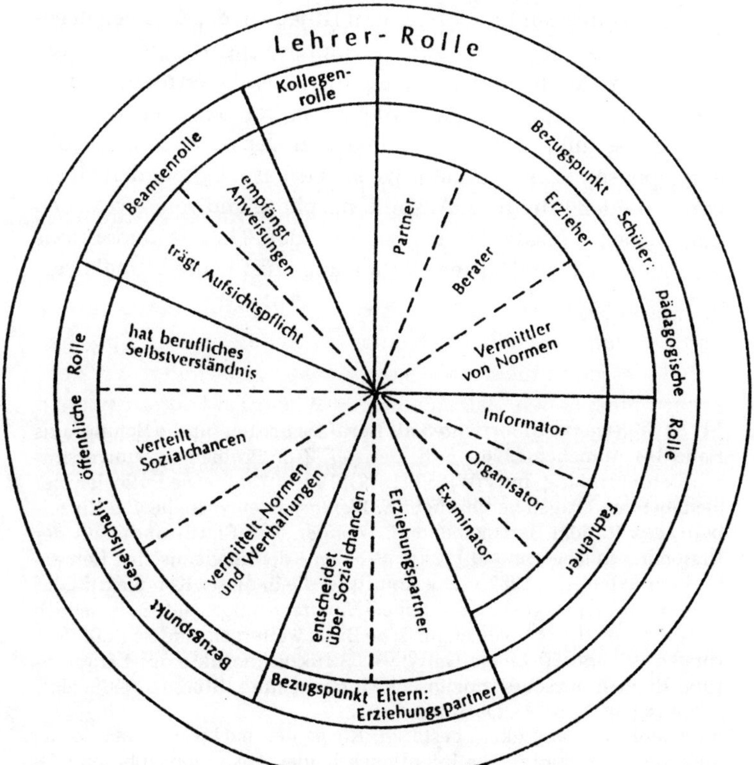

13 Vgl. die umfassende Analyse dieses gesamten Zusammenhanges bei *J. Grzesik,* Die Steuerung von Lernprozessen im Unterricht, Heidelberg 1976.

Lehrerrolle eindrücklich verdeutlicht[14]. Zugleich wird damit die Notwendigkeit einer angemessenen Gewichtung fachwissenschaftlicher, fachdidaktischer und erziehungswissenschaftlicher Studienanteile unterstrichen.

Das hier vorgelegte Aufgabenspektrum ist nicht allein Gegenstand der 1. Ausbildungsphase. Es sollten in dieser Phase grundlegende Vorbereitungen erfolgen, die dann in der 2. Ausbildungsphase weitergehend konkretisiert werden. Mit den oben aufgeführten Problemfeldern ist jedoch der Rahmen gegeben, innerhalb dessen alle vorgenannten Fragestellungen ihren Ort haben. Ausgehend von diesen Problemfeldern sind daher Formen der Absprache und Zusammenarbeit bzw. der Akzentuierung bestimmter Fragestellungen in der 1. und 2. Ausbildungsphase nötig. Auf diese Weise wird es möglich, den Übergang von der 1. in die 2. Ausbildungsphase und von dort in den beruflichen Einsatz so zu gestalten, daß Theorie und Praxis einander ergänzen[15]. Diese Ergänzung wird heute oftmals ver-

---

14 *K. Steltmann*, Unterrichten als Beruf (Schriften für die Schulpraxis Band 14), München 1976 – *E. E. Geissler*, Zum Problem der universitären Lehrerbildung, in: VjWP 53 (1977), 192–207 (a) – Die Fülle der hier anstehenden Fragen verdeutlicht *E. Weniger* in einer Reihe von Einzelbeiträgen in dem Sammelband *E. Weniger*, Die Eigenständigkeit der Erziehung in Theorie und Praxis. Probleme der akademischen Lehrerbildung, Weinheim 1957. – Die Konflikte, die in dieser Komplexität der Lehrerrolle angelegt sind, hat *Lange-Garritzen* aufgezeigt. Es ist jedoch zu fragen, ob die schmale empirische Basis weitergehende Schlußfolgerungen erlaubt. *H. Lange-Garritzen*, Strukturkonflikte des Lehrerberufs. Eine empirisch-soziologische Untersuchung (Studien zur Sozialwissenschaft Band 4), Düsseldorf 1972

15 Diese Notwendigkeit bestätigt *Koch*, der nachweist, daß in der späteren Berufspraxis die Intentionen beider Ausbildungsphasen wieder weitgehend aufgegeben werden. *J.-G. Koch*, Lehrer – Studium und Beruf. Einstellungswandel in den beiden Phasen der Ausbildung, Ulm 1972 – Einen geschichtlichen Problemaufriß des Verhältnisses von Theorie und Praxis im Rahmen der 1. und 2. Ausbildungsphase wie auch im Blick auf integrierte Ausbildungsmodelle gibt *W. Homfeld*,

mißt und der Übergang in die 2. Ausbildungsphase und die anschließende berufliche Tätigkeit als „Praxisschock“ empfunden[16]. Dieser Tatbestand hat neben anderem auch darin seinen Grund, daß die Ausbildung der Lehrer zu wenig von den jeweiligen schulischen Zielsetzungen her erfolgt. Dies gilt auch für die Lehrer am Gymnasium. Hiermit soll die Notwendigkeit einer fundierten fachwissenschaftlichen Ausbildung nicht bestritten werden. Diese Notwendigkeit ist in den vorangehenden Ausführungen betont worden. Es geht um die Einbindung der Fachinhalte in einen gymnasialpädagogischen und gymnasialdidaktischen Zusammenhang. Da dies in der 1. und 2. Ausbildungsphase weitgehend unterbleibt, ist eine zunehmende Ausbreitung fachwissenschaftlicher Fragestellungen im Unterricht die Folge. Die Flucht der Lehrer in die Fachwissenschaft ist so gesehen Ausdruck mangelnder Einsicht in die gymnasialpädagogische und -didaktische Ausrichtung des Unterrichts. Von dieser Ausrichtung her ist der Unterricht in der Unter-, Mittel- und Oberstufe unter Berücksichtigung der jeweiligen fachlichen Anforderungen und im Blick auf die besonderen Bedingungen des Jugendlichen in den einzelnen Altersstufen zu gestalten. Dies ist notwendig, um den fachlichen Erfordernissen

---

Theorie und Praxis der Lehrerbildung. Ziele und Auswirkungen der Reformdiskussionen im 19. und 20. Jahrhundert, Weinheim/Basel 1978.

16 *H. P. Klüver/J. Ziegenspeck* (Hg.), Situation und Probleme der Zweiten Phase der Lehrerausbildung, Hannover 1969 – Eine breitgefächerte Darstellung der Ursachen des Praxisschocks geben *Müller-Fohrbrodt* u. a. Es ist jedoch zu fragen, ob der von den Verfassern positiv herausgestellte „Progressivitätsvorlauf“ der Hochschule (55), der oftmals nur am Rande auf die Schulpraxis bezogen ist, nicht auch einen Grund für den Praxisschock darstellt. *G. Müller-Fohrbrodt/B. Cloetta/H.-D. Dann,* Der Praxisschock bei jungen Lehrern. Formen – Ursachen – Folgerungen. Eine zusammenfassende Bewertung der theoretischen und empirischen Erkenntnisse, Stuttgart 1978 – Die Thematik der vorgenannten Arbeit findet sich ebenfalls bei *D. Hänsel,* Die Anpassung

sowie dem Begabungsprofil, der Leistungsfähigkeit und der Motivationsstruktur des Jugendlichen gerecht zu werden.
In der Ausbildung der Lehrer sind daher im Rahmen einer allgemeinen Theorie der Schule die spezifischen schulpädagogischen und didaktischen Aspekte der einzelnen Schulformen im Sinne einer Theorie der jeweiligen Schulform herauszuarbeiten und in ihrer Bedeutung für die Strukturierung der fachwissenschaftlichen und fachdidaktischen Ausbildungsbereiche sichtbar zu machen. Der Lehrer wird somit während der Ausbildung bereits auf die Bedingungen seiner späteren beruflichen Tätigkeit verwiesen. Damit wird zugleich der Forderung nach einem stärkeren Praxisbezug der Ausbildung sachlich angemessen Rechnung getragen. Die z. B. im Lehrerausbildungsgesetz in Nordrhein-Westfalen vorgesehene Einführung schulpraktischer Studien und die Koordination der Ausbildung in der 1. und 2. Phase, bis hin zur Lehrerfortbildung bieten erste Ansätze eines solchen Praxisbezuges. Jedoch verlieren diese Gesetzesvorgaben im Rahmen der Stufenlehrerausbildung ihre positiven Möglichkeiten. Der Stufenlehrer wird von seinem Ausbildungszuschnitt her den spezifischen Bedingungen des Jugendlichen in der Sekundarstufe I und II nicht gerecht. Die Ausrichtung der Ausbildung auf altersspezifische Aspekte reicht nicht aus, um den differenzierten Begabungs-, Leistungs- und Motivationsstrukturen der Jugendlichen einer Altersstufe gerecht zu werden. Gerade die Gesamtschule, sofern sie ihre pädagogischen Intentionen ernst nimmt, verlangt differenziert ausgebildete Lehrer, die die sachlichen und didaktischen Aspekte der Hauptschule, der Realschule und des Gymnasiums im Unterricht vergegenwärtigen, denn auch in der Gesamtschule sind die

---

des Lehrers. Zur Sozialisation in der Berufspraxis, Weinheim/Basel 1975 – Ferner *R. Hinsch,* Einstellungswandel und Praxisschock bei jungen Lehrern. Eine empirische Längsschnittuntersuchung, Weinheim/Basel 1979

Sachanforderungen dieser Schulformen gegeben. Nur mit differenziert ausgebildeten Lehrern ist eine angemessene Leistungsdifferenzierung und eine damit verbundene Begabungsförderung auch im Rahmen der Gesamtschule möglich.
Das Handeln des Lehrers ist wie jedes soziale Handeln in ein differenziertes Beziehungsgeflecht eingelassen, das Lehrer, Schüler, Eltern und sonstige gesellschaftliche Gruppen umfaßt. Dieses soziale Feld mit seinen Strukturierungen muß der Lehrer angemessen erfassen und diesen Gegebenheiten entsprechend sachgemäß handeln können[17]. *Geissler* hat eine umfassende „Analyse des pädagogischen Feldes" vorgelegt, in der eine Fülle von Detailinformationen auch im Blick auf die einzelnen Schulformen gegeben werden und damit die Vielfalt der Bezüge deutlich wird, in die das Handeln des Lehrers eingelassen ist[18].
Der Unterricht im Gymnasium kann seinem fachlichen Anspruch nur entsprechen und diesen Anspruch glaubwürdig machen, wenn im Unterricht zugleich die erzieherische Komponente voll zum Tragen kommt. Dies setzt voraus, daß in der 1. und 2. Ausbildungsphase die fachwissenschaftlichen und fachdidaktischen Ausbildungsanteile sowie die erziehungswissenschaftlichen und unterrichtspraktischen Ausbildungsanteile in einem quantitativ angemessenen Verhältnis zueinander stehen. Jede Vereinseitigung geht zu Lasten der fachlichen oder der erzieherischen Qualität des Unterrichts. Soll dieses aber alles geleistet werden, ist für den Lehrer am Gymnasium ein 10semestriges Studium und eine 24monatige Referendarausbildung eine zwingende Notwendigkeit[19]. Die vorstehenden Überlegungen haben die sachliche Notwendigkeit deutlich gemacht.

---

17 Vgl. die Aufarbeitung dieser Fragestellung bei *K. W. Döring,* Lehrerverhalten und Lehrerberuf. Zur Professionalisierung erzieherischen Verhaltens, Weinheim/Berlin/Basel 1970.

18 *E. E. Geissler,* Analyse des Unterrichts, Bochum 1976[3] 10–62

19 Ist eine 10semestrige Ausbildung langfristig nicht erreichbar, wird eine maßvolle Umschichtung des erziehungswissenschaftlichen Anteils von der 1. in die 2. Ausbildungsphase nötig sein.

3.8 KULTURELLER UND GESELLSCHAFTLICHER AUFTRAG DES GYMNASIUMS

Gymnasium als Schule des aufsteigenden Bürgertums und der modernen bürgerlichen Gesellschaft

Das Gymnasium ist von seiner Geschichte her immer eine Schule gewesen, in der Tradition und Fortschritt zusammengebunden waren. Die voraufgehenden Abschnitte über das Gymnasium haben in etwa das Spektrum an Inhalten und Aufgaben aufgezeichnet, die Gegenstand des Unterrichts im Gymnasium sind. Hierbei ist nun von Bedeutung, daß dieser anspruchsvolle Bildungsweg nicht nur an wenigen auserwählten Orten angeboten wurde, die durch kulturelle Tradition, wirtschaftlichen Reichtum und politische Macht ausgezeichnet waren. Das Gymnasium ist von seiner geschichtlichen Entwicklung her weitgehend eine Schule der bürgerlichen Stadtkultur gewesen. Bürgertum und Kirche haben hier eng zusammengewirkt. Von dieser Ausgangssituation her ist zugleich einsichtig, warum das Gymnasium nicht allein in den politischen Metropolen seinen Ort hatte. In den Landstädten und Landgebieten waren es vor allem die Kirchen, die über die Gymnasien jungen Menschen den Weg in geistliche und weltliche Ämter ermöglichten[1]. In den Groß-, Mittel- und Kleinstädten war es weitgehend das Bürgertum, das zusammen mit den Kirchen sich als Träger des Gymnasiums verstand. Das Bürgertum hat auf dem Wege über das Gymnasium und dessen Bildungsarbeit Inhalte seines Selbstbewußtseins, Formen seiner Gesellung, Maßstäbe für seine politische Verantwortung sowie Vorgaben für industrielle und technische Innovationen und wirtschaftliche Aktivitäten gefunden.

---

1 Einen Hinweis auf diese Gegebenheiten bei *G. Wehle,* Tradition und Fortschritt im Gymnasium der Gegenwart, in: 300 Jahre Gymnasium Georgianum Vreden. Dokumentation über die Jubiläumsfeierlichkeiten, Vreden 1977 18–26

Beispielhaft für diese Art und Weise geistiger Gesellung und kultureller Prägung kann hier auf die Jugendgeschichte von *Karl Marx* verwiesen werden. Zu nennen sind hier die Erfahrungen der Trierer Gymnasialzeit, der Umgang mit dem Vater *Heinrich Marx,* und die Zusammenkünfte im Hause des Regierungsrates *Ludwig von Westphalen. Marx* hat hier Formen der geistigen Selbstvergewisserung erfahren, die sein Leben nachhaltig bestimmt haben. Hierzu zählen u. a. die Aufgeschlossenheit für geistig-kulturelle Fragen, die Fähigkeit sich in andere Zusammenhänge einzuarbeiten und das Vermögen, jede gewonnene Erkenntnis und Erfahrung von eigenen Überlegungen her kritisch zu reflektieren. *Marx* bezeichnet diese Vorgaben selbst als eine Form der „Selbstverständigung". Der Brief aus Berlin an den Vater vom 10. 11. 1837, in dem *Marx* über sein Berliner Jurastudium berichtet, ist ein Dokument dieses Selbstverständnisses.[2] Der Hinweis auf *Karl Marx* erfolgt in der Absicht, den Anspruch und die Dimension deutlich zu machen, von denen her der kulturelle Auftrag des Gymnasiums sich versteht. In den Bemerkungen von *Karl Marx* sind Fragen angesprochen, die auf den Menschen als Person zielen. Dies geschieht jedoch in einer Weise, die kulturelle, geschichtliche und politisch-gesellschaftliche Fragestellungen mit einbezieht. Darin liegt ein hoher Anspruch beschlossen, den es – auch dies im Sinne von *Karl Marx* – durchzuhalten gilt.
Die große kulturelle und gesellschaftliche Leistung des Gymnasiums im 19. Jahrhundert besteht darin, daß über die Bildungsarbeit des Gymnasiums Formen einer Geisteskultur geschaffen worden sind, die in viele gesellschaftliche Bereiche hinein prägend wirkten. Das Gymnasium war die Schule des Bürgertums und damit der bürgerlichen Gesellschaft. Viele Gruppen dieses Bürgertums waren durch das Gymnasium gegangen: die Geistlichkeit, die Beamtenschaft, die Richter, das Offizierkorps, die

2 *K. Marx,* Brief an seinen Vater vom 10. November 1837, in: ders., Die Frühschriften hg. v. *S. Landshut,* Stuttgart 1953 1–11

Unternehmer und die Angehörigen der freien Berufe wie Ärzte und Rechtsanwälte[3]. Die Angehörigen dieser Gruppen waren in der Lage, im Rahmen der komplexen Bedingungen, die mit der modernen Wissenschaftskultur gesetzt sind, wichtige Aufgaben im Beruf und im öffentlichen Leben wahrzunehmen. Die zunehmende Verflechtung politischer, kultureller, wissenschaftlicher, wirtschaftlicher und technisch-ökonomischer Bedingungen verlangten ein hohes Maß an Einsicht und Handlungskompetenz. Die sich im Laufe der Zeit abzeichnenden Konturen der bürgerlichen Gesellschaft sieht *Huber* "durch vier Merkmale gekennzeichnet:

erstens durch die Befreiung des Einzelnen aus den überlieferten ständischen und staatlichen Bevormundungen und seinen Durchbruch zur *personalen Autonomie,* das heißt zur freien Selbstbestimmung in seinem staatsfreien Eigenbereich, besonders in der Wirtschaft und der Kultur;

zweitens durch die Selbstregulierung des wirtschaftlichen und kulturellen Schaffensprozesses im *freien Spiel der Kräfte* und das Erreichen eines maximalen wirtschaftlichen und kulturellen Leistungsstandes im *freien Leistungswettbewerb;*

drittens durch das Aufkommen einer *neuen gesellschaftlichen Oberschicht,* die sich als Träger allgemeiner Bildung und industriewirtschaftlich genutzten Besitzes auszeichnete, wobei sich zugleich die Einebnung und Anpassung der alten privilegierten Stände, insbesondere des Grundadels vollzog;

viertens durch die Herrschaft der *öffentlichen Meinung,* das heißt der in freier Information und öffentlichen Diskussion spontan gebildeten, der ständigen Kritik ausgesetzten und daher in ständiger Fluktuation befindlichen Überzeugung der

---

3 Die Entwicklung des Übergangs von der Gelehrtenschule zum Gymnasium im Rahmen des Ausbaus einer umfassenden staatlichen Bildungsverwaltung mit dem Ziel der Heranbildung einer neuen Verwaltungselite für die vielfältigen Aufgaben des Staates, der sich aus der überkommenen Feudalordnung löste, dokumentiert umfassend *Jeismann* 1974. – Ferner *Romberg* 1979 557–640

gesellschaftlichen Schichten, vor allem ihrer Führungsschichten, von dem, was als wahr, als gerecht und als schön zu gelten habe".[4]
Das Gymnasium und die im Laufe des 19. Jahrhunderts einsetzende Öffnung des höheren Schulwesens kommen in hohem Maße den Bildungsinteressen und dem Selbstverständnis der Bevölkerungskreise entgegen, für die die vorgenannten Merkmale der bürgerlichen Gesellschaft die Grundlage ihres politischen, wirtschaftlichen, kulturellen und gesellschaftlichen Wirkens sind. Das Realgymnasium, die Oberrealschule und die Realschule dienen in diesem Rahmen in besonderer Weise dem beruflichen und sozialen Aufstieg. Die Schülerschaft dieser Schulen kommt weitgehend aus Sozialschichten, in denen weiterführende Bildung bislang nicht üblich war. Die soziale Zusammensetzung der Schülerschaft des Gymnasiums bestätigt dies. Zu Beginn des 19. Jahrhunderts kamen etwa 73% der Abiturienten aus Kreisen der höheren akademischen und militärischen Berufe, während 6% dem Wirtschaftsbürgertum und 19% den unteren Sozialschichten (Handwerker, Volksschullehrer, Arbeiter, Bauern) zuzurechnen waren. Die Preußische Universitätsstatistik weist demgegenüber für das Wintersemester 1886/87 eine deutliche Verschiebung des Anteils der einzelnen Sozialschichten auf. Es kommen ca. 22% aus den höheren akademischen und militärischen Berufen. Die Gruppe der Industriellen, selbständigen Kaufleute und großen Landwirte hat sich auf ca. 50% erhöht und der Anteil der unteren Bevölkerungsgruppen (Volksschullehrer, nichtakademische Beamte, Gehilfen in Handel, Industrie und Landwirtschaft) ist auf ca. 27% gestiegen[5]. Der Vergleich ist ein Hinweis auf die kontinuierlich verlaufende Umschichtung innerhalb der sozialen

---

4 *Huber* 1957 2, 310

5 *Jeismann* 1974 165 und *H. Titze,* Die Politisierung der Erziehung. Untersuchungen über die soziale und politische Funktion der Erziehung von der Aufklärung bis zum Hochkapitalismus, Frankfurt 1973 212 ff.

Zusammensetzung der Schülerschaft des höheren Schulwesens. Die höhere Schule des 19. Jahrhunderts ist auch eine Stätte des sozialen Aufstiegs gewesen[6]. Dieser Aufstieg vollzog sich über Generationen hinweg. Er war zugleich die Folge der Herausforderungen, die in den vorgenannten Strukturmerkmalen der bürgerlichen Gesellschaft angelegt waren[7].

Soziale und kulturelle Wirksamkeit der gymnasialen Bildungsarbeit

Das Gymnasium vermittelte im Blick auf die Gegebenheiten der sich abzeichnenden bürgerlichen Gesellschaft dem einzelnen in seiner Bildungsarbeit jene Weite des Blickes, die es erlaubte, sich in die jeweiligen Sachzusammenhänge einzuarbeiten und langfristige Entwicklungen einzuleiten. Das gemeinsame Bildungsgut und vor allem die gemeinsame Bildungssprache, über die die Angehörigen aller Gruppen des Bürgertums verfügten, war Ausdruck einer Geisteskultur, die in die Sachzwänge der gesellschaftlichen Tätigkeit nicht aufging. Zugleich eröffnete die gemeinsame Bildungssprache die Möglichkeit einer differenzierten sprachlichen Artikulation, mit der die komplexen Sachgegebenheiten der politischen und industriellen Entwicklungen angemessen verdeutlicht werden konnten. Hierin war zugleich ein Ansatz liberalen Denkens eingeschlossen, der seinen Ausgang in den bildungstheoretischen Vorgaben hatte, die

---

6 Dies verdeutlicht in überzeugender Weise die Arbeit von *P. Koppenhöfer*, Höhere Schule und Auslese. Untersuchungen zur sozialen Herkunft der höheren Schüler in Baden 1834–1890 (Studien und Dokumentationen zur deutschen Bildungsgeschichte Band 14), Frankfurt 1979. Die Arbeit bestätigt die Notwendigkeit von sozialgeschichtlichen Untersuchungen dieser Art über das Gymnasium. Sie können dazu beitragen, verkürzte Urteile über die soziale Aufgabe des Gymnasiums im 19. Jahrhundert zu korrigieren.

7 Hier ferner *Romberg* 1979 641–659 – Die vorgenannten Tatbestände relativieren zugleich gesellschaftskritisch orientierte Arbeiten, die in dem Gymnasium allein eine Standesschule sehen.

das Gymnasium *Humboldts* auszeichneten. Dieser Ansatz liberalen Denkens ist zugleich politisch wirksam geworden: „Kraft der Verknüpfung der Bildungsidee und der Staatsidee wurde das humanistische Gymnasium zu einer Institution, die nicht nur die neue bürgerliche Gesellschaft, sondern auch den neuen Staat entscheidend prägte. Weit mehr als die Hälfte der Abgeordneten der Frankfurter Nationalversammlung besaßen Gymnasialbildung, waren also durch die Lehranstalten des Humboldtschen Modells gegangen. Das macht deutlich, in welchem Maß das die Bildungsschichten der Nation formende neuhumanistische Prinzip in der Reformzeit ein verfassungspolitischer Faktor war.“[8]

In der Diskussion um das Gymnasium wird heute teils zu Recht auf den starken Selektionseffekt des Gymnasiums hinsichtlich der Abschottung der unteren von den oberen Sozialschichten im 19. Jahrhundert verwiesen. Dieser Tatbestand kann für das ausgehende 19. Jahrhundert am Beispiel des Berechtigungswesens und der Diskussion um das Überangebot an Akademikern aufgezeigt werden[9]. Hierbei darf jedoch nicht übersehen werden, daß viele sozialreformatorische Ansätze im 19. Jahrhundert vor dem Hintergrund des Gymnasiums erst in rechter Weise zu würdigen sind. Das Bildungsgut des Gymnasiums war nicht allein Besitzstand jener vorgenannten Gruppen des Bürgertums, die sich als staatstragend verstanden und sich mit dem Staat identifizierten. „Nicht nur Bismarck und seine Nachfolger im Kanzleramt, nicht nur die Konservativen Helldorf, Heydebrand und Westarp und die Nationalliberalen Bennigsen, Miquel, Bassermann und Stresemann, sondern auch die Linksliberalen Waldeck, Virchow und Eugen Richter waren Absolventen der höheren Schulen . . . Auch die ersten Wortführer der

8 *Huber* 1957 1, 284

9 *U. Herrmann/G. Friedrich* (Hg.), Protokoll der Arbeitsgruppe „Qualifikationskrise und Schulreform“ auf dem 5. Kongreß der Deutschen Gesellschaft für Erziehungswissenschaft, in: Zeitschrift für Pädagogik 1977 309–325

Arbeiterbewegung Marx, Engels und Lassalle verdankten den deutschen höheren Schulen die Grundlage ihres Wissens. Ohne die höhere Schule wäre der 'wissenschaftliche Sozialismus' nicht denkbar gewesen."[10] *Huber* verweist ferner darauf, daß in der Frankfurter Nationalversammlung quer durch alle Fraktionen von den Rechten bis zu den Linken dreiviertel der Abgeordneten eine höhere Schulbildung besaßen. Dies gilt auch für viele führende sozialdemokratische Reichstagsabgeordnete[11]. Im Laufe der Zeit verschob sich dieser Anteil. Arbeiterführer ohne höhere Schulbildung wie August Bebel und Friedrich Ebert gelangten ebenfalls in diese Positionen. Es darf hierbei jedoch nicht vergessen werden, daß viele dieser Arbeiterführer ihren Weg über die Arbeiterbildungsvereine gegangen sind. Die Arbeit dieser Vereine sah in der Bildung des Menschen, die den einzelnen als Person im Blick hat, die entscheidende Voraussetzung für die politische und gewerkschaftliche Arbeit, die auf die geistige, politische und soziale Befreiung des Arbeiters von unmenschlichen gesellschaftlichen Zwängen zielte. Damit wurden Intentionen aufgegriffen, die in anthropologischer Hinsicht das Bildungsdenken seit *Humboldt* bestimmten[12].

Diese Zusammenhänge machen deutlich, daß die Ideen des sozialen Fortschritts und des wissenschaftlichen Sozialismus von Angehörigen des Bürgertums entwickelt worden sind, die

---

10 *Huber* 1957 4, 909

11 *Huber* 1957 4, 909 f.

12 *G. Hermes,* Die geistige Gestalt des marxistischen Arbeiters und die Arbeiterbildungsfrage, Tübingen 1926 – *H. Feidel-Mertz,* Zur Ideologie der Arbeiterbildung, Frankfurt 1972², insbesondere 47–67 und 99–125 – *E. Michel,* Sozialgeschichte der industriellen Arbeitswelt. Ihre Krisenformen und Gestaltungsversuche, Frankfurt 1953³ 333–343 – *H.-H. Plickat,* Die Schule als Instrument des sozialen Aufstiegs (Pädagogische Studien Heft 2), Weinheim 1959 22–29 – Über die weitere Entwicklung der Arbeiterbildung und ihre Probleme orientiert *J. Olbrich,* Arbeiterbildung in der Weimarer Zeit. Konzeption und Praxis (Dokumentationen zur Geschichte der Erwachsenenbildung), Braunschweig 1977.

ihre entscheidenden geistigen Erfahrungen vom Gymnasium empfangen haben. Trotz aller Unterschiede in der politischen Grundhaltung gab es eine Gemeinsamkeit der Sprache und des Herkommens, d. h. einer Geisteskultur, die in der Bildungsarbeit des Gymnasiums und seinen Inhalten ihren Grund hatte. Jene Gruppen der Gesellschaft, die um die politische und soziale Neuordnung miteinander rangen, fühlten sich für ihren Auftrag von gemeinsamen Grundüberzeugungen her legitimiert. Dies ist eine Gemeinsamkeit, die nicht gering geachtet werden darf und die heute weitgehend verloren gegangen ist. Es ist daher an der Zeit, daß anstelle einseitiger Abwertungen des Gymnasiums diese kulturelle, politische und gesellschaftliche Leistung des Gymnasiums im 19. Jahrhundert bei den gegenwärtigen bildungs- und gesellschaftspolitischen Entscheidungen verstärkt beachtet wird. Das Gymnasium des 19. Jahrhunderts war eine Schule der oberen Gesellschaftsschichten. Seine politische und gesellschaftliche Bedeutung liegt aber darin, daß es in seiner Bildungsarbeit und mit seinen Bildungsinhalten diese Klassengebundenheit aufhob. Darin zeigt sich, daß in den Gegenständen gymnasialer Bildungsarbeit eine Ambivalenz angelegt ist, die in die vorgefundenen gesellschaftlichen Bedingungen nicht restlos aufgeht. Die Bildungsarbeit des Gymnasiums setzt Bewußtseinslagen frei, die über die jeweiligen Gegebenheiten hinausweisen und neue Möglichkeiten des Menschen und seiner Selbstverwirklichung in den Blick nehmen. Diese Tatsache hat das Gymnasium zu allen Zeiten Verdächtigungen ausgesetzt, und man hat in ihm „nicht viel weniger als Brutstätten des Materialismus, der Irreligiosität und der Revolution" gesehen[13].

---

13 So das Urteil eines führenden Beamten des Preußischen Kultusministeriums, *Gerd Eilers,* über das Realgymnasium, zitiert nach *Paulsen* 1919/21 2, 556; ähnliche Aussagen lassen sich von den verschiedensten Interessenlagen her bis in die Gegenwart anfügen.

Stellung des Gymnasiums im modernen Machtstaat und im Nationalsozialismus

Die Kritik vorgenannter Art an dem Gymnasium nimmt ihre Berechtigung zu einem Teil aus der Geschichte des Gymnasiums selbst. Dieser Tatbestand verdeutlicht die Komplexität der hier anstehenden Zusammenhänge, denen daher nicht mit pauschalen Urteilen entsprochen werden kann. Das deutsche Gymnasium und die deutsche Universität, die in diesen Zusammenhang mit einzuschließen ist, sind im 19. Jahrhundert nicht gegen den Staat, sondern durch den Staat entstanden. Damit sind zugleich die Probleme vorgegeben, die sich in der 2. Hälfte des 19. und dem beginnenden 20. Jahrhundert stellen. Das Gymnasium und die Universität waren in dieser Zeit nicht in der Lage, sich gegen einen Staat durchzusetzen, der aus einem Kulturstaat zu einem Machtstaat geworden war[14]. Die Public School in England war in dieser Hinsicht viel freier, weil sie unabhängig war. In Deutschland schlugen dagegen die Vorteile einer staatlichen Schul- und Hochschulpolitik, die zunächst von einem Kulturstaat getragen worden war und die zugleich der Grund des international anerkannten Leistungsstandes dieser Institutionen war, im Laufe des 19. Jahrhunderts in unübersehbare Nachteile um. Es zeigten sich im Gymnasium nationalistische Verengung und antiliberales Denken in dem Maße, wie sich der Kulturstaat zum Machtstaat wandelte[15]. Dies ist jedoch eine Erscheinung, die auch in anderen europäischen Ländern anzutreffen ist (Frankreich). Daran wird deutlich, daß Gymnasium und Universität als gesellschaftliche Institutionen sich nicht aus der allgemeinen gesellschaftlichen Bewußtseinslage lösen können. Das Gymnasium von 1871, 1913

---

14 *H.-A. Steger*, Die Stunde des Abschieds. Bemerkungen über das Ende des Humboldtschen Universitätsmodells, in: DUZ (1979) 4, 109–111

15 Beispielhaft hierfür *L. Marcuse*, Mein zwanzigstes Jahrhundert. Auf dem Weg zu einer Autobiographie, München 1960

und 1932 war in vielen Zügen nicht mehr das Gymnasium *Humboldts*.

Die große Leistung von *Fr. Paulsen* ist darin zu sehen, daß er diese Zusammenhänge erkannt und scharfsinnig analysiert hat[16]. Damit hat er durch alle zeitbedingten Verkürzungen hindurch die ursprünglichen Intentionen gymnasialer Bildungsarbeit gegenwärtig gehalten. Diese Intentionen zielten auf die Freisetzung der Person von gesellschaftlichen Zwängen und sahen in diesem Anspruch eine inhaltliche Bestimmung dessen, was Bildung meint. Dies war zugleich Ausgang eines Denkens, das die geistige, politische und soziale Befreiung des 4. Standes, der Arbeiter, zukunftsweisend vorbereiten konnte. Im Litauischen Schulplan von 1809 hat *Humboldt* die sozialen Dimensionen dieses Bildungsverständnisses im Blick auf die Arbeit aller Schulen so formuliert: „Dieser gesammte Unterricht kennt daher auch nur Ein und dasselbe Fundament. Denn der gemeinste Tagelöhner, und der am feinsten Ausgebildete muß in seinem Gemüth ursprünglich gleich gestimmt werden, wenn jener nicht unter der Menschenwürde roh, und dieser nicht unter der Menschenkraft sentimental, chimärisch, und verschroben werden soll."[17] Dieser Anspruch ist auch heute

16 *Paulsen* 1919/21 2, 491–544 (Das Preußische Gymnasialwesen im Zeitalter der Reaktion) und 2, 686: „Das Bürgertum, das vor hundert Jahren gegen die Privilegierten die Fahne der Freiheit und Gleichheit erhob, hat inzwischen einen Frontwechsel vollzogen. Mit dem alten Adel zu einer im wesentlichen einheitlichen Klasse verschmolzen, der Klasse der ‚Gebildeten und Besitzenden', ist es nun bestrebt, sich der von unten nachdringenden Massen zu erwehren. An allen Punkten ist dieses Streben sichtbar, in der Politik, in der Gesellschaft, und so in der Schule. Das Gymnasium die Schule für die oberen Gesellschaftsschichten, das ist die Vorstellung, die sich in den Köpfen der Bourgeoisie mehr und mehr festzusetzen scheint; nach oben keine Grenze: der hohe und niedere Adel, bis zu den regierenden Häusern hinauf, gehört auch ins Gymnasium; aber nach unten ist eine Abgrenzung wünschenswert: Söhne von ungebildeten und unbemittelten Leuten, die gehören doch eigentlich nicht aufs Gymnasium."

17 *Humboldt* Werke 1960 4, 189

nicht überholt. Das Gymnasium steht von seinen Voraussetzungen her zu dieser Verpflichtung. Das Gymnasium unserer Zeit hat sich aus den politischen und sozialen Zwängen eines undemokratischen machtstaatlichen Denkens vergangener Zeit gelöst und sich in seiner inneren Verfassung auf die Bedingungen und Ansprüche einer demokratischen und sozialen Rechts- und Gesellschaftsordnung eingestellt. Doch ist die Einlösung dieses Anspruchs nicht von den Inhalten und den Formen gymnasialer Bildungsarbeit und damit auch von der Institution Gymnasium zu trennen.

Im Rahmen der voraufgegangenen Erörterungen über die Wissenschaftspropädeutik, die gymnasialdidaktischen Aspekte, die Struktur des Bildungsabschlusses und den Wissenschaftsbezug der Lehrerbildung sind die Aufgaben, denen das Gymnasium zu entsprechen hat, aufgezeigt worden. Die Maßnahmen der äußeren und inneren Schulreform in den letzten Jahren, verbunden mit einer Reihe sozialpolitischer Maßnahmen (z. B. Schulgeldfreiheit, Lernmittelfreiheit), haben die Voraussetzungen geschaffen, daß die Bildungsarbeit des Gymnasiums allen Bevölkerungsschichten zugute kommen kann. Vor allem ist über das Angebot vielfältiger sozialer Hilfen sichergestellt worden, daß allen jungen Menschen, die befähigt und willens sind, sich dem Anspruch gymnasialer Bildungsarbeit zu stellen, der Weg durch das Gymnasium möglich ist. Damit ist erreicht, daß der gymnasiale Bildungsweg nicht ein Weg der sozialen Auslese, sondern der geistigen Bewährung ist. Indem das Gymnasium diese Forderung durchhält, steht es quer zu gegenwärtigen Bestrebungen, die darauf zielen, das Verhältnis von Differenziertheit und Gleichheit in unserer gesellschaftlichen Wirklichkeit in Richtung einer stärkeren Gewichtung der Gleichheit zu verändern. Das Gymnasium ist angesichts dieser Bestrebungen eine „unzeitgemäße" Institution, weil im Unterricht des Gymnasiums anthropologische und kulturelle Dimensionen trotz aller Anpassungen an gesellschaftliche Erfordernisse am stärksten nachwirken. Damit soll dem Gymnasium keine Sonderstellung im gesamten Bildungswesen unterschoben werden. Wohl aber läßt sich zeigen, daß das Gymnasium von seiner Geschichte wie auch der spezifischen Ausrichtung seines Fächerkanons her diese Dimensionen heute noch am ausgeprägtesten verdeutlicht. Das Gymnasium ist zum Teil deshalb in unserer Zeit ein Ärgernis, weil es von seinen Voraussetzungen her ständig einen Anspruch formuliert, der alle jene Reformmaßnahmen relativiert, bei denen ständig gesellschaftliche Erfordernisse als humane Verpflichtungen ausgegeben werden bzw. Gesellschaft vordergründig mit Kultur gleichgesetzt wird.

Das Gymnasium steht heute Herausforderungen gegenüber, denen es in seiner bisherigen Geschichte in dieser Radikalität noch nicht begegnet ist. Angesichts dieser Tatsache ist es notwendig, daß sich das Gymnasium seiner kulturellen, erzieherischen und politischen Aufgaben, die in seiner Geschichte angelegt sind, vergegenwärtigt. Das Gymnasium als eine Schule der bürgerlichen Kultur vermittelte auf der Basis allgemeiner Menschenbildung Formen eines Selbstverständnisses, das „weltbürgerlich" orientiert war. So ist für die Integration des aufgeklärten deutschen Judentums in die nationale Gemeinschaft die Bildungsarbeit der Gymnasien von großer Bedeutung gewesen[18]. Des weiteren erwuchs der Widerstand gegen den Natio-

18 *J. Toury*, Die politischen Orientierungen der Juden in Deutschland. Von Jena bis Weimar (Wissenschaftliche Abhandlungen des Leo-Baeck-Instituts 15), Tübingen 1966, insbesondere 123–153 – M. Richarz, Der Eintritt der Juden in die akademischen Berufe. Jüdische Studenten und Akademiker in Deutschland 1678–1848 (Wissenschaftliche Abhandlungen des Leo-Baeck-Instituts 28), Tübingen 1974 – *W. E. Mosse/A. Paukker* (Hg.), Juden im Wilhelminischen Deutschland 1890–1914 (Wissenschaftliche Abhandlungen des Leo-Baeck-Instituts 33), Tübingen 1976 – *J. Toury*, Soziale und politische Geschichte der Juden in Deutschland 1847–1871. Zwischen Revolution, Reaktion und Emanzipation (Schriftenreihe des Instituts für deutsche Geschichte der Universität Tel Aviv Band 2), Düsseldorf 1977, insbesondere 163–210 – *M. Zimmermann*, Hamburgischer Patriotismus und deutscher Nationalismus. Die Emanzipation der Juden in Hamburg 1830–1865 (Hamburgische Beiträge zur

nalsozialismus in vielen Bereichen auch aus Kreisen des Bürgertums, die sich von der Bildungstradition des Gymnasiums her verstanden. Das gebildete liberale Bürgertum ist durch das Gymnasium gegangen[19]. Hierzu muß einschränkend angemerkt werden, daß im ausgehenden 19. und beginnenden 20. Jahrhundert Vertreter des liberalen Bürgertums teils konservativ und klerikal votierten und daß nach dem 1. Weltkrieg das Gymnasium sich nicht voll mit der Republik identifiziert hat[20]. Später hat es im Gymnasium ausgehend von seiner Bildungstradition eine gewisse Reserve gegenüber den neuen Theorien des Nationalsozialismus gegeben[21]. Die Hereinnahme rassistischer Elemente in den Bildungskanon auf Kosten der klassischen Bildungsinhalte ist vom Gymnasium nur mit Maßen geleistet worden. Die Nationalsozialisten haben das Gymnasium daher auch nicht restlos in den Griff bekommen. Dies zeigt sich nicht zuletzt darin, daß sie zur Rekrutierung ihrer eigenen Führungs-

---

Geschichte der deutschen Juden Band VI), Hamburg 1979 – *M. Richarz*, Jüdisches Leben in Deutschland. Selbstzeugnisse zur Sozialgeschichte. Bd. 2: Im Kaiserreich, Stuttgart 1979 – *W. Kampmann*, Deutsche und Juden. Studien zur Geschichte des deutschen Judentums, Heidelberg 1963, insbesondere 131–139 u. 180–188 – *M. Horkheimer*, Über die deutschen Juden (Germania Judaica Schriftenreihe Heft III), Köln 1961

19 Stellvertretend hierfür *H. Heimpel*, Die halbe Violine. Eine Jugend in der Residenzstadt München, Stuttgart 1949

20 Für das Gymnasium versucht dies *Müller* am Beispiel der preußischen Lehrplanreform der zwanziger Jahre aufzuzeigen. Es ist allerdings zu fragen, ob die Intentionen dieser Reform vom Boden der gegenwärtigen Curriculumreform zureichend erfaßt werden. Damit erhält auch die bildungspolitische Wertung der Reform einen anderen Stellenwert. *S. F. Müller*, Die Höhere Schule Preußens in der Weimarer Republik. Zum Einfluß von Parteien, Verbänden und Verwaltung auf die Schul- und Lehrplanreform 1919–1925 (Studien und Dokumentationen zur deutschen Bildungsgeschichte Band 3), Weinheim/Basel 1977

21 Vgl. hierzu die abwägende Darstellung im Rahmen der Biographie *Hans Richerts* bei *D. Margies*, Das höhere Schulwesen zwischen Reform und Restauration. Die Biographie Hans Richerts als Beitrag zur Bildungspolitik in der Weimarer Republik, Rheinstetten 1972.

elite Sonderschulen einrichteten (Napolas)[22]. Insbesondere hat die Hitlerjugend das Gymnasium wegen seines elitären Anspruches abgelehnt[23]. Der plebejische Zuschnitt vieler NS-Organisationen vertrug sich ebenfalls nicht mit dem Selbstbewußtsein des Gebildeten. Wenn dies gesagt wird, soll damit nicht bestritten werden, daß auch Absolventen des Gymnasiums sich mit dem NS-Regime arrangiert haben; hier sind insbesondere die Studentenschaften zu erwähnen. Es haben aber letztlich Menschen aus allen Bevölkerungs- und Bildungsschichten dem NS-Regime zugestimmt[24]. Entscheidend ist vielmehr in diesem Zusammenhang, daß das Bildungsverständnis des Gymnasiums nicht den politischen Intentionen des Nationalsozialismus entsprach. So haben im Widerstand gegen das NS-Regime viele Männer und Frauen gestanden, die auf ihrem Lebensweg durch das Gymnasium geprägt worden sind. Hier sei stellvertretend auf die *Geschwister Scholl*, auf Angehörige des Kreisauer Kreises und aus der großen Zahl der SPD-Widerstandskämpfer auf

---

22 *H. Überhorst*, Elite für die Diktatur. Die Nationalpolitischen Erziehungsanstalten 1933–1945. Ein Dokumentarbericht, Düsseldorf 1969

23 Hierzu die Beispiele des Widerstandes gegen die Hitlerjugend, der teils von jungen Menschen getragen wurde, die aus dem Gymnasium kamen. *H.-C. Brandenburg*, Die Geschichte der HJ. Wege und Irrwege einer Generation, Köln 1968 189–227

24 *C.-L. Furck*, Das unzeitgemäße Gymnasium. Studien zur Gymnasialpädagogik, Weinheim 1965; *Furck* weist insbesondere auf die offiziellen Stellungnahmen von Lehrerverbänden hin. Es ist heute jedoch auch hinlänglich bekannt, wie in totalitären Systemen Ergebenheitsbekundungen in organisierten gesellschaftlichen Gruppen zustandekommen und daß solche Bekundungen nicht vorbehaltlos als Überzeugung der Mitglieder ausgegeben werden können. Ein Beispiel für die Art einer Argumentation, bei der Andeutungen und Zwischentöne das aussagen, was nicht gesagt werden kann, gibt *W. Dederich*, Vor zwanzig Jahren. Schlußansprache bei der Selbstauflösung des Rheinischen Philologenvereins in Düsseldorf (11. Juli 1936), in: ders., Erbe und Erneuerung. Reden und Aufsätze, Düsseldorf 1959 115–122.

C. Mierendorff und *Th. Haubach* verwiesen[25]. Es muß dies in aller Deutlichkeit gesagt werden, weil das Gymnasium verschiedentlich als Stätte deutsch-nationaler Gesinnungsschulung und als Vorbereiter des Nationalsozialismus diffamiert worden ist.

Die liberale Grundhaltung, die von jeher die Arbeit des Gymnasiums bestimmte, ist die Gewähr dafür, daß das Gymnasium auch heute seine gesellschaftlichen Aufgaben erfüllen kann. Zu dieser Grundhaltung gehört auch ein gehöriges Maß an Skepsis gegenüber vorschnellen und eingängigen Rezepten, mit denen man anstehende Fragen meint lösen zu können. Aktualität um jeden Preis ist kein Vorzug, wenn es darum geht, grundlegende Aspekte der Bildung des Menschen durchzuhalten. Modetrends enthalten keine verläßlichen Gesichtspunkte für eine Bildungsarbeit, die über den Tag hinausreichen soll. Die „Unzeitgemäßheit" des Gymnasiums ist darin zu sehen, daß es solchen Ansätzen Widerstand entgegensetzt. Dieser Widerstand ist nicht Ausdruck standespolitischer Überstiegenheit und gesellschaftspolitischer Rückständigkeit des Gymnasiums und seiner Lehrer, wie es verschiedentlich ungerechterweise unterstellt wird. Beispielhaft sei für diese Art der Argumentation die Untersuchung von *Schefer* genannt, in der den Gymnasiallehrern in negativer Akzentuierung konservative Bewußtseinslagen zugesprochen werden, allein weil sie bildungspolitischen Entwicklungen, die auf eine Aufhebung des Gymnasiums zielen, kritisch gegenüberstehen[26]. Der oben aufgezeigte Beitrag des Gymnasiums zur Verbesserung der Bildungschancen macht deutlich, daß diese Unterstellung ungerechtfertigt ist. Hinter diesem Wider-

25 *C. Zuckmayer,* Carlo Mierendorff. Porträt eines deutschen Sozialisten (1944), Berlin 1947 – *W. Hammer,* Theodor Haubach zum Gedächtnis, Frankfurt 1955[2]

26 *G. Schefer*, Das Gesellschaftsbild des Gymnasiallehrers. Eine Bewußtseinsanalyse des deutschen Studienrates, Frankfurt 1969 – Eine sachlich angemessene Darstellung der Aufgaben und der Arbeit der

stand steht vielmehr die Überzeugung, daß die Bildung des Menschen auf anthropologisch begründete Fragestellungen ausgerichtet ist, die sich nicht allein von gesellschaftlichen und tagespolitischen Forderungen her verstehen. Angesichts einer gesellschaftlichen Wirklichkeit, in der uniforme Regelungsmechanismen immer stärker werden und in der eine zunehmende Abstraktheit und Indirektheit der beruflichen Tätigkeit wie auch der persönlichen Lebensvollzüge sich abzeichnet, gewinnt die Bildungsarbeit des Gymnasiums, wie auch der Hauptschule, der Realschule und der beruflichen Schulen eine neue Qualität.

In der Bildungsarbeit dieser Schulen geht es darum, ausgehend von deren besonderen Bedingungen, die in den Sachstrukturen und den Fähigkeiten und Fertigkeiten des einzelnen und damit seiner Begabungsstruktur ihren Bezugspunkt haben, neue Formen eines Selbstbewußtseins grundzulegen. Hierzu zählen u. a.:

- Sensibilität für Möglichkeiten individueller Daseinsgestaltung,
- Sinn für gelungene Formen des Miteinanderhandelns in überschaubaren Bereichen, seien es nun regionale oder lokale Gegebenheiten,
- Skepsis gegenüber totaler Festlegung und planerischen Vereinfachungen im Bereich institutioneller und verwaltungstechnischer Regelungen.

Hierbei geht es um nichts weniger, als den Anspruch des Individuums wiederum stärker in die gesellschaftlichen und politischen Entscheidungen einzubringen. Dies ist aber nur möglich, wenn zuvor das Individuum die Möglichkeiten seiner persönlichen Fähigkeiten und Fertigkeiten wie auch die Maßstäbe sozialer und politischer Verantwortung erfahren hat. Die Schule ist neben der Familie und anderen Institutionen wie

---

Gymnasiallehrer gibt H. Zeiher, Gymnasiallehrer und Reformen. Eine empirische Untersuchung über Einstellungen zu Schule und Unterricht (Texte und Dokumente zur Bildungsforschung), Stuttgart 1973

Kirchen, Vereinen und Interessenverbänden der Ort, an dem dies in grundlegender Weise vermittelt werden kann.

Gymnasium als geistig-kulturelles Zentrum und Stätte europäischer Gesittung

Das Gymnasium war bisher in der Lage, dieser Aufgabe auf seine Weise gerecht zu werden. Als Schule ist das Gymnasium wie jede andere Schule eine Stätte der Unterweisung. Zugleich aber bringt es in diese Aufgabenstellung weiterführende Aspekte ein. Diese ergeben sich zum einen aus der Geschichte des Gymnasiums als Institution wie auch der Tradition der einzelnen Schule und zum anderen aus dem Anspruch der Fächer, die die Unterrichtsarbeit des Gymnasiums bestimmen. Darüber hinaus ist das Gymnasium zugleich ein kulturelles und geistiges Zentrum. Dies gilt weitgehend für alle Gymnasien in den Groß-, Mittel- und Kleinstädten. Es zeigt sich dies in den vielfältigen Aktivitäten, die das Schulleben auszeichnen. In diesem Zusammenhang sei zunächst auf die Schulfeste als schulische und zugleich gesellschaftliche Formen der geistig-kulturellen Selbstdarstellung verwiesen. Hierzu zählen Theateraufführungen, die musikalischen Leistungen von Schulchören und Schulorchestern wie auch das Instrumentalspiel von einzelnen Schülern und Schülergruppen. Beispielhaft sei in diesem Zusammenhang auf die großen Leistungen der Kreuzschule in Dresden, der Thomasschule in Leipzig, der Laubacher Kantorei oder des Windsbacher Knabenchors im Bereich der musischen Bildung, aber auch der sportlichen Leistungen des Paul-Schneider-Gymnasiums in Meisenheim am Glan und vieler anderer Gymnasien mit weiteren Schwerpunkten verwiesen. Des weiteren sind zu nennen die Veranstaltungen anläßlich besonderer Anlässe (u. a. Schuljubiläen, Studienfahrten und Gedenktage für bedeutende Gestalten aus der Geschichte, der Politik und der Wissenschaft). Ferner muß auch der Beitrag genannt werden, den die Lehrer des Gymnasiums in ihren lokalen Bereichen durch die Mitarbeit in den vielen kulturellen,

lokalhistorischen und wissenschaftlichen Gremien leisten. Angesichts dieser vielfältigen Aktivitäten ist es eine folgenschwere Fehlentscheidung, wenn die Vielzahl der Gymnasien, die über das ganze Land gestreut sind, zugunsten zentraler Großsysteme von Schulen zerschlagen werden. Hier zeigen sich die Grenzen eines Planungsdogmatismus, dessen Lösungen auf dem Reißbrett stimmen und beispielhaft für lediglich technokratisch ausgerichtete Reformabsichten stehen. Zugleich werden damit jene gewachsenen Einheiten aufgelöst, die Zentren geistiger und sozialer Begegnungen und Ausgangspunkte vielfältiger kultureller und politischer Impulse sind.
Der Beitrag des Gymnasiums zur Völkerverständigung gehört ebenfalls in diesen Zusammenhang. Viele Schulen haben Partnerschulen im Ausland. Daneben bestehen viele Freundschaften zu Schülern anderer Nationen, die aufgrund von Ferienaufenthalten oder Schüleraustausch entstanden sind. Vor allem sind es die Studienfahrten ins Ausland, die Einblick in das Leben und die Kultur anderer Nationen vermitteln und einen wesentlichen Beitrag zur Völkerverständigung leisten. Der Unterricht in den Fremdsprachen am Gymnasium erfüllt hier eine wichtige Aufgabe. Hier werden nicht nur fremdsprachliche Kenntnisse vermittelt. Zusammen mit landeskundlichen Fragestellungen werden dem Schüler in diesem Unterricht die Kultur und die Geschichte des jeweiligen Landes vergegenwärtigt. Mit dem Verständnis für die Eigenart fremder Kulturen und den andersartigen Formen der Lebensgestaltung wächst zugleich auch die Fähigkeit, die Vielfalt von Bezügen und Erscheinungsformen als unaufhebbare Bedingungen des Zusammenlebens von Völkern und einzelnen Menschen anzuerkennen und für die Erhaltung dieser Vielfalt einzutreten. So werden im Deutschunterricht neben der Nationalliteratur immer auch die großen Werke der Weltliteratur gelesen. Gleiches gilt für den Philosophie-, Musik- und Kunstunterricht. Der Geschichtsunterricht handelt auf weiten Strecken von der europäischen Geschichte und greift zugleich universalhistorische Aspekte auf. In der Mathematik und den Naturwissenschaften nimmt der Unterricht ständig auf Ergebnisse Bezug, die in der Geschichte dieser

Wissenschaften von Forschern aller Nationen beigetragen worden sind. Das Gymnasium hat so gesehen vom Zuschnitt seines Unterrichts her immer die europäische Geisteskultur vermittelt und damit einen Beitrag zur europäischen Gesittung geleistet. Es ist dies eine Form der politischen Bildung, die Politik nicht allein als einen losgelösten und eigenstrukturierten Unterrichtsgegenstand versteht. Politik wird in diesem Zusammenhang als eine Qualität begriffen, die in den verschiedenen Sachbereichen des Fachunterrichtes im Gymnasium gegenwärtig ist und angesprochen wird[27]. Diese politische und zugleich kulturelle Verpflichtung des Gymnasiums ist an die Intensität der Bildungsarbeit des Gymnasiums gebunden. Die Bildungsarbeit selbst ist wiederum nicht zu lösen von den Herausforderungen der einzelnen Fächer, die ihren Anspruch von den jeweiligen fachwissenschaftlichen Voraussetzungen und fachdidaktischen Notwendigkeiten her verdeutlichen[28].

In gymnasialdidaktischer Hinsicht ist der Unterricht des Gymnasiums deshalb auch nicht an Lernzielbestimmungen orientiert, die auf vordergründige sogenannte gesellschaftliche Verwendungssituationen oder ideologisch ausgerichtete Emanzipationsforderungen ausgerichtet sind. Diese Bestimmungen sind nicht zu vernachlässigen, doch kommt ihnen kein Ausschließlichkeitsanspruch zu. Sie sind vielmehr eingeschlossen in umfassendere allgemeine Fragestellungen. Zu diesen Fragestellungen zählen u. a. die Sachstrukturen der jeweiligen fachlichen Bezugswissenschaften, die Systematik des Aufbaues von Erkenntnisformen und Erkenntnisprozessen, die Kontinuität der fachdidaktisch aufbereiteten Anforderungen in den einzelnen Unterrichtsfächern, der Zusammenhang der Unterrichtsarbeit von der Unterstufe über die Mittelstufe hin zur Oberstufe,

---

27 Hierzu die Einzelbeiträge auf dem Europa-Kongreß des Deutschen Philologenverbandes in Heft 7 der DHS 32 (1979)

28 Die Aufarbeitung dieses Zusammenhanges bei *W. Flitner* 1961

die Entsprechung von Unterrichtsangebot und Begabungsstruktur. Dies alles leistet das Gymnasium. Es sind dies die immanenten Voraussetzungen für seine spezifischen erzieherischen Möglichkeiten. Diese Aufgabe ist nicht mit Formeln einer allgemeinen Vorstellung zu genügen, die das „Gymnasiale" zu einer Floskel stilisiert, die jeweiligen Interessen zu genügen hat. Indem das „Gymnasiale" eingebunden ist in die Institution Gymnasium, wird sichergestellt, daß über die tagespolitische Notwendigkeit hinaus die Bildungsarbeit des Gymnasiums in umfassendere Fragestellungen eingelassen ist. Diese Fragestellungen zielen auf eine Verfassung des Menschen, die darauf angelegt ist, daß die Begegnung des jungen Menschen mit den „Objektivationen des Geistes" zunächst eine Frage der individuellen Disposition und der Aufgeschlossenheit des einzelnen für diese Zusammenhänge ist. Dies bestätigt nicht zuletzt die Beteiligung von Schülern des Gymnasiums an den Bundeswettbewerben „Jugend forscht" und „Schüler experimentieren". In den Jahren 1966 bis 1978 haben insgesamt ca. 13 000 Schüler an diesen Wettbewerben teilgenommen, von denen ein großer Teil aus dem Gymnasium kommt[29]. Gleiches gilt für die Teilnahme von Schülern des Gymnasiums an den „Europäischen Wettbewerben – Europäischer Schultag". Es stellt daher eine ungerechtfertigte Verkürzung dar, wenn der Anspruch des Gymnasiums als Ausdruck schichtenspezifischer Bildungsinteressen sogenannter Mittel- und Oberschichten diffamiert wird. Die Bildungsarbeit des Gymnasiums zielt auf die Bedingungen des einzelnen, seine geistige und menschliche Verfassung, die selbst wiederum die Formen seiner Erkenntnisgewinnung und die Maßstäbe seiner Handlungskompetenz bestimmen.

Das Gymnasium ist heute eine Schulform für alle Schichten der Bevölkerung. Die bildungspolitischen Reformmaßnahmen der

---

29 *Landtag Nordrhein-Westfalen,* Drucksache 8/3027 vom 24. 2. 1978 – In den Jahren 1974 bis 1978 betrug der Anteil der Gymnasiasten im Schnitt ca. 65% (Presse-Information der Bayer AG vom März 1978).

beiden letzten Jahrzehnte mit der Verbreitung des Zugangs zum Gymnasium haben das Gymnasium als eine Bildungsinstitution für alle Schichten der Bevölkerung geöffnet. Damit hat das Gymnasium neben anderen Bildungsinstitutionen die Weite gewonnen, die es ihm ermöglicht, seine Bildungsaufgabe in Verantwortung vor der Gesellschaft sachgerecht wahrzunehmen[30]. Das Gymnasium bedarf dazu der Zustimmung der politischen und gesellschaftlichen Öffentlichkeit. In der vorliegenden Schrift sind die bildungs- und gesellschaftstheoretischen Zusammenhänge aufgezeigt worden, die für die Bildungsarbeit des Gymnasiums Maßstab sind. Die hier vorgetragenen Überlegungen verstehen sich als eine konzeptionelle Grundlage für die bildungspolitische Auseinandersetzung um das Gymnasium in den nächsten Jahren. Diese Schrift will die Öffentlichkeit darauf hinweisen, daß das Gymnasium und seine Lehrerschaft die Verpflichtungen sehen, die dem Gymnasium als einer gesellschaftlichen Institution aufgegeben sind. Wenn das Gymnasium auch in Zukunft seinen Aufgaben gerecht werden soll, müssen die entsprechenden institutionellen Bedingungen gegeben sein. Das Gymnasium erwartet daher von der Gesellschaft, daß auch in Zukunft diese Bedingungen erhalten bleiben und die personellen und sachlichen Gegebenheiten ausgebaut und verbessert werden. Nur dann ist das Gymnasium in der Lage, seinen Aufgaben zu entsprechen. Auf diese Weise wird dem einzelnen und der Gesellschaft zugleich gedient.

---

30 *R. Vierhaus*, Gymnasium und Gesellschaft in Deutschland. Ein Beitrag zur Schulreform aus der Sicht des Historikers, in: DHS 31 (1978) 144–150

Literaturverweise

Die verwendete Literatur ist im Text immer an den entsprechenden Stellen angeführt worden. Aus dem Grunde wird auf ein Literaturverzeichnis verzichtet. Im folgenden werden die Verfasser mit dem Erscheinungsdatum und der Seitenzahl angeführt, auf der die entsprechenden Angaben zu finden sind. Für die Zeitschriften werden folgende Abkürzungen benutzt:

BuE	Bildung und Erziehung
DDS	Die Deutsche Schule
DHS	Die Höhere Schule
DUZ	Deutsche Universitäts-Zeitung
KZSS	Kölner Zeitschrift für Soziologie und Sozialpsychologie
NS	Neue Sammlung
PR	Pädagogische Rundschau
VjWP	Vierteljahrsschrift für Wissenschaftliche Pädagogik
WPB	Westermanns Pädagogische Beiträge
ZfEP	Zeitschrift für Empirische Pädagogik
ZfEPP	Zeitschrift für Entwicklungspsychologie und Pädagogische Psychologie
ZfP	Zeitschrift für Pädagogik
DIPF	Deutsches Institut für Internationale Pädagogische Forschung